서울법대
법학총서
4

이익충돌에 관한 법적 연구

박준 · 정형근 · 전종익 · 천경훈 · 최계영 · 김정연

박영사

서 문

공공부문이건 민간부문이건 다양한 분야에서 이익충돌의 문제가 발생한다. 예컨대 공직자, 경영자, 의사·변호사 등의 전문직, 성년후견인, 각종 연기금·펀드 운용자 등은 직무상 공익 또는 일정한 타인의 이익(국가·국민의 이익, 회사·주주의 이익, 환자·의뢰인의 이익, 피성년후견인의 이익, 연기금·펀드 수익자의 이익)을 추구해야 한다. 이들은 직무수행 과정에서 직무상 추구해야 할 이익과 자신 또는 가까운 사람의 개인적 이익이 충돌하는 상황에 부딪혀도 당연히 원래 추구해야 할 이익에 부합하도록 맡은 직무를 수행해야 한다. 그러나 실제 그렇게 하지 않는 현상이 사회 여러 곳에서 발생하고 있다. 이러한 현상은 신뢰사회를 형성하는데 심각한 장애요인이다.

공공부문에서 발생하는 이익충돌의 문제는 사회에 매우 큰 영향을 미칠 수 있음에도 불구하고 민간부문 보다 이익충돌 문제에 대한 인식이 부족하고 법적인 논의도 활발하지 못했다. 2016년 서울대학교 법학연구소는 입법부·행정부·사법부에서 발생하는 이익충돌에 관한 법적 문제를 종합적으로 연구하기로 하였다. 사법(私法) 분야에서의 이익충돌에 관한 법적인 논의와 공법 법리의 관계를 새롭게 조망하고 입법·행정·사법의 각 영역과 회사에서 제기되는 이익충돌의 문제를 법적인 관점에서 접근하는 공동연구를 진년 12월 13일 학술대회에서 연구결과를 발표하였다. 공동연구는 각 분야에서 이익충돌이 발생할 수 있는 현상과 이에 대한 법적인 대응의 분석을 통하여 문제점을 파악하고 문제점에 대한 해결방안을 도출하고자 하였다. 제1장(국회의원의 헌법상 의무와 이익충돌), 제2장(행정부에서의 이익충돌), 제3장(법관의 이익충돌), 제5장(회사에서의 이익충돌)은 공동연구에 참여한 전종익, 최계영, 박준, 천경훈 교수의 연구결과를 수정·보완한 것이다.

이 책은 공동연구결과를 기초로 하되 민간부문에서의 이익충돌에 관한 법적인 논의를 더 광범위하게 다루기 위하여 정형근 교수와 김정연 교수가 각각 집필한 제4장(변호사의 이익충돌)과 제6장(금융회사의 이익충돌)이 추가되었다. 이 책이 사회 각 분야에서 직무상 추구해야 하는 이익과 자신 또는 가까운 사람의 이익이 충돌하는 상황에 대한 인식을 제고하고 이익충돌에 대한 법적인 논의를 활성화하여 법제도와 그 운용을 개선하는데 도움이 되기를 기대한다.

이 책의 발간은 서울대학교 법학연구소의 지원으로 이루어졌다. 이 책의 출간을 적극적으로 지원하여 주신 서울대학교 법학연구소 김도균 소장께 감사드린다. 아울러 이 책의 편집과 제작에 애써주신 박영사의 조성호 이사와 김선민 부장께도 감사드린다.

2018년 4월
집필자들을 대표하여
박 준

목 차

제 1 장 국회의원의 헌법상 의무와 이익충돌

제 2 장 행정부에서의 이익충돌

제 3 장 법관의 이익충돌

제 4 장 변호사의 이익충돌

제 5 장 회사에서의 이익충돌

제 6 장 금융회사의 이익충돌

제 1 장

국회의원의 헌법상 의무와 이익충돌*

전 종 익

Ⅰ. 서 론

헌법은 제40조에서 “입법권은 국회에 속한다”라고 규정하여 원칙적으로 입법권이 국회에 속해 있음을 선언하고 있다. 국회는 헌법상 국민의 대표기관으로서 입법권을 가지며 나아가 집행부와 사법부를 감시하고 통제하는 국정통제기관의 지위를 가진다. 국회는 합의제 의사결정기관이므로 국회가 위와 같은 기능을 제대로 수행하는지 여부는 합의체의 구성원인 국회의원이 어떻게 구성되고 이들이 어떻게 활동하는지 여부에 달려있다.[1)]

국민의 대표자이자 국회의 구성원으로서 국회의원은 국회에서의 발언·동의권, 질문·질의권, 토론·표결권 등의 권한을 가지며 헌법상 면책특권(제45조) 및 불체포특권(제44조)이 인정된다. 국회의원에게 이러한 권한 및 특권을 부여한 것은 국민의 대표자로서 의정활동을 충실히 함으로써 대의민주주의를 실현하기 위한 것이다.[2)]

---

* 「저스티스」 통권 제159호(2017. 4)에 게재된 논문을 수정·보완한 것임.

1) 허영, 한국헌법론, 박영사, 2016, 983면.

2) 정종섭, 헌법학원론, 박영사, 2016, 1187면.

국회의원에게 헌법상 보장되는 면책특권과 불체포특권을 포함하여 각종 권한들의 법적 성질과 범위 및 한계 등과 관련하여 이론적, 실무적으로 활발한 논의가 이루어져 왔다.[3)]

한편 헌법은 국회의원의 의무에 대하여도 규정하고 있다. 헌법상 국회의원은 청렴의 의무를 지며(제46조 제1항), 국가이익을 우선하여 양심에 따라 직무를 행할 국가이익우선의 의무(제46조 제2항)를 부담한다. 또한 국회의원은 그 지위를 남용하여 국가·공공단체 또는 기업체와의 계약이나 그 처분에 의하여 재산상의 권리·이익 또는 직위를 취득하거나 타인을 위하여 그 취득을 알선할 수 없다고 규정(제46조 제3항)되어 있어 지위남용금지의무를 지며, 법률이 정하는 직을 겸할 수 없는 겸직금지 의무(제43조) 역시 부담하고 있다.

헌법상 국회의원은 국민의 대표자로서 국회의 구성원의 지위를 가진다. 헌법 및 국회법상 인정되는 각종 특권과 권한이 전체 정치제도 안에서 국회의원이 가지는 지위와 책임을 원활히 수행할 수 있도록 인정된 것인 것과 같이 헌법상 규정되어 있는 국회위원의 의무 역시 이에 대응하여 부여된 것이다. 따라서 국회의원의 의무는 그 지위와 역할과 관련하여 중요한 의미를 가지는 것으로 평가할 수 있다. 그럼에도 불구하고 지금까지 국회의원의 의무에 대하여는 헌법 이론적으로 별다른 검토가 이루어지지 않았다. 헌법이론적인 논의들을 보면 대부분 국회의원의 지위를 서술하면서 별다른 설명 없이 헌법상의 의무들을 나열하여 제시하는 것에 그치고 있고,[4)] 국회

3) 헌법재판소에 의하여 국회의원과 국회의장간의 권한쟁의심판이 인정(헌재 1997. 7. 16, 96헌라2, 판례집 9-2, 154)된 이래 국회의원들의 권한침해여부가 주요 쟁점인 권한쟁의심판청구가 상당수 이루어졌고 이에 따라 국회의원의 토론권 및 심의·표결권과 관련된 많은 논의가 이루어져왔다.

4) 김철수, 학설판례 헌법학, 박영사, 2009, 233면; 권영성, 헌법학원론, 법문사, 2010, 957-958면; 성낙인, 헌법학, 법문사, 2016, 455면; 정종섭, 앞의 책(주 2), 1203-1204면.

법의 설명에서도 조문과 간략한 해석 정도가 제시되고 있을 뿐이다.[5] 따라서 헌법과 법률상의 국회의원의 각종 의무들이 근거하고 있는 이론적인 기초를 제시하고 이를 통해 법제들을 일관되게 설명함으로써 그 개선점을 찾아보는 작업이 이루어져야 한다.

이 글은 사법에서 최근 활발하게 논의되고 있는 이익충돌(conflict of interest) 및 신인의무(信認義務, fiduciary duty)에 대한 이론들을 적용하여 헌법상 국회의원의 의무들을 설명하고 그 직무와 책임을 재검토하기 위한 것이다. 이익충돌과 신인의무의 법리는 사법상 다른 사람의 이익을 위하여 행위할 법적인 의무를 부담하는 자가 그 상대방을 위하여 어떻게 행위해야 하는지를 설명하기 위한 것이다.[6] 신인의무가 발생하는 신인관계는 "당사자 일방이 상대방으로부터 권한을 부여받아서 그 권한을 다른 사람의 최선의 이익을 위해서 사용할 의무를 부담하고 그 권한의 수령자가 실제로 권한을 활용하는 관계"를 의미하는 것으로,[7] 신인의무자와 수익자 사이의 계약 또는 신인의무자가 되려는 자의 자발적 확약을 통하여 성립하며, 신인의무자의 재량과 권한, 수익자의 신뢰와 신임 그리고 상대방에 대한 보호의 필요성을 특징으로 한다. 신인관계가 형성되면 신인의무자는 자신의 의무와 본인의 이익 사이에 충돌되는 상황 및 다수의 본인(principles)들에 대해서 부담하는 의무간 충돌되는 상황에서 행위하는 것이 금지되는 이익충돌금지원칙 및 신인의무자가 자신의 지위를 이유로 또는 이를 이용하여 직무범위 내에서 이익을 추구해서는 안 된다는 이익향수금지원칙을 핵심내용으로 하는 수익자에 대한 충성의무를 부담한다.[8] 사법관계에서 발

5) 정호영, 국회법론, 법문사, 2012, 167-170면.

6) 김정연, "자본시장에서의 이익충돌에 관한 연구", 서울대학교 법학전문대학원 전문박사 논문(2016), 21면.

7) 김정연, 위의 논문(주 6), 48면.

8) 김정연, 위의 논문(주 6), 58, 75면. 신인의무를 다시 주의의무와 충실의무로 구분

달한 이익충돌과 신인의무의 법리는 대리, 위임, 신딕, 회사의 대표 등 많은 법률관계에서 신인의무자의 행위를 제한하고 수익자의 이익을 보호하는데 큰 기여를 해왔다. 특히 회사관계에서 주주와 경영자, 지배주주와 비지배주주, 주주와 채권자 간의 법률관계에서 이익충돌 문제를 해결하고 이사 등 경영자의 사익추구를 규제하기 위한 법제도의 기초가 되고 있다. 이러한 신인관계는 선거에 의하여 국민의 대표자를 선출하고 이들이 국민의 대표로서 국민의 전체이익을 우선하여 국가의 의사를 결정하도록 하는 대의민주주의 제도상의 국민대표인 국회의원의 지위 및 법적 관계와 유사한 측면이 존재한다. 따라서 사법상의 신인관계에 적용되는 이익충돌 및 신인의무의 법리는 국회의원의 의무들을 설명하는 데에 많은 시사점을 줄 수 있다. 특히 대표자들의 사익추구 행위를 제한하여야 할 필요성에 대한 인식이 커지고 있는 상황에서 이익충돌과 신인의무의 법리는 국회의원의 각종 권한행사에 대한 사전적, 사후적 규제제도를 마련하기 위한 좋은 출발점이 될 수 있다.

물론 기존의 대의제 이론에 의하여도 국회의원의 의무에 대하여 설명이 가능하다. 그러나 아직까지 이익충돌법리에 의한 사법상의 각종 제도와 같이 풍부한 설명과 이를 바탕으로 한 정교한 제도가 제시되고 있지 않은 점에서 충분히 검토해볼 필요가 있다. 다만 이익충돌 및 신인의무의 법리가 적용되는 사법상 신탁이나 위임, 또는 대리관계에서 나타나는 '본인-대리인관계'나 회사법상 '경영자-주주관계'와 헌법상 대의원리에 의한 대표관계에서 나타나는 "국민-국회의원관계"는 근본적으로 다른 면을 가지고 있으므로 이를 그대로 적용하는 것에는 한계가 있다. 따라서 국회의원이 가지는 지위와 의무에 사법상의 신인의무의 논의를 적용하면서도

하여 설명하기도 한다. 송옥렬, 상법강의, 홍문사, 2014, 999면.

대표관계의 기본적인 특성에 알맞은 범위와 내용을 찾아내는 것이 필요하다. 이를 위해서 우선 대의원리에 의한 국회의원의 지위와 권한을 살펴본 후, 영미를 중심으로 최근 정치제도 분야에 신인의무법리를 적용하기 위하여 이루어졌던 시도들을 살펴보면서 양자가 조화를 이룰 수 있는 범위와 영역을 찾아본다. 이로써 가능한 범위에서 국회의원의 지위를 이익충돌상황을 중심으로 검토하고 상황별로 적용되는 국회의원의 헌법상 의무와 그 구체화방안을 제시해본다. 특히 이익충돌에 관한 법리가 적용될 수 있는 대표적인 분야로서 선거제도와 관련된 입법에 관한 절차와 권한배분을 검토한다.

Ⅱ. 대의제와 신인의무 법리

1. 대의제의 개념과 본질

대의제 또는 대의원리는 권력분립과 함께 우리 헌법상 정치제도나 통치구조를 위한 국가작용의 기본원리로 평가된다.[9] 의회의 기원이었던 중세의 영주회의는 군주의 자문기관으로서 승려, 귀족, 시민계급의 대표들로 구성되었고, 의원들은 각각 출신계급을 대표하고 영지의 이익을 대변하는 역할을 하는 등 자유위임에 바탕을 둔 대의의념과는 달리 명령적 위임을 원칙으로 하고 있었다.[10]

대의제는 15·16세기 영국입헌주의의 발전과정에서 성립되어 프랑스와 미국의 근대혁명 이후 자유민주주의 국가의 기본적인 국가의사결정원리로서 자리 잡아 현재에 이르고 있다. 대의제도는 국민주권원리를 실현하기 위한 통치기관의 구성원리이며 민주국가의 조직원리로서 현대국가의 본질적인 구성원리에 해당한다.[11] 이

9) 성낙인, 앞의 책(주 4), 331면; 정종섭, 앞의 책(주 2), 919면.

10) 허영, 앞의 책(주 1), 918면.

11) 허영, 헌법이론과 헌법, 박영사, 2015, 695면.

러한 대의제의 이념적 기초로서 허영은 (1) 기관구성권과 정책결정권의 분리와 (2) 정책결정권의 자유위임을 대의제도의 이념적 기초로 제시하였고,[12] 권영성은 (1) 통치자와 주권적 국민의 구별, (2) 국가기관구성권과 국가의사결정권의 분리, (3) 선거에 의한 대표자 선출, (4) 국민전체의 대표, (5) 명령적 위임의 배제, (6) 전체이익의 우선, (7) 국민에 대한 정치적 책임을 대의제의 개념적 징표로 제시하였다.[13] 성낙인은 (1) 국민의 정당성에 기초한 의회, (2) 민주적 선거제도, (3) 자유위임의 원리, (4) 국민전체의 대표, (5) 의회 내의 자유로운 토론, (6) 의회 내의 다수결과 소수파의 존중, (7) 신임과 정치적 책임의 원리를 대의제의 본질로 설명하고,[14] 정종섭은 (1) 국민과 국민대표자의 분리, (2) 국가의사결정권과 통치기관 구성권의 분리, (3) 선거에 의한 대표자의 선출, (4) 전체국민의 대표자로서의 국가의사결정권자, (5) 명령적 위임의 배제, (6) 국민의 전체이익과 추정적 의사의 우선, (7) 국가의사결정에 대한 법적 책임의 면제를 대의원리의 구성요소로 설명한다.[15] 제시된 대의제의 요소들 중 의회 내의 토론 등 국회내부의 의사결정과정과 방법과 관련된 것들은 대의제의 운용을 위해 중요한 의미를 가지기는 하나 이들을 주권자인 국민과 대표자간의 관계를 설명하기 위한 대의제의 본질적 요소로 보는 것은 적절하지 않다. 따라서 이 부분을 제외하면 학자들이 제시하는 대의제의 기본개념 및 본질은 대체로 일치하며 크게 (1) 선거에 의한 대표자의 선출, (2) 정책결정권과 기관구성권의 구별, (3) 국민전체의 대표, (4) 명령적 위임의 배제 그리고 (5) 정치적 책임으로 정리할 수 있다.

---

12) 허영, 위의 책(주 11), 695, 699면.

13) 권영성, 앞의 책(주 4), 737면.

14) 성낙인, 앞의 책(주 4), 334면.

15) 정종섭, 앞의 책(주 2), 919면.

대의제에 의하면 국민은 직접 국가의 의사나 정책의 결정을 내리지 않고 선거를 통해 선출된 대표자에게 결정하도록 한다. 국가권력과 그 담당자는 주권자인 국민에 의하여 성립되고 선정되기는 하나, 국민은 대표자들을 선출하는 국가기관구성권만을 보유하며 구체적인 정책결정권은 대표자가 보유하게 된다. 이와 같은 국민과 대표자의 권한배분과 분리로 말미암아 대표자인 국가권력 행사자의 책임과 함께 국민에 의한 통제를 어떻게 실현할 것인지 여부가 주요한 쟁점이 된다. 이를 위해 대표자의 권력남용과 잘못된 정책결정에 대한 국민의 상시적인 감시와 견제가 필요하고, 무엇보다도 주기적인 국민의 직접선거에 의하여 정치적 책임을 지도록 하는 것이 주요한 요소가 된다.

대표자인 국회의원이나 대통령은 국가의사나 정책을 결정할 때 국가공동체 전체의 이익을 위하여 직무를 수행하여야 한다. 국회의원이 지역구에서 선출되고 대통령이 특정한 지역이나 계층의 지지를 받아 당선되었다 하더라도 당해 지역구나 계층의 이익만을 위하여 직무를 수행하는 것은 허용되지 않는다. 헌법 제46조 제2항이 규정하고 있는 국회의원의 국가이익우선의무에서 '국가이익'은 전체국민으로 구성된 공동체로서의 국가의 이익을 의미하는 것으로 보아야 한다. 대표자가 선거구민의 지시나 명령에 기속받지 않으며 오직 자신의 양심의 판단에 따라 직무를 수행해야 한다는 것은 전체국민[16]의 대표자라는 지위에서 나오는 당연한 논리적 귀결

16) 여기에서 전체국민은 모든 국민이 하나로 합쳐져서 하나의 단일한 단위로 파악되는 의미에서의 국민을 의미한다. 전체국민은 구체적으로 조직화된 형태로 존재하는 것이 아니므로 그 크기가 일정한 것도 아니고 매우 유동적인 존재이다. 게다가 특정시점의 국민만을 뜻하는 것도 아니며 과거와 미래세대까지 아우르는 개념이다. 결국 대표자는 유권자를 포함한 국적보유자의 전체, 더 나아가 한 나라의 과거, 현재, 미래의 세대 모두의 이익을 위하여 의사를 결정하여야 한다. 정종섭, 헌법연구 1, 박영사, 2004, 261-262면.

이다. 대표자는 선거구민의 단순한 심부름꾼이나 대변자가 아니며, 대리인이나 수임자도 아니다. 대표자는 부분이익을 대변하거나 경험적 의사를 단순히 전달하는 존재가 아니므로, 의회는 다양한 의사가 배율만 축소되어 그대로 반영되는 곳이 아니다.[17] 선거를 통한 대표자의 선출은 자신의 의사와 이익을 위하여 정책을 대신 결정해줄 사람을 뽑는 것이 아니라 감정에 휩쓸리지 않고 이성의 판단에 따라 통치의 임무를 수행할 수 있는 인격과 능력, 지식과 자질 및 덕성을 구비한 탁월한 인물을 찾아내는 것이다. 따라서 선거는 정당성을 부여하는 것일 뿐만 아니라 대표자로서 적합한 인물을 골라내는 것을 의미한다.[18]

대표자의 자유위임이 대의제도의 본질적인 내용을 구성하는 점은 헌법재판소의 결정에서도 확인된다. 헌법재판소는 유권자들이 국회 내 정당간의 의석분포를 결정할 권리를 주장하며 청구한 헌법소원심판 사건에서 대의원리에 대하여 다음과 같이 판시하였다.

> "헌법의 기본원리인 대의제 민주주의 하에서 국회의원 선거권이란 것은 국회의원을 보통·평등·직접·비밀선거에 의하여 국민의 대표자인 국회의원을 선출하는 권리에 그치고, 개별 유권자 혹은 집단으로서의 국민의 의사를 선출된 국회의원이 그대로 대리하여 줄 것을 요구할 수 있는 권리까지 포함하는 것은 아니다. 또한 대의제도에 있어서 국민과 국회의원은 명령적 위임관계에 있는 것이 아니라 자유위임관계에 있기 때문에 일단 선출된 후에는 국회의원은 국민의 의사와 관계없이 독자적인 양식과 판단에 따라 정책결정에 임할 수 있다"(헌재 1998. 10. 29, 96헌마186, 판례집 10-2, 600, 606).

---

17) 정종섭, 위의 책(주 16), 262-263면.
18) 정종섭, 위의 책(주 16), 256면.

이와 같이 국민의 대표자는 개개인이 가진 다양한 특수이익의 지배에서 벗어나 오로지 국민 전체에게 이익이 되는 방향으로 자율적으로 정책을 결정하여야 한다. 물론 그러한 정책결정이 잘못된 것으로 판명될 수도 있다. 그러한 경우 정책결정의 과오에 대하여 처벌이나 손해배상 등과 같은 법적인 책임을 묻게 되면 국민의 대표자는 정책결정 당시 국민들의 현실적인 의사에 종속될 수밖에 없다. 예를 들면 결정된 정책이 잘못되었다 하더라도 국민의 의사를 충실히 반영하여 이들을 대리하여 결정한 것이라면 대표자들은 면책을 주장할 수 있다. 이에 따라 대표자들은 정책결정시 일정한 집단이나 계층의 의사에 충실하게 되고 결과적으로 명령적 위임배제의 원칙은 지켜질 수 없게 된다. 따라서 대표자가 권한행사에서 오류를 범하거나 무능함이 드러난다 하더라도 국민은 원칙적으로 차기 선거에서 정치적인 책임을 물을 수 있을 뿐 형사, 민사상의 법적 책임을 물을 수는 없도록 하여야 한다. 물론 단순한 정책결정의 잘못을 넘어 대표자가 헌법 또는 법률에 위반하는 행위를 한 경우에는 당연히 법적, 정치적으로 그 책임을 물을 수 있다. 대통령 등에 대한 탄핵제도가 이에 해당한다.

대의제는 기본적으로 정책결정과정을 단순히 사회에 존재하는 선호와 이익들을 그대로 반영하는 것으로 보지 않는다. 사회에 존재하는 의사들을 충실히 반영하는 모델에 의하면 정책결정은 이론적으로 양극단의 의견에서부터 차례로 중간의 의견으로 누적하여 다수가 되는 의견으로 결정되거나 정당들이 다수의 지지를 받을 수 있도록 점차 의견을 변경하여 중간으로 이동하는 방식으로 이루어지게 된다.[19] 그러나 자유위임이 원칙으로 인정되는 대의제는 정책결정과정을 국민들에게 존재하는 다양한 선호와 의견들을 대

19) Patrick Dunleavy & Brendan O'Leary, *Theories of the State,* Macmillan Education, 1987, pp. 28-30.

표자들이 반영하면서도 토론과 심의를 통해 수렴하여 장기적이고 종국적인 국민 전체의 이익을 찾아나가는 과정으로 본다. 따라서 입법은 단순히 고정된 선호를 그대로 법으로 옮기는 것일 수 없고, 대화와 토론을 거쳐 합리적 이성에 의하여 정당화된 결론을 만들어 나가는 과정으로 이해하여야 한다.[20] 그러한 점에서 국민대표 사이의 충분한 토론과 공론화 과정, 그리고 소수파의 존중 등 의회 의사결정의 절차적 정당성이 대의제의 실현에서 중요한 요소로서 작용하게 된다.[21]

대의제가 이상적으로 실현되면 전문적인 지식과 책임감이 강한 대표자들이 선거를 통하여 선출되고 이들이 대화와 토론을 거쳐 국민의 경험적인 의사와 상관없이 공익을 위한 결정을 하게 된다. 이에 대하여 전문적인 정책결정이 보장된다는 장점이 있는 반면 대의기관의 지나친 엘리트화가 국민과의 거리를 넓혀 과두적으로 변질될 위험성이 크다는 우려가 제기된다.[22] 특히 대표자들이 자신들의 개인적 이익을 위하여 권력을 남용하고 의사결정과정을 왜곡할 가능성은 언제나 존재한다. 물론 이와 같은 문제의 해결은 선거제도의 개혁과 국민에 의한 대표자들의 정치적 책임추궁 등을 통하여 해결될 수 있다. 그러나 이는 주기적인 선거를 통하여 간헐적으로 이루어지는 것이므로, 일반적으로 대표자들의 권한을 제한하고 의무를 부여하여 권력남용과 사적 이익의 추구 가능성을 상시적으로 제어할 필요성은 여전히 존재한다.

---

20) Cass R. Sunstein, *The Partial Constitution,* Harvard University Press, 1993, pp. 134-135.

21) 성낙인, 앞의 책(주 4), 334면.

22) 허영, 앞의 책(주 11), 727면.

2. 정치제도와 신인의무

대표자의 전체이익의 추구 및 명령적 위임의 배제를 근간으로 하는 근대적 대의제도와는 달리 국가권력의 성립과 권한부여를 '위임(delegation)' 또는 단순한 '권력이나 권한의 수여(authorization)'로 표시하고, 여기에 민사법에서 발전한 신탁(trust)이론을 적용하여 설명하는 흐름이 존재해 왔다.[23)]

14-15세기를 거쳐 영국 형평법 법원에 의하여 발전한 신탁의 법리는 17세기에는 이미 일반화되어 공법상의 권력관계를 설명하는 데에 적극적으로 사용되었다. 1649년에 있었던 찰스 1세에 대한 재판의 공소장에서 "찰스 스튜어트는 법에 의하여 통치할 제한된 권력을 신탁받음으로써 영국의 왕이 된 자"[24)]로 표현하고 있는 것이 대표적인 예이다. 또한 로크는 예를 들면 "정부는 누구의 손에 맡겨지든 간에 사람들이 그들의 재산을 소유하고 보호할 수 있다는 조건으로 그리고 그러한 목적을 위해서 신탁한 것(entrusted)"[25)] 이라고 하였고, 특히 공동체의 보존을 위해서 활동하는 국가에는 단일의 최고의 권력인 입법권이 있으나 그러한 입법권은 "일정한 목적을 위해서만 활동할 수 있는 단지 신탁적 권력(fiduciary power)"

---

23) 신탁에 의하면 재산법 관계에서 수탁자에게는 보통법상의 소유권이, 수익자에게는 형평법상의 소유권이 속하는 이중소유권이 인정된다. 수탁자는 신탁재산을 자기를 위하여 사용·수익할 수 없고, 신탁재산의 관리·처분에 따르는 모든 의무와 책임은 수탁자의 것이다. 신탁재산으로부터 생기는 이익은 오로지 수익자의 것으로서 수탁자는 수익자의 이익을 위하여 신탁사무를 처리할 충실의무, 주의의무 등의 의무를 부담하게 된다. 이연갑, 신탁법상 수익자 보호의 법리, 경인문화사, 2014, 7-9, 71면.

24) Samuel Rawson Gardiner (eds.), *The Constitutional Documents of the Puritan Revolution 1625-1660,* Oxford at the Clarendon Press, 1899, p. 371.

25) John Locke, Peter Laslett (eds.), *Two Treatises of Government,* Cambridge University Press, 2002, p. 361.

이므로 입법부가 "그들에게 과해진 신탁에 반하여(contrary to the trust reposed in them)" 행동하는 것이 발견될 때 입법부를 폐지하거나 변경할 수 있는 최고의 권력이 인민들에게 있다[26]고 설명하였다. 민사재산관계의 신탁이론을 적용하여 권력관계를 설명하는 예는 초기 미국에서도 찾아볼 수 있다. '연방주의자논집(The Federalist Papers)'에서 매디슨은 "연방정부 및 주정부들은 서로 다른 권한을 가지도록 구성되며 서로 다른 목적을 위해 설계된 사실상 별도의 인민의 대리인이며 수탁자(agents and trustees of the people)이다"라고 하였고,[27] 해밀턴은 "정부는 자신에게 부여된 목적의 완전한 성취와 자신이 책임져야 하는 신탁의 실행(execution of the trusts)을 완료하기에 필요한 모든 권력을 보유하여야 한다"고 주장하였다.[28] 연방헌법제정 당시 공권력주체들을 '인민의 종복, 대리, 후견인 또는 수탁자(people's servants, agents, guardians or trustees)'로 보는 관점에 대하여 연방헌법제정회의뿐 아니라 13개의 주헌법회의에서도 이견이 없었다. 특히 연방헌법제정회의에 참석한 각주 대표들의 다수가 법률가들로서 사법상의 신인의무(fiduciary duty)에 대해 잘 알고 있었고 정부와 그 구성원들에게 그러한 법리를 적용하는 데에 거부감이 없었다.[29]

위와 같이 정부형성의 법적 관계를 신탁관계로 보면, 대표자들은 자신의 이익이 아닌 수익자인 전체국민의 이익을 위하여 성실하게 주어진 제한된 권한을 행사할 신인의무를 부담하게 된다. 대표자들이 전체국민의 이익이 아닌 자신들의 사적인 이익을 위하여

26) *Ibid.*, p. 367.

27) Alexander Hamilton, John Jay and James Madison, *The Federalist,* Liberty Fund, 2001, p. 243.

28) *Ibid.*, p. 151.

29) Robert G. Natelson, "The Constitution and the Public Trust", *Buffalo Law Review,* Vol. 52 (2004), pp. 1078, 1083-1084, 1124-1125.

국가권력을 행사하거나 또는 국민의 권리를 침해하여 손해를 입히는 것은 용납될 수 없다. 이에 의하면 헌법은 전체국민으로 구성된 공동체가 정부를 구성하는 대표자들에게 권력을 신탁하는 권한부여의 근거이면서 신탁의 각종 조건을 규정한 문서에 해당한다.[30)]

이러한 신탁법리에 의한 국가제도의 설명 전통을 기반으로 최근 영미법국가를 중심으로 공권력주체들의 신인의무를 인정하고 이를 통해 권한행사를 제한하려는 연구들이 이어지고 있다. 공권력주체들의 기본적인 신탁관계와 책임에 관한 선구적인 연구자로서 Paul Finn은 근대 정부의 제도적 기본구조는 인민 또는 국민이 주권을 가지고 통치를 위한 공권력을 행사할 기관과 공무원들이 이러한 권력을 국민을 위해 행사해야 하는 책임을 지는 수탁관계로 이루어졌다고 하면서, 공권력의 수탁자들은 그들의 신탁권력을 행사함에 있어 국민들에게 책임을 져야 한다고 하였다. 그는 국민들이 이러한 제도적 기획에 따라 직접민주주의가 아닌 "대의민주주의(representative democracy)"와 "책임정부(responsible government)"를 선택한 것이며, 다만 정책결정이나 입법에 있어 대중의 참여를 인정하는 참여민주주의의 관념이 배제되는 것은 아니라고 보았다. 그는 신탁과 책임개념을 기반으로 의회가 수탁받은 입법권에도 한계가 있을 수밖에 없다고 하면서 예를 들면 단순히 불공정하거나 편파적인 입법을 넘어 역사적으로 뿌리내린 기본적 인권을 침해하는 것은 그러한 수탁자의 의무에 위반될 수 있다고 하여 전통적인 영국의 의회주권을 제한하려는 시도를 하고 있다. 그는 이러한 수탁자로서의 의무는 선출직과 비선출직 공무원 모두에게 해당하는 것으로 국민에게 책임을 진다는 점에서는 차이가 없는 것으로 보았다.[31)]

30) 이상의 신탁에 의한 정부에 대한 설명은 전종익, "공동체로서의 국가와 정부", 서울대학교 법학 55(4)(2014), 296-298면을 요약, 정리한 것임.

31) Paul Finn, "Public Trust and Public Accountability", *Griffin Law Review*, Vol. 3,

Evan Fox-Decent은 공권력작용의 포괄적인 신탁관계에 대한 설명을 홉스의 인민의 주권자에 대한 권한부여로부터 도출하였다. 그는 인민의 국가설립 행위, 즉 주권적 권력을 부여하는 행위는 자연 상태에서 인민들이 자신이 가지는 모든 권리들을 주권자에게 이전하여 주권자가 한계가 없는 권력을 부여받는 것이 아니며, 단지 법적인 질서를 형성하기 위하여 필요한 정도의 권력과 권한을 부여하는 것으로 보았다. 이에 의하면 인민들이 자신의 자연권을 포기한 것은 주권자의 노예가 되기 위해 권리를 이전하는 것이 아니고 주권자가 오직 자연법에 일치하는 법적 질서를 확립하기 위해 필요한 공적 권력을 행사할 수 있도록 허용하는 것에 동의한 것이다. 따라서 신민과 주권자의 관계는 일방적인 관계가 아닌 신탁(trust) 관계로 설명할 수 있으며, 주권적 권력은 자연법에 일치하는 법적 질서의 확립이라는 목적을 위해 사용되어야 한다는 조건하에 부여된 것이다. 주권자의 이러한 신탁에 대한 위반은 신민들이 복종의무로부터 벗어나는 결과를 가져온다. Fox-Decent의 홉스이론에 대한 이와 같은 해석은 국가권력이 신탁되어 있는 권력 또는 신인의무적 권력(entrusted or fiduciary power)이라는 결론으로 귀결되며, 이로써 신인의무자로서의 국가는 그 권력을 공정하고 합리적으로 행사해야 한다는 점에서 법의 지배와 공권력 작용을 위한 전반적인 원칙들이 도출된다.32)

한편 David L. Ponet & Ethan J. Leib는 신인의무의 법리를 적용하여 정치체제 안에서 정치적으로 불평등한 집단들 간의 의사결정과정을 설명함으로써 심의민주주의(deliberative democracy)의 작동을 위한 합리적 의사결정과정에 대한 원리들이 결국 신인의무의

No. 2 (1994), pp. 228-233.

32) Evan Fox-Decent, *Sovereignty's Promise-The State as Fiduciary,* Oxford University Press, 2011.

충성의무와 주의의무와 일치한다는 점을 보이기도 하였다. 이들은 신탁과 신인의무 법리를 통하여 입법이나 정책결정 등 국가의사결정과정에서 준수되어야 할 원칙들을 도출해냈다.[33)]

주목할 것은 D. Theodore Rave의 의회 선거구 획정에 대한 연구이다. 그는 현직 의원들이 선거구 획정을 할 때 직면하는 이익충돌의 문제가 일반적인 '본인-대리인 문제(principal-agent problem)와 유사한 것이라고 하며 회사의 경영자는 주주라는 분산된 본인들은 대신하여 행위하는 대리인들이라면 정치적 대표자들도 분산된 본인인 국민(the people)을 대신하는 대리인에 해당한다고 보았다. 특히 현직 의원들이 입법을 통해 선거과정 자체를 조정하는 것은 명백한 이익충돌의 문제를 발생시키므로 신인의무의 모델이 적용될 수 있는 최적의 분야가 바로 선거법 분야라고 주장하였다. 신인의무 법리에 의하면 국민에 대한 실질적인 해악이 있음을 입증할 필요 없이 이익충돌 상황에 있음 그 자체만으로 충실의무의 위반이 인정될 수 있으므로, 선거관련법의 입법과정에서 잠재적 경쟁자로부터 자신들의 이익을 보호하기 위한 입법이 이루어질 수 있다는 사실 그 자체만으로도 마찬가지로 충실의무 위반이 인정될 수 있다. Rave는 선거권 행사를 위한 요건, 피선거권자의 출마요건, 선거자금규제 등의 선거법상의 많은 제도들이 현직 의원들과 다른 후보들 간의 이익충돌이 발생하는 분야라는 점에서 같은 법리가 적용될 수 있다고 하면서, 특히 선거구 획정과 관련된 게리맨더링의 문제를 중심으로 신인의무상의 충실의무 법리를 통해 법원의 위헌심판에서 의미있는 기준들을 도출해냈다. 그는 현직의원의 재선거에 영향을 미치는 법분야를 실체입법(substantive legislation)과 선거과정을 규제하는 입법(legislation regulating the electoral process)

33) David L. Ponet & Ethan J. Leib, "Fiduciary Law's Lesson for Deliberative Democracy", *Boston University Law Review*, Vol. 91 (2011), p. 1249

으로 구별하고 회사법에서 경영자들의 실체적 경영판단과 주주들의 의사결정과정을 방해하는 행동을 구별하여 법원이 판단하는 것과 같이 후자의 경우 충분히 법원이 개입하여 실질적인 판단이 가능하다고 보았다.[34]

이와 같이 신탁관계에 의한 국가권력에 대한 설명은 국가를 수립하는 단계에서 전체국민으로 구성된 공동체와 군주 또는 정부의 관계를 나타내기 위한 분석틀인 점에서 국가권력 또는 전체적인 입법권의 정당성과 한계를 설명하기에 유용한 점이 있다. 또한 영국이 국왕을 정점으로 하는 정치체제라는 점에서 그러한 설명이 설득력 있게 제시될 수 있었다. 그러나 국왕이 존재하지 않는 공화제의 경우 공권력 주체로서의 정부가 법인으로 구성되어 있어 공법인인 정부를 설립하고 다시 이들에게 권력을 신탁하는 모델은 부자연스럽다.

무엇보다 개별 국회의원의 지위나 그들의 의무를 설명하기 위해서 이들과 국민과의 관계를 신탁과 신인관계로 보는 것은 신중해야 한다.[35] 물론 국회의원을 국민으로부터 권력을 수탁받은 자로 보게 되면 신인의무를 부담하는 점을 자연스럽게 설명할 수 있기는 하다. 그러나 일단 성립된 정부의 구성원을 어떻게 충원하고 이들의 법적 지위를 어떻게 볼 것인가의 문제는 정부 자체의 신탁법적 관계와 무관할 수는 없지만 양자가 반드시 일치할 필요는 없다.[36] 공권력을 행사할 개별담당자를 정할 때 국민이 선거를 통해

34) D. Theodore Rave, "Politician as Fiduciaries", *Harvard Law Review,* Vol. 126, No.3 (2013), pp. 671, 715-716.

35) Rave의 이 연구에 대한 검토로서 사법상의 법리였던 信認의무의 법리를 성격이 다른 정치과정 등 공법관계에 전반적으로 적용하는 것에 대한 문제제기로는 Ethan J. Leib, David L. Ponet & Michael Serota, "Translating Fiduciary Principles into Public Law", *Harvard Law Forum,* Vol. 126 (2013), p. 91이 있다.

36) 헌법적으로 정치 분야의 기본원리는 민주주의 또는 민주국가의 원리이다. 대의제 또는 대의원리는 이러한 민주주의 기본원리를 구체적으로 정치제도에서 실현하

선출한다고 하여 국민과 의원의 관계가 반드시 신탁과 같은 것이라 할 수는 없다. 특히 신탁관계를 기본적인 모델로 하는 경우 대표자와 선거구민 사이가 명령적 위임 관계로 파악될 수 있는 점에서 헌법적 대의원리와 기본적으로 맞지 않는다. 또한 국회의원들의 여러 가지 헌법상 의무들을 도출해내고 설명하기 위해서 반드시 신탁 법리에 의하여야 하는 것도 아니다. 국회의원이 가지는 헌법상의 다면적인 지위에 따라 개별적으로 처할 수 있는 이익충돌 상황을 밝혀낸다면 이를 해결하기 위한 법리와 의무를 검토하는 과정에서 충분히 각종 의무들이 일관되게 설명될 수 있다. 그러한 방법이 기존 확립되어 있는 헌법의 대의제에 관한 이론체계에 부합하는 방법에 해당한다. 다만 이익충돌 상황의 양상에 따라서 '본인-대리인 문제'와 유사한 문제가 발생할 수 있고, 이 경우에는 신인의무의 법리가 이용될 수 있다.

Ⅲ. 국회의원의 지위와 헌법상의 의무

1. 국회의원의 지위와 이익충돌

헌법상 국회의원은 국회의 구성원으로서 국민의 대표자이므로 대의원리에 따라 전체국민을 대표하며 그 이익을 우선하여 직무를 수행해야 한다. 그럼에도 불구하고 현실적으로 지역구 국회의원의 경우 당해 지역구 주민들의 의사와 이익으로부터 자유로울 수 없다. 단원제를 채택하고 있는 헌법상 국회의원이 법리상 국민의 대표이기는 하나 현실적으로 지역대표성을 겸하고 있는 점을 부정할

기 위한 통치구조의 원리에 해당한다. 따라서 정부와 공권력 주체의 정당성을 국민주권과 민주주의 원리에 의하여 설명한다 하더라도, 이를 구현한 구체적인 정치제도의 구성과 구성원의 충원을 반드시 대의제에 의하여야 한다는 결론이 도출되지는 않는다. 예를 들면 직접민주주의나 추첨에 의한 선출 등의 다른 제도를 통한 실현도 가능하다.

수 없다.[37] 이에 의하면 지역구 국회의원은 해당 선거구 지역과 관련성을 가지며 소속지역구의 이해관계를 대변하는 역할을 수행할 것이 예정되어 있다. 따라서 '특정 지역구의 국회의원'을 선출하는 선거는 현실적으로 '지역에 이해를 가지는 자'가 '지역의 이익을 대표'하는 국회의원을 선출하는 절차에 해당한다.[38] 비례대표의 경우에도 예를 들면 노동조합이나 사용자 단체 등 일정한 직역을 대표하여 선출된 경우 그 이해관계를 대변하는 역할로부터 자유로울 수 없다. 부분이익의 대변자로서 국회의원의 역할은 대의원리에는 반하는 것이나 차기 선거에서 재선을 노리는 의원이 현실적으로 이러한 점을 무시할 수 없다. 여기에서 국회의원은 재선을 위한 부분이익의 추구와 본래의 임무로서의 국민전체의 이익을 위한 의무가 충돌하는 상황에 처하게 된다.

이와 같은 이익충돌의 상황은 국회의원의 정당소속원으로서의 지위에서도 나타난다. 국회의원이 정당에 소속된 경우 당원으로서의 지위를 가지며 해당 정당은 소속 국회의원을 통하여 국정에 영향력을 행사한다. 특히 당해 정당이 국회 내 교섭단체를 구성하는 경우 그 영향은 국회의 운영과 활동 전반에 미치게 된다. 교섭단체는 원내의 정당 또는 정파로서 국회운영에 있어 그 역할은 국회법상 보장된다. 교섭단체를 통해 정당은 소속 의원들의 원내 행동통일을 기함으로써 정당의 정책이 의안심의에서 최대한으로 반영되도록 한다. 헌법적으로도 국회의원을 정당내부의 사실상 강제에 의하여 정당 및 교섭단체의 지시에 대한 기속시키는 것은 허용된다.[39] 이러한 경우 자칫하면 국회의원은 전체 국민의 대표자가 아

37) 헌재 1995. 12. 27, 95헌마224 등, 판례집 7-2, 760, 775.

38) 헌재 2014. 7. 24, 2009헌마256 등, 판례집 26-2상, 173, 188.

39) "국회의원의 국민대표성을 중시하는 입장에서도 특정 정당에 소속된 국회의원이 정당기속 내지는 교섭단체의 결정(소위 '당론')에 위반하는 정치활동을 한 이유로 제재를 받는 경우, 국회의원 신분을 상실하게 할 수는 없으나 "정당내부의 사실

닌 특정 정당이나 그 정당을 지지하는 특수세력의 이익을 실현하는 대변인으로 전락할 수 있다.[40] 특히 정당은 후보자 공천권 등을 통하여 의원의 재선에 막강한 영향력을 행사할 수 있고, 이와 같은 정당에 의한 사실상의 압력은 대의원리의 자유위임원칙에서도 완전히 배제될 수 없다.[41] 여기에서 국회의원은 전체국민의 이익과 정당의 이익이 충돌하는 상황에 처하게 된다.

이와 같이 국회의원은 현실적으로 대의제에 의하여 구조적으로 나타날 수밖에 없는 "지역구 또는 직역의 이익 vs. 정당의 이익 vs. 전체국민의 이익"의 이익충돌상황에 처하게 된다. 대의원리에 의하면 국회의원은 당연히 전체국민의 이익을 위하여 직무를 수행하여야 한다. 그럼에도 불구하고 지역구를 대표하는 의원이면서 정당의 소속원으로서 국회의원은 개별적인 이익을 대변할 수밖에 없고, 특히 재선을 추구하는 국회의원의 입장을 감안하면 이러한 이익을 무시할 것을 기대하기 어렵다. 이러한 이익충돌상황이 현행 대의제 정치제도에서 나타나는 여러 가지 문제들의 근원이기는 하나, 그것이 구조적인 문제라는 점에서 이익충돌상황 자체를 금지하거나 근절하는 방식으로 해결하기는 어렵다. 따라서 이러한 이익충돌에서 발생하는 문제점을 최소화하기 위한 선거제도나 정당제도의 개선점을 찾아보는 것이 중요하다.

국회의원이 처하게 되는 지역 또는 직역의 부분이익과 정당의 이익, 그리고 이와 관련된 국회의원의 재선을 위한 이익과 전체국민의 이익 사이의 충돌과 같은 대의제도에 내재된 구조적 이익충돌과 구별하여, 국회의원이 직무를 수행하면서 사적 이익을 추구함

상의 강제" 또는 소속 "정당으로부터의 제명"은 가능하다." 헌재 2003. 10. 30, 2002헌라1, 판례집 15-2하, 17, 33.

40) 정종섭, 앞의 책(주 2), 1180면.

41) 콘라드 헷세, 계희열 역, 통일 독일헌법원론, 박영사, 2001, 366면.

으로써 발생하는 이익충돌의 상황은 별도로 취급하여야 한다.[42] 국회의원이 지위와 직권을 이용하여 재산상의 권리와 이익 또는 직위를 취득하거나 타인을 위하여 그 취득을 알선하는 등의 행위는 정치적 이익을 추구하는 경우와는 달리 개인적이고 사적인 이익을 추구하는 것이다. 국회의원의 겸직, 재산보유, 로비활동, 선물·사례금 등의 수수가 이에 해당한다. 이러한 경우는 사법상 대리, 위임 또는 신탁관계나 회사의 경영자-주주관계에서 발생하는 이익충돌의 경우와 본질적으로 다를 바 없다. 따라서 신인의무상의 일반적인 이익충돌금지 및 이익향수금지 원칙에 의하여 해결할 수 있다. 즉 그러한 상황에 처하는 것 자체를 금지하거나 그 지위를 이용하여 이익을 추구하는 것을 금지하여야 한다. 헌법상 국회의원의 청렴의무, 지위남용금지의무, 겸직금지의무가 이러한 이익충돌상황으로 말미암아 직무상 행위가 왜곡되는 것을 방지하기 위한 것이며, 국회법상의 겸직금지(제29조) 규정 및 영리업무 종사 금지(제29조의 2) 규정은 이러한 경우 적용될 수 있는 이익충돌금지법리를 구체화하여 규정하고 있는 것으로 볼 수 있다.

2. 헌법상 의무와 이익충돌

(1) 국가이익우선 의무와 이익충돌

국회의원은 선출된 지역구의 이익이나 배경이 되는 직역의 이익을 대변하는 기능을 수행해야 하는 반면 대의제의 원리에 따라

42) 국회의원이 직무를 수행하는 과정에서 발생할 수 있는 이익충돌의 유형은 사회의 일반구성원으로서 당면하게 되는 내생적 충돌(inherent conflict), 대의제의 구조적 문제에서 발생하는 대의적 충돌(representative conflict), 경제적 이익을 추구하는 과정에서 발생하는 개인적·필수적 충돌(personally necessary conflict), 기타 회피 가능한 충돌(avoidable conflict)로 나누어 제시되기도 한다. 박재창, "국회의원의 겸직에 의한 이해충돌 관리제도 개선: 방향과 과제", 한국정책과학학회보 제9권 제3호(2005), 4-5면. 이러한 분류에 의하면 전자는 대의적 충돌에 해당하며 후자는 내생적, 개인적 충돌에 해당한다.

전체국민의 이익을 위하여 직무를 수행할 의무를 진다. 헌법은 제46조 제2항에서 국회의원의 국가이익을 우선하여 양심에 따라 직무를 행한다고 규정하고 있다. 이 규정은 단원제 국회에서 지역구 국회의원과 직역을 대표하는 비례대표 국회의원의 경우 기본적으로 부분이익을 대변해야 함을 부정하지 않는다. 국회의원이 직무수행에서 국가이익뿐 아니라 부분이익을 위하여 직무를 수행해야 할 경우가 있음을 인정하고, 이를 전제로 양자가 충돌하는 경우 전체국민의 이익을 우선하여야 함을 선언하고 있다. 특히 이러한 구조적 이익충돌 상황은 재선을 위한 국회의원의 개인적 이익과 밀접하게 관련되어 있어 국회의원 개인으로서는 자연스럽게 부분이익을 더욱 중요하게 여기는 경향성을 가질 가능성이 높다.

부분이익의 추구 경향은 대부분의 주요 국회기능에 영향을 미치나 특히 관련 분야 입법이나 예산안의 심의, 확정과정에서 두드러지게 나타날 수 있고, 의원들이 그 결과를 지역구나 해당 직역에 의원의 성과로 제시하여 재선을 위해 이용하는 경우를 흔히 볼 수 있다. 이와 같은 과정에서 만들어진 법률이나 예산의 경우 그것이 아무리 불합리한 것이라 하더라도 사후에 법적으로 통제하는 데에는 한계가 있다. 예를 들면 지나치게 불합리한 입법의 경우 법원에서 법관의 해석에 의하여 일부 적용범위를 제한하거나 적용방향을 수정하는 것도 가능하나 문언의 범위 안에서 이루어지는 한계가 있고, 헌법재판소에 의한 위헌판단은 관련 당사자들의 기본권을 침해하였거나 헌법규정과 원칙을 위반하여 위헌인 경우에 한정되는 점에서 한계는 명백하다. 예산의 경우에도 비록 불합리한 예산배정이라 하더라도 국회의 심의확정권이 최종적인 것인 점에서 사후 통제는 불가능하다. 사후에 결과적으로 국민전체이익을 희생해서 일부 지역이나 직역에 이익을 가져온 것이 명백히 드러난다 하더라도 당해 예산의 확정에 관여한 민형사상 책임을 물을 수도

없다.43)

따라서 이러한 문제의 해결을 위해서는 이익충돌상황의 근절만이 방법이 될 수 있다. 그러나 이것이 대의제의 구조적인 문제라는 점에서 완전한 근절이 어렵다고 보면 제도적으로 이를 완화하는 방법을 찾아나가는 것이 중요하다. 우선 근본적으로 지역과 관련된 사항에 대한 입법권과 예산에 대한 권한을 지방자치단체에 대폭적으로 이양하는 지방자치제의 개선을 생각해볼 수 있다. 지역의 이익과 관련된 정책결정과 입법, 이를 위한 예산에 대한 배정권한이 지방자치단체에 귀속되면 자연스럽게 중앙정부의 지역이익에 대한 영향력은 한계를 가질 수밖에 없다. 중앙정부와 지방자치단체간의 역할분담이 이루어지면 국회의 활동은 국가전체와 관련된 문제를 해결하기 위한 것이 되고 국회의원 역시 전체국민의 이익을 위한 활동에 집중할 수 있게 된다. 따라서 지역의 이익을 위해 활동하는 지방의회 의원과 전체국민의 이익을 위해 활동하는 국회의원간의 역할분담도 이루어질 수 있다. 이러한 지방자치제도의 개혁은 현행 헌법 하에서도 지방자치법 등 관련 법률의 개정을 통해 충분히 가능하다.

나아가 지역구 국회의원의 경우 현행 소선거구 다수대표제를 변경하여 광역선거구제를 채택하는 것을 생각해볼 수 있다. 선거구가 상대적으로 작은 소선거구제도 하에서 의원은 지역의 이익과 밀접하게 관련되지 않을 수 없다. 더구나 다수대표제라는 점에서 재선을 위해서는 지역이익을 위해 열심히 활동하였음을 선거권자들에게 제시하지 않을 수 없음은 충분히 예상할 수 있다. 반면 국

43) 이러한 점에서 회사의 경영자에게 나타나는 본인-대리인 문제를 위한 법적 해결책으로 사후적인 손해배상 청구(상법 제399조)가 가능한 것과 대비된다. 특히 주주의 대표소송(제403조)이 가능하여 주주에 의한 경영자의 책임추궁이 현실적으로 이루어지고 있다. 송옥렬, 앞의 책(주 8), 881면.

회의원 선거구를 상당한 넓이로 광역화하면 선거구의 이익을 추구하는 경우에도 좁은 지역의 이익에 관련되기보다 넓은 범위의 이익을 위한 활동이 될 수 있고 이로써 어느 정도 부분이익의 추구를 완화할 수 있는 방법이 될 수 있다.

또한 국회구성에서 비례대표의원의 수를 증가시키는 방법도 생각해 볼 수 있다. 지역구 국회의원들이 가지는 지역이익에 대한 한계가 구조적인 문제라는 점에서 비례대표를 확장하면 국회가 그러한 영향으로부터 자유롭게 될 수 있다. 다만 전문가의 국회진출을 명분으로 일정한 직역을 대표하는 의원들이 비례대표로 선출되는 경우 오히려 부분이익과의 충돌문제가 심화될 수 있는 점에서 비례대표제 자체에서 직능대표성을 약화시키는 것이 필요하다. 또한 비례대표의원 수의 증가는 후보자 선정에서 정당의 영향력이 커지는 결과가 초래될 수 있는 점에서 다른 한편의 이익충돌 문제가 심화될 수 있다.

정당의 지위와 기능은 헌법상 보장되며 국회의원이 정당에 소속되어 직무를 수행하는 것은 헌법상 예정되어 있다. 정당원으로서 정당의 이익을 위해 활동해야 할 의무를 가진 국회의원으로서는 또 다른 이익충돌상황에 직면하게 된다. 이 역시 대의제에서 정당의 역할과 기능을 인정하는 상황에서 근본적으로 해결하는 것은 쉽지 않다. 단순한 전체국민의 이익을 우선해야 한다는 원칙적 선언을 넘어 정당의 이익과 전체국민의 이익이 충돌함으로써 생기는 문제를 완화할 수 있는 방법을 찾아야 한다. 정당내부의 민주화를 통해 넓은 범위의 당원들에 의한 후보자 선출 등 정당의 공직선거후보자 선출과정을 개혁하거나 각종 의사결정에서도 합리적인 토론과 의사소통을 통해 개별 의원의 의사를 충분히 전달하고 실현할 수 있도록 하는 방안을 입법 등을 통해 실현해야 한다.

전체국민의 이익과 부분이익의 충돌문제는 대의제에서 피할 수 없는 것으로서 입법이나 예산 배정 등이 완결된 사후에 이를 법적으로 통제하는 방식으로는 이로써 발생하는 불합리한 문제들을 해결하기 어렵다. 따라서 각종 제도적 장치를 통해 국회의원의 선출과정이나 정당의 의사결정과정 등을 절차적으로 조정하여 사전에 부분이익이 국회의 결정과정에서 기능하기 어렵도록 하는 것이 무엇보다도 중요하다. 물론 사후적으로는 결과가 나타난 이후 정치적 책임만을 물을 수 있으므로, 국회의원의 선거과정이 전체국민의 이익을 위한 활동의 평가로 이루어짐으로써 전체국민의 이익과 선거의 결과가 일치되는 것이 가장 바람직한 방향일 것이다. 따라서 입법과 예산 등 각종 활동 결과에 대한 일방적 선전이 아닌 적절한 평가와 투명한 정보제공이 중요하며 그와 관련된 활발한 논의들이 국민들에게 전달되는 것이 필요하다.

(2) 청렴 및 겸직금지 등의 의무와 이익충돌

국회의원이 지위와 직권을 이용하여 재산상의 권리와 이익, 직위를 취득하거나 타인을 위하여 그 취득을 알선하는 등 개인적이고 사적인 이익을 추구함으로써 발생하는 이익충돌 및 신인의무 위반에 대한 법적 장치는 이미 상당부분 제도화되어 있다. 예를 들면 헌법은 제43조에서 법률이 정하는 직을 겸할 수 없다고 규정하고 국회법은 제29조에서 원칙적으로 국무총리 또는 국무위원의 직 이외의 다른 직을 겸할 수 없다고 규정하면서 예외적으로 공익 목적의 명예직이나 다른 법률에서 의원이 임명·위촉되도록 정한 직 그리고 '정당법'에 따른 정당의 직만을 겸직할 수 있도록 허용하고 있다. 겸직이 불가능한 직의 경우 임기 개시일 전까지 휴직하거나 사직하도록 하고 공공기관의 임직원이나 농협이나 수협의 조합, 중앙회 등의 임직원 그리고 대학교원 등의 직은 반드시 사직하도록 하여 임기 중 겸직상황이 발생할 수 없도록 하고 있다. 겸직이 가능한 경우에도 이를 의장에게 신고하도록 하고, 신고한 직이 허용될 수 있는 것인지 여부를 윤리심사자문위원회의 의견을 들어 의장이 정하도록 함으로써 겸직금지가 실질적으로 이루어질 수 있도록 제도적 장치를 마련하고 있다. 또한 국회법 제29조의 2는 영리업무 종사 금지를 규정하고 있다. 이에 의하면 의원은 그 직무 외에 영리를 목적으로 하는 업무에 종사할 수 없고, 예외적으로 의원 본인 소유의 토지·건물 등의 재산을 활용한 임대업 등 영리업무를 하는 경우로서 의원의 직무수행에 지장이 없는 경우에만 허용된다. 당선 전부터 종사해온 허용되지 않는 영리업무의 경우 임기개시 후 6개월 이내에 휴업 또는 폐업하여야 한다. 허용되는 영리업무의 경우 서면보고 및 그 허용여부에 대한 심사는 겸직금지의 경우와 같다. 이들 규정의 위반은 국회법상 국회의원의 징계사유에 해당한다(제155조). 이와 같은 국회법상의 겸직금지와 영리업무 종사 금지 규정은 국회의원의 전체국민의 이익을 추구해야 할 의무와 사적인 이익이 충돌하는 상황 자체를 금지시키는 점에서 신인의무의 충성의무를 충실히 실현하는 것이라 할 수 있다.

반면 이를 넘어 본인 혹은 가족관계인의 이익과 관련된 직무를 수행하거나 직무를 이용하여 이익을 취득하는 경우에 대한 자세한 국회법 규정은 존재하지 않는다.[44] 헌법 제46조에서 청렴의무와 지위남용금지의무를 규정하고 있으나 이를 구체화하는 법률규정이 존재하지 않으면 위 규정은 단순한 선언에 불과할 수밖에 없다. 실제 이러한 의무와 관련된 제도로서 우선 국회법은 제155조에서 헌법 제46조 제1항과 제3항의 위반행위를 징계대상으로 규정하고 있다. 그리고 국회의원윤리강령에 직무와 관련하여 부정한 이익을 도모하거나 부당한 영향력을 행사하지 아니하며 청렴하고

44) 물론 직권을 남용한 재산적 이익의 취득은 뇌물죄 등 형법에 위반되는 경우 형사적인 처벌의 대상이 될 수 있다.

검소한 생활을 한다는 내용이 존재하고, 국회 내부적인 규칙으로서 국회의원윤리실천규범(1993. 7. 13. 일부개정, 국회규칙 제73호)에 직권남용금지(제4조)와 직무관련 금품등 취득금지(제5조), 사례금 수수제한(제7조), 안건에 대한 이해관계를 가지는 경우 회피의무(제10조) 등이 규정되어 있다. 그러나 국회법상의 징계규정은 막연히 헌법규정의 위반시 징계할 수 있다고만 규정하고 있고 국회의원윤리강령 역시 헌법과 유사한 내용을 다시 반복하고 있어 여전히 청렴과 지위남용금지의무를 구체화하지 못하는 단점이 있다. 윤리실천규범도 관련 조문의 수가 적을 뿐 아니라 개별 조문도 간략히 규정되어 있고 추상적 선언 수준을 벗어나지 못하여 실제로 적용하여 실현하기에는 적절하지 않다.

공직자의 부정한 재산 증식을 방지하고 공무집행의 공정성을 확보하기 위한 일반법으로 널리 공직자에게 적용되는 '공직자윤리법'이 있고 국회의원도 그 적용을 받는다. 공직자윤리법에는 공직자 및 공직후보자의 재산등록, 등록재산 공개 및 재산형성과정 소명과 공직을 이용한 재산취득의 규제, 공직자의 선물신고 및 주식백지신탁, 퇴직공직자의 취업제한 및 행위제한 등이 규정되어 있어 어느 정도 공익과 사익의 이익충돌 상황을 방지하고 있기는 하다. 그럼에도 불구하고 구체적인 행위제한은 외국으로부터의 선물과 관련된 것에 한정되는 등 간접적인 규제에 머물고 있다.

그러한 점에서 현행 '부정청탁 및 금품등 수수의 금지에 관한 법률(약칭 청탁금지법)'의 제정시 제안된 여러 법률안[45]에 공직자의 이해충돌방지를 위해 사적 이해관계 직무수행 금지, 외부활동의 제

45) 부정청탁금지 및 공직자의 이해충돌방지법안(김영주의원 대표발의, 2013. 5. 24); 부정청탁금지 및 공직자의 이해충돌방지법안(이상민의원 대표발의, 2013. 5. 28); 공직수행의 투명성 보장과 이해충돌 방지를 위한 법률안(김기식의원 대표발의, 2013. 10. 28); 부정청탁 금지 및 공직자의 이해충돌방지법안(정부안, 2013. 8).

한, 사업자 등과의 거래 제한, 가족채용제한, 계약체결제한, 예산 등의 부정사용 금지, 공용물·직위 등의 사적 사용 금지 등에 대한 자세한 규정이 포함되어 있었으나 최종적으로 제외된 점은 무척 아쉬움이 남는다. 예를 들면 이익충돌상황 자체를 방지하기 위한 제도들로서 국회의원을 비롯한 공직자는 공직자 자신, 4촌 이내의 친족과 관련된 직무 등 사적 이해관계와 관련되어 있는 경우 직무에서 제척되며, 공직에 임용되거나 취임하기 전에 재직하였던 법인이나 단체와 관련된 업무에서 배제된다. 또한 공직자는 직무와 관련된 사적인 자문이나 조언, 대리 등의 외부활동이 금지되며, 소속기관이나 산하기관에 가족을 채용하거나 소속 공공기관 등과의 거래가 금지된다. 나아가 예산 등의 부정사용 금지, 공공기관의 물품과 직위 등의 사적 사용금지 미공개정보의 사적 이익을 위한 사용금지 등은 이익충돌상황에서 발생할 수 있는 이익향수 자체를 금지하는 것에 해당한다. 이들 규정들의 입법이 이루어졌다면 국회의원과 관련하여 신인의무의 내용을 이루는 충성의무의 골자인 이익충돌금지원칙과 함께 이익향수금지원칙 역시 구체적으로 입법화됨으로써 상당한 수준으로 국회의원들의 사적 이익 추구를 방지하고 헌법상의 의무들을 실현하는 데에 이바지할 수 있었다. 따라서 이후 청탁금지법의 개정에 대한 논의에서 이익충돌과 관련된 부분의 포함여부가 주요한 쟁점으로 논의되어야 할 것이다.

(3) 선거제도 입법과 이익충돌

이익충돌상황에서 이루어지는 정치적 이해관계에 의한 입법활동이나 예산심의 등 실질적인 정책결정을 사후적으로 통제하거나 규제하는 것은 대단히 어렵다. 따라서 사전의 결정과정에 대한 규제가 필요하다. 이익충돌의 법리가 적용되어 입법과정에 대한 별도의 설계가 이루어진 대표적인 사례로서 공직선거법 제24조 및

제24조의 2조에 규정되어 있는 국회의원 선거구 획정에 관한 규정이 있다.

공직선거법에 의하면 공정한 선거구획정을 위하여 중앙선거관리위원회에 독립된 지위를 가진 선거구획정위원회를 설치·운영하고(제24조 제1항, 제2항), 이 위원회는 국회의원과 정당의 당원을 제외한 중앙선거관리위원회위원장이 지명하는 1명과 학계·법조계·언론계·시민단체·정당 등으로부터 추천받은 사람 중 국회 관련 위원회에서 의결로 선정한 8명으로 구성되며 위원은 중앙선거관리위원장이 위촉한다(제24조 제3항, 제4항). 선거구획정위원회가 선거구획정안을 의결하여 국회의장에게 제출하면(제24조 제11항), 국회의장은 소관 위원회에 이를 회부하고 위원회는 이를 반영하여 법률안으로 만들어 제안한다. 다만 선거구획정위원회의 획정안이 법률에 규정된 기준에 명백하게 위반되는 경우 이유를 붙여 재적의원 2/3 이상의 찬성으로 국회의원선거구획정위원회에 다시 제출하여 줄 것은 한차례만 요구할 수 있다(제24조의 2 제2항, 제3항). 선거구법률안은 국회법제사법위원회의 체계와 자구에 대한 심사대상에서 제외되며 본회의에 부의되면 법률안에 대한 수정 없이 표결만 가능하다(제24조의 제5항, 제6항).

이와 같이 사실상 선거구획정에 관하여 국회의 입법권을 제한하고 국회의원들이 제외된 중립적인 위원회에 그 권한을 부여한 것은 선거구획정과 관련된 이익충돌을 방지하기 위한 것이다. 선거구의 획정은 현직 국회의원과 신규진입자의 이익과 매우 밀접하게 관련되어 있는 것으로서 현직 국회의원들에게 이를 결정할 권한을 부여하면 자신들에게 유리한 방향으로 입법이 이루어질 가능성이 매우 높다. 한편 선거구획정은 법률로 이루어져야 하며 헌법상 입법권은 국회에 부여되어 있으므로 그에 대한 현역 의원들의 관여를 완전히 배제하는 것은 헌법에 위반된다. 따라서 실질적인 내용을 국회외의 중립적인 위원회에서 결정하도록 하고 국회는 제한된 이의권과 가부여부에 대한 결정권만을 가지도록 하여 이익충돌을 방지하면서도 국회입법의 원칙이 유지되도록 하고 있는 것이다.

이와 같은 이익충돌의 법리에 의한 국회입법권의 제한은 선거제도 전반에 대한 입법과정에서도 그대로 적용될 수 있다. 소선거구제와 다수대표제, 비례대표 국회의원의 수와 선출방법 등 선거제도의 기본적인 구조는 물론이고 공직선거법상의 기탁금, 선거운동에 대한 규제 등 각종 제도와 관련된 입법 역시 선거구획정과 마찬가지로 현직 국회의원들에게 유리한 방향으로 이루어질 가능성이 있다. 최소한 신규진입자를 위한 입법이 이루어질 가능성은 거의 없다. 따라서 선거제도에 대한 입법 전반에 대하여도 국회입법권을 제한할 필요성은 크다. 이와 같이 입법자는 스스로의 법적 지위에 관계되는 한 선거관련법의 입법과정에서 원칙적으로 공정성을 의심받을 수밖에 없으므로, 입법절차에서 그들의 입법형성권은 강하게 제한되어야 한다. 이는 선거법 이외에 의원의 법적 지위와 관련된 다른 분야에서도 마찬가지이다. 선거제도와는 별도로 국회의원의 자체의 지위(급료, 법률상의 특권 등)에 관한 법률의 입법과정에도 마찬가지로 이익충돌의 법리를 적용하여 입법권을 제한할 필요성이 있다. 청탁금지법의 적용대상에서 상당부분 국회의원이 제외되고 이익충돌에 대한 규정이 제외된 점을 보면 그 필요성은 명확하다. 따라서 이 경우에도 국회에서 전적으로 입법권을 행사하는 것이 아닌 독립된 위원회로 하여금 입법과정에서 실질적인 영향력을 행사할 수 있도록 하는 것을 생각해볼 수 있다.

나아가 이와 같은 분야의 입법형성권이 제한되는 점은 최종 입법결과에 대한 사후적인 위헌심사가 이루어질 때 헌법재판소가 엄격한 심사를 거쳐 위헌여부를 판단하여야 한다는 주장의 강력한 논거가 된다. '누구든지 자신의 일에 관하여는 재판관이 되어서는 아니된다'는 자연적 정의의 법칙은 이익충돌금지의 원칙을 표현한 것으로서 선거제도나 국회의원 자신들의 지위와 관련된 법률의 경우에 가장 적확하게 적용된다. 따라서 다른 입법이나 예산심의와 같은 경우 실체적인 국회의 판단을 사후적으로 심사하는 것에 한계가 있는 것과는 달리 국회의원의 지위와 관련된 분야의 입법은 사후에도 어느 정도 사법심사를 통해 통제가 이루어질 수 있도록 하여야 한다.[46)]

Ⅳ. 결 론

국회법 제24조는 국회의원이 임기 초에 국회에서 다음의 선서를 하도록 규정하고 있다. "나는 헌법을 준수하고 국민의 자유와 복리의 증진 및 조국의 평화적 통일을 위하여 노력하며, 국가이익을 우선으로 하여 국회의원의 직무를 양심에 따라 성실히 수행할 것을 국민 앞에 엄숙히 선서합니다." 국가이익의 우선은 대의제의 기본원리에 의한 국회의원의 직무를 표현한 것이며, 양심에 따른 성실한 직무 수행은 신인의무의 내용인 이익충돌금지원칙 및 이익향수금지원칙의 준수를 표현한 것으로 볼 수 있다.

국회의원은 헌법상 국민의 대표자로서 대의원리에 의하면 당연히 전체국민의 이익을 위하여 직무를 수행하여야 한다. 그러나 국회의원에게는 한편으로 지역구의 이익이나 직역의 이익 등 부분

46) 특히 선거운동의 자유와 관련하여 과도한 선거운동의 제한은 정치적 기득권자에게 유리한 반면 도전자에게 불리하게 작용하므로 선거규제에 관한 의회의 입법형성권은 강하게 제한될 수밖에 없고 그에 대한 위헌심사는 엄격한 심사기준에 의하여야 한다는 입장이 헌법학에서 널리 인정되고 있다. 전종익, "위헌심판의 심사기준 -선거운동과 표현의 자유를 중심으로-", 서울법학 제18권 제1호(2010), 256-257면.

이익이나 정당원으로서 정당의 이익을 대변하는 역할도 부여되어 있어 지위 그 자체에서 이익충돌이 예정되어 있다. 물론 전체국민의 이익을 위하여 직무를 수행하는 점에서 전형적인 '본인-대리인 문제' 즉 자신의 권한을 이용한 사적 이익의 추구에 의한 이익충돌 문제도 발생할 수 있다. 이러한 점에 착안하여 영미를 중심으로 국회의원과 국민의 관계를 신탁관계와 유사한 것으로 보고 신인의무의 법리를 적용하여 설명하려는 시도들이 이루어지고 있다. 그러나 기본적으로 대의원리에 의하여 국회의원들에 대한 명령적 위임이 배제되어 있는 우리 헌법체계상 이러한 주장들은 그대로 도입하기는 어렵다. 다만 이익충돌상황에서의 해결방안에 대한 기본적인 아이디어들은 우리 법체계에도 무난히 도입될 수 있다. 특히 국회의원의 사적인 이익추구가 문제되는 영역의 경우 신인의무의 법리가 그대로 적용될 수 있고 이미 이러한 법리에 의한 입법이 이루어진 예도 찾아볼 수 있다. 반면 대의제에 의한 구조적인 이익충돌은 선거제도나 지방제도 등 근본적인 제도개선을 통하여 문제를 완화시키는 방향으로 접근하는 것이 유용하다.

의회입법의 원칙은 민주적 정당성을 가진 국민의 대표로 구성된 의회에 국민의 자유와 권리를 보장하는 법률의 제정을 맡김으로써 책임정치를 구현하고 자유와 권리의 부당한 침해를 방지하기 위한 것이며, 나아가 입법이 개인이나 이해단체의 사적 이익이 아닌 공공의 이익을 위해 이루어질 수 있도록 하기 위한 것이다. 특히 국회의 입법과정 자체가 가지는 토론을 통한 다양한 견해 및 이익의 조정이라는 특성에 따라 공익의 발견에 더욱 적합하다고 평가된다.[47] 그러나 공공의 이익을 위한 입법은 단순한 선언만으로는 이루어질 수 없다. 현실적으로 이익이 충돌하는 상황에서 국민

47) 이명웅, "위임입법의 위헌심사기준 및 위헌결정사례 분석", 저스티스 제96호 (2007), 68면.

전체의 이익을 위해 직무를 수행해야 한다고 소리 높여 주장한다고 그것이 그대로 실현되는 것은 아니다. 그러한 점에서 이러한 문제에 대처하는 제도의 도입과 개선을 위하여 사법에서 발달한 이익충돌과 신인의무에 대한 법리로부터 많은 유용한 방법들을 제공받을 수 있다. 다만 이 경우에도 공법 특히 헌법의 정치제도 분야가 가지는 특성에 맞게 적용되어야 할 것이다.

⊠ 참 고 문 헌

Ⅰ. 국내문헌

[단행본]

권영성, 헌법학원론, 법문사, 2010.

김철수, 학설판례 헌법학, 박영사, 2009.

성낙인, 헌법학, 법문사, 2016.

송옥렬, 상법강의, 홍문사, 2014.

이연갑, 신탁법상 수익자 보호의 법리, 경인문화사, 2014.

정종섭, 헌법연구 1, 박영사, 2004.

정종섭, 헌법학원론, 박영사, 2016.

정호영, 국회법론, 법문사, 2012.

콘라드 헷세, 계희열 역, 통일 독일헌법원론, 박영사, 2001.

허 영, 한국헌법론, 박영사, 2016.

허 영, 헌법이론과 헌법, 박영사, 2015.

[논문]

김정연, "자본시장에서의 이익충돌에 관한 연구", 서울대학교 법학전문대학원 전문박사 논문(2016).

박재창, "국회의원의 겸직에 의한 이해충돌 관리제도 개선: 방향과 과제", 한국정책과학학회보 제9권 제3호(2005).

이명웅, "위임입법의 위헌심사기준 및 위헌결정사례 분석", 저스티스 제96호(2007).

전종익, "위헌심판의 심사기준－선거운동과 표현의 자유를 중심으로－", 서울법학 제18권 제1호(2010).

전종익, "공동체로서의 국가와 정부", 서울대학교 법학 55(4)(2014).

Ⅱ. 외국문헌

[단행본]

Alexander Hamilton, John Jay and James Madison, *The Federalist,* Liberty Fund, 2001.

Cass R. Sunstein, *The Partial Constitution,* Harvard University Press, 1993.

Evan Fox-Decent, *Sovereignty's Promise-The State as Fiduciary,* Oxford University Press, 2011.

John Locke, Peter Laslett (eds.), *Two Treatises of Government,* Cambridge University Press, 2002.

Patrick Dunleavy & Brendan O'Leary, *Theories of the State,* Macmillan Education, 1987.

Samuel Rawson Gardiner (eds.), *The Constitutional Documents of the Puritan Revolution 1625-1660,* Oxford at the Clarendon Press, 1899.

[논문]

D. Theodore Rave, "Politician as Fiduciaries", *Harvard Law Review* (2013).

David L. Ponet & Ethan J. Leib, "Fiduciary Law's Lesson for Deliberative Democracy", *Boston University Law Review,* Vol. 91 (2011).

Ethan J. Leib, David L. Ponet & Michael Serota, "Translating Fiduciary Principles into Public Law", *Harvard Law Forum,* Vol. 126 (2013).

Paul Finn, "Public Trust and Public Accountability", *Griffin Law Review,* Vol. 3, No. 2 (1994).

Robert G. Natelson, "The Constitution and the Public Trust", *Buffalo Law Review,* Vol. 52 (2004).

제 2 장

행정부에서의 이익충돌*

최 계 영

Ⅰ. 서 론

이해충돌은 전통적으로 행정법에서 논의되는 주제는 아니다. 사회계약론에 기초하여 시민과 공직자 사이의 관계를 '본인-대리인 관계'(principal-agent relationship)에 유사한 것으로 비유할 수는 있다.[1] 그러나 사법관계와 비교할 때, 공법관계에서는 과연 본인이

---

* 「저스티스」 통권 제159호(2017. 4)에 게재된 논문을 수정·보완한 것이다. 논문의 기초가 된 서울대학교 공동연구(「이익충돌에 관한 법적 연구」)의 대주제에 따라 제목에서는 "이익충돌"이라는 용어를 사용하였다. 그러나 공직자윤리법 등 공법 영역의 실정법에서 "이해충돌"이라는 용어를 사용하고 있으므로 본문에서는 이해충돌이라는 용어를 사용한다.

1) Mattarella, "The conflicts of interest of public officers: Rules, checks and penalties", Auby/Breen/Perroud (ed.), *Corruption and Conflict of Interest－A Comparative Law Approach*, Edward Elgar, 2014, p. 30 이하; 윤태범, "공무원 윤리 확보를 위한 직무상 이해충돌 회피에 관한 연구: 미국, 일본, 한국의 비교를 중심으로", 한국인사행정학회보 제4권 제2호(2005), 116면. Peters, "Conflict of interest as a cross-cutting problem of governance", Peters/Handschin (ed.), *Conflict of Interest in Global, Public and Corporate Governance, Cambridge*, 2012, p. 13 이하에서는 공법의 영역에서도 헌법, 법률 또는 공직의 관점에 근거하여 시민(본인)과 공직자(대리인) 사이에 신인관계가 형성되고 공직자가 시민에 대하여 신인의무를 부담하며, 따라서 이해충돌에 의하여 왜곡된 의사결정은 신인의무의 위반이 될 수 있다고 한다.

누구인지(국가 자체, 국민 전체, 개개의 유권자의 총합)가 불명확하고, 본인의 이익은 무엇인지(공익)를 실체적으로 확정하는 것 역시 쉽지 않은 일이다. 또한 법치행정의 원칙상 '대리인'인 공직자의 권한 행사는 법에 기초하여 이루어져야 하므로, 본인의 이익에 합치하는지 여부보다는 법에 합치하는지 여부를 판단하는 것이 행정법의 주된 관심사였다. 공직자 개인의 사익추구와 같은 부정한 동기가 재량권 행사시 개입되면 재량의 하자가 있다는 법리[2] 정도에서 이해충돌과의 관련성을 찾을 수 있을 뿐이다.

그러나 행정의 독자적인 정책 판단이나 재량의 여지가 결코 작지 않고, 궁극적으로 추구해야 할 공익은 불확정적이더라도 공적 의사결정과정에 영향을 미쳐서는 안 될 공직자 개인의 사익은 상대적으로 뚜렷하게 감지될 수 있다. 즉, 공익 자체를 확정하기는 어렵지만, 공직자 개인의 사익추구로 인해 공적 의사결정이 부당한 영향을 받고 그 결과 공익이 훼손되는 것으로 판단되는 상황은 비교적 쉽게 확인할 수 있다. 현실에서도 크고 작은 부패 사건으로 인해 부패의 방지는 세계 여러 나라에서 지속적인 국가적 관심사와 과제가 되고 있고, 그와 함께 부패를 유발할 위험성이 높은 이해충돌 상황에 대한 규제에 대해서도 관심이 높아지고 있다. 우리나라도 예외는 아니어서[3] 2015년 '부정청탁 및 금품등 수수의 금지에 관한 법률'(이하 '청탁금지법'이라 한다) 제정과정에서 이해충돌 방지 규정을 도입하려는 시도가 있었고, 당시에는 비록 도입되지 못하였지만 보완이 필요하다는 주장이 지속적으로 제기되고 있다.

---

2) 이는 재량행위의 위법사유 중 '목적위반'에 해당한다. 김동희, 행정법 Ⅰ, 박영사, 2016, 281면; 박균성, 행정법론(상), 박영사, 2014, 315면 이하 참조.

3) 국제투명성기구가 발표한 부패지수에 따르면 우리나라는 2015년 조사대상 168개국 중 37위를 차지하였으나 OECD 34개국 중에서는 27위에 그치고 있다. (http://www.yonhapnews.co.kr/bulletin/2016/01/27/0200000000AKR20160127098100004.HTML?input=1195m)

이해충돌 규제는 이처럼 학문적으로, 그리고 현실적으로 점점 더 관심의 대상이 되어 가고 있다. 이 글에서는 먼저 이해충돌 규제의 일반론을 살펴보고자 한다. 이해충돌 규제는 무엇을(개념, 규제대상), 왜(규제목적), 어떻게(규제수단) 규제하고자 하는 것인가에 관한 이야기이다. 기존에 우리나라에서 본격적으로 논의되던 주제가 아니므로 외국의 기본적인 논의를 소개하고자 한다(Ⅱ.). 다음으로는 여러 나라의 이해충돌 규제 법제를 고찰하고자 한다. 미국, 캐나다, 프랑스, 독일을 차례로 살펴볼 것이다. 미국은 이해충돌 규제의 오랜 역사가 있기 때문에, 캐나다와 프랑스는 비교적 최근에 이해충돌을 포괄적으로 규율하는 법률을 제정했기 때문에, 비교대상으로 선택하였다. 독일은 이해충돌에 대한 규제가 독자적으로 발달되어 있는 나라는 아니지만, 우리나라에서 청탁금지법 제정시 논란이 되었던 제척 조항을 행정절차법에 두고 있으므로 해당 조항을 소개하고자 한다(Ⅲ.).[4] 마지막으로 우리나라의 현재 입법상황과 청탁금지법 제정과정에서의 논의, 그리고 개선방안을 검토할 것이다(Ⅳ.).

---

4) 청탁금지법 제정 및 시행과정에서 부패방지 법제에 관하여 한국법제연구원에서 여러 보고서가 발간되었다. 2012년 이유봉, 공직부패 종합대책법으로서의 「부정청탁 및 이해충돌 방지법안」에 대한 분석연구, 한국법제연구원, 2012가 발간되었고, 2015년에는 8개국 비교연구가 수행되었다(김현희, 캐나다의 공직자 부패행위에 관한 비교법적 연구, 한국법제연구원, 2015; 나채준, 미국의 공직자 부패행위에 관한 비교법적 연구, 한국법제연구원, 2015; 박경철, 영국의 공직자 부패행위에 관한 비교법적 연구, 한국법제연구원, 2015; 박규환, 독일의 공직자 부패행위에 관한 비교법적 연구, 한국법제연구원, 2015; 배성호, 일본의 공직자 부패행위에 관한 비교법적 연구, 한국법제연구원, 2015; 장원규, 오스트리아의 공직자 부패행위에 관한 비교법적 연구, 한국법제연구원, 2015; 전 훈, 프랑스의 공직자 부패행위에 관한 비교법적 연구, 한국법제연구원, 2015; 조재현, 싱가포르의 공직자 부패행위에 관한 비교법적 연구, 한국법제연구원, 2015). 이 논문의 작성과정에서 위 선행연구들은 큰 도움이 되었다. 다만, 위 보고서들은 부패방지 법제 전반에 대한 연구이고 이해충돌 문제에만 초점이 맞추어진 것은 아니다.

Ⅱ. 이해충돌의 개념, 규제목적, 규제수단

1. 개념(규제대상)

'OECD 이해충돌방지 가이드라인'(2003)[5]에서는 이해충돌을 "공적 의무와 공직자의 사적 이익 사이의 충돌로서, 공적 의무와 책임의 수행에 부당하게 영향을 미칠 수 있는 사적 지위에서의 이익을 공직자가 가지고 있는 경우"라고 정의하고 있다. OECD의 위 개념 정의는 규제대상으로서 이해충돌을 파악할 때 일종의 기준이 된다.

서로 충돌하는 이익을 비교하고 형량하는 일은 공적 의사결정 과정에 늘 존재한다. 대규모 개발계획을 수립할 때 행정부는 경제개발의 이익과 환경상의 이익을 형량한다. 그러나 이해충돌로 포착하여 규제하고자 하는 대상은 그러한 종류의 충돌은 아니다. 앞서 본 것처럼 '본인-대리인 관계'에서 나타나는 이해충돌의 문제가 규제하고자 하는 대상이다. 본인, 즉 시민 전체에 속하는 이익(공익)과 대리인, 즉 공직자 개인에 속하는 이익(사익)이 서로 갈등관계에 있는 상황이 규제의 대상이 된다. 공직자의 개인적 이해관계로 인하여 의사결정 과정에서 공익이 무시되거나 경시될 우려가 있기 때문에 문제가 되는 것이다.[6] 충돌되는 사익은 금전적 이익

5) OECD, *Managing Conflict of Interest in the Public Service－OECD Guidelines and Overview*, 2003, p. 24.

6) 규제대상으로서 이해충돌을 포착할 때는 통상 공직자 개인에 속하는 사익과의 충돌을 문제 삼지만, 학문적 연구대상으로서 논의되는 범위는 더 넓다. 예를 들어 독립규제기관 중에는 징수한 과징금의 일부를 해당 기관의 수입으로 보유할 수 있는 경우가 있는데 이러한 상황에서는 직무의 적절한 수행이라는 공익과 재정확보라는 기관의 이익이 충돌한다{Mattarella, 앞의 논문(주 1), p. 31}. 또한 Auby, "Conflict of interest and administrative law", Peters/Handschin (ed.), 앞의 책(주 1), p. 149 이하에서는 하나의 행정기관이 둘 이상의 임무를 맡음으로써 발생하는 공익 사이의 충돌 문제도 이해충돌 개념에 포섭시킨다. 뒤에서 볼 바와 같이 공익 사이의 충돌도 이해충돌에 포함시켜 입법한 예(프랑스)도 있다.

에 한정되지 않는다. 합리적 관점에서 볼 때 직무수행에 부당하게 영향을 미칠 가능성이 있다면, 개인적 연고나 유대, 가족의 이익도 포함될 수 있다.[7)]

이해충돌은 공익과 사익이 서로 대립하고 있는 객관적 상황 자체를 가리킨다. 공직자는 이해충돌 행위를 저지른 것이 아니라 이해충돌 상황에 놓인 것이다.[8)] 이해충돌 상황에 놓인 공직자는 공익을 희생하고 사익을 우선시하는 결정을 내릴 위험성은 있지만, 반드시 그러한 결과가 발생하는 것은 아니다. 이해충돌에도 불구하고 공직자는 공익을 우선시하는 (올바른) 결정을 내릴 수도 있다. 그러므로 이해충돌에 대한 규제는 부당한 직무수행이라는 결과가 발생하여 공익이 침해되었는가에 상관없이 그러한 위험성이 있다는 점에 기초하는 것이다.[9)10)] 부패(corruption)는 통상 공직자의 직무의무 위반으로서 공익을 침해하거나 사익을 추구하는 일체의 행위라고 정의된다.[11)] 이해충돌에 대한 규제는 부패 발생 이전의 이해충돌 상황 자체를 규제하는 것이고,[12)] 이해충돌 그 자체는 부패가 아니다.[13)] 부패는 의도적 행위에 의한 결과인 반면, 이해충돌은 의도하지 않게 발생한 상황이다.[14)] 그러므로 대부분의 이해충돌

---

7) OECD, 앞의 책(주 5), p. 25.

8) Peters, "Managing conflict of interest: lessons from multiple disciplines and settings", Peters/Handschin (ed.), 앞의 책(주 1), p. 365.

9) 형법상의 개념에 비유하면 침해범이 아니라 위험범에 해당한다. Mattarella, 앞의 논문(주 1), p. 31; Peters, 앞의 논문(주 8), p. 368 이하

10) 다만, 이해충돌 규제로 논의되는 규제에는 이해충돌 상황에서 더 나아가 사익을 우선시한 행위에 대한 금지와 제재도 일부 혼재되어 있다.

11) 박재윤, "부패방지를 위한 행정법 제도의 쟁점", 행정법연구 제46호(2016. 8), 248면.

12) 김주영, "공직부패 방지를 위한 공직자의 이해충돌 방지규정의 검토", 공법학연구 제14권 제3호(2013. 8), 182면.

13) OECD, 앞의 책(주 5), p. 22.

14) 박홍식, "공직자 이해충돌 행위의 개선을 위한 연구 －법적·윤리적 시각을 중심으로", 한국행정학보 제42권 제3호(2008), 243면; Peters, 앞의 논문(주 8), p. 370.

규제는 의사결정의 결과가 아니라 의사결정의 과정에 초점을 맞춘다.[15] 부당하게 직무를 수행할 의도가 없음에도 이해충돌을 규제하는 이유는 심리학적 연구결과에 의해 뒷받침될 수 있다. 이해충돌 상황에 처한 사람은 자신의 신뢰성을 지나치게 높이 평가하여 공정하게 결정할 능력이 있다고 생각하는 경향이 있다. 이는 의도한 것도 인식한 것도 아니다.[16]

2. 규제목적

부패가 실제로 발생하지 않았음에도 이해충돌을 규제하는 목적은 무엇일까? 공적 신뢰와 부패의 예방이라는 두 가지 측면에서 설명될 수 있다. 먼저 정부에 대한 공중의 신뢰를 유지하는 데 기여한다. 공직자의 이익이 아니라 공공 전체의 최선의 이익에 기초하여 결정이 이루어진다는 점을 보장함으로써 정부에 대한 시민의 신뢰를 높이고자 하는 것이다. 다음으로 이해충돌 규제는 부패의 예방을 목적으로 한다. 공익을 희생하고 사익을 우선시킬 가능성을 낮춤으로써 부패를 방지하고자 하는 것이다.[17] 또한 부패임을 이유로 제재하고자 한다면 이해충돌이 의사결정에 영향을 미쳤다는 점, 즉 인과관계를 입증하여야 하는데 그것이 어려운 경우도 있다.[18]

초기에는 부패의 사전예방수단으로서의 의미가 강했지만, 부패 스캔들이 빈번하게 발생하면서 공적 의사결정 과정의 정당성과 공정성에 대한 불신이 커지게 되었고 정부에 대한 시민의 신뢰 자

---

15) Peters, 앞의 논문(주 8), p. 363.

16) Peters, 앞의 논문(주 8), p. 370.

17) Messik, "Policy considerations when drafting conflict of interest legislation", Auby/Breen/Perroud (ed.), 앞의 책(주 12), p. 123.

18) Hine, "Conclusion: Conflict-of-Interest Regulation in Its Institutinal Context", Trost/Gash (ed.), *Conflict of Interest and Public Life*, Cambridge, 2008, p. 215; Peters, 앞의 논문(주 8), p. 365.

체를 보호하기 위한 쪽으로 초점이 옮겨가게 되었다. 정부에 대한 신뢰는 민주주의 기초가 되는 것으로서 보호할 가치가 있다.[19] 신뢰를 떨어뜨리는 공직자의 행위는 그 자체로 민주주의에 대한 위협이다.[20] 신뢰의 보호를 이해충돌 규제의 중심에 놓는 경향은 이해충돌이 실재하지 않더라도(부패의 위험성이 없더라도) 이해충돌의 외관이 있는 것만으로(정부에 대한 신뢰를 감소시킬 가능성이 있으면) 규제하는 것을 정당화하였고 이는 이해충돌 개념을 확장시켰다.[21] Stark은 미국의 경험을 토대로 공적 영역에서의 이해충돌에 대한 접근방식이 다음과 같이 변화하여 왔다고 설명한다. '충돌'의 개념은 주관적 개념에서 객관적 개념으로, '이해'의 개념은 객관적 개념에서 주관적 개념으로 변해왔다는 것이다. '충돌'에 관하여 보면, 공직자 개인의 내면 안에서 사익을 우선시하고자 하는 유혹이 실제로 있는지를 살피는 것이 주관적 접근방식이라면, 이와 상관없이 외부에서 볼 때 내적 갈등을 유발할 수 있는 특정한 상황이 있는지를 살피는 것이 객관적 접근방식이다. 그러한 상황에 놓이는 것 자체를 예방적으로 금지하는 방향으로 규제의 방향이 이동해 왔다는 것이다. '이해'에 관하여 보면, 외부에서 객관적으로 확인할 수 있는 재정적 이익에 한정하여 이해충돌을 파악하는 접근방식은 점점 포기되고 있다. 정치적 이념이나 개인적 애착과 같이 주관적 속성을 지닌 이해관계도 포함시키고자 한다.[22] 이러한 추세는 다양하

---

19) Peters, 앞의 논문(주 8), p. 411; Nikolov, "Conflict of interest in European public law", *Journal of Financial Crime*, Vol. 20 Iss. 4 (2013), p. 407.

20) Demmke/Bovens/Henökl et al., *Regulating Conflicts of Interest for Holders of Public Office in the European Union－A Comparative Study of the Rules and Standards of Professional Ethics for the Holders of Public Office in the EU-27 and EU Institutions*, European Institute of Public Administration, 2007, p. 14.

21) Peters, 앞의 논문(주 8), p. 366.

22) Stark, *Conflict of Interest in American Pulic Life, Harvard University Press*, 2000, p. 263 이하.

고 광범위한 행위들을 이해충돌로 포착하는 결과를 가져왔는데, 그 바탕에는 공적 의사결정의 민주적 정당성과 공정성에 대한 불신이 깔려 있다.[23)]

3. 규제수단

이해충돌은 그 자체가 부패가 아니라 부패의 예방수단이므로 규제방식은 보다 탄력적이다.[24)] 부패에 대한 규제는 법률에 의한 엄격한 금지의무 부과, 위반에 대한 형사적·행정적 제재의 방식으로 이루어진다. 반면 이해충돌은 윤리강령, 행동강령 등 연성법(soft law)의 형식으로 규제할 수 있고, 엄격한 금지 이외에도 이해충돌을 사전에 관리하기 위한 다양한 수단을 사용할 수 있다. 그러므로 이해충돌 규제에 있어서는 여러 형식과 수단을 적절하게 혼합하는 것이 중요한 과제가 된다.[25)]

이해충돌의 규제수단은 크게 예방적 수단(preventive laws)과 정보제공적 수단(disclosure laws)으로 분류할 수 있다. 전자는 의사결정권자가 이해충돌 상황에 놓이는 것 자체를 막는 방식이고, 후자는 감독기관이나 일반 공중이 이해충돌이 결정에 영향을 미칠 가능성이 있음을 알게 하여 이를 감시하도록 하는 방식이다. 전자의 규제의 전형적인 예로는 공직자가 회사를 소유한 경우에 그 회사와 계약을 체결하는 것을 금지하는 것을 들 수 있다. 후자의 규제의 대표적인 예는 공직자 재산등록 제도이다. 정보제공 범위는 감독기관에 한정될 수도 있고 일반 대중을 대상으로 공개하도록 할 수도 있다. 감독기관이나 공중은 이해관계에 관한 정보를 토대로

---

23) Rose-Ackerman, "Corruption and conflicts of interest", Auby/Breen/Perroud (ed.), 앞의 책(주 1), p. 6.
24) Nikolov, 앞의 논문(주 19), p. 407.
25) Rose-Ackerman, 앞의 논문(주 23), p. 7.

해당 공직자가 결정에 관여하는 것이 타당한지를 판단하거나, (결정에 관여한 경우라면) 결정에 사적 이해관계로 인한 편견이 반영되어 있는지를 판단할 수 있다.[26)]

예방적 수단에 의한 규제를 다시 제거(removal)와 약화(neutralization)로 나누기도 한다.[27)] 전자인 제거는 공적 지위와 사익 중 하나를 선택하도록 하는 방식이다. 만약 공직자가 공직을 포기할 생각이 없다면 사적 이해관계를 제거하여야 한다. 겸직금지, 주식·재산의 처분 등이 대표적인 예이다. 후자인 약화는 이해충돌 상황에 있는 공직자가 해당 결정에서 회피하도록 하는 방식이다. 이해충돌 상황 자체는 용인하되 그로 인해 결정이 왜곡되는 것을 막는 것이다. 이 방식에는 두 가지 약점이 있다. 첫째, 공직자가 회피의무를 준수하지 않을 수 있다. 이 경우 실효성을 담보할 수 없다. 둘째, 이해충돌 상황이 빈번하게 발생할 때에는 효과적인 해결방식이 될 수 없다. 특히 고위공직자일수록 의사결정에 관여하지 못하게 되는 상황이 자주 발생한다면 행정의 의사결정 과정 자체가 왜곡될 수 있다.[28)]

이해충돌을 제거하는 방식은 위험성이 높고 이해충돌이 자주 발생하는 경우에 적합하다. 이해충돌을 약화시키는 방식은 이해충돌의 위험성이 낮지는 않지만 자주 발생하지도 않는 경우에 적합

---

26) Messik, 앞의 논문(주 17), p. 114 이하.

27) Mattarella, 앞의 논문(주 1), p. 33 이하. 이 견해에서는 규제수단을 ① 제거, ② 약화, ③ 정보제공(exhibition)으로 분류한다.

28) 우리 헌법재판소도 "직무회피는 공직자의 재산권을 침해하지 않고 이해충돌을 회피할 수 있는 수단이기는 하나, 국회(국회의원과 같이) 그 직무범위가 매우 포괄적인 공직자에게는 재산과 직무 사이의 잠재적 이해충돌의 상황이 매우 자주 발생할 수 있고 그 때마다 직무회피를 문제 삼아야 한다면 그 국회의원의 정상적인 직무수행은 곤란해질 것"이라는 이유로 국회의원으로 하여금 직무관련성이 인정되는 주식을 매각 또는 백지신탁하도록 하는 공직자윤리법 조항에 대해 합헌결정을 한 바 있다(헌법재판소 2012. 8. 23. 선고 2010헌가65 결정).

하다. 정보제공은 어떠한 사안에서나 활용될 수 있다. 그러나 그 자체로는 문제를 해결하는 것이 아니라 단지 문제를 드러내는 것에 불과하고, 이해충돌 상황을 안다고 하더라도 시민에게 적절한 대응수단이 없을 수도 있다. 그러므로 정보제공 방식을 과신하여서는 안 되고 이해충돌을 관리할 수 있는 다른 방식을 함께 적절히 고려하여야 한다.[29] 또한 정부에 대한 공중의 신뢰도도 정보제공의 효과성을 좌우하는 중요한 요소이다. 정부에 대한 신뢰가 높은 국가에서는 정보제공으로 충분하지만, 신뢰가 낮은 국가에서는 그렇지 않다. 예를 들어 행정기관의 장이 친척을 채용하는 사안을 생각해보면, 신뢰가 높은 국가에서는 그러한 관계가 미리 공개되기만 한다면 시민들이 친척을 고용하는 것도 받아들일 수 있지만, 신뢰가 낮은 국가에서는 이를 받아들일 수 없고 고용 자체를 금지시켜야 할 것이다.[30]

입법의 방식에 관해서는 ① 이해충돌의 우려가 있는 상황을 구체적으로 열거하는 방식과 ② 일반조항의 형태로 입법하고 행정기관이 개별사안에 적합한 규제수단을 선택하도록 하는 방식이 있다.[31] 전자의 방식은 수범자의 예측가능성이 높다는 점이 장점이고, 후자의 방식은 탄력적 대응을 가능케 한다는 점이 장점이다. 후자는 규제기관의 공정성에 대한 신뢰도가 높지 않다면 채택하기 어려운 방식이다.

29) Peters, 앞의 논문(주 8), p. 415 이하.
30) Messik, 앞의 논문(주 17), p. 114 이하.
31) Mattarella, 앞의 논문(주 1), p. 35; Messik, 앞의 논문(주 17), p. 119 이하.

Ⅲ. 비교법적 고찰

1. 미 국[32)]

미국의 경우 이해충돌의 개념이 단일하게 규정되어 있거나 이해충돌 일반에 대하여 규제가 가해지고 있지는 않다. 여러 법령에서 이해충돌에 해당하는 특정한 상황이나 행위에 대해 기준을 마련하거나 제한을 가하는 조항을 두고 있다. 제재수단에 따라 ① 형사적 수단과 ② 행정적(비형사적) 수단으로 분류할 수 있다.

(1) 형사적 수단

1960년대 이전까지 이해충돌에 대한 주요한 규제수단은 형사적 제재였다. 형사적 제재 규정은 미국 남북전쟁 시기(1860년대)의 경험으로 인해 제정되었고 100년 이상의 오랜 역사를 갖고 있다. 전쟁기에 물품조달계약과 관련하여 공무원들이 개인적인 이익을 취득한 여러 사례(물품이 없거나 하자 있는 물품인 경우)가 정치적 스캔들로 비화되었고, 이를 계기로 공무원이 정부의 의사결정과정에 관여하여 개인적 이익을 취득하는 것을 금지하는 일련의 규정이 제정되었다.[33)] 이해충돌과 관련하여 범죄구성요건에 해당하는 행위는 다음과 같다.[34)]

- 국가가 이해관계를 갖는 사안에 대하여 타인에게 대리적 성

32) 미국의 부패방지제도를 소개한 글로는 나채준, "미국의 공직자 부패방지 제도에 관한 비교법적 고찰", 영남법학 제42집(2016. 6), 29면 이하; 이성기, "미국의 뇌물, 부정청탁 및 이해충돌방지법에 관한 연구", 미국헌법연구 제23권 제2호(2012), 91면 이하 참조.

33) OECD, 앞의 책(주 5), p. 233.

34) 각 행위의 구성요건요소에 대한 상세한 설명은 이성기, 앞의 논문(주 32), 100면 이하 참조.

격을 갖는 급부를 제공하고 그에 내한 데가를 받거나 요구하는 등의 행위. 금지되는 사안은 소송, 신청, 재결 또는 그 밖의 결정에 대한 신청, 계약, 청구, 분쟁, 기소, 체포·구속. 그 밖에 국가가 당사자이거나 직접적이고 실질적인 이해관계가 있는 사안을 모두 포함한다(18 USC. § 203).

- 국가를 상대방으로 하는 소를 제기함에 있어서 타인의 대리인 또는 변호사로서 활동하는 행위 등(18 USC. § 205). 위 제203조와는 달리 대가의 수수 여부는 불문한다.
- 공적 의무 수행의 대가로서 급여 또는 급여 보충분을 국가 이외의 자로부터 받는 행위(18 USC. § 209).
- 공직자가 본인이나 본인과 일정한 관계에 있는 자가 재정적 이해관계를 갖는 사안에 공직자로서 직접 그리고 실질적으로 관여하는 행위(18 USC. § 208, 형사적 자기거래 제한).
  - 본인과 일정한 관계에 있는 자는 다음의 자를 말한다. 배우자, 미성년 자녀, 동업자, 본인이 임원 또는 피용자인 조직, 장래의 고용을 협상하거나 약속한 자 또는 조직.
  - 관여하는 행위는 다음의 행위를 포함한다. 결정, 승인, 불승인, 권고, 조언, 조사 등.
  - 관여가 금지되는 사안은 다음을 포함한다. 소송, 신청, 재결 또는 그 밖의 결정에 대한 신청, 계약, 청구, 분쟁, 기소, 체포·구속 등.

또한 미국은 공·사 영역 사이에 인적 교류가 활발하므로 이로 인한 이해충돌 문제를 방지하는 데 다른 나라에 비해 큰 비중을 두고 있다(회전문 문제).[35] 퇴직 공직자에 대해서도 다음의 행위가 형

35) 박홍식, 앞의 논문(주 14), 249면.

벌로 제재된다.

- 퇴직 공직자가 영향을 미치고자 하는 의도 하에 다음과 같은 사안과 관련하여 타인을 위하여 현직 공직자와 의사소통하거나 현직 공직자를 만나는 행위(18 USC. § 207(a)(1)). 이 경우에는 퇴직 후 경과된 기간을 불문한다.
  ① 국가가 당사자이거나 직접적이고 실질적인 이해관계가 있는 사안으로서,
  ② 퇴직 공직자가 직접 그리고 실질적으로 관여하였고,
  ③ 그러한 관여 당시에 특정한 당사자가 있었던 사안.
- 퇴직한 때로부터 2년이 경과하지 않았다면, 직접 그리고 실질적으로 관여(위 ②)하지 않은 사안이더라도, 현직 공직자와의 의사소통 등은 금지된다. 퇴직하기 1년 전 이내에 본인의 공적 책임 하에 계류되었던 사안으로서 그 사실을 알았거나 합리적인 관점에서 볼 때 알았어야 했던 사안이 이에 해당한다(18 USC. § 207(a)(2)).

위와 같은 이해충돌행위에 대한 제재수단으로 원래는 형벌만 규정되어 있었으나 윤리개혁법(Ethics Reform Act 1989)에서 과징금이나 금지명령을 선택할 수도 있도록 하였다. 이전에는 공소 제기와 유지에 소요되는 자원을 효율적으로 배분한다는 이유로 중대한 위법행위에 한해서만 기소하고 상대적으로 경미한 행위는 기소하지 않았기 때문이다. 형벌 이외의 선택지가 마련되면서부터 위반행위에 대한 조치가 폭넓게 취해지게 되었고 공직자들도 위 조항들을 진지하게 받아들이게 되었다.[36]

---

36) OECD, 앞의 책(주 5), p. 235, 247.

(2) 행정적 수단

1960년대 들어 행정적인 성격의(비형사적인) 행동강령(code of conduct)을 제정하려는 움직임이 시작되었다. 이해충돌이 실재하지 않더라도 그러한 외관이 있는 것만으로도 행정부에 대한 공중의 신뢰가 손상된다는 믿음에 기초하여, 형벌에 의한 금지에서 행동기준 설정을 통한 예방 쪽으로 규제의 초점이 서서히 이동되었다.[37] 현재는 '행정부 소속 직원에 대한 윤리적 행동 기준'(Standards of Ethical Conduct for Employees of the Executive Branch; 이하 '행동기준'이라 한다)[38]에서 이해충돌에 관한 원칙과 세부적 기준을 정하고 있다. 명칭은 윤리적 행동 기준이지만 실질은 구속력이 있는 행정입법이므로, 행동기준을 위반한 때에는 시정조치나 징계(견책, 정직, 강임, 해임 등)의 대상이 된다. 시정조치와 징계는 소속 행정청의 책임 하에 이루어진다. 다만 정부윤리국(Office of Government Ethics)[39]은 시정조치를 명하거나 징계를 권고할 수 있다.[40] 이해충돌방지와 관련된 몇 가지 주요한 기준을 소개하면 다음과 같다.

- **재정적 이해충돌: 재정적 이해관계로 인한 직무배제**(C.F.R. § 2635.402)

이 조항은 위 18 USC. § 208에서 금지한 일정한 유형의 자기거래[41]를 예방하기 위한 조항이다. 공직자는 해당 사안에 관여하는 것이 금지되므로 행동기준에서는 이를 실현시키기 위한 절차적 의무를 정하고 있다. 공직자는 그러한 사실을 알게 된 때에는 직무배

37) OECD, 앞의 책(주 5), p. 233, 266.

38) Codified in 5 C.F.R. Part 2635 as amended at 81 FR 48687 (effective August 25, 2016).

39) 워터게이트 사건 이후 정부에 대한 신뢰를 회복하기 위한 조치의 하나로 설립된 조직이다. 이해충돌방지에 관하여 총괄적인 지휘·감독을 담당한다. OECD, 앞의 책(주 5), p. 234 참조.

40) C.F.R. § 2635.106.

41) (1) 형사적 수단 참조.

당을 담당하는 자에게 이를 고지하여야 하고, 담당자는 해당 사안에 관여하지 못하도록 필요한 조치를 취하여야 한다.[42]

- **직무수행의 공정성: 인적 또는 사업상의 관계**(C.F.R. §2635.502)

이 조항에서는 위와 같이 형사적으로 금지된 자기거래에 해당하지 않더라도 공정성이 의심되는 상황에서 직무수행의 공정성과 그에 대한 공중의 신뢰를 확보하기 위해 필요한 조치를 규정하고 있다. 공직자와 일정한 인적 또는 사업상의 관계에 있는 자가 당사자이거나 대리인인 사안이고, 합리적인 사람의 관점에서 볼 때 공정성에 의심을 불러일으킬 수 있는 상황이라면, 이 문제를 알리고 허가를 받지 않으면 해당 사안에 관여할 수 없다.[43] 실제로 공정성이 훼손되었는가와 상관없이 합리적인 사람의 관점에서 볼 때 공정성에 의문을 제기할만한 외관(appearance)이 있으면 고지의무가 있다. 모든 관련 사정을 고려할 때 해당 공직자가 관여함으로써 얻을 수 있는 정부의 이익이 합리적인 사람이 정부 기능의 염결성에 대해 의문을 제기할 우려보다 우선한다면 허가를 받을 수 있다.[44]

- **직무수행의 공정성: 전(前) 고용주의 이례적인 보수**(§ 2635.503)

공직에 취임하기 전에 전 고용주로부터 이례적인 보수를 받았다면, 공직자는 2년 동안 전 고용주가 당사자이거나 대리인인 사안에 관여할 수 없다.

- **구직활동**(§2635.503)

공직 재직 중 다른 직업을 구하기 위해 구직활동을 개시하였다면, 장래의 고용주의 재정적 이해관계에 영향을 미칠 사안에 대하여 해당 공직자는 직접 그리고 실질적으로 관여해서는 안된다.

---

42) C.F.R. §2635.403(c).
43) C.F.R. §2635.502(a).
44) C.F.R. §2635.502(d).

이 경우 공직자는 당해 직무를 회피할 의무가 있다.

- **지위 남용: 사적 이익을 위한 공직의 이용**(C.F.R. §2635.702)

공직자는 자신, 친구, 친척, 또는 사적 연고관계가 있는 자의 사적 이익을 위하여 공직을 이용하여서는 아니 된다. 이익을 주도록 유도하거나 강요하는 행위, 특정한 상품, 용역, 회사에 대한 지지를 표명하는 행위 등이 여기에 해당한다.

- **지위 남용: 비공개정보의 이용**(C.F.R. §2635.703)

공직자는 비공개정보를 이용하여 재정적 거래행위를 하거나 자신 또는 타인의 사적 이익을 증진시키기 위하여 비공개정보를 부당하게 이용하는 것을 허용하여서는 아니 된다.

- **지위 남용: 정부 재산의 이용**(C.F.R. §2635.704)

공직자는 정부 재산을 보호하여야 하고 승인된 목적 이외의 목적을 위하여 정부 재산을 이용하거나 이용하는 것을 허용하여서는 아니된다.

- **외부활동: 공적 의무와 충돌하는 외부 고용 또는 외부 활동의 금지** (C.F.R. §2635.802)

공적 의무와 충돌하는 외부 고용 또는 외부 활동은 금지된다. 법령에 의해 금지되어 있거나, 재정적 이해관계, 인적·사업적 이해관계로 인하여 직무수행에서 배제[45]되어 공직자의 직무능력이 실질적으로 손상되었다면, 공적 의무와 충돌하는 활동에 해당한다.

2. 캐 나 다[46]

캐나다에는 공직자의 이해충돌에 관한 일반법이 제정되어 있

45) C.F.R. §2635.402, §2635.502.

46) 캐나다의 부패방지제도를 소개한 글로는 김현희, "캐나다의 부패방지 법제에 관한 소고", 영남법학 제42집(2016. 6), 1면 이하 참조.

다. 2006년 제정된 이해충돌법(Conflict of Interest Act)이 그것이다. 이해충돌에 대한 포괄적인 입법의 모델로 종종 언급된다.[47] 임명직 정부 공무원[48]의 공적 의무와 사익 사이의 충돌을 예방하는 것이 위 법의 목적이다. 현재 약 2,200명의 공직자가 적용대상이고, 그 중 약 1,100명의 전임(專任) 공직자는 공통적인 의무 외에 추가적인 신고의무를 부담한다.[49]

- 이해충돌의 개념

공직자 본인, 친척 또는 친구의 사익을 증진시키거나 타인의 사익을 부당하게 증진시킬 수 있는 기회를 제공하는 공적 권한, 의무, 기능을 수행할 때 공직자는 이해충돌 상황에 있는 것이다(s. 4).

- 일반적 의무

모든 공직자는 이해충돌 상황에 처하는 것을 미리 방지할 수 있는 방식으로 사적 사무를 처리하여야 한다(s. 5). 결정 과정에서 이해충돌 상황에 처할 것을 알았거나 합리적으로 알 수 있었다면 결정을 하거나 결정에 참여하여서는 아니 된다(s. 6(1)).

- 금지행위

모든 공직자는 다음의 행위를 하여서는 아니 된다.

- 사익을 증진하기 위해 일반 공중이 이용할 수 없는 정보를 이용하는 행위(s. 8)
- 사익을 증진하기 위해 지위를 이용하여 결정에 영향을 미치는 행위(s. 9)

---

47) Peters, "Conflict of interest as a cross-cutting problem of governance", Peters/Handschin (ed.), 앞의 책(주 1), p. 7.

48) 의회 의원에 대해서는 별도의 법령(Conflict of Interest Code for Members of the House of Commons)이 제정되어 있다.

49) http://ciec-ccie.parl.gc.ca/EN/ReportsAndPublications/Pages/BackgroundersAct.aspx.

- 직무를 수행함에 있어서 외부의 고용 제안에 영향을 받는 행위(s. 10)
- 합리적으로 볼 때 공직자에게 영향을 미치기 위한 것으로 보이는 선물이나 이익을 받는 행위(s. 11)
- 직무를 수행함에 있어 공직자의 배우자, 자녀, 형제자매 또는 부모와 계약 또는 고용관계를 맺는 행위, 자신의 책임 하에 있는 공공단체가 위 사람들과 계약 또는 고용관계를 맺는 것을 허용하는 행위(s. 14)
- 이해충돌 우려가 있는 기부금품 모집행위(s. 16)

신고의무가 있는 공직자의 경우 추가적으로 외부 고용과 활동이 광범위하게 금지된다(s. 15).

- 회피의무

이해충돌의 우려가 있다면 공직자는 모든 논의, 결정, 토론, 표결에서 스스로 회피하여야 한다(s. 21).

- 신고의무

신고의무가 적용되는 공직자는 임명 후 60일 이내에 일정한 사항을 신고하여야 한다. 재산관계에 관한 사항 이외에 일정한 외부활동에 관한 사항도 신고 대상이 된다. 임명 전 2년 동안의 고용관계 등에 관한 사항, 임명 전 2년 동안의 자선 또는 비영리적 활동에 관여한 행위에 관한 사항 등이 그것이다(s. 22). 또한 임기 중에 발생한 다음의 사항도 신고하여야 한다. 일정 금액 이상의 선물과 이득(s. 23), 외부 고용의 제안과 승낙(s. 24).

- 공개의무

신고의무가 적용되는 공직자는 자산 등 일정한 사항을 공개할 의무가 있다. 회피의무(s. 21)에 따라 회피한 사실도 공개하여야 하는 사항이다(s. 25).

- 집행

'이해충돌 및 윤리 담당관'(Conflict of Interest and Ethics Commissioner)은 공직자가 이해충돌법을 준수하도록 하기 위해 필요한 적절한 조치를 결정하고 이를 명령할 수 있다(s. 29, 30). 재산의 처분과 회피가 취할 수 있는 조치의 대표적인 예이지만 이에 한정되지 않고 필요한 적절한 조치를 취할 수 있다. 담당관의 조치나 명령에 대한 별도의 강제수단은 규정되어 있지 않은 것으로 보인다. 담당관은 위와 같은 조치와 명령을 공개하는 방식을 통해 이행을 간접적으로 강제하는 것으로 보인다.[50)]

3. 프 랑 스[51)]

프랑스는 2013년 '공적 생활의 투명성에 관한 법률'[52)]을 제정하여 공직자의 이해충돌 예방에 관한 사항을 입법하였다. 이와 함께 감독기관으로 '공적 생활의 투명성을 위한 고등행정청'(Haute Autorité pour la Transparence de la Vie Publique, 이하 '고등행정청'이라 한다)이 설립되었다.

---

50) 이해충돌 및 윤리 담당관 홈페이지(http://ciec-ccie.parl.gc.ca/EN/ReportsAndPublications/Pages/ComplianceOrders.aspx)에 명령의 상대방과 내용이 게시되어 있다. 이해충돌법의 준수는 공직자로 임명되고 복무하기 위한 조건이므로 이를 공개한다고 서술되어 있다. 다만, 가족에 관한 사항이 기재되어 있어 사생활 침해의 우려가 있는 경우에는 공개하지 않는다. Office of the Conflict of Interest and Ethics Commissioner, The 2015-2016 ANNUAL REPORT, p. 13 (http://ciec-ccie.parl.gc.ca/Documents/English/Public%20Reports/Annual%20Reports/Public%20Office%20Holders/2015-2016%20Annual%20Report%20Act.pdf).

51) 프랑스의 부패방지제도를 소개한 글로는 전 훈, "프랑스에서의 부패방지 법제", 강원법학 제47권(2016. 2), 65면 참조.

52) LOI n° 2013-907 du 11 octobre 2013 relative à la transparence de la vie publique. 유사한 취지의 법률안이 2011년 제출되었으나 당시에는 하원에서 부결되었다. Cahuzac 사건의 여파로 2013년 현재의 법률이 제정되었다.

- **이해충돌의 개념**(제2조 제1문)

이 법에서는 이해충돌을 "공익과 공익 또는 사익 사이의 충돌을 초래하는 상황으로서 독립적이고 공정하며 객관적인 직무의 수행에 영향을 미칠 수 있거나 미치는 것으로 보이는 상황"이라고 정의한다. 공익과 사익 사이의 충돌뿐만 아니라 공익 사이의 충돌도 이해충돌에 포함시킨다는 점에 특색이 있다. 문제된 직무와 충돌 가능성이 있는 다른 공적 임무를 수행하는 경우가 이에 해당된다.[53)]

- **회피의무**(제2조 제2문)

이해충돌 상황에 처해 있다고 판단될 경우 공직자는 직무를 회피하여야 한다. 위 법에서는 공직자의 지위에 따라 취하여야 할 조치를 달리 정하고 있다. 1) 독립행정청의 위원회 구성원이라면 위원회 회의에서 회피하여야 한다. 독립행정청에서 특정한 권한을 행사하는 자라면 당해 행정청에 적용되는 운영규칙에 따라 다른 자가 그 권한을 대행하여야 한다. 2) 지방자치단체의 선출직 공직자의 권한은 대행자가 행사하여야 하고, 해당 공직자는 대행자에게 지시를 하여서는 아니 된다. 3) 공역무를 담당하고 결재권한을 부여받은 자는 권한행사를 회피하여야 한다. 4) 공역무를 담당하고 상급자 하위에 있는 자는 상급자에게 이를 알려야 한다. 상급자는 결정의 준비 또는 초안 작성을 다른 자에게 맡겨야 한다.

- **이해관계의 신고와 공개**(제4조, 제5조, 제11조, 제12조)

재산에 관한 사항 이외에 이해관계에 관한 사항도 신고할 의무를 부과하고 있다. 행정부의 장관 등 재산신고 의무가 있는 일정한 고위 공직자는 이해관계의 신고의무도 있다. 신고하여야 할 사항은 다음과 같다.

---

53) http://www.hatvp.fr/la-haute-autorite/que-faisons-nous/prevenir-les-conflits-dinterets/.

- 임명일 당시에 수행 중인 보수를 받는 직업적 활동
- 지난 5년간 수행하였던 보수를 받는 직업적 활동
- 임명일 당시 및 그 전 5년간 수행한 고문으로서의 활동
- 임명일 당시 및 그 전 5년간 수행한 공·사단체, 법인, 회사, 조합의 운영기관에의 관여
- 임명일 당시의 법인, 회사, 조합의 자본에 대한 직접적 지분
- 이해충돌의 우려가 있는 자원봉사
- 임명일 당시에 수행 중인 선출직으로서의 직무와 기능

고등행정청은 개인정보 등의 사항을 제외하고 이해관계 신고사항을 공개한다. 공개시에는 신고내용의 완전성 등에 관한 평가를 덧붙일 수 있다.

- 고등행정청의 조치

고등행정청은 이해관계에 관한 신고사항을 토대로 하여 이해충돌 상황을 발견할 수 있다. 이해충돌 상황이 확인되면 고등행정청은 이해충돌 상황을 종결시키도록 조치를 취할 수 있다. 법률상으로는 그러한 명령을 할 수 있는 권한이 규정되어 있지만, 실무상으로는 비공식적인 대화에 의한 해결책도 함께 이용된다. 고등행정청이 공직자에게 이해충돌이 우려되는 상황임을 알려 주면, 공직자는 이해충돌을 회피하기 위하여 취할 수 있는 최선의 조치에 관하여 고등행정청에 조언을 구할 수 있다. 비공식적인 방식을 먼저 이용할 것이 권장되지만, 조언을 따르기를 거부하는 등 비공식적 방식으로 이해충돌을 해소하기 어려운 상황이라면 고등행정청은 법률에 근거하여 명령권을 발동한다. 고등행정청은 이해충돌 상황을 종결시킬 것을 명령할 수 있고, 이해충돌 상황이 계속된다면 고등행정청은 명령을 공개할 수 있다(제10조). 고등행정청의 명령을 준수하지 않을 경우 1년의 징역형과 15,000 유로의 벌금형이 부과

될 수 있다(제26조 Ⅱ).

4. 독　　일

독일 연방행정절차법에서는 법관과 유사하게 제척 등에 관한 조항을 두고 있고,[54] 이에 위반할 경우 행정작용의 위법사유가 된다. 단순히 공직자의 의무에 그치는 것이 아니라 행정작용의 적법요건으로서 의사결정 자체의 효력을 좌우하므로 강력한 이해충돌 방지 수단이 된다고 할 수 있다. 현재 우리나라에서 이해충돌방지 입법의 도입과 관련하여 제척의 방식으로 직무배제 제도를 규율할 것인지, 직무배제 범위는 어떻게 할 것인지가 논란이 되고 있으므로, 독일의 논의가 참고가 될 것이라 생각된다.[55]

연방행정절차법에서는 일정한 사유가 있으면 자동적으로 직무수행에서 배제되는 제척 제도(제20조)와 제척사유에 해당하지 않더라도 '불공정한 직무수행의 우려'(Besorgnis der Befangenheit)가 있을 때 일정한 절차를 거쳐 직무수행에서 배제되는 제도(제21조)를 규

54) 독일 일반행정법 체계의 기초를 정립한 오토 마이어는 행정행위를 법관의 재판과 유사한 것으로 생각하였다. Schindler, "Conflict of interest and the administration of public affairs－a Swiss perspective", Peters/Handschin (ed.), 앞의 책(주 1), p. 160; 최계영, "행정행위가 갖는 특별한 효력의 근거－그 역사적 기원과 헌법적 근거에 관한 고찰－", 법조 제55권 제2호(2006), 181면 이하 참조.

55) 독일의 경우 공무원법(연방공무원법 등)에 규정된 일련의 공무원의 의무(직무전념의무, 외부활동의 제한, 공정하고 충실한 직무수행의 의무 등)가 이해충돌방지를 위한 주요한 수단이라고 설명되고 있고{OECD, 앞의 책(주 5), p. 172 이하}, 이해충돌방지 자체에 초점을 맞춘 독자적인 법률은 없는 것으로 보이며, 위 조항도 부패방지 법제로 소개되지는 않는다. 이유봉, 앞의 보고서(주 4)와 박규환, 앞의 보고서(주 4)에도 위 조항에 대한 내용은 없고, 가장 최근의 국회 전문위원 보고서인 국회 정무위원회 전문위원, '부정청탁 및 금품등 수수의 금지에 관한 법률 일부개정법률안' 검토보고, 2016. 12., 47면 이하에서도 다루어지지 않고 있다. 그러나 우리나라에서 논란이 된 '사적 이해관계 직무 수행 금지'와 비교법적으로 가장 유사한 형태의 조항으로 보이므로 그 내용을 살펴볼 필요가 있을 것이다.

정하고 있다.

우선 제척 제도에 관하여 보면 제척사유는 다음과 같다(제20조 제1항).

- 당사자 본인
- 당사자의 가족[56)]
- 대리인(법정대리와 임의대리)
- 대리인의 가족
- 당사자의 피고용인 또는 당사자의 이사회, 감사위원회, 기타 유사한 기관의 구성원인 자
- 직무상 지위 이외의 지위에서 해당 사안에 관하여 감정의견을 제출하거나 그 밖의 방식으로 관여한 자

제척사유에 해당하는 자는 행정청을 위하여 직무를 수행할 수 없다. 서면 또는 구술에 의한 의사의 표현과 그 밖에 행정청의 의사형성에 기여하는 행위가 모두 금지된다. 특히 지시나 이에 유사한 행위는 허용되지 않는다. 감독청이 지시를 할 때에도 제척사유가 있는 공직자가 관여해서는 아니 된다.[57)]

다음으로 공정한 직무수행에 대한 불신을 정당화할 수 있는 사유가 있거나 당사자가 그러한 사유가 있다고 주장하면, 공직자는 행정청의 장 등에게 이를 알려야 하고 행정청의 장의 명령에 따라 직무의 수행을 중지하여야 한다(제21조 제1항). 이는 제척 제도에 대하여 보충적인 관계에 있다.[58)] 당사자에게 기피신청권은 없고 당사자가 주장할 경우 공직자에게 통지의무가 발생할 뿐이다.[59)] 또한 공직자 스스로 회피함으로써 자동적으로 직무에서 배제될 수

---

56) 가족의 범위는 같은 법 제21조 제5항에 규정되어 있다.

57) Stelkens/Bonk/Sachs, *Verwaltungsverfahrensgesetz*, 8. Auflage 2014, § 20 Rn. 24.

58) Stelkens/Bonk/Sachs, 앞의 책(주 57), § 20 Rn. 9.

59) Stelkens/Bonk/Sachs, 앞의 책(주 57), § 20 Rn. 5, § 21 Rn. 4; Kopp/Ramsauer, *Verwaltungsverfahrensgesetz*, 10. Auflage 2008, § 21 Rn. 4.

는 없고, 직무상 명령에 따라 배제된다.[60]

실제로 불공정할 것이 요구되지는 않고 그러한 외관이 있으면 충분하다. 그러나 당사자의 단순한 주관적 우려만으로는 충분하지 않다. 불공정한 직무수행을 우려하게 된 객관적 근거가 필요하다. 즉, 합리적인 근거가 필요하고 불공정하게 행동하는 것 같다는 주관적인 느낌만으로는 충분하지 않다. 합리적인 당사자라면 그러한 상황에서 불공정성을 우려하였을지를 기준으로 하는 것이다.[61] 인정된 예로는 당사자와 친분 또는 적대관계가 있는 경우, 공직자의 경제적 또는 그 밖의 개인적 이익이 관련된 경우, 제척사유에는 해당하지 않는 친·인척관계가 있는 경우 등이 있다.[62] 사유는 공직자 개인에게 있어야 한다. 국적, 성별, 종교, 단체, 정당과 같은 일반적인 인적 속성만으로는 이에 해당하지 않는다. 특정한 법적 견해를 지지하거나 이를 절차에서 표현한 것도 마찬가지이다.[63]

위 규정들에 위반하여, 제척사유 있는 자 또는 불공정한 직무수행의 우려가 있는 자가 행정절차에 관여하였다면, 이에 기초하여 이루어진 행정행위에는 절차상 하자가 있는 것이 된다.[64] 다만, 독일의 경우 절차적 하자가 독자적인 취소사유가 되지 않으므로 언제나 취소사유가 되는 것은 아니다. 절차상 하자가 실체적 결정에 영향을 미치지 않았음이 명백한 경우에는 절차상 하자는 행정행위의 취소사유가 되지 않는다(제46조). 따라서 제척사유 있는 자 또는

---

60) Stelkens/Bonk/Sachs, 앞의 책(주 57), § 21 Rn. 5, 21; Kopp/Ramsauer, 앞의 책(주 59), § 21 Rn. 4.

61) Kopp/Ramsauer, 앞의 책(주 59), § 21 Rn. 16.

62) Stelkens/Bonk/Sachs, 앞의 책(주 57), § 21 Rn. 10; Kopp/Ramsauer, 앞의 책(주 59), § 21 Rn. 17.

63) Kopp/Ramsauer, 앞의 책(주 59), § 21 Rn. 14.

64) Stelkens/Bonk/Sachs, 앞의 책(주 57), § 20 Rn. 69, § 21 Rn. 26. 무효 또는 취소사유인지 여부는 위법한 행정행위와 공법상 계약의 효과에 관한 규정에 따라 정해진다.

불공정한 직무수행의 우려가 있는 자가 관여하지 않았더라도 결정의 실체적 내용이 동일하였을 것이라고 판단된다면 행정행위를 취소할 수 없다.

Ⅳ. 우리나라의 현재 상황과 향후의 과제

1. 현재의 입법상황

(1) 공무원법

헌법 제7조 제1항은 "국민은 국민전체에 대한 봉사자이며, 국민에 대하여 책임을 진다"고 규정하고 있고, 위와 같은 공무원의 헌법상 의무는 국가공무원법, 지방공무법 등 공무원법에서 구체화된다. 국가공무원법 등 공무원의 복무에 관한 법률에서는 공무원의 의무로 공정의 의무(국가공무원법 제59조), 청렴의 의무(제61조), 비밀유지의무(제60조), 겸직금지의무(제64조) 등을 규정하고 있다. 공무원의 의무에 위반한 경우 공무원은 징계책임을 진다. 그러나 위와 같은 의무는 이해충돌방지에 일정 부분 기여하기는 하지만 이해충돌방지에 주된 초점이 맞추어진 것은 아니다.[65] 예를 들어 겸직금지의무는 공무원 자신의 사업상의 이익과의 이해충돌을 방지하는 데 기여하는 효과가 있기는 하지만, 주된 목적은 직업공무원으로서 직무에 전념하도록 하기 위한 것이다. 또한 그 내용도 추상적인 의무를 부과하는 데 그치고 구체적인 판단기준이나 행동기준은 포함되어 있지 않다.

(2) 공직자윤리법

공직자윤리법은 "공익과 사익의 이해충돌을 방지"하는 것을 목적(제1조)으로 하는 법률이다. 이 법에서는 이해충돌방지를 위한 구

65) Schindler, 앞의 논문(주 54), p. 169.

체적 제도를 몇 가지 마련하고 있다. 공직자 재산등록 제도, 주식 백지신탁 제도, 퇴직공직자 취업제한 제도가 그것이다.

공직자 재산등록 제도(제2장)는 일정한 직위 이상의 공직자로 하여금 재산을 등록하게 하고 정기적으로 변동사항을 신고하게 하는 제도이다. 등록의무 있는 공직자 중 일부 공직자의 재산은 공개된다. 재산상태의 감시를 통해 부정한 재산증식을 사전에 방지하고 이해충돌의 가능성을 미리 확인할 수 있다.[66] 1981년 공직자윤리법 제정시 도입되었다.

주식 백지신탁 제도(제3장)라 함은 일정한 직위 이상의 공직자가 일정금액을 초과하여 직무관련성 있는 주식을 보유하고 있는 경우에는 그 주식을 매각하거나 그 주식의 관리·운용·처분 권한 일체를 수탁기관에 위임하여 자신의 재산이 어떠한 형태로 존속하는지 알 수 없도록 신탁계약을 체결하도록 하는 제도이다. 직위 또는 직무상 알게 된 정보를 이용하여 주식거래를 하거나, 주식을 보유하고 있는 기업에 유리한 정책결정을 하여 주가에 영향을 미쳐 부정하게 재산을 증식하는 것을 사전에 방지하는 것을 목적으로 한다.[67] 2005년 도입된 제도이다.

퇴직공무원 취업제한 제도(제4장)는 일정한 직위 이상에 재직하였던 퇴직공직자가 퇴직 전 업무와 밀접한 관련이 있는 기관에 취업하는 것을 제한하는 제도이다. 특정업체로의 취업을 목적으로 재직 중 특정업체에 특혜를 부여하거나, 퇴직 이후 재취업한 특정업체를 위해 재직 중에 취득한 기밀이나 정보를 이용하거나, 재직했던 부서에 대하여 부당한 영향력을 행사할 가능성을 사전에 방

---

66) 장영수, "공직자윤리법에 따른 공직자 재산등록과 백지신탁제도의 법적 문제점과 개선방향", 고려법학 제70권(2013), 336면; 헌법재판소 2014. 6. 26. 선고 2012헌마331 결정 참조.

67) 헌법재판소 2012. 8. 23. 선고 2010헌가65 결정 참조.

지하는 것을 목적으로 한다.[68] 1981년 공직자윤리법 제정시 도입되었다.

위와 같이 공직자윤리법에서는 이해충돌방지를 위한 구체적인 제도들을 마련하고 있으나, 일반적이고 포괄적인 이해충돌방지에 관해서는 추상적인 의무 또는 노력의무만이 규정되어 있다. 공직자윤리법 제2조의 2 제2항, 제3항에서는 공직자의 의무로서, 공직자는 자신이 수행하는 직무가 자신의 재산상 이해와 관련되어 공정한 직무수행이 어려운 상황이 일어나지 아니하도록 직무수행의 적정성을 확보하여 공익을 우선으로 성실하게 직무를 수행하여야 하고, 공직자는 공직을 이용하여 사적 이익을 추구하거나 개인이나 기관·단체에 부정한 특혜를 주어서는 아니 되며, 재직 중 취득한 정보를 부당하게 사적으로 이용하거나 타인으로 하여금 부당하게 사용하게 하여서는 아니 된다고 규정하고 있다. 또한 같은 조 제4항에서는 퇴직공직자의 (노력)의무로서, 퇴직공직자는 재직 중인 공직자의 공정한 직무수행을 해치는 상황이 일어나지 아니하도록 노력하여야 한다고 규정하고 있다. 그러나 이해충돌상황인지 판단하기 위한 구체적인 기준, 그러한 상황에서 공직자가 취해야 할 조치에 대한 규정은 없다.

(3) 공무원 행동강령

'부패방지 및 국민권익위원회의 설치와 운영에 관한 법률'(이하 '부패방지권익위법'이라 한다) 제8조의 위임에 따라 제정된 '공무원 행동강령'(이하 '행동강령'이라 한다)에는 비교적 구체적인 규정이 마련되어 있다. 행동강령에서는 이해충돌상황에서의 직무 회피에 관하여 규정하고 있다(제5조). 위 조항에서는 직무에서 회피하여야 할 이해충돌상황의 기준을 다음과 같이 정한다.

68) 헌법재판소 2014. 6. 26. 선고 2012헌마331 결정 참조.

1. 자신, 자신의 직계 존속·비속, 배우자 및 배우자의 직계 존속·비속의 금전적 이해와 직접적인 관련이 있는 경우
2. 4촌 이내의 친족(「민법」 제767조에 따른 친족을 말한다. 이하 같다)이 직무관련자[69]인 경우
3. 자신이 2년 이내에 재직하였던 단체 또는 그 단체의 대리인이 직무관련자인 경우
4. 그 밖에 중앙행정기관의 장등이 공정한 직무수행이 어려운 관계에 있다고 정한 자가 직무관련자인 경우

그러나 위의 기준에 해당한다고 해서 자동적으로 직무에서 배제되거나 직무 수행이 금지되는 것은 아니다. 공무원은 직무 회피 여부에 관하여 직근 상급자 또는 행동강령책임관에게 상담을 요청하여야 한다. 상담요청을 받은 직근 상급자 또는 행동강령책임관은 해당 공무원이 그 직무를 계속 수행하는 것이 적절하지 아니하다고 판단되면 소속 기관의 장에게 보고하여야 하고, 보고를 받은 소속 기관의 장은 직무가 공정하게 처리될 수 있도록 인력을 재배치하는 등 필요한 조치를 하여야 한다(다만 직근 상급자가 그 권한의 범위에서 그 공무원의 직무를 일시적으로 재배정할 수 있는 경우에는 그 직무를 재배정하고 소속 기관의 장에게 보고하지 아니할 수 있다).

이에 위반하여 직무를 수행하였다면, 즉 이해충돌상황에 해당함에도 상급자 등에게 상담요청을 하지 아니하고 직무를 수행하였다면 이는 징계사유가 된다. 그러나 형벌이나 과태료에 의한 제재 규정은 없다. 또한 행정작용의 적법 여부나 효력 유무에도 영향을 미치지 않는다. 행동강령은 행정조직 내부에서의 행동기준을 정하는 내부법의 성격을 갖기 때문이다.

---

69) 직무관련자의 정의는 행동강령 제2조 제1호에 규정되어 있다.

(4) 합의제 행정기관의 제척·기피·회피

이와 같이 행동강령에 따른 직무 회피는 행정조직 내에서의 행동기준의 성격을 갖는 데 그치지만, 합의제 행정기관의 경우에는 재판에 유사한 제척·기피·회피에 관한 조항이 규정되어 있다. 이 경우 제척사유에 해당하는 위원이 심의·의결에 관여하였다면 그 심의·의결에 기초한 행정처분은 원칙적으로 위법하게 되므로,[70] 행동강령에 따른 직무의 회피와는 달리 행정조직 내부의 문제에 그치는 것이 아니라 외부적으로 행정작용의 적법 여부에 영향을 미치게 된다. '행정기관 소속 위원회의 설치 · 운영에 관한 법률'에서는 "국민의 권리·의무와 관련되는 인·허가, 분쟁 조정 등 특히 공정하고 객관적인 심의·의결이 필요한 경우"라면 위원회 설치시 위원의 제척·기피·회피에 관한 사항을 법령에 명시하도록 하고 있다(제6조 제2항). 행정심판위원회와 같이 재판에 유사한 기능을 수행하는 준사법적 기관에 한정되지 아니하고, 심의·의결의 공정성·객관성 확보가 필요한 위원회라면 모두 포함된다. 구체적인 규율내용은 개개의 법률에 따라 매우 다양하다.

우선 제척사유의 범위에 관하여 보면 민사소송법상의 제척사유(민사소송법 제41조)와 유사한 구조를 갖고 있는 경우가 가장 많다. 즉,

① 위원 또는 그 배우자나 배우자이었던 자가 당사자가 되거나 당사자와 공동권리자 또는 의무자의 관계에 있는 경우
② 위원이 당사자와 친족이거나 친족이었던 경우
③ 위원이 증언이나 감정을 한 경우
④ 위원이 당사자의 대리인이거나 대리인이었던 경우

---

70) 대법원 2009. 12. 10. 선고 2009두8359 판결. 다만 위 판결에서는 처분은 위법하지만 취소하는 것이 공공복리에 적합하지 않다는 이유로 사정판결이 선고되었다.

⑤ 위원이 해당 사건과 관련된 절차(처분, 부작위, 수사, 재판, 다른 구제절차 등)에 이전에 관여한 경우

를 제척사유로 규정하고 있는 법률이 많다.[71][72] 다만, 민사소송법상 전심관여(민사소송법 제41조 제5호)에 상응하는 규정(위 ⑤)을 두지 않은 법률도 있다.[73] 또한 민사소송법과 유사하게 규정하면서도 위의 사유 이외에 다른 사유가 추가되기도 한다.

- 위원이 당사자의 자문이나 고문의 역할을 하고 있는 경우[74]

---

71) 건축법 제89조, 같은 법 시행령 제119조의6 제1항; 여객자동차 운수사업법 제71조의2 제1항; 환경오염피해 배상책임 및 구제에 관한 법률 제31조 제1항; 공동주택관리법 제41조 제1항; 석면피해구제법 제40조 제1항; 산업재해보상보험법 제108조 제1항; 환경분쟁조정법 제12조 제1항; 국가유공자 등 예우 및 지원에 관한 법률 제74조의14 제1항; 진실・화해를 위한 과거사정리 기본법 제11조 제1항; 원자력안전위원회의 설치 및 운영에 관한 법률 제14조 제1항; 방송통신위원회의 설치 및 운영에 관한 법률 제14조 제1항; 국가인권위원회법 제38조 제1항; 집합건물의 소유 및 관리에 관한 법률 제52조의4 제1항; 행정심판법 제10조 제1항.

72) 위의 ①, ②의 사유 정도로 제척사유를 좁게 정하고 있는 예도 발견된다. 영화 및 비디오물의 진흥에 관한 법률 제74조 제1항; 게임산업진흥에 관한 법률 제17조의2 제1항; 일제강점하 반민족행위 진상규명에 관한 특별법 제11조; 대일항쟁기 강제동원 피해조사 및 국외강제동원 희생자 등 지원에 관한 특별법 제17조 제1항 등이 그러하다.
한편 '기업 활력 제고를 위한 특별법'에서는 "위원이나 그 배우자 또는 친족이 … 신청기업의 주식 또는 채권을 소유하고 있는 경우"만을 제척사유로 규정하고 있다(제6조 제6항).

73) 소비자기본법 제64조 제1항; 전자문서 및 전자거래 기본법 제32조의2 제1항; 농수산물 유통 및 가격안정에 관한 법률 제70조의3 제3항, 같은 법 시행령 제35조의2 제1항; 식물신품종 보호법 제120조 제1항; 소비자기본법 제64조 제1항.

74) 약관의 규제에 관한 법률 제26조 제1항 제3호; 대리점거래의 공정화에 관한 법률 제17조 제1항 제3호; 대규모유통업에서의 거래 공정화에 관한 법률 제23조 제1항 제3호; 가맹사업거래의 공정화에 관한 법률 제20조 제1항 제3호; 하도급거래 공정화에 관한 법률 제24조의2 제1항 제3호; 축산계열화사업에 관한 법률 제23조 제1항 제3호; 불공정무역행위 조사 및 산업피해구제에 관한 법률 제34조 제1항 제2호; 독점규제 및 공정거래에 관한 법률 제44조 제1항 제2호, 제48조의5 제1항

- 위원이 해당 사건에 관여한(자문, 연구, 용역, 손해사정 등) 경우[75]

등이 그러하다. 위원 자신이 직접 이해관계를 갖는 것이 아니라, 위원이 임원, 직원 등으로 소속된 법인, 단체, 기업 등이 이해관계를 갖는 사유까지 확장하고 있는 경우도 있다. 즉 위원이 임원, 직원 등으로 소속된 법인, 단체, 기업 등이

- 당사자인 경우[76]
- 당사자의 대리인이거나 대리인이었던 경우[77]
- 당사자의 자문이나 고문의 역할을 하고 있는 경우[78]

제3호.

75) 방송법 제35조의3 제5항 제4호; 개인정보보호법 재42조 제1항 제3호; 정보보호산업의 진흥에 관한 법률 제27조 제1항 제3호; 우체국예금・보험에 관한 법률 제48조의3 제1항 제3호; 공공데이터의 제공 및 이용 활성화에 관한 법률 제30조 제1항 제3호; 복권 및 복권기금법 제17조의2 제1항 제3호; 부패방지 및 국민권익위원회의 설치와 운영에 관한 법률 제18조 제1항 제3호; 기업도시개발 특별법 제39조 제5항 제3호; 수자원의 조사・계획 및 관리에 관한 법률 제30조 제1항 제3호; 반도체집적회로의 배치설계에 관한 법률 제25조의2 제1항 제3호; 우체국예금・보험에 관한 법률 제48조의3 제1항 제3호.

76) 인터넷주소자원에 관한 법률 제17조 제1항 제4호; 산업기술의 유출방지 및 보호에 관한 법률 제25조 제1항 제4호; 중소기업기술 보호 지원에 관한 법률 제24조 제1항; 기업도시개발 특별법 제39조 제5항 제1호; 반도체집적회로의 배치설계에 관한 법률 제25조의2 제1항; 의료사고 피해구제 및 의료분쟁 조정 등에 관한 법률 제24조 제1항 제5-7호.

77) 기업도시개발 특별법 제39조 제5항 제4호; 국토의 계획 및 이용에 관한 법률 제113조의3 제1항 제3호; 수자원의 조사・계획 및 관리에 관한 법률 제30조 제1항 제4호; 독점규제 및 공정거래에 관한 법률 제44조 제1항 제4호, 제48조의5 제1항 제4호; 약관의 규제에 관한 법률 제26조 제1항 제4호; 대리점거래의 공정화에 관한 법률 제17조 제1항 제4호; 대규모유통업에서의 거래 공정화에 관한 법률 제23조 제1항 제4호; 가맹사업거래의 공정화에 관한 법률 제20조 제1항 제4호; 하도급거래 공정화에 관한 법률 제24조의2 제1항 제4호; 우체국예금・보험에 관한 법률 제48조의3 제1항 제4호; 노동위원회법 제21조 제1항 제4의2호; 불공정무역행위 조사 및 산업피해구제에 관한 법률 제34조 제1항 제4호.

78) 국토의 계획 및 이용에 관한 법률 제113조의3 제1항 제2호; 독점규제 및 공정거래

- 해당 사건과 관련된 절차(처분, 부작위, 수사, 재판, 다른 구제절차 등)에 이전에 관여한 경우[79)]
- 해당 사건에 관여한(자문, 연구, 용역, 손해사정 등) 경우[80)]

를 제척사유로 하는 것이다. 현재 재직하고 있는 경우뿐만 아니라 과거에 재직하였던 경우를 포함하기도 한다.[81)]

위의 예들은 제척사유가 비교적 구체적으로 규정되어 있다. 반면 제척사유를 추상적으로 규정한 예도 발견할 수 있다.

- 위원 또는 위원이 속한 법인·단체 등과 이해관계가 있는 경우, 위원의 가족이 이해관계인인 경우, 그 밖에 위원회의 의결에 직접적인 이해관계가 있다고 인정되는 경우[82)]
- 해당 사건 조합과 직접적인 이해관계가 있는 자, 그 밖에 해당 사건의 공정한 심의·의결을 해칠 수 있다고 위원장이 인정하는 경우[83)]
- 자기와 직접적인 이해관계가 있는 사항, 배우자, 4촌 이내의

에 관한 법률 제44조 제1항 제2호, 제48조의5 제1항 제3호; 약관의 규제에 관한 법률 제26조 제1항 제3호; 대리점거래의 공정화에 관한 법률 제17조 제1항 제3호; 대규모유통업에서의 거래 공정화에 관한 법률 제23조 제1항 제3호; 가맹사업거래의 공정화에 관한 법률 제20조 제1항 제3호; 하도급거래 공정화에 관한 법률 제24조의2 제1항 제3호; 불공정무역행위 조사 및 산업피해구제에 관한 법률 제34조 제1항 제3호.

79) 독점규제 및 공정거래에 관한 법률 제44조 제1항 제5호, 제6호.

80) 기업도시개발 특별법 제39조 제5항 제5호; 수자원의 조사·계획 및 관리에 관한 법률 제30조 제1항 제5호; 노동위원회법 제21조 제1항 제4조의2 제5호.

81) 반도체집적회로의 배치설계에 관한 법률 제25조의2 제1항 제4호; 의료사고 피해구제 및 의료분쟁 조정 등에 관한 법률 제24조 제1항 제5-7호; 기업도시개발 특별법 제39조 제5항 제5호; 수자원의 조사·계획 및 관리에 관한 법률 제30조 제1항 제5호.

82) 항공사업법 제4조 제7항.

83) 산림조합의 구조개선에 관한 법률 제18조 제4항 제3호, 제4호.

혈족 또는 2촌 이내의 인척 관계에 있는 사람과 직접적인 이해관계가 있는 사항[84)]

등이 그 예이다.

기피·회피에 관한 규정도 민사소송법의 규정(제43조 제1항, 제49조 참조)과 유사한 경우가 많다.[85)] 공정한 직무집행을 기대하기 어려운 사정이 있는 경우를 당사자가 기피할 수 있는 사유로, 제척사유와 기피사유가 있는 경우를 위원이 회피할 수 있는 사유로 규정하는 방식이다.[86)] 회피를 위원의 권능이 아니라 위원의 의무로

84) 항만공사법 제15조.

85) 한편 항만공사법에는 제척에 관한 규정만 있고, 기피·회피에 관한 규정은 없다. 대신 제척사유가 앞서 본 것처럼 포괄적이다.

86) 건축법 제89조 제8항, 같은 법 시행령 제119조의6 제3항, 제4항; 환경오염피해 배상책임 및 구제에 관한 법률 제31조 제2항, 제3항; 영화 및 비디오물의 진흥에 관한 법률 제74조 제2항, 제3항; 게임산업진흥에 관한 법률 제16조 제2항, 제3항; 석면피해구제법 제40조 제2항, 제3항; 방송법 제35조의3 제6항, 제7항; 인터넷주소자원에 관한 법률 제17조 제2항, 제3항; 개인정보 보호법 제42조 제2항, 제3항; 산업기술의 유출방지 및 보호에 관한 법률 제23조 제2항, 제3항; 독점규제 및 공정거래에 관한 법률 제44조 제2항, 제3항, 제48조의5 제2항, 제3항; 소비자기본법 제64조 제2항, 제3항; 약관의 규제에 관한 법률 제26조 제2항, 제3항; 전자문서 및 전자거래 기본법 제32조의2 제2항, 제3항; 농수산물 유통 및 가격안정에 관한 법률 제70조의3 제3항, 같은 법 시행령 제35조의2 제2항, 제3항; 산업재해보상보험법 제108조 제2항, 제3항; 산림조합의 구조개선에 관한 법률 제18조 제5항, 제6항; 대리점거래의 공정화에 관한 법률 제17조 제2항, 제3항; 환경분쟁 조정법 제12조 제3항, 제4항; 대규모유통업에서의 거래 공정화에 관한 법률 제23조 제2항, 제5항; 국가유공자 등 예우 및 지원에 관한 법률 제74조의14 제2항, 제3항; 가맹사업거래의 공정화에 관한 법률 제20조 제2항, 제3항; 하도급거래 공정화에 관한 법률 제24조의2 제2항, 제3항; 일제강점하 반민족행위 진상규명에 관한 특별법 제11조 제2항, 제3항; 4·16세월호참사 진상규명 및 안전사회 건설 등을 위한 특별법 제12조 제3항, 제4항; 대일항쟁기 강제동원 피해조사 및 국외강제동원 희생자 등 지원에 관한 특별법 제17조 제2항, 제3항; 진실·화해를 위한 과거사정리 기본법 제11조 제2항, 제3항; 정보보호산업의 진흥에 관한 법률 제27조 제2항, 제3항; 축산계열화사업에 관한 법률 제23조 제3항, 제4항; 원자력안전위원회의 설치 및 운영에 관한 법률 제13조 제3항, 제4항; 공공데이터의 제공 및 이용 활성화

규정한 법률도 있다. 이 경우 제척사유에 대해서만 회피의무를 인정한 법률도 있고,[87] 제척사유에 한정하지 않고 기피사유(공정한 직무집행을 기대하기 어려운 사정)에까지 회피의무를 인정한 법률도 있다.[88] 회피의무 위반에 대해 제재규정을 두기도 한다. 회피의무를 이행하지 아니한 경우 당해 위원을 해촉하거나 해임할 수 있도록 하는 것이다.[89]

(5) 소 결

이해충돌방지에 관한 입법의 현황을 정리하면 다음과 같다. 공무원법상의 의무는 이해충돌방지에 주된 초점이 맞추어진 것이 아니고, 그 내용도 추상적이다. 공직자윤리법은 이해충돌방지를 목적으로 하는 구체적인 제도들, 즉 공직자 재산등록 제도, 주식 백지신탁 제도, 퇴직공직자 취업제한 제도를 마련하고 있지만, 일반적이고 포괄적인 이해충돌방지에 관해서는 추상적인 의무 또는 노력의무만이 규정되어 있을 뿐이고, 구체적인 판단기준과 행동기준을 갖추고 있지 못하다. 공무원 행동강령에서는 이해충돌상황에서의

에 관한 법률 제30조 제2항, 제3항; 노동위원회법 제21조 제3항, 제6항; 방송통신위원회의 설치 및 운영에 관한 법률 제14조 제3항, 제4항; 국가인권위원회법 제38조 제2항, 제3항; 집합건물의 소유 및 관리에 관한 법률 제52조의3 제3항, 제4항; 복권 및 복권기금법 제17조의2 제3항, 제4항; 의료사고 피해구제 및 의료분쟁 조정 등에 관한 법률 제24조 제3항, 제5항; 부패방지 및 국민권익위원회의 설치와 운영에 관한 법률 제18조 제2항, 제3항; 행정심판법 제10조 제2항, 제7항; 콘텐츠산업 진흥법 제31조 제2항, 제4항; 불공정무역행위 조사 및 산업피해구제에 관한 법률 제34조 제2항, 제3항.

87) 여객자동차 운수사업법 제71조의2 제3항; 수자원의 조사ㆍ계획 및 관리에 관한 법률 제30조 제1항; 반도체집적회로의 배치설계에 관한 법률 제25조의2 제2항, 제3항; 우체국예금ㆍ보험에 관한 법률 제48조의3 제3항.

88) 항공사업법 제4조 제9항; 공동주택관리법 제41조 제4항; 기업 활력 제고를 위한 특별법 제6조 제8항; 중소기업기술 보호 지원에 관한 법률 제24조 제3항, 제5항.

89) 기업활력제고를 위한 특별법 제6조 제9항; 반도체집적회로의 배치설계에 관한 법률 제25조의3 제3호.

직무 회피에 관하여 규정하고 있지만, 이는 내부에서의 징계사유에 불과하고, 형벌이나 과태료에 의한 제재의 대상이 되지 않으며, 행정작용의 적법 여부나 효력 유무에도 영향을 미치지 않는다. 다만, 합의제 행정기관의 경우에만 재판에 유사한 제척·기피·회피에 관한 조항이 규정되어 있다. 이러한 배경 하에서 청탁금지법 제정시 이해충돌방지를 위한 광범위하고 강력한 규정들을 도입하고자 하는 시도가 이루어졌었다.

2. 이해충돌에 관한 입법의 시도

(1) 청탁금지법 원안

2013년 국회에 제출된 청탁금지법의 원안[90]에는 이해충돌방지에 관한 규정도 포함되어 있었다. 원안은 부정청탁금지, 금품수수금지, 이해충돌방지의 세 부분으로 구성되어 있었다. 그러나 법률안 심의과정에서 짧은 시간 내에 보완하기 어려운 문제점들이 지적되어 조속한 입법을 위해 이해충돌방지 부분은 제외하고 입법이 이루어지게 되었다.[91]

당시 법률안에는 이해충돌방지와 관련하여 아래와 같은 내용이 담겨 있었다(제4장).[92]

---

90) 정부가 2013. 8. 5. 제출한 '부정청탁 금지 및 공직자의 이해충돌 방지법' 제정안.

91) 또한 청탁금지법과 분리하여 이해충돌방지에 관한 사항을 규정하는 방식으로 '공직수행의 투명성 보장과 이해충돌 방지를 위한 법률' 제정안이 제출되어 함께 논의되었다(2013. 10. 28. 의원 발의).

92) 법률안 원안은 국회의안정보시스템(http://likms.assembly.go.kr/bill/billDetail.do?billId=ARC_D1U3Z0J8Q0N5U1K5T5M4T5R2K0E3U1&ageFrom=20&ageTo=20)에서 확인할 수 있다. 국민권익위원회의 설명자료는 http://edu.acrc.go.kr/acrc/board.do?command=searchDetail&menuId=05060314&method=searchDetailViewInc&boardNum=34024&currPageNo=8&confId=118&conConfId=118&conTabId=0&conSearchCol=BOARD_TITLE&conSearchSort=A.BOARD_REG_DATE+DESC%2C+BOARD_NUM+DESC 참조.

• 공직자의 사적 이해관계 직무 수행 금지(안 제11조)

공직자를 자신 또는 친족 등과 이해관계 있는 업무에서 배제하기 위한 조항이다. 이해충돌을 관리하기 위한 장치로 제척·기피·회피 제도를 규정하고 있다.

• 고위공직자의 사적 이해관계 직무 수행 금지(안 제12조)

고위공직자는 임용전 3년 이내의 이해관계가 있었던 고객 등이 직무관련자인 경우 2년간 해당 직무의 수행은 제한된다. 또한 임용전 민간부문에서의 업무활동 명세서를 소속기관장에게 제출하여야 하고 소속기관장은 이를 공개할 수 있다.

• 직무관련 외부활동 금지(안 제13조)

공정한 직무수행을 저해할 소지가 있는 직무관련 외부활동(대리, 조언·자문 등)은 금지된다.

• 직무관련자와의 거래 제한(안 제14조)

공직자가 직무관련자 또는 직무관련자이었던 자로부터 금전을 차용하거나, 부동산을 거래하는 등의 거래행위는 제한된다. 공직자는 소속기관장에게 거래행위를 신고하여야 하고, 소속기관장은 당해 거래행위가 공정한 직무수행을 저해할 수 있다고 판단되는 경우에는 그 거래행위의 중지를 요청하거나 직무 일시중지 등의 조치를 취할 수 있다.

• 가족 채용 제한(안 제15조)

고위공직자, 인사업무 담당자, 산하기관 담당자가 소속 공공기관 또는 산하기관에 자신의 가족이 채용되도록 하는 행위는 금지된다.

• 소속 공공기관 등과의 계약체결 제한(안 제16조)

고위공직자, 그 가족이나 특수관계사업자가 소속 공공기관, 산하기관과 수의계약을 체결하는 것은 금지된다.

• 예산의 부정사용 금지(안 제17조), 공공기관 물품·직위 등의

사적 사용 금지(안 제18조)

예산이나 공공기관 물품 등의 사적인 사용은 금지된다. 이에 위반하여 공직자가 얻은 재산상 이익은 환수하여야 한다(안 제26조).

• 직무상 비밀이용 금지(안 제19조)

공직자가 직무수행 과정에서 알게 된 비밀정보를 사적 이익을 얻기 위하여 이용하거나 재물·재산상 이익을 취득하는 행위는 금지된다.

• 징계, 형벌, 과태료

위와 같은 규정에 위반한 경우 공직자에게 징계처분을 할 수 있을 뿐만 아니라(안 제30조), 형벌(직무상 비밀이용 금지 위반의 경우, 안 제31조 제2항 제4호) 또는 과태료(그 밖의 경우, 안 제32조 제1항 제2호에서 제8호, 제2항 제2호에서 제5호, 제3항 제2호)도 부과할 수 있다.

(2) '사적 이해관계 직무 수행 금지' 조항을 둘러싼 논쟁

제정과정 당시의 논쟁은 오로지 '사적 이해관계 직무 수행 금지'(제11조)에 집중되었다. 나머지 규정들에 대해서는 논의도 없었고 특별한 문제점도 지적되지 않았다.[93] 그러므로 이해충돌방지에 관한 규정 전체가 입법되지 못한 이유는 안 제11조의 문제점 때문이고, 그 문제점을 해소하는 것이 이해충돌방지를 입법하는 데 관건이 된다고 판단해도 무방할 것이다. 그러므로 이하에서는 안 제11조의 내용과 문제점, 개선방안을 탐색하는 데 집중하고자 한다. 위 조항은 이해충돌 상황에 있는 공직자가 의사결정에 영향을 미칠 가능성을 사전에 차단하는 장치이므로 이해충돌방지에 있어 핵심적인 사항이기도 하다. 이 조항의 문언은 아래와 같다.

93) 제330회 국회(임시회) 정무위원회 회의록(법안심사소위원회), 2015. 1. 8. 참조. 최근에 작성된 국회 정무위원회 전문위원, '부정청탁 및 금품등 수수의 금지에 관한 법률 일부개정법률안' 검토보고, 2016. 12.에서도 나머지 조항들에 대해서는 세부적·기술적 사항만 지적되고 있을 뿐이다.

안 제11조(공직자의 사적 이해관계 직무의 수행 금지) ① 공직자는 다음 각 호의 어느 하나에 해당하는 경우에는 해당 직무에서 제척(除斥)된다.

1. 직무관련자가 공직자 자신인 경우
2. 직무관련자가 공직자의 4촌 이내 친족인 경우
3. 공직자 자신 또는 그 가족이 직무관련자인 법인 또는 단체의 임직원 또는 사외이사로 재직하고 있는 경우. 다만, 공직자의 가족이 수행하는 업무 또는 직위 등에 비추어 공직자의 직무수행에 실질적이고 직접적인 영향을 미치지 아니하는 경우는 제외한다.
4. 공직자 자신 또는 그 가족이 직무관련자를 대리하거나 직무관련자에게 고문·자문 등을 제공하거나 그러한 역할을 하는 법인 또는 단체에 소속되어 있는 경우. 다만, 공직자의 가족이 수행하는 업무 또는 직위 등에 비추어 공직자의 직무수행에 실질적이고 직접적인 영향을 미치지 아니하는 경우는 제외한다.
5. 직무관련자가 공직자 또는 그의 가족이 대통령령으로 정하는 일정 비율 이상의 주식·지분 등을 소유하고 있는 법인 또는 단체(이하 "특수관계사업자"라 한다)인 경우
6. 그 밖에 공직자의 사적 이해관계와 관련되어 공정하고 청렴한 직무수행이 어렵다고 인정되는 경우로서 대통령령으로 정하는 경우

② 직무관련자 또는 공직자의 직무수행과 관련하여 이해관계가 있는 자는 해당 공직자가 제1항 각 호의 어느 하나에 해당하는 경우에는 그 공직자의 소속기관장에게 기피를 신청할 수 있다.

③ 공직자는 자신이 제1항 각 호의 어느 하나에 해당하거나, 그 밖에 직무관련자와 사적 이해관계가 있다고 인정하는 경우에는 소속기관장에게 회피를 신청하여야 한다.

④ 소속기관장은 소속 공직자가 제1항 각 호의 어느 하나의 경우에

해당하거나 제2항에 따른 기피 신청 또는 제3항에 따른 회피 신청이 타당하다고 인정하는 경우에는 해당 공직자에게 제7조 제7항 각 호의 어느 하나에 해당하는 조치[94]를 하여야 한다. 이 경우 소속기관장은 그 처리 결과를 기피 또는 회피를 신청한 자에게 통보하여야 한다.

이 조항에서는 기존에 주로 법관과 합의제 행정기관의 위원에게 적용되던 제척·기피·회피 제도를 공직자 일반에 대한 이해충돌 관리장치로 규정하고 있다. 제척은 해당 사유가 있으면 별도의 판단 없이 직무에서 자동적으로 배제되는 효과를 가진다. 그러한 효과를 갖는 제척사유가 너무 넓고 모호하다는 점이 문제점으로 지적되었다. 특히 고위공무원일수록 직무범위가 포괄적이고, 정책수립업무는 직무관련자가 불특정다수이므로 제척사유에 해당하는 사례가 빈번하게 발생하여, 행정의 공백이 발생하고 업무의 연속성이 저해될 우려가 있다는 점이 문제였다. 예를 들어 금융위원장의 가족이 은행의 직원이라면 은행에 대한 정책수립 직무에서 제척되어야 한다는 해석도 가능하기 때문이다.[95] 국회 법률안 심사과정에서 청탁금지법의 적용대상이 언론기관과 사립학교까지 확대되었기 때문에 어려움이 가중되었다.

당시 법률안 심사과정에서 두 가지 대안이 제시되었다. 하나는 위 조항이 적용되는 직무를 한정하는 것이다. '특정직무'라는 개념이 사용되었다. 정책수립과 같은 직무를 배제하기 위해 개별적이고 구체적인 성격의 업무일 것을 요구하고, 여기에 더하여 직무의

---

94) ① 직무 참여 일시중지, ② 직무대리자의 지정, ③ 전보, ④ 그 밖에 국회규칙, 대법원규칙, 헌법재판소규칙, 중앙선거관리위원회규칙 또는 대통령령으로 정하는 조치를 의미한다.

95) 국회 정무위원회 전문위원, '부정청탁 및 금품등 수수의 금지에 관한 법률 일부개정법률안' 검토보고, 2016. 12., 18면.

종류도 한정하는 방식이다.[96] 다른 하나는 제척 대신 사전신고제를 도입하는 방안이다. 공직자에게 본인과 가족에 관한 일정한 사항을 사전에 신고할 의무를 부과하고 소속기관장이 신고된 사항을 기초로 구체적인 사안마다 직무배제의 필요성을 판단하는 방식이다. 특정직무 개념을 사용하더라도 직무배제의 범위가 지나치게 넓다는 인식에 기초하고 있다. 예를 들어 산업통상자원부 자동차과 과장의 가족이 어느 자동차 대기업의 수만 명의 직원 중 하나인 경우에 자동차과 과장을 해당 기업이 관련된 모든 특정업무에서 배제시키는 것은 과도하다. 부정청탁이나 금품수수와는 달리 이해충돌은 의사와 상관없이 발생하는 상황이기 때문에 빈번하게 발생할 수 있으므로 현실적인 적용가능성을 고려할 필요가 있다는 것이다.[97] 그러나 어느 안으로도 합의에 이르지 못하였고 결국 이해

---

96) 국민권익위원회 측의 의견이다. 제330회 국회(임시회) 정무위원회 회의록(법안심사소위원회), 2015. 1. 8., 22면. 당시에 논의된 안 자체를 공개된 자료에서 찾을 수는 없었다. 다만, 최근 국민권익위원회는 내부검토 중인 '공직자 등의 이해충돌 방지법안'을 국회의원에게 제출하였는데, 특정직무는 아래와 같이 정의되어 있다. "특정직무"란 공직자등이 직접 수행하는 직무 중에 개별적이고 구체적인 소관 업무로서 다음 각 목의 어느 하나에 해당하는 직무를 말한다.
가. 채용 또는 승진·전보·상벌·근무평가 등 인사 업무
나. 금전납부 의무를 명하거나 수익적 행정행위로서 금전을 지급하는 업무
다. 예산·기금의 배정 업무 또는 투자·대여 등 관리 업무
라. 감사·조사·검사·재판·심판·조정·중재·화해·수사·단속 업무
마. 공사·용역 또는 물품 등의 조달·구매의 계약·검사·검수 업무
바. 재화 및 용역의 생산·공급·관리에 관계되는 업무
사. 공공기관이 주관하는 시험의 출제·면접·채점 업무
아. 인가·허가·면허·특허·승인·인증·확인·지정·검정·등록·등재·인정·결정 등 국민의 권리·의무에 직접적으로 영향을 미치는 업무
자. 징병검사·부대 배속 또는 보직 부여 등 병역 관련 업무
차. 각급 학교의 입학, 성적, 수행평가 업무

97) 제330회 국회(임시회) 정무위원회 회의록(법안심사소위원회), 2015. 1. 8., 26면 이하; 국회 정무위원회 전문위원, '부정청탁 및 금품등 수수의 금지에 관한 법률 일부개정법률안' 검토보고, 2016. 12., 21면.

충돌방지 규정은 제외된 채 입법을 하게 된 것이다.

(3) '사적 이해관계 직무 수행 금지' 조항의 개선방안

이하에서는 두 가지 측면에서 원안에 대한 개선방안을 제안하고자 한다. 첫째, 제척 또는 그와 유사한 방식의 직무금지[98]는 명확하게 한정된 사유에 대해서만 적용하여야 한다. 제척은 기존에는 법원이나 합의제 행정기관에만 적용되던 방식이다. 제척사유는 직무수행의 공정성을 기대하기 어려운 명확한 이익충돌 상황에 대해서만 규정되어 있고, 그 기준도 추가적인 판단이 필요 없을 정도로 매우 구체적이다. 제척은 별도의 판단 없이 당연히 직무에서 배제되고, 그 위반은 재판이라면 파기·재심사유, 처분이라면 위법사유가 되기 때문이다. 앞서 본 바와 같이 독일은 행정절차 일반에 대하여 제척 규정을 둔 (알려진 한도에서는) 유일한 나라인데, 독일 행정절차법상의 제척 사유도 제한적으로 열거되어 있다. 일반적인 행정작용은 그 특성으로 인해 제척 규정을 적용하는 것이 법원의 재판이나 합의제 행정기관의 행정작용보다 더 곤란하다. 그 이유는 다음과 같다. 우선 재판은 사건이 구체적이고 당사자가 특정되어 있고, 합의제 행정기관의 심의·의결의 대상이 되는 행정작용도 대체적으로는 개별·구체적 성격을 갖는다. 반면 일반적인 행정작용은 직무관련자가 (불특정) 다수인 경우도 적지 않다. 다음으로 행정기관은 원칙적으로 독임제 행정기관의 형태를 취하고 피라미드 형태의 계서제(hierarchy) 조직이므로, 법원이나 합의제 행정기관에서와는 제척의 의미와 효과가 달라질 수밖에 없다. 제척사유가 있으면 법원은 동등한 위상을 갖는 다른 재판부에서 재판을 할 수 있

98) 국민권익위원회에서 내부검토 중인 '공직자 등의 이해충돌 방지법안'에서는 제척 대신 '직무 수행이 금지'된다는 표현을 사용하고 있다. 금지사유가 있음에도 예외적인 사유가 있으면 직무를 수행할 수 있도록 하는 점("직무를 수행하는 공직자 등을 대체하기 지극히 어려운 경우" 등)이 제척 방식과의 차이로 보인다.

고, 합의제 행정기관은 해당 위원이 당해 사건의 심의·표결에만 참여하지 않으면 된다. 그러나 일반적인 행정직관에서는 고위공직자일수록 권한범위가 넓어지고, 고위공직자가 직무에서 배제될 경우 동등한 정도의 책임성을 갖는 자의 의사결정으로 대체하기 어렵다. 앞서 본 것처럼 고위공직자일수록 제척되는 상황이 자주 발생한다면 행정의 의사결정 과정 자체가 왜곡될 수 있다. 요컨대 이해충돌의 우려가 있어 직무수행에서 배제해야 할 필요가 있는 사유를 모두 광범위하게 제척사유로 규정하는 것은 현실적으로 적지 않은 어려움이 따른다. 특히 제척사유에도 불구하고 결정에 관여할 경우 이는 처분의 위법사유가 되므로[99] 제척사유를 광범위하게 또는 모호하게 규정하는 것은 행정상 법률관계를 불안정하게 만드는 결과를 낳는다. 그러므로 제척 방식의 규제는 긴밀한 사적 이해관계로 인하여 직무수행이 부당하게 영향을 받을 위험성이 높은 상황을 유형화하여 제한적으로 규정하여야 한다.

둘째, 법률안 제정과정에서 마치 서로 배척하는 것처럼 다루어졌던 제척 방식과 신고 방식은, 사실 상호배타적인 것이 아니므로 양자는 병용될 수 있다. 이해충돌의 우려가 상대적으로 큰 사유는 명확하고 구체적으로 제척사유로, 그 밖에 이해충돌의 우려가 있는 사유는 공직자의 신고를 기초로 감독기관이 판정하는 방식으로 구성하는 것도 가능하다. 이 경우 신고는 재산신고처럼 사전에 이해관계에 관한 사항을 신고하는 방식(프랑스, 캐나다)일 수도 있고, 구체적인 직무 수행과 관련하여 이해충돌 상황을 신고하는 방식(독

---

99) 청탁금지법 원안 논의 당시에는 제척사유 위반의 외부적 효과, 즉 제척사유 있는 자가 직무에 관여한 경우 행정작용의 적법성 또는 효력에 어떠한 영향을 미치는지에 대해서는 명확한 논의나 인식은 없었던 것으로 보인다. 앞서 본 것처럼 판례는 합의제 행정기관의 경우 제척 규정 위반은 위법사유로 보고 있다. 동일한 명칭을 사용하고 유사한 구조를 취하는 이상 처분의 위법사유로 판단될 가능성이 높을 것이다.

일)일 수도 있다. 또한 두 가지 종류의 신고의무를 모두 부과할 수도 있다. 원안 제11조 제3항, 제4항에서 마련하고 있는 회피의무도 (독일과 유사하게) 이해충돌 상황을 신고하는 방식이다. 다만, 원안에서는 제척사유 이외의 사유는 "그 밖에 직무관련자와 사적 이해관계가 있다고 인정하는 경우"로 포괄적으로 규정되어 있으므로 이를 구체화할 필요가 있다. 앞서의 논의와 종합하면, 기존에 제척사유로 열거된 사유 중 일부는 제척사유로, 나머지는 회피의무가 있는 사유로 구분하면 될 것이다. 이 경우 회피의무가 있는 사유는 ① 원안의 제척사유에서 옮겨온 (상대적으로 구체적인) 사유와 ② "그 밖에 직무관련자와 사적 이해관계가 있다고 인정하는 경우"와 같이 일반적인 사유로 이루어지게 될 것이다. 이는 포괄적인 사유로만 회피사유를 규정하는 방식과 비교할 때, 공직자와 감독기관이 회피의무가 있는 상황인지, 회피의무를 불이행한 것인지에 관한 판단을 쉽게 할 수 있는 장점이 있다. 판단과 적용을 쉽게 하는 것은 규제의 실효성을 높이는 데 도움이 된다. 앞서 여러 나라의 예에서 본 것처럼 이해충돌 규제는 부패행위 자체를 제재하는 것이 아니라 부패에 대한 사전예방적인 성격의 규제이므로 위험성에 상응하게 다양한 탄력적인 수단을 병행하여 규제의 실효성을 높이는 것이 중요하다고 할 것이다.

V. 결 론

이해충돌방지 규정이 제외된 채 입법된 직후부터 청탁금지법이 이해충돌방지가 부패 예방을 위한 핵심적인 사항이므로 이를 보완해야 한다는 주장이 지속적으로 제기되고 있다.[100][101] 또한 여

100) 노컷뉴스 2016. 12. 30. 김영란 전 국민권익위원회 위원장 인터뷰(http://www.nocutnews.co.kr/news/4709435); 조재헌, "부정청탁금지법의 위헌성에 관한 논

러 나라의 경험에 비추어 보면 이해충돌방지 입법은 정치적 스캔들의 여파로 제정되거나 강화되는 경우가 많다.[102] 최근에 우리나라에서 진행되고 있는 부패 사건에 대한 처벌의 과정이 끝나고 나면, 이해충돌방지 제도를 입법화하고자 하는 움직임이 시작될 것으로 예상되고, 또 그렇게 되어야만 한다. 공적 의사결정의 공정성과 민주주의에 대한 신뢰를 회복하기 위해 반드시 필요한 과정이기 때문이다. 이 논문이 그러한 과정에 도움이 되기를 소망하며 글을 맺는다.

의", 한국부패학회보 제20권 제4호(2015), 304면; 박재윤, 앞의 논문(주 13), 269면.

101) 청탁금지법을 개정하여 이해충돌방지 규정을 추가하고자 하는 법률안이 20대 국회에 다시 제출된 상태이다(2016. 8. 1. 의원 발의). 제출된 법률안의 내용은 2013년에 정부가 제출안 원안과 유사하다.

102) Demmke/Bovens/Henökl et al., 앞의 책(주 20), p. 13. 미국의 경험에 관해서는 Cain/Gash/Oleszek, "Conflict-of-Interest Legislation in the United State: Origins, Evolution, and Inter-Branch Differences", Trost/Gash (ed.), 앞의 책(주 18), p. 103 이하 참조.

⊠ 참 고 문 헌

Ⅰ. 국내문헌

김동희, 행정법 Ⅰ, 박영사, 2016.

박균성, 행정법론(상), 박영사, 2014.

김현희, 캐나다의 공직자 부패행위에 관한 비교법적 연구, 한국법제연구원, 2015.

나채준, 미국의 공직자 부패행위에 관한 비교법적 연구, 한국법제연구원, 2015.

박경철, 영국의 공직자 부패행위에 관한 비교법적 연구, 한국법제연구원, 2015.

박규환, 독일의 공직자 부패행위에 관한 비교법적 연구, 한국법제연구원, 2015.

배성호, 일본의 공직자 부패행위에 관한 비교법적 연구, 한국법제연구원, 2015.

이유봉, 공직부패 종합대책법으로서의 「부정청탁 및 이해충돌 방지법안」에 대한 분석연구, 한국법제연구원, 2012.

장원규, 오스트리아의 공직자 부패행위에 관한 비교법적 연구, 한국법제연구원, 2015.

전 훈, 프랑스의 공직자 부패행위에 관한 비교법적 연구, 한국법제연구원, 2015.

조재현, 싱가포르의 공직자 부패행위에 관한 비교법적 연구, 한국법제연구원, 2015.

김주영, "공직부패 방지를 위한 공직자의 이해충돌 방지규정의 검토", 공법학연구 제14권 제3호(2013. 8).

김현희, "캐나다의 부패방지 법제에 관한 소고", 영남법학 제42집(2016. 6).

나채준, "미국의 공직자 부패방지 제도에 관한 비교법적 고찰", 영남법학 제42집(2016. 6).

박재윤, "부패방지를 위한 행정법 제도의 쟁점", 행정법연구 제46호(2016. 8).

박홍식, "공직자 이해충돌 행위의 개선을 위한 연구-법적·윤리적 시각을 중심으로", 한국행정학보 제42권 제3호(2008).

윤태범, "공무원 윤리 확보를 위한 직무상 이해충돌 회피에 관한 연구: 미국, 일본, 한국의 비교를 중심으로", 한국인사행정학회보 제4권 제2호(2005).

이성기, "미국의 뇌물, 부정청탁 및 이해충돌방지법에 관한 연구", 미국헌법연구 제23권 제2호(2012).

장영수, "공직자윤리법에 따른 공직자 재산등록과 백지신탁제도의 법적 문제점과 개선방향", 고려법학 제70권(2013).

전 훈, "프랑스에서의 부패방지 법제", 강원법학 제47권(2016. 2).

조재헌, "부정청탁금지법의 위헌성에 관한 논의", 한국부패학회보 제20권 제4호(2015).

최계영, "행정행위가 갖는 특별한 효력의 근거-그 역사적 기원과 헌법적 근거에 관한 고찰-", 법조 제55권 제2호(2006).

Ⅱ. 외국문헌

OECD, Managing Conflict of Interest in the Public Sector - A Toolkit, 2005.

OECD, Managing Conflict of Interest in the Public Service-OECD Guidelines and Overview, 2003.

Auby/Breen/Perroud (ed.), Corruption and Conflict of Interest-A Comparative Law Approach, Edward Elgar, 2014.

Kopp/Ramsauer, Verwaltungsverfahrensgesetz, 10. Auflage 2008.

Peters/Handschin (ed.), Conflict of Interest in Global, Public and Corporate Governance, Cambridge, 2012.

Stark, Conflict of Interest in American Pulic Life, Harvard University Press,

2000.

Demmke/Bovens/Henökl et al., Regulating Conflicts of Interest for Holders of Public Office in the European Union – A Comparative Study of the Rules and Standards of Professional Ethics for the Holders of Public Office in the EU-27 and EU Institutions, European Institute of Public Administration, 2007.

Stelkens/Bonk/Sachs, Verwaltungsverfahrensgesetz, 8. Auflage 2014.

Trost/Gash (ed.), Conflict of Interest and Public Life, Cambridge, 2008.

Nikolov, "Conflict of interest in European public law", Journal of Financial Crime Vol. 20 Iss. 4 (2013).

제3장

법관의 이익충돌*

박　　준

Ⅰ. 서　　론

사법제도가 자유민주주의 체제의 핵심적인 요소의 하나로 기능하기 위해서는 법관의 판단과 행동이 공정해야 한다. 법관은 헌법과 법률에 의하여 그 양심에 따라 독립하여 심판하여 공평무사하게 재판 기타 직무를 수행할 것이 기대된다. 법관에 의하여 그러한 재판을 받을 권리는 기본적 인권의 하나다.[1]

법관[2] 자신 또는 법관의 가족, 친구 등의 이익 또는 법관 집단

* 「저스티스」 통권 제159호(2017. 4)에 게재된 논문을 수정·보완한 것임.

1) 헌법 제27조 제1항은 헌법과 법률이 정한 법관에 의하여 법률에 의한 재판을 받을 권리만을 언급하고 있으나, 유엔인권선언 제10조는 "모든 사람은 자신의 권리 의무와 자신에 대한 형사소추에 대하여 결정될 때 독립된 공평한 법원에 의해 공정한 공개 심리를 받을 완전히 평등한 권리를 가진다(Everyone is entitled in full equality to a fair and public hearing by an independent and impartial tribunal, in the determination of his rights and obligations and of any criminal charge against him)"고 하였다. 유럽인권협약 제6조 제1항도 같은 취지의 조항(In the determination of his civil rights and obligations or of any criminal charge against him, everyone is entitled to a fair and public hearing within a reasonable time by an independent and impartial tribunal established by law)을 두고 있다.

2) 헌법재판은 일반재판과는 다른 특성이 있으므로 이 글에서 법관은 헌법재판관을

의 이익을 고려할 수 있는 여지가 있는 상황에서는 법관이 헌법과 법률에 의하여 직무를 공정하게 수행할 의무 및 그 의무 이행으로 추구할 공익과 사익이 충돌하게 된다.3) 이 글은 법관의 이익충돌

포함하지 않는다. 헌법재판소 2016. 11. 24. 선고 2015헌마902 결정도 "헌법재판은 일반재판과는 달리 당사자의 구체적인 이해관계에서 비롯되는 분쟁을 다루는 것이 아니라 규범이나 국가작용에 대한 헌법적 판단이 주를 이룬다"는 점과 "재판관이 특정 사건의 기초가 되는 상황과 관련하여 일정한 관계를 형성하고 있다 하더라도 그것이 헌법재판의 공정성이나 독립성에 직접 영향을 줄 가능성은 민·형사 소송절차 등 일반재판에 비하여 상대적으로 낮다"는 점을 지적하였다. 위 결정에서 언급한 사항 이외에 헌법재판의 특성으로 "대체가능성이 없다"는 점과 "헌법재판은 헌법재판소 바깥의 법적 절차와 직접적이고 긴밀한 관계에 놓여 있는 경우가 많다"는 점도 지적한 글로는 김하열, "헌법재판소 재판관의 제척·기피·회피", 저스티스 통권 제144호(2014).

3) 법정 안팎에서의 법관의 언행(이념, 인생관 또는 편견에 따른 견해의 표명)으로 사건의 공정한 처리에 대한 우려가 있는 경우도 재판의 공정성을 훼손하거나 공정성에 대한 우려를 야기하는 행위이겠으나 이는 이익충돌의 문제라기보다는 법관의 부적절한 언행의 문제라고 할 수 있다. 또한 재판의 공정성과 신속성 같이 법관이 직무 수행시 추구해야 하는 복수의 목표가 갈등관계에 있는 상황은 이 글에서 다루는 이익충돌 상황에 포함하지 않았다. Geyh, Charles Gardner, Judicial Disqualification: An Analysis Of Federal Law, 2nd Ed., Federal Judicial Center (2010), p. 24에 따르면 미국의 법원은 (i) 법관의 부적격(disqualification)을 초래하는 '법관과 당사자 사이의 개인적인 관계'와 (ii) 부적격 사유로 인정하기 불충분한 정치, 종교, 기타 소속관계를 구별하고 있고, 후자의 예로 일방 당사자와 같은 종교를 가진 것은 법관의 부적격 사유가 되지 않는다고 한 Bryce v. Episcopal Church in the Divorces of Colorado, 289 F.3d 648 (10th Cir. 2002)와 일방 당사자와 같은 정당에 소속된 것이 법관의 부적격 사유가 되지 않는다고 한 Higganbotham v. Oklahoma, 328 F.3d 638 (10th Cir. 2003)를 들고 있다. Geyh의 위 논문, pp. 41-42는 이념, 인생관 또는 편견에 따른 의견의 표명이 부적격 사유로 인정된 미국 사례로 법관이 언론에 담당사건에 대한 견해를 표명하여 부적격 사유로 인정된 United States v. Cooley, 1 F. 3d 985 (10th Cir. 1993)과 In re Boston's Children First, 244 F. 3d 164 (1st Cir. 2001), 자동차회사를 피고로 한 사건을 담당한 법관이 불법행위 세미나에서 자동차회사에게 적대적인 발언을 하여 부적격 사유로 인정된 Hathcock v. Navistar International Transportation Corp., 53 F. 3d 36 (4th Cir. 1995)를 들고 있다. 미국의 스칼리아 대법관이 이른바 국기에 대한 맹세 사건(Elk Grove Unified School District v. Newdow, 542 U.S. 1, 2004)에서 공개적인 의견을 표명한 것이 문제되어 회피한 사례도 있다. Jennings, Marianne M. and Nim Razook, Duck When a Conflict of Interest

의 특수성을 검토하고(Ⅱ), 법관의 이익충돌을 규율하는 현행 법규를 총괄적으로 살펴본 후(Ⅲ), 이익충돌 유형별로 현행 법규를 분석하고 문제점을 검토하고자(Ⅳ) 한다.

Ⅱ. 법관의 이익충돌의 특수성

1. 민·상사 법률관계에서의 이익충돌과의 유사성

(1) 민·상사 법률관계에서의 이익충돌과 대리인 문제

민·상사 법률관계에서도 일방 당사자가 상대방의 이익·이해관계를 추구하거나 보호할 의무가 발생하는 경우 이익충돌의 문제가 제기된다. 이 상황을 경제학·경영학에서는 흔히 대리인 비용(agency cost)이 발생하는 대리 문제(agency problem)로 표현한다. 개인·집단·조직(principal: 본인)이 자신의 이익·이해관계에 영향을 주는 의사결정 권한을 다른 사람(agent: 대리인)에게 행사하도록 위임한 상황이 대리인 관계에 해당한다. 소유와 경영이 분리된 회사의 주주와 경영자가 전형적인 대리인 관계에 해당하지만 다른 조직에서도 대리인 문제가 발생하고 정부 조직도 마찬가지다.[4] 각자가 효용을 극대화하고자 하는 경우 대리인이 항상 본인의 최선의 이익을 위하여 행동하는 것은 아니고 이 점 때문에 대리 비용(agency cost)이 발생한다. 법관의 활동도 국민과의 사이에서 대리인 관계가 성립하고 대리인 문제가 발생할 수 있다는 점에서는 회사·주주와 경영자간의 관계와 차이가 없다.

Blinds You: Judicial Conflicts of Interest in the Matters of Scalia and Ginsburg, 39 U.S.F. L. Rev. 873 (2005) p. 908.

4) Jensen, Michael C., and William H. Meckling, "Theory of the firm: Managerial behavior, agency costs and ownership structure", *Journal of Financial Economics* 3.4 (1976), p. 309. 이 논문에서 사용한 본인(principal)과 대리인(agent)은 민법상의 용어와는 다른 의미를 가진다.

(2) 민 · 상사 법률관계에서의 신인관계

영미에서 이익충돌과 대리인 문제를 규율하는 대표적인 법리가 신인의무(fiduciary duty)이다. 대체로 재량, 신뢰와 취약성의 요소가 갖추어진 상황. 즉 (i) 일방 당사자(즉 신인의무자)가 다른 당사자(즉 수익자)의 이해관계에 대한 재량권을 행사할 수 있고, (ii) 다른 당사자(수익자)는 일방 당사자(신인의무자)가 수익자의 이익을 위하여 행동할 것으로 기대하며, (iii) 다른 당사자(수익자)는 일방 당사자(신인의무자)의 사익 추구 또는 부당한 영향력 행사에 취약한 상황에서 그 일방 당사자가 신인의무를 부담하게 된다.[5)]

재판에는 항상 법관의 재량적 판단이 개재하게 되고, 법관의 심판은 소송 당사자를 비롯한 국민의 이익·이해관계에 영향을 미친다. 한편 국민은 법관이 헌법과 법률에 의하여 양심에 따라 공정하게 직무를 수행할 것을 신뢰하고, 법관의 판단에 취약한 위치에 있음은 두말할 나위가 없다. 이와 같이 법관과 국민의 관계는 민·상사 법률관계에서 신인의무가 인정되는 상황의 특징을 모두 갖추고 있다. 영미에서는 법관 등 공직자가 국민에 대하여 신인의무를 진다고 보는 견해가 오래전부터 있었고, 법관의 탄핵절차에서도 신인의무 위반으로 처리한 경우들이 있다.[6)]

영미법상 신인의무의 핵심은 충성의무(duty of loyalty)이고 이는 이익충돌 금지원칙(no conflict rule)과 이익향수 금지원칙(no profit rule)으로 구성된다.[7)] 이 중 법관의 이익충돌과 관련하여 의미가 있

5) 김정연, 자본시장에서의 이익충돌에 관한 연구, 경인문화사, 2017, 77-80면.

6) Leib, Ethan J., David L. Ponet, and Michael Serota, "A Fiduciary Theory of Judging", 101 *California Law Review* 699 (2013), pp. 715-716.

7) 두 원칙에 대한 간단한 설명은 이중기, 충실의무론, 삼우사, 2016, 21면, 58-59면, 274-275면; 상세한 설명은 Virgo, Graham, *The Principles of Equity and Trusts*, Oxford University Press, 2012, pp. 495-518. 영국의 Law Commission은 신인의무의 4가지 속성으로 이익충돌 금지원칙(no conflict rule), 이익향수 금지원칙(no

는 부분은 이익충돌 금지원칙이다. 이익충돌 금지원칙은, 신인의무자는 보호할 의무가 있는 상대방과 이익이 실제로 충돌하거나 충돌할 수 있는 상황에 처해서는 안 된다는 원칙이다.[8] 그 상황에서 신인의무자의 결정·행위의 내용이 공정하였는지 또는 그 결과가 수익자에게 이익이 되었는지를 묻지 않는 것이 원칙이다(no further inquiry rule).[9] 법관도 민·상사 법률관계에서의 신인의무자와 다름이 없는 지위에 있다는 점에서 신인의무자에게 적용되는 원칙과 법리의 적용을 받아야 마땅할 것이다.

2. 민·상사 법률관계에서의 이익충돌과의 차이

(1) 신인의무·충성의무 법리의 적용 여부

1) 민·상사 법률관계에서의 이익충돌 규율의 기본법리 – 충성의무·충실의무

민·상사 법률관계에서의 이익충돌은 대체로 영미법상의 신인의무에 의하여 규율된다.[10] 우리나라 민·상사 법률관계에서의 이

---

profit rule), 완전한 충성의 원칙(undivided loyalty rule)과 비밀유지의무를 들었다. Law Commission, Fiduciary Duties and Regulatory Rules, Consultation Paper No. 124(1992), pp. 27-30.

8) "본인은 신인의무자의 일편단심의 충성을 향유할 권리가 있다. …신인의무자는 자신의 의무와 이익이 충돌할 수 있는 지위에 스스로를 처하게 해서는 안 된다. 그는 정보에 기반한 본인의 동의(informed consent)를 얻지 않고 자기의 이익 또는 제3자의 이익을 위해서 행위하여서는 안 된다"는 Bristol and West Building Society v. Mothew [1998] 1 Ch (CA) 16 판결의 Millet 판사의 판시가 이 원칙을 잘 나타내고 있다.

9) 이 원칙이 회사의 이사의 행위에 대하여는 완화되었고 미국에서 특히 더 그렇다. Flannigan, Robert, "The Adulteration of Fiduciary Doctrine in Corporate Law", 122 Law Quarterly Report 449 (2006); Rock, Edward B. and Michael L. Wachter, "Dangerous Liaisons: Corporate Law, Trust Law, and Interdoctrinal Legal Transplants", 96 Northwestern University Law Review 651 (2002).

10) 국제적으로 회사법상 이익충돌 거래의 규율에서는 (i) 구체적인 법규(rule)로 미리 특정한 작위·부작위를 요구하는 방식과 (ii) 기준(standard)을 정해 놓고 준수 여

익충돌에 대한 법적 규율이 완벽하게 정비되어 있다고 볼 수는 없으나, 가장 전형적인 이익충돌이라고 할 수 있는 신탁의 수탁자와 수익자간 및 회사의 이사와 주주간의 이익충돌에 대해서 영미법상의 신인의무의 핵심적인 내용인 충성의무(duty of loyalty)와 유사한 충실의무 조항을 법률에 명시하고 다시 구체적인 이익충돌 행위유형을 법률로 규율하고 있다(신탁법 제33조, 제34조, 상법 제382조의3, 제397조의2, 제398조). 그 밖에도 신인관계에 해당하는 민·상사 법률관계 중 일부에 대해서는 법률로 충실의무에 관한 조항을 두고 있으나 신탁의 수탁자에게 적용되는 충실의무보다는 불충분하게 입법되어 있는 경우[11]도 있고, 이익충돌에 관한 한 신탁의 수탁자 또는 주식회사의 이사와 유사한 지위에 있다고 할 수 있음에도 불구하고 일반적인 충실의무 조항 없이 선량한 관리자의 주의의무에 관한 조항만을 두거나,[12] 일반적인 충실의무 조항을 두지 않고 이익충돌 문제를 다루는 조항만을 둔 경우[13]도 있다.

이와 같이 민·상사 법률관계에서의 이익충돌에 대한 법적 규율이 완벽하게 정비되어 있다고 볼 수는 없으나, 가장 전형적인 이

부에 대한 사후심판을 하는 방식 중 (ii)의 방식을 널리 사용한다. 이 때 신인의무의 핵심적인 내용인 충성의무(duty of loyalty)가 대표적인 기준에 해당한다. Kraakman, Reinier, et al, *The Anatomy of Law*, Oxford University Press, 2009, pp. 37-45, 173(김건식외 7인 역, 회사법의 해부, 소화, 2014, 74-85면, 277면).

11) 자산운용업자, 투자자문업자, 투자일임업자, 신탁업자, 사모투자전문회사의 업무집행사원에 관한 자본시장법 제79조, 96조, 제102조, 제272조.

12) 수임인에 관한 민법 제681조, 합자조합의 업무집행조합원에 관한 상법 제86조의5, 사채관리회사에 관한 상법 제484조의2. 이중기, 앞의 책(주 7) 76-77면은 위임인의 이익을 최대한 도모할 것에 대한 기대가 정당한 상황이라면 위임에도 신인의무가 적용된다고 보는 반면, 이연갑, "위임과 신탁: 수임인과 수탁자의 의무를 중심으로", 비교사법 제22권 제1호, 비교사법연구회(2015), 43-46면은 위임과 신탁이 실정법상 다르게 취급되고 있음을 중시하여 법률관계가 위임인지 신탁인지는 의사해석의 문제로 본다.

13) 변호사법 제31조, 합명회사 사원에 관한 상법 제198조, 제199조.

익충돌이라고 할 수 있는 수탁자와 수익자간의 이익충돌과 이사와 주주간의 이익충돌을 비롯하여 많은 부분이 충실의무로 규율되고 있다. 충실의무가 영미법상의 신인의무의 핵심적인 내용인 충성의무와 같은 개념인가에 대하여는 논란의 여지가 있겠으나[14] 유사한 법리를 입법적으로 반영하고자 한 것은 부정할 수 없을 것이다.

2) 법관의 이익충돌을 규율하는 기본법리의 미확립

민·상사 법률관계에서는 영미법상의 신인의무의 핵심인 충성의무와 유사한 충실의무를 적용함으로써 이익충돌을 규율하는 기본 법리가 어느 정도 정립되어 있다. 법관의 직무수행도 신인의무 특히 충성의무 법리가 적용되는 법률관계의 특징을 가지고 있으나

14) 우리나라 법상 충실의무라는 용어가 항상 영미법의 신인의무(fiduciary duty)와 같거나 유사한 의미로 사용되지는 않고 있다. 대법원 판례도 충실의무라는 용어를 다양하게 사용하고 있어서 영미의 신인의무의 핵심적인 내용을 이루는 충성의무(duty of loyalty)와 같은 의미를 가지는 용어로 정착되어 있지는 않다. 그동안 충실의무라는 용어를 사용한 대법원 판례는 대체로 다음과 같은 네 가지 유형으로 나누어 볼 수 있고, 최근 이사의 충실의무를 선관주의의무와 구별해서 사용한 판결들이 나오고 있다(대법원 2016. 1. 28. 선고 2014다11888 판결, 대법원 2016. 8. 24. 선고 2016다222453 판결 등).

(i) 영미의 충성의무(duty of loyalty)에 해당하는 용어로 사용한 예(대법원 2005. 12. 22. 선고 2003다55059 판결).

(ii) 충실의무와 선관주의의무를 구별하지 않은 예(주식회사의 이사에 관한 대법원 2013. 9. 12. 선고 2011다57869 판결, 대법원 2013. 4. 11. 선고 2012다116307 판결, 대법원 2009. 10. 15. 선고 2009도5655 판결, 대법원 2009. 5. 29. 선고 2007도4949 전원합의체 판결, 대법원 2009. 5. 14. 선고 2008다94097 판결, 대법원 2004. 9. 13. 선고 2003다67762 판결, 대법원 2004. 5. 13. 선고 2002도7340 판결. 금융기관의 임직원에 관한 대법원 2011. 5. 13. 선고 2009다62608 판결, 대법원 2007. 5. 31. 선고 2005다56995 판결).

(iii) 금융회사의 고객보호의무를 충실의무로 표현한 예(포괄적 일임매매 약정하에서의 과당매매에 대한 대법원 2007. 11. 15. 선고 2005다16775 판결, 대법원 2006. 2. 9. 선고 2005다63634 판결, 대법원 2002. 3. 29. 선고 2001다49128 판결, 대법원 1996. 8. 23. 선고 94다38199 판결).

(iv) 단순히 직무를 성실히 수행하는 의미로 사용한 예(대법원 2010. 7. 29. 선고 2008다7895 판결, 대법원 2009. 2. 12. 선고 2008다74895 판결).

공법관계에서의 이익충돌에 대하여 영미법상의 신인의무에 상응하는 충실의무를 적용하고자 하는 입법이 없음은 물론이고 이론적인 논의도 별로 없는 상황이다.

영미에서는 형평법상의 법리로 신인의무 법리가 형성되었고 신인관계가 형성되면 그것이 사법(私法)적 지위에서 발생하건 공법적 지위에서 발생하건 모두 신인의무 법리가 적용된다는 것이 확립되어 사회의 기초를 이루고 있다.[15] 그러한 기본 법리가 정립되어 있지 않은 우리나라에서 실정법상 명시적인 근거 없이 법원의 판례를 통하여 그러한 법리가 형성될 것을 기대하기는 어렵다.[16] 또한 그러한 법리를 입법한다고 하여도 수백년에 걸쳐 발전된 영미법상의 충성의무의 내용을 모두 담기는 쉽지 않고 간단한 입법은 해석에 대한 논란을 불러일으킬 것이다. 현행 공직자윤리법은 공직자가 공익을 우선하여 성실하게 직무를 수행할 의무(제2조의2 제2항)를, 청탁금지법은 사적이해관계에 영향을 받지 않고 직무를 공정하고 청렴하게 수행할 의무(제4조 제1항)를 규정하고 있으나, 이 조항들이 민·상사 법률관계에서의 충실의무와 같은 법적 효과를 가지는지는 의문이다. 이와 같은 상황이므로 법관의 이익충돌을 구체적으로 규율하는 법규를 잘 정비할 필요가 있다.

(2) 구체적인 수익자의 존재 유무 및 추구할 이익의 성격

민·상사 법률관계에서 신인관계가 형성되는 경우는 공익신탁 등 극히 예외적인 경우를 제외하고는 항상 수익자가 있고 신인의무자는 수익자의 이익을 추구할 의무를 진다. 따라서 수익자가 동의하면 이익충돌 상황이 허용될 수 있다.

---

15) Virgo, supra note 7, p. 482; Leib, Ponet and Serota, supra note 6, pp. 709-712. 검찰총장서리의 뇌물 수수에 신인의무 법리를 적용한 Attorney-General for Hong Kong v Reid [1993] UKPC 2 (1 November 1993).

16) 공무원도 충실의무자라고 보는 견해로는 이중기, 앞의 책(주 7), 426면.

법관이 추구해야 할 목표는 사법제도의 공정한 운영(특히 법관의 독립성과 공정성) 및 이를 통한 사법에 대한 국민의 신뢰를 확보하는데 있다. 법관이 이러한 의무를 수행함으로써 추구하는 이익은 특정한 개인·법인의 이익이 아니라 불특정 다수인 공중(公衆)이 수혜하는 공익이다. 이러한 공익과 법관 자신 또는 특수관계인의 이익 또는 법관 집단의 이익이 충돌되는 상황에서 특정인이 법관의 사익추구행위를 허용할 수는 없고, 따라서 소송당사자의 동의에 의한 법관의 이익충돌을 허용하는 제도는 매우 제한적으로 신중하게 인정하여야 한다.[17]

또한 법관의 이익충돌을 규율하는 목적은 법관의 독립성과 공정성을 확보하는데 있고 주로 공정성[18]의 문제라고 할 수 있다. 공정성은 법관이 추구할 가장 중요한 가치이다.[19] 공정성은 재판의 결론뿐 아니라 결론에 이르는 과정에도 적용되는 원칙이다.[20] 공

17) 영미에서는 당사자가 법관의 불공평성의 문제에 대하여 면제동의(waiver)할 수 있다. Hammond, R. Grant, *Judicial Recusal: Principles, Process and Problems*, Hart Publishing, 2009, p. 93. 미국 연방법 28 U.S.C. 455(e)는 법관의 결격사유 중 공평성에 대한 합리적인 의문이 생기는 상황에 관한 일반조항인 455(a)에만 해당하는 경우에는 완전한 정보제공(full disclosure)에 기한 당사자의 면제동의(waiver)를 받을 수 있지만, 구체적 유형별로 규율하는 455(b)에 해당하는 경우에는 당사자의 동의로 결격사유를 치유할 수 없도록 하였다. Geyh, supra note 3, p. 75는 면제동의는 사소한 건에 한정되어야 하고 이용을 극도로 자제해야 한다고 판시한 판결(United States v. Kelly, 888 F.2d 732 (11th Cir., 1989))도 있음을 지적하였다. 본안 변론 후에는 그 이전에 알고 있던 기피사유를 들어 기피신청할 수 없도록 한 민사소송법 제43조 제2항도 일종의 묵시적 동의를 제한적으로 인정한 셈이다.

18) 법관의 이익충돌은 통상 재판의 '공평성'(impartiality) 훼손 문제를 야기하지만, Ⅳ.4 논의와 같이 두 당사자 간의 공평성의 문제가 아닌 문제도 발생할 수 있다. 또한 법관윤리강령과 대법원판결이 '공정성'이라는 용어를 사용하고 있어, 이 글에서는 외국어의 번역을 제외하고는 주로 '공정성'이라는 용어를 사용하되 '공평성'을 포함하는 의미로 사용하였다.

19) 이상수, 법조윤리의 이론과 실제, 서강대학교 출판부, 2009, 448면도 같은 취지.

20) The Judicial Integrity Group, Commentary on The Bangalore Principles of

정성을 실제 해치는 경우뿐 아니라 해칠 우려 또는 그러한 외관을 갖춘 것만으로도 사법에 대한 국민의 신뢰를 실추시킬 수 있다.[21] 법관이 사익 또는 특정 집단의 이익을 위한 행동을 하는데 이르지 않더라도 사익 또는 특정 집단의 이익을 위한 판단을 할 우려가 있는 "외관"을 갖추는 경우도 사법의 신뢰를 위해서는 규율할 필요가 있다.[22] 이러한 점에서 민·상사 법률관계에서의 이익충돌의 규율보다 더 엄격히 법관의 이익충돌을 규율할 필요가 생긴다.

"공정한 재판을 기대하기 어려운 사정"이 있거나(민사소송법 제43조) "불공평한 재판을 할 염려"가 있으면(형사소송법 제18조) 당사자는 기피를 신청할 수 있다. 이 때 기피이유가 있는지 여부는 법관의 행위가 재판의 공정성을 훼손하였는지 뿐만 아니라 그렇게 볼 만한 외관을 갖추고 있는지 여부를 기준으로 판단하여야 한다. 공정성 훼손의 외관 형성을 기준으로 삼는지 여부에 따라 어떻게 다른 결론에 이르게 되는지를 잘 보여주는 사례가 대법원 1968. 9. 3. 자 68마951 결정이다. 이 결정은 "설사 … 재항고인 주장과 같이 본안 피고 소송대리인과 피고의 실제가 판사실에 임의로 드나

Judicial Conduct, 2007, p. 53.

21) 방갈로어 법관행위원칙(The Bangalore Principles of Judicial Conduct)은 "공평성(impartiality)은 실제로 존재해야 하고 또한 합리적으로 지각하기에도 존재하여야 한다. 불공정함이 합리적으로 느껴진다면 그러한 지각은 불만과 부정의라는 감각을 남겨 사법제도에 대한 신뢰를 무너뜨리기 쉽다. 공정성의 지각은 합리적인 관찰자의 기준으로 판단하여야 한다"고 하였고, 사법부와 법관의 독립성, 공정 또는 온당한 행동에 관하여 실제뿐 아니라 외관이 중요함을 여러 번 강조하였다(paras. 23, 37, 52, 55. 65, 111, 112 등). Id., p. 39, 44, 57, 59, 62, 85, 86.

22) Shetreet, Shimon, "Creating a Culture of Judicial Independence: The Practical Challenge and the Conceptual and Constitutional Infrastructure", in Shimon Shetreet and Christopher Forsyth, *The Culture of Judicial Independence*, Leiden: Brill (2012), p. 53; 이상수, 앞의 책(주 19), 450면; Judicial Integrity Group, supra note 20, p. 53; 유럽인권재판소 Mcgonnell v. The United Kingdom - 28488/95 [2000] ECHR 62 (8 February 2000).

드는 한편 재항고인측이 없는 자리에서 피고 소송대리인과 주심법관 사이에 사건핵심에 관한 말이 있었다고 하여서 그 대화내용이 재판의 공정을 방해할만한 것으로 인정할 객관적인 사정이 있다는 구체적인 주장과 소명이 없는 이상 이러한 사유로써는 편파 불공평한 재판이 이루어질 것이라는 의심을 당사자에게 품게 함에 족한 사정이 있다고는 하기 어려우며, …"라고 하였다.

이 결정은 거의 50년 전의 일이고 현재는 판사실 출입자체를 엄격히 규율하고 있으므로 위 사건과 같은 상황이 발생하기 어렵다고 할 수 있을 것이다.[23] 재판의 공정성은 재판의 결론에만 요구되는 것이 아니라 재판절차의 진행에도 요구된다.[24] 위 결정에서 언급한 상황에서 "일방 당사자측이 판사실을 임의로 드나들고 주심판사와 사건 핵심에 관한 말을 나눈다"는 점 자체가 재판이 불공평하게 이루어진다는 우려를 일으키는 것이지 "일방 당사자의 소송대리인과 동생이 판사와 나눈 이야기의 내용"에 따라 재판의 공정성 훼손 여부가 결정되는 것은 아니다. 법관과의 긴밀한 관계를 이용한 법관과의 의사소통은 은밀히 이루어질 것이므로 그 의사소통의 내용을 파악하여 공정성 방해를 입증하는 것은 불가능하다. 불공정의 외관 형성이 판단의 중요한 기준이 되어야 한다.

(3) 인센티브 방식 접근방안의 부적합성

민·상사 법률관계에서는 대리인 비용(agency cost) 문제의 해결을 위하여 대리인(agent)이 본인(principal)과 동일한 경제적 이해관계를 가지도록 함으로써 대리인의 인센티브를 바꾸는 보상체계를 형성하는 방식도 사용된다.[25] 그러나 법관은 재판의 독립성과 공정

23) 법관의 변호사 및 검사 면담 등에 관한 지침(대법원 행정예규 제681호 2006. 10. 23. 시행).

24) Judiciary of England and Wales, Guide to Judicial Conduct 2016, p. 7.

25) Kraakman et al., supra note 10, pp. 42-43{김건식외, 앞의 책(주 10), 81-82면}.

성을 지켜 사법에 대한 국민의 신뢰를 확보한다는 목표를 추구해야 한다는 점에서 보상을 통한 이해관계의 일치라는 대응방안은 법관에 대하여 적합한 것은 아니다.[26]

(4) 재판업무 수행에 따른 특수성 – 소송법상의 규율

일반적인 공직자의 이익충돌에 대하여는 법적·윤리적으로 의무를 부과하고 그 의무를 위반하는 경우 제재하는 방법으로 규율하게 된다. 공직자윤리법 등이 이와 같이 공직자의 이익충돌을 규율한다. 그러나 재판업무를 담당하는 법관의 이익충돌은 재판절차의 적법성과 효력에 영향을 줄 수 있다는 점에서 소송법상의 규율이 필요하다.

재판의 공정성을 훼손할 우려가 명백한 상황임에도 불구하고 법관이 계속 재판해서는 사법에 대한 일반의 신뢰를 쌓을 수가 없다. 소송법은 이러한 취지에서 제척사유[27]를 규정하고 있고 제척사유에도 불구하고 계속 재판에 관여한 경우 상소(민사소송법 제424조 제1항 제2호, 형사소송법 제361조의5 제7호, 제383조 제1호) 또는 재심사유(민사소송법 제451조 제1항 제2호)로 삼고 있다. 소송법상의 제척사유는 재판의 공정성을 훼손할 우려가 명백한 상황을 유형화한 것이고, 기피·회피 제도는 그 이외 재판의 공정성을 훼손할 우려가 있는 경우를 다루기 위한 것이다, 소송법상 제척·기피·회피 제도의 입법과 해석시 소송절차법의 관점[28]뿐 아니라 재판의 공정성

26) Posner, Richard A., "What Do Judges And Justices Maximize? (The Same Thing Everybody Else Does)", 3 *Supreme Court Economic Review* 1 (1993), p. 12는 법관은 재량권을 행사할 수 있어서 법관의 직무수행결과를 평가하기 어렵다는 점을 지적하였다.

27) 민사소송법 제41조는 "제척의 이유"라는 용어를, 형사소송법 제17조는 "제척의 원인"이라는 용어를 사용하고 있어서, 이 글에서는 두 가지를 포괄하는 용어로 "제척사유"라는 용어를 사용한다.

28) 소송절차법에 비중을 둔 글로는 이동률, "법관의 제척", 중앙법학 제13집 제1호

의 보장[29)]을 염두에 두어야 한다. 특히 재판의 공정성에 실제 영향을 미친 경우뿐 아니라 영향을 미칠 우려가 있거나 그러한 외관을 갖춘 경우에는 사법에 대한 신뢰가 쌓일 수 없다는 점을 고려할 필요가 있다.

Ⅲ. 법관의 이익충돌을 규율하는 현행 법규의 총괄적 검토

1. 법관의 이익충돌을 규율하는 현행 법규

법관이 직무와 충돌되는 이익·이해관계를 가지는 경우를 규율하는 현행 법규는 (i) 직업윤리 법규와 (ii) 소송법규로 나누어 볼 수 있고 직업윤리 법규는 공무원 일반에게 적용되는 것과 법관에게만 적용되는 것으로 나누어 볼 수 있다.[30)]

(2011); 이동률, “법관의 제척이유로서의 공동권리자-대상판결: 대판 2010. 5. 13, 2009다102254-”, 중앙법학 제16집 제3호(2014); 오상현, “법관 제척이유로서의 ‘당사자’와 ‘공동권리자·공동의무자’: 대법원 2010. 5. 13. 선고 2009다102254 판결”, 성균관법학 제26권 제1호(2014) 등.

29) 재판의 공정성의 측면에서 논의한 글로는 하정철, “재판의 공정성을 의심할 만한 사정의 존부 판단에 의한 제척이유의 실질화”, 서울법학 제22권 3호(2015), 639-640면.

30) 법관의 이익충돌 발생을 방지하는 기능을 하는 법적인 장치도 있다.

(i) 법관 재직 중 다른 공무원직 취임 · 보수 받는 직무 또는 영리목적 업무 종사 금지 및 대법원장의 허가 없이 법인 · 단체의 고문 · 임직원 취임 제한(법원조직법 제49조)이나 법관윤리강령상 소송관계인과의 법정 외에서의 면담금지(제4조 제4항), 타인의 법적 분쟁에의 관여 금지(제5조 제2항), 공정성을 의심받을 염려가 있는 경우에는 법률적 조언이나 변호사 정보 제공 또는 금전대차 등 거래행위 금지(제5조 제3항, 제6조)는 재직 중 이익충돌을 일으킬 활동을 제한한다.

(ii) 공직자윤리위원회의 승인 없이는 퇴직 전 5년간 소속한 부서 · 기관의 업무와 밀접한 관련성이 있는 기관에 퇴직 후 3년간 취업제한(공직자윤리법 제17조) 및 퇴직 전 1년간 근무한 법원이 처리하는 사건을 퇴직 후 1년간 수임제한(변호사법 제31조 제3항, 제4항)은 법관 퇴직 후의 활동을 제한한다.

(iii) 현행 법규상 법관 임용시 임용전의 활동과 관련하여 이익충돌을 방지하는 장치는 없어 보인다. 참고로 프랑스 법관 지위에 관한 조직법률(Ordonnance n° 58-1270 du 22 décembre 1958 portant loi organique relative au statut de la

(1) 직업윤리 차원의 이익충돌 규율

1) 공직자일반에게 적용되는 법규

① **공직자윤리법**

공직자윤리법은 공직자는 자신이 수행하는 직무가 자신의 재산상 이해와 관련되어 공정한 직무수행이 어려운 상황이 일어나지 않도록 직무수행의 직정성을 확보하여 공익을 우선으로 성실하게 직무를 수행할 의무가 있음을 선언하였다(제2조의2 제2항). 보다 구체적으로 공직자가 공직을 이용한 사적 이익 추구 금지 및 재직 중 취득한 정보의 부당한 사적인 이용 금지(제2조의2 제3항)를 규정하였다. 위반에 대한 형사처벌 조항은 없다. 그 위반은 징계사유의 하나가 될 것이다. 이에 추가하여 직무관련성이 없다고 인정되지 않는 한 일정한 범위의 공직자는 주식을 매각하거나 주식백지신탁을 하도록 하고 있다(제14조의4 이하).

② **「부패방지 및 국민권익위원회의 설치와 운영에 관한 법률」**(이하 "부패방지권익위법")

부패방지권익위법상 공직자는 부패행위를 하지 않을 청렴의무(제7조)가 있고 직무수행시 이익충돌 상황에서 자신 또는 제3자의 이익을 추구하는 행위는 부패행위에 해당한다(제2조 제4호). 위반에 대한 형사처벌 조항은 없다. 뇌물죄·배임죄 등 형사범죄에 해당하지 않는 한 징계 사유가 될 뿐이다(제8조 제3항).

---

magistrature)은 5년 이내에 국회의원이었거나 3년 이내 국회의원 후보였던 사람은 해당 지역에서 법관이 될 수 없고(유럽 의회는 예외)(제9조), 최근 5년간 법관으로 활동했던 지역에서 변호사로 개업할 수 없으며(제9-1조), 최근 5년간 변호사로 활동했던 지역에서 고등법원의 법관이 될 수 없도록(제32조) 하고 있다(다만 제9조와 제9-1조 적용시 파기원(Cour de Cassation)은 예외로 함). Plantard, Jean Pierre, "Judicial Conflicts of Interest in France", 18 American Journal of Comparative Law 710 (1970), pp. 712-715.

부패방지권익위법에 근거하여 대법원규칙으로 제정된 「법관 및 법원공무원 행동강령」은 이익충돌 상황에 관하여 보다 구체적인 조항을 두고 있다. 법관은 자신이 수행하는 직무(일정한 민원업무는 제외)에 자신 또는 일정한 범위의 가족·친지 등이 이해관계를 가지는 경우,[31] 다른 법령에 정함이 있으면 그에 따라 처리하고, 그렇지 않은 경우에는 그 직무의 회피 여부 등에 관하여 바로 위의 상급자 또는 행동강령책임관과 상담한 후 처리하여야 한다(제4조 제1항). 그 상급자·행동강령책임관은 해당 법관이 그 직무를 계속 수행하는 것이 적절하지 아니하다고 판단되면 직무를 일시적으로 재배정하거나 소속기관의 장에게 보고하고, 그 소속기관의 장은 직무가 공정하게 처리될 수 있도록 인력 재배치 등 필요한 조치를 하여야 한다(제4조 제2항, 제3항). 또한 법관은 상급자가 자기 또는 타인의 부당한 이익을 위하여 공정한 직무수행을 현저하게 해치는 지시를 하였을 때에는 그 사유를 그 상급자에게 소명하고 지시에 따르지 아니하거나 행동강령책임관과 상담할 수 있도록 규정하였다(제3조 제1항)

③ **「부정청탁 및 금품등 수수의 금지에 관한 법률」**(이하 "청탁금지법")

최근 많은 관심과 논란을 불러일으킨 청탁금지법도 법관을 포함한 공직자등은 "사적 이해관계에 영향을 받지 아니하고 직무를 공정하고 청렴하게 수행하여야" 할 의무를 진다는 점을 명시하여(제4조 제1항) 이익충돌에 관한 기본원칙을 언급하였으나, 구체적인 조

---

31) 1. 자신, 자신의 직계 존속·비속, 배우자 및 배우자의 직계 존속·비속의 금전적 이해와 직접적인 관련이 있는 경우
2. 4촌 이내의 친족이 직무관련자인 경우
3. 자신이 2년 이내에 재직하였던 단체 또는 그 단체의 대리인이 직무관련자인 경우
4. 그 밖에 법원행정처장이 공정한 직무수행이 어려운 관계에 있다고 정한 자가 직무관련자인 경우

항에서는 부정청탁과 금품수수에 관한 사항만을 규율하고 있다.[32)]

2) 법관에게만 적용되는 법규

① **법관윤리강령**

법관윤리강령은 이익충돌 상황에 대한 명시적인 언급은 하고 있지 않다.[33)] 공평무사와 청렴을 강조하고 공정성과 청렴성을 의심받을 행동을 금지하는 조항(제3조 제1항)과 성실한 직무 수행 조항(제4조)이 이익충돌을 규율하는 기본원칙의 역할을 하고 있다. 아울러 공정성을 의심받을 염려가 있는 경우 법률적 조언의 금지(제5조 제3항), 공정성에 대한 의심을 초래할 염려가 있는 경우 금전대차 등 경제적 거래행위 금지(제6조) 등은 이익충돌 상황의 발생을 방지하는 기능을 한다.

② **대법원 공직자윤리위원회의 권고의견**(이하 "권고의견")

법관윤리강령의 구체적인 적용에 관하여 대법원 공직자윤리위

---

32) 청탁금지법 제정시 정부안인 「부정청탁 금지 및 공직자의 이해충돌 방지법안」(의안번호 6272, 2013. 8. 5. 제출)은 이익충돌에 관한 보다 상세한 조항을 두고 있었으나 국회 심의과정에서 이 조항들이 삭제되었다. 이 법률안은 "이해충돌"을 "공직자가 직무를 수행할 때에 자신의 사적 이해관계가 관련되어 공정하고 청렴한 직무수행이 저해되거나 저해될 우려가 있는 상황"으로 정의하고(제2조 제6호), 구체적인 이익충돌 금지로서 다음과 같은 규율을 하도록 하였다.
① 공직자의 사적 이해관계 직무의 수행 금지(안 제11조)
② 고위공직자의 사적 이해관계 직무의 수행 금지(안 제12조)
③ 공직자의 직무 관련 외부활동 금지(안 제13조)
④ 직무관련자와의 거래 제한(안 제14조)
⑤ 소속 공공기관 등에 가족 채용 제한(안 제15조)

33) 미국변호사협회가 제정한 2007년 모범법관행위규범(Model Code of Judicial Conduct February 2007)(이하 "ABA 모범법관행위규범"으로 약칭함)의 Rule 1.3은 법관은 자신 또는 타인의 개인적 이익 또는 경제적 이익을 증가시키거나 타인으로 하여금 이를 허용하게 하기 위하여 법관직을 남용하여서는 안 됨을, Rule 2.1은 법관의 의무는 그의 사생활 및 법관이 아닌 활동보다 우선되어야 함을, Rule 2.11에서 공평성에 대하여 합리적인 의문이 드는 경우에는 사건을 회피하여야 함을 규정하였다.

원회가 제시한 권고의견들은 이익충돌에 관한 사항을 다음과 같이 구체적으로 언급하고 있다.

(ⅰ) 현재·장래의 소송관계인과의 접촉 금지 및 과거·현재·장래의 소송관계인과의 금전대차·부동산매매 등의 금지(권고의견 제1호 2006. 11. 15.)

(ⅱ) 법무법인과 취업협상 개시후 그 법무법인이 선임된 사건의 회피 및 선임된 사건이 많은 법무법인과의 취업협상 자제(권고의견 제4호 2009. 12. 2.)

(ⅲ) 재판상 이해관계가 있을 수 있는 개인·단체로부터 운영자금을 제공받는 단체에서 활동 금지(권고의견 제5호 2010. 3.)

(ⅳ) 배우자·친족이 변호사로 근무하는 법무법인이 수임한 사건의 처리 기준(권고의견 제8호 2013. 9. 12.)

(ⅴ) 공정성 훼손 우려가 있는 이익 수령금지 및 법관 직위를 이용한 타인에 대한 특별한 이익 제공 금지, 개인적으로 교류하던 사람이 소송당사자가 된 사건의 재배당요구·회피(권고의견 제9호 2014. 9. 21.)

(2) 소송절차 차원의 이익충돌 규율

1) 민사소송법

민사소송에서 법관이 5가지 사유[34] 중 하나에 해당하면 직무집행에서 제척된다(민사소송법 제41조). 제척은 재판의 공정성에 대한 국민의 신뢰를 보장하기 위하여 법관이 불공정한 재판을 할 우

---

34) 1. 법관 또는 그 배우자나 배우자이었던 사람이 사건의 당사자가 되거나, 사건의 당사자와 공동권리자·공동의무자·상환의무자의 관계에 있는 때
2. 법관이 당사자와 친족의 관계에 있거나 그러한 관계에 있었을 때
3. 법관이 사건에 관하여 증언이나 감정을 하였을 때
4. 법관이 사건당사자의 대리인이었거나 대리인이 된 때
5. 법관이 불복사건의 이전심급의 재판에 관여하였을 때(다른 법원 촉탁으로 직무 수행한 경우는 제외)

려가 있는 일정한 경우에 당연히 그 직무를 집행할 수 없도록 하는 것이다(대법원 2010. 5. 13. 선고 2009다102254 판결). 제척이유에 해당하지 않더라도 법관에게 공정한 재판을 기대하기 어려운 사정이 있는 때에는 당사자가 기피신청을 할 수 있고(민사소송법 제43조), 제척 또는 기피의 이유가 있는 경우 법관은 감독권있는 법원의 허가를 받아 회피할 수 있다(같은 법 제49조). 민사소송법의 위 조항들은 행정소송(행정소송법 제8조 제2항), 가사소송(가사소송법 제4조, 제12조), 비송사건(비송사건절차법 제5조)에도 준용된다.

2) 형사소송법

형사소송에서 법관이 7가지 사유[35]의 하나에 해당하면 직무집행에서 제척된다(형사소송법 제17조). 형사소송에서 법관이 제척원인에 해당하거나 법관이 불공평한 재판을 할 염려가 있는 때에는 검사, 피고인 및 변호인(피고인의 의사에 반하지 않는 한)은 법관의 기피를 신청할 수 있고(같은 법 제18조) 법관은 회피하여야 하며 회피여부는 소속법원 합의부 또는 직근 상급법원이 결정한다(같은 법 제24조).

3) 사무분담 및 사건배당에 관한 예규

「법관 등의 사무분담 및 사건배당에 관한 예규」[36]는 법관이 종전에 재직·소속한 법무법인 등[37]이 수임한 사건은 법무법인 등

35) 1. 법관이 피해자인 때
2. 법관이 피고인·피해자의 친족 또는 친족관계가 있었던 자인 때
3. 법관이 피고인·피해자의 법정대리인·후견감독인인 때
4. 법관이 사건에 관하여 증인, 감정인, 피해자의 대리인으로 된 때
5. 법관이 사건에 관하여 피고인의 대리인·변호인·보조인으로 된 때
6. 법관이 사건에 관하여 검사·사법경찰관의 직무를 행한 때
7. 법관이 사건에 관하여 전심재판 또는 그 기초되는 조사·심리에 관여한 때

36) 재판예규 제1578호, 개정 2016. 4. 11 시행 2016. 5. 1.

37) 법무법인, 법무법인(유한), 법무조합(사실상 법무법인 또는 법무조합의 형태로 운영되는 법률사무소를 포함), 공증인가합동법률사무소 포함.

에서 퇴직·탈퇴한 날로부터 3년이 경과하기까지는 그 법관에게 배당하지 않는 것으로 정하고 있다(제10조3 제1항 제3호). 또한 "재판장이 자신 또는 재판부 소속 법관과 개인적인 연고관계가 있는 변호사의 선임으로 재판의 공정성에 대한 오해의 우려가 있다고 판단하여 재배당 요구를 한 때"에는 재배당을 할 수 있도록 하였다(제14조 제10호).

2. 이익충돌 규율 법규의 상호 연계의 필요성

(1) 다양한 법규에 의한 이익충돌 규율과 상호 연계의 필요성

법관의 이익충돌 규율에 관한 기본 원칙은 여러 법규에 흩어져 있고 내용도 차이가 있다. 먼저 법관을 포함한 공직자 일반에게 적용되는 법률인 공직자윤리법, 부패방지권익위법 및 청탁금지법이 이익충돌에 관하여 일반적인 내용을 규정하고 있으나, 원론적인 조항이고 구체적인 규율은 미흡하다. 신인의무가 신인관계에 대하여 일반적으로 적용되는 법원리로 자리 잡은 영미와는 달리 그렇지 않은 우리 현행 법체계에서는 개별적 구체적으로 규율할 수밖에 없다. 이러한 점에서 법관윤리강령과 소송법규가 중요한 의미를 가진다.

법관윤리강령은 공정성을 강조하고 있으나(제3조 제1항) 이익충돌 상황에 관한 명시적인 언급은 없다.[38] 권고의견은 "재판의 공정성과 청렴성에 조그마한 의심이라도 불러일으킬 수 있는 외관이나 상황을 만들어서는 안 된다"는 점을 여러 차례 강조하여(권고의견 제1호와 제9호) 이익충돌에 관한 기준을 제시하였으나 법규적 성격

38) ABA 모범법관행위규범(주 33) Rule 1.3은 법관은 자신 또는 타인의 개인적 또는 경제적 이익을 증가시키거나 타인으로 하여금 이를 허용하게 하기 위한 법관직 남용 금지를, Rule 2.1은 법관의 의무는 그의 사생활 및 비법관 활동보다 우선되어야 함을, Rule 2.11에서 공평성에 대하여 합리적인 의문이 드는 경우에는 사건을 회피하여야 함을 규정하였다.

이 불명확하고 이익충돌 상황에서의 체계적인 법관 행동지침에는 이르지 못한다. 소송법상 제척 조항은 구체적으로 이익충돌 상황을 규율하고 있으나 이익충돌 발생시 법관의 행동에 관한 기본원칙을 제시하지 않았다.

법관의 기본적 임무는 재판이므로 우선 법관의 이익충돌에 대한 소송법적인 규율을 정비하고, 소송법에 규정하기 어려운 사항은 법관윤리강령 또는 행동규범 등 직업윤리 법규에 명시하여 상호 연계되도록 할 필요가 있다.

(2) 소송법상 이익충돌 관련 기본원칙의 수립의 필요성

법관의 이익충돌에 관한 구체적인 규율은 소송법의 제척·기피·회피 제도로 이루어지고 있다. 특히 제척사유에 해당하면 법관이 당연히 직무집행에서 배제되고 그 위반은 상소와 재심 사유가 되는 등 제척의 소송법상의 효과는 매우 강력하다. 제척의 이러한 성격에 비추어 제척사유는 당연히 법관이 직무집행을 하지 않아야 할 정도로 명백한 경우를 열거한 것이고 유추·확대해서는 안 되는 것으로 보고 있다.[39] 제척 사유에 해당하지 않으면서도 재판의 공정성을 훼손할 우려가 발생하는 경우 법관을 직무에서 배제하기 위하여 기피·회피 제도를 두었다. 기피·회피사유로 규정된 "공정한 재판을 기대하기 어려운 사정"과 "불공평한 재판을 할 염려가 있는 때"가 추상적으로나마 법관의 재판 배제의 기준을 제시하고 있으나 이익충돌 상황에서 법관의 행동지침으로 기능하기는 어렵다.

법관이 불편부당하게 공정히 직무를 수행하고 사적인 이해관계에 영향을 받지 않아야 하며 그렇게 직무수행을 하지 못할 우려 또는 그러한 외관을 갖춘 경우에는 재판에서 배제되어야 한다는

---

39) 이시윤, 신민사소송법(제8판), 박영사, 2014, 78면; 신동운, 신형사소송법(제5판), 법문사, 2014, 782면.

원칙을 소송법에 정해 둘 필요가 있다. 이러한 원칙은 다른 구체적인 조항의 해석과 운영의 기본원리로 작동할 뿐 아니라, 예상하지 못한 유형의 이익충돌 상황에 대하여 적절히 대응할 수 있게 될 것이다. 법관의 공평성(impartiality)에 대한 합리적인 의문이 있는 경우 법관이 회피할 의무를 지도록 한 미국 연방법원법 조항(28 U.S.C. 455(a)[40])을 참고할 필요가 있다.

3. 법관의 회피의무의 유형별 구체화의 필요성

(1) 법관의 회피의무

법관의 이익충돌을 규율하기 위한 소송법상의 제도가 제척·기피·회피이지만 제척은 당연히 직무집행에서 배제하고 상소 또는 재심의 사유가 된다는 점에서 재판의 공정성 훼손의 우려가 명백한 이익충돌 상황을 규율하는데 그치게 된다. 제척사유에 해당하지 않는 이익충돌은 기피·회피 제도로 규율하게 된다. 기피사유가 있는 경우 회피하여야 한다고 규정한 형사소송법과는 달리 민사소송법 제49조는 "회피할 수 있다"라고 하여 민사소송법 학자들은 회피가 법관의 권능이지 의무가 아닌 것으로 보고 있다.[41] 그러나 제척·기피·회피 제도가 추구하는 목적을 생각해 보면 기피 사유가 있음에도 법관이 그 사건을 계속 담당하는 것은 타당하지 않

40) Any justice, judge, or magistrate judge of the United States shall disqualify himself in any proceeding in which his impartiality might reasonably be questioned. ABA 모범법관행위규범(주 33) Rule 2.11도 같은 취지. 28 U.S.C. 455(a) 도입의 의미는 이충상, "법관기피신청의 남용", 법조 제51권 제4호(2002), 68면. 회피의무 반영 과정은 정인진, "미국의 법관윤리전범에 관한 연구", 외국사법연수논집(9), 재판자료 제58집, 법원행정처(1992), 116-120면.

41) 김능환·민일영, 주석 민사소송법(I)(제7판), 2012, 제49조 주석(김상준 집필부분), 297면. 일본에서는 회피가 법관의 권능이라고 보는 것이 통설이지만 소송법상 회피의무가 있다고 보는 견해와 소송법상 회피의무는 없지만 법관으로서의 직무상 책무를 인정하는 것이 타당하다는 견해도 있다. 秋山幹男외, コンメンタール民事訴訟法 I(第2版追補版), 日本評論社(2014), 263면.

다.[42][43] 재판의 공정성 훼손의 우려가 있으면 법관은 스스로 회피하여야 마땅하다.[44][45] 민사소송과 형사소송에서 법관의 회피를 달리 정할 이유는 없고 형사소송법과 같이 회피의무가 있음을 명백히 하는 것이 타당하다.

(2) 회피의무 발생 사유의 유형별 구체화

1) 유형별 구체화의 필요성

법관이 이익충돌 상황에 있을 때 재판에서 배제되어야 하는 이유는 법관이 반드시 의도적으로 불공정한 재판을 할 것이기 때문이 아니다. 인간은 자신을 실제보다 더 도덕적이고 능력 있으며 더 많이 누릴 자격이 있다고 생각하고 이로 인하여 이익충돌을 잘 인식하지 못하고 이익충돌 상황에서의 판단을 잘 하기 어렵다는 것이 심리학 연구 결과이고,[46] 법관도 이러한 인지적 착각과 편향

---

42) 이상수, 앞의 책(주 19), 459면.

43) 회피할 사건을 처리하여 징계된 사례로는 대법원공고 제2007-28호, 관보 제16526호(2007. 6. 15).

44) 전차와 버스에서 라디오 틀기 허용여부가 문제된 사건에서 미국 연방대법원의 Frankfurter 대법관은 자신이 라디오 틀기의 피해자라서 회피하면서 판시한 내용을 참고할 만하다.
"법관은 사건의 모든 면을 냉정하게 생각하고 사적인 감정을 억눌러야 한다. … 법관은 직무수행시 대체로 사적인 견해를 제쳐두는 것이 사실이다. 이는 법관이 훈련, 직업적 습관, 자기통제 및 맡은 의무에 대한 충성을 하게 하는 운좋은 연금술로 성취된다. 그러나 이성이 잘 모르는 감정의 무의식적인 영향을 통제하지 못함 또한 사실이다. 그러한 무의식적인 감정이 최종 판단에 작동할 수 있거나 또는 그렇게 작동한다고 다른 사람들이 믿도록 이끌 수 있다고 믿을 근거가 있는 경우 법관은 회피해야 한다. …여러 이유가 있지만, 기본적인 고려요소는 사법제도 운영이 실제로 불편부당할 뿐 아니라 불편부당하다고 보여야 한다는 것이다", Public Utilities Commission of District of Columbia v. Pollak 343 US 451, 466-467.

45) 1969년 미국 연방대법관 후보로 지명된 Clement Haynsworth는 항소법원 판사 재직시 이익충돌 상황에도 불구하고 회피하지 않은 것이 문제되어 미국 연방상원에서 승인을 받지 못하였다. Frank, John P., "Disqualification of Judges: In Support of the Bayh Bill", 35 Law and Contemporary Problems 43 (1970), p. 51.

46) Chugh, Dolly, Max H. Bazerman & Mahzarin R. Banaji, "Bounded Ethicality as

에서 자유롭지 못하다는 실증연구[47]도 있다. 법관이 의식적으로 행동하지 않아도 불공정한 재판을 할 수 있는 가능성이 있고,[48] 공중(公衆)이 보기에 불공정한 재판을 할 우려가 있다. 재판의 공정성 훼손의 우려가 있는 상황을 유형별로 미리 정해두고 회피하도록 하는 것이 재판의 공정성과 사법에 대한 신뢰를 증진시킬 보다 효과적인 방법일 것이다.

회피의무를 발생시키는 사유인 "공정한 재판을 기대하기 어려운 사정"과 "불공평한 재판을 할 염려"는 매우 추상적이다. 대법원 판시[49] 역시 추상적이다. 추상적인 조항만을 두고 있기 때문에 기

---

a Psychological Barrier to Recognizing Conflicts of Interest", in Don A. Moore et. al. (ed.), *Conflicts of Interest: Challenges and Solutions in Business, Law, Medicine, and Public Policy*, Cambridge University Press (2005), pp. 74-95.

47) Guthrie, Chris, Jeffrey J. Rachlinski, and Andrew J. Wistrich, "Inside the Judicial Mind", 86 *Cornell Law Review* 777 (2000). Bassett, Debra Lyn, "Judicial Disqualification in the Federal Appellate Courts", 87 *Iowa Law Review* 1213 (2001), pp. 1248-1251는 미국 판례와 법학자들의 연구가 무의식적인 편견의 문제를 다루어 왔음을 지적한다.

48) 2004년 미국 연방대법원의 Scalia 대법관이 Cheney v. U.S. District Court 사건의 당사자인 체니 부통령과 사냥을 같이 다녔음에도 불구하고 회피를 거부하면서 서면(Memorandum of Scalia J.)으로 "문제는 … 내가 그 친구와 함께 사냥을 하고 정부 비행기로 그와 함께 가자는 초청을 받아들였다는 이유로 내가 공평하게 결정할 수 없다고 합리적으로 믿을 것인지 여부이다. 대법관이 그렇게 값싸게 매수될 수 있다고 생각하는 것이 합리적이라면, 이 나라는 내가 상상한 것보다 더 깊은 곤경에 빠져 있다"고 이야기하였다. 이에 대하여 Bazerman, Max H. and Ann E. Tenbrunsel, *Blind Spots: Why We Fail to Do What's Right and What to Do about It*, Princeton University Press, 2011, pp. 18-19은 "많은 부패와 비윤리적인 행동이 의도하지 않은 것이고 … 의도적 부패만을 규율하는 법은 사회를 보호하는데 별로 소용이 없다"고 하며 Scalia 대법관의 이야기가 이익충돌의 심리적 측면을 모르거나 무시한 것으로 비판하였다.

49) 대법원은 "당사자가 불공평한 재판이 될지도 모른다고 추측할 만한 주관적인 사정이 있는 때를 말하는 것이 아니고, 통상인의 판단으로서 법관과 사건과의 관계로 보아 불공정한 재판을 할 것이라는 의혹을 갖는 것이 합리적이라고 인정될 만한 객관적인 사정이 있는 때를 말하는 것"이라고 판시하였다(대법원 1993. 9. 27. 자 93마1184 결정, 대법원 2001. 3. 21. 자 2001모2 결정 등).

피제도가 남용되어 소송지연책으로 악용될 수도 있고,[50] 실제 기피신청이 인용되는 경우는 매우 드물다.[51] 다른 한편 재판의 공정성 훼손 우려 발생을 당사자가 파악하여 입증하기 어렵지만 당해 법관은 잘 알고 있으므로 회피하여야 마땅한 경우도 있다.[52] 이러한 경우 "공정한 재판을 기대하기 어려운 사정"과 "불공평한 재판

50) 대법원 2007. 6. 18. 자 2007아9 결정도 "기피신청의 원인이 매우 추상적으로 규정되어 있어 법원의 소송진행 등에 대한 주관적인 불만이나 의혹에 지나지 않는 사유를 들어 재판의 공정을 기대할 수 없는 사정이 있다고 주장하면서 기피신청을 하는 등 당사자의 소송지연책으로 악용됨으로써 법관의 독립성이 침해되고 신속한 재판의 진행에 장애를 초래할 위험도 내재"하고 있다고 판시하였고 소송지연만을 목적으로 하는 기피신청은 기피당한 법관의 소속법원이 각하할 수 있다는 입장이다(대법원 1991. 12. 7. 자 91모79 결정, 대법원 1985. 7. 8. 선고 85초29(84도253) 판결, 대법원 1987. 3. 30. 자 87모20 결정, 대법원 1991. 12. 7. 자 91모79 결정 등).

51) 2013년부터 2015년까지 지방법원에서 제척·기피 사건 처리 현황이다. 2014-2016 사법연감.

	민사 처리건수	민사 인용건수	형사 처리건수	형사 인용건수
2013년	837	0	136	0
2014년	925	1	136	2
2015년	708	0	221	0

이충상, 앞의 논문(주 40), 45면에 따르면 1980년부터 1989년까지 10년간은 민사사건 기피신청 183건 중 22건이 인용되고, 형사사건 기피신청 87건 중 1건이 인용되었으며, 1990년부터 1999년까지 10년간은 민사사건 기피신청 659건 중 50건이 인용되고, 형사사건 기피신청 120건 중 2건이 인용되었다. 또한 하정철, 앞의 논문(주 29), 641면에 따르면 2008년부터 5년간 민사사건에서의 기피신청 1,593건 중 단 1건만이 인용되었고 형사사건에서는 인용된 건이 한건도 없음을 지적하고, 인용률이 낮은 이유가 간이기각 제도의 정착과 법관에 대한 위신 손상 방지 또는 재판의 신속성 추구에 있다는 견해를 제시하였다.

52) 법관이 징계받은 사례와 징계없이 인사조치된 사례 중에는 법관이 재판에서 배제되었어야 할 사례들이 발견된다. 법관이 친구의 소개로 알게 된 사람으로부터 설명을 듣고 서류를 검토한 후 상대방이 제기한 사건을 진행하고 재판 전후에 그를 만나거나 전화통화를 하여 정직 10월의 징계를 받은 사례(대법원 공고 제2007-28호, 관보 제16526호(2007. 6. 15)), 변호사 또는 사건 이해당사자와 식사 또는 골프를 친 사례 등이 그것이다. 박준, "법관·검사 징계사례에 관한 연구", 서울대학교 법학 제55권 제2호, 서울대학교 법학연구소(2014), 629-631면.

을 할 염려"라는 추상적인 기준만으로는 법관의 행동지침으로 작동하기에 충분하지 않다. 물론 법관이 회피할 사유가 없는데도 불구하고 직무를 소홀히 하는 수단으로 회피를 이용해서는 안 된다.[53] 법관이 회피해야 할 경우를 유형별로 정하면 법관의 행동지침을 제시할 수 있고 재판의 불공정성에 대한 염려를 크게 줄일 수 있을 것이다. 물론 이렇게 하더라도 실제 발생할 상황을 모두 정해놓는 것은 불가능하다. 새로운 상황이 발생하였을 때는 재판의 공정성을 훼손할 우려가 있는지 그러한 우려의 외관을 형성하였는지 여부에 따라 판단할 수밖에 없다.

2) 유형별 구체화의 법규에의 반영

이익충돌시 소송법상의 규율과 직업윤리 법규상의 규율은 일관성을 유지하는 것이 바람직하다. 소송법상의 효과를 고려하여 소송법상의 규율을 제한적으로 하는 경우에도 소송법상의 규율과 직업윤리 법규상의 규율이 상호 연계되어야 한다.

아래 Ⅳ. 법관의 이익충돌 유형별 현행법규 검토에서 드러나는 여러 미비한 부분 중 이익충돌로 인하여 재판의 공정성을 훼손할 우려가 명백한 사유(예컨대, 법관 자신이 이해관계를 가지기 때문에 발생하는 이익충돌 중 재판의 공정성 훼손 우려가 명백한 유형과 법관의 가족·친지 등의 이해관계 때문에 발생하는 이익충돌 중 법관 자신의 이익충돌과 같은 정도로 규율할 필요가 있는 유형)를 제척사유로 추가할 필요가 있다. 제척사유에 반영되지 않는 이익충돌에 대하여는 소송법상으로는 회피의무에 관한 일반 조항을 두고 그 회피의무의 발생

53) Frank, John P., "Disqualification of Judges: In Support of the Bayh Bill", 35 *Law and Contemporary Problems* 43 (1970), p. 51은 "직무에서 배제되어야 하는(disqualified) 경우에는 법관은 직무를 거부할 의무(duty to refuse to sit)를 지고, 직무에서 배제되어야 할 정당한 이유가 없는 경우 법관은 직무를 수행할 의무(duty to sit)를 똑같이 진다"는 점을 강조하였다.

사유를 유형화하여 법관윤리강령 등에 법관의 행동규범으로 명시할 필요가 있다. 제척과는 달리 기피사유가 있음에도 불구하고 법관이 회피하지 않고 재판을 진행하여 판결하였다고 하여 그 판결의 파기 사유는 되지 않는 점[54]에서 회피의무의 유형별 구체화는 제척사유의 확대만큼 강력하지는 않겠으나 법관의 행동지침을 제시하고 위반 시에는 징계사유로 삼을 수 있다는 점에서 실효성이 있을 것이다. 최소한 지금까지 대법원 공직자윤리위원회의 권고의견으로 제시된 내용들은 모두 법관윤리강령 또는 행동규범으로 구체적으로 규정하여 법적 규범으로 만들 필요가 있다.

Ⅳ. 법관의 이익충돌 유형별 현행 법규 검토

1. 법관이 담당사건의 결과에 대하여 이해관계를 가지는 경우

(1) 법관이 담당사건의 직접적 이해당사자인 경우

법관이 담당사건의 결과에 대하여 가장 직접적으로 이해관계를 가지는 경우는 법관이 당사자·피고인·피해자인 경우일 것이다. 소송대리인·변호인은 의뢰인과의 사이에서 고도의 신뢰관계를 형성하고 의뢰인의 위임목적을 최대한 달성할 의무를 진다는 점에서 의뢰인에 준하는 이해관계를 가진다고 볼 수 있다.[55] 법정대리인·후견감독인·상속재산관리인·파산관재인·회생관리인 또는 법인·단체의 대표자·지배주주(또는 주된 출자자·출연자)도 이와 유사한 지위에 있다. 법관이 이러한 지위에 있는 경우도 당사자인 경우에 준하여 규율할 필요가 있다.[56]

---

54) 이시윤, "법관의 제척·기피·회피", 고시연구(1976. 4), 42면.

55) 법원행정처, 법관윤리, 2011, 40면은 변호사가 당사자의 대리인·변호인에 불과한 이상 당사자 그 자체와 동일시하는 것은 지나치다는 입장이다.

56) 이하 "(i) 담당사건의 당사자·피고인·피해자, (ii) 그 당사자·피고인·피해자의 소송대리인·변호인·법정대리인·후견감독인·상속재산관리인·파산관재인·회생관

1) 현행 법규

이 유형은 Ⅲ.1.(1)에 언급한 공직자윤리법 제2조의2, 부패방지권익위법 제7조, 법관윤리강령 제3조 제1항 등에 의하여도 규율된다고 할 수 있다. 그러나 이들 법규는 추상적인 조항만을 두고 있고 소송법이 보다 구체적으로 규율하고 있다.

이 유형의 많은 부분은 소송법상 제척사유에 해당한다(민사소송법 제41조 제1호, 제4호, 형사소송법 제17조 제1호, 제3호 부터 제5호).[57] 대법원은 "민사소송법 제41조 제1호 …에서 말하는 사건의 당사자와 공동권리자·공동의무자의 관계라 함은 소송의 목적이 된 권리관계에 관하여 공통되는 법률상 이해관계가 있어 재판의 공정성을 의심할 만한 사정이 존재하는 지위에 있는 관계를 의미하는 것"이라고 판시하여 재판의 공정성 훼손의 우려를 해석의 기준으로 삼았다.[58]

2) 검　토

법관이 당사자에 준하는 이해관계를 가진 경우에 대한 규율의 보완이 필요하다.

리인, (iii) 그 당사자·피고인·피해자가 법인·단체인 경우 그 대표자·지배주주(또는 주된 출자자·출연자)"를 "직접적 이해당사자"로 약칭한다.

57) 형사소송법 제17조는 법관이 피고인인 경우를 열거하고 있지 않으나, 법관이 피고인의 친족인 때를 제척사유로 규정한 같은 조문 제2호에 비추어 그러한 경우는 당연히 제척사유에 해당한다고 해석된다. 독일도 마찬가지다. 백형구·박일환·김희옥, 주석 형사소송법(I)(제4판), 2009, 제17조 주석(박일환 집필부분) 85면; Cohn, Sigmund A., "Judicial Recusation in the Federal Republic of Germany", 3 *Georgia Journal of International and Comparative Law* 18 (1973), p. 22.

58) 대법원 2010. 5. 13. 선고 2009다102254 판결. 이 대법원판결은 종중규약을 개정하는 종중 총회결의의 효력을 다투는 소송을 종중원인 법관이 담당한 사건에서 그 법관이 원고들과 공통되는 법률상 이해관계를 가진다고 볼 수 있어 민사소송법 제41조 제1호의 당사자와 공동권리자·공동의무자의 관계에 있는 자에 해당한다고 판시하였다. 이 판결에 대한 논의는 하정철, 앞의 논문(주 29); 이동률, 앞의 논문(2014)(주 28); 오상현, 앞의 논문(주 28).

첫째, 법관이 당사자·피고인·피해자 등의 대리인·변호인인 경우를 살펴본다.

민사소송법 제41조 제4호에 규정된 "사건당사자의 대리인"은 당해 민사소송에서의 대리인만을 의미하는 것으로 보고, 당해 소송의 쟁점이 된 실체법상의 계약을 체결할 때 대리인이었던 경우는 위 조항에 해당하지 않고 다만 사정에 따라 기피사유가 될 수 있다고 해석되고 있다.[59] 대법원 2010. 5. 13. 선고 2009다102254 판결이 잘 판시한 바와 같이 제척제도는 재판의 공정성에 대한 국민의 신뢰를 보장하기 위한 것이고 법관이 불공정한 재판을 할 우려가 있는 일정한 경우를 유형화하여 당연히 법관을 재판에서 배제하기 위한 것이다. 일방 당사자를 위하여 소송의 쟁점이 된 실체법상의 계약 체결에 관여한 경우는 항상 재판의 공정성에 영향을 미치거나 또는 미칠 우려가 있는 외관을 형성하고 있다는 점에서 재판에서 배제되어야 할 필요가 있다. 당해 소송이 제기되기 전에 소송의 쟁점이 된 계약의 체결 시 대리인으로 관여한 경우도 포함되는 것으로 해석하는 것이 타당할 것이다.[60]

한편 형사소송법 제17조 제5호는 "사건에 관하여 피고인의 대리인, 변호인, 보조인으로 된 때"라고 하여 기소 전 단계에서 피의자의 대리인·변호인이었던 경우를 포함하지 않는 것처럼 보인다. 법관이 피고인의 변호인을 겸할 수는 없을 것이므로 "된 때"는 "이었던 때"를 포함한다고 보아야 합리적일 것이다. 그렇게 보지 않는다면 "법관이 사건에 관하여 피고인의 변호인이 된 때"는 적용될 경우를 찾아 볼 수 없는 조항이 될 것이다. 또한 형사소송에서는

59) 김능환·민일영, 앞의 책(주 41), 제49조 주석(김상준 집필부분), 279면.
60) 미국 연방법원법(28 U.S.C. 455(b)(1))은 분쟁의 사실관계에 관하여 개인적으로 알고 있거나 당사자에 대한 개인적 편견을 가진 때 법관이 회피할 의무를 지도록 하였다.

민사소송(민사소송법 제41조 제4호: “사건당사자의 대리인 이었던 때” 제척됨)과는 달리 규율하는 것이 될텐데 그렇게 달리 규율할 특별한 이유는 없다. 당해 사건에 관하여 “검사·사법경찰관의 직무를 행한 때” 제척되는 것과도 균형이 맞지 않는다. 법관이 당해 사건의 기소 전 단계에서 검사 또는 변호인의 어느 지위에서든 관여한 경우에는 재판에서 배제되어야 한다.[61] 예단을 배제하여 재판의 공정성을 확보하기 위함이다. 마찬가지로 형사소송법 제17조 제4호는 피해자의 “대리인으로 된 때”로 규정하였으나, 법관이 피해자의 대리인이었던 경우도 재판에서 배제되어야 한다. 형사소송법 제17조 제4호와 제5호의 문리해석상 위와 같은 해석을 할 수 없다면 “이었던 때”를 포함하는 것으로 개정되어야 한다.

둘째, 민사소송법·형사소송법은 법관이 담당한 사건의 당사자·피고인·피해자가 법인·단체이고 법관이 그 대표자 또는 지배주주(또는 주된 출자자·출연자)인 경우에 대하여는 아무런 언급이 없다. 입법당시에는 이러한 상황의 발생을 예상하지 못한 것으로 보인다. 실제 이러한 상황이 발생하기는 쉽지 않겠으나 비영리단체의 대표를 법관이 맡는 경우는 충분히 있을 수 있으므로 이러한 상황은 법관 본인이 당사자·피고인·피해자인 경우와 동일하게 규율할 필요가 있다.

(2) 법관이 다른 지위에서 담당사건에 관여한 경우

대표적인 예가 법관이 전심, 관련 수사 또는 행정처분에 관여한 경우이다. 법관이 담당사건의 증인·감정인인 경우 그 지위가 법관으로서의 지위에 영향을 줄 수 있다는 점에서 전심 관여와 유

---

61) 독일 형사소송법(Strafprozeßordnung)은 제척사유에 변호인 또는 피해자의 변호사이었던 때임을 명시하였다(제22조 제4호). “이전에 피의자를 위하거나 혹은 반대하여 업무를 행한 자는 더 이상 재판에 참여하지 말아야” 함을 의미한다. 김환수외 공역, Klaus Volk의 형사소송법, 박영사, 2009, 246면.

사한 이익충돌이 발생한다.

1) 현행 법규

공직자윤리법, 부패방지권익위법, 법관윤리강령의 조항들이 이 유형도 규율한다고 할 수 있으나, 이들 법규는 추상적인 조항을 두고 있을 뿐이다.

소송법은 법관으로서 전심에 관여한 경우 및 형사사건에서 검사·사법경찰관으로 직무를 행한 경우를 제척사유로 규율하고 있다. 민사소송법은 "이전 심급의 재판에 관여하였을 때"(제41조 제5호), 형사소송법은 "전심재판 또는 그 기초되는 조사, 심리에 관여한 때"(제17조 제7호)와 "검사 또는 사법경찰관의 직무를 행한 때"(제17조 제6호) 제척되도록 하고 있어서 범위가 다르다. 또한 행정처분에 관여한 경우에 대하여는 아무런 언급이 없으므로 기피·회피에 의존하게 된다. 한편 민사소송법은 법관이 "증언·감정을 하였을" 때(제41조 제3호), 형사소송법은 법관이 "증인·감정인이 된" 때(제17조 제5호) 제척되도록 하고 있어서 차이가 있다.

2) 검 토

① **전심재판에 관여한 경우**

전심 등에 관여한 법관이 다시 사건을 담당하지 못하게 하는 취지는 통상 전심 관여로 가질 예단을 배제하여 재판의 공정성을 기하고 전심에 관여한 법관이 다시 재판하면 심급제도가 무의미하게 됨을 방지하는데 있다고 설명된다.[62] 이익충돌 관점에서 보면 법관이 전심 등에서 행한 자신의 종전의 판단에 정당성을 부여할 개인적 이해관계가 있고 이는 공정하게 재판할 법관의 임무와는 충돌하게 된다.

그런데 민사소송법("이전 심급의 재판에 관여")과 형사소송법("전

62) 이시윤, 앞의 책(주 39), 79면.

심재판 또는 그 기초되는 조사, 심리에 관여"와 "검사 또는 사법경찰관의 직무 수행")은 제척사유의 범위에서 차이를 두고 있고, 이러한 차이는 실제 제척 여부에 큰 영향을 미치고 있다. 형사소송에서 제1심재판에서 피고인에 대한 유죄의 증거로 사용된 증거를 조사한 법관은 전심재판의 기초가 되는 조사, 심리에 관여하였으므로 항소심재판에 관여할 수 없다(대법원 1999. 10. 22. 선고 99도3534 판결). 그러나 민사소송에서는 법관의 제척원인이 되는 전심관여는 "최종변론과 판결의 합의에 관여하거나 종국판결과 더불어 상급심의 판단을 받는 중간적인 재판에 관여함을 말하는 것이고 최종변론 전의 변론이나 증거조사… 등에 관여한 경우는 포함되지 아니한다"(대법원 1997. 6. 13. 선고 96다56115 판결)고 하여 전심 관여 법관을 제척하는 취지 중 심급제도의 측면만 강조되고 있는 것 같다.[63] 그러나 대법원 2010. 5. 13. 선고 2009다102254 판결이 판시한 바와 같이 제척제도는 "재판의 공정성에 대한 국민의 신뢰를 보장하기 위한 제도"로서 "법관이 불공정한 재판을 할 우려가 있는 일정한 경우 당연히 그 직무를 집행할 수 없도록 하는" 것이므로 예단 배제를 더 비중 있게 고려하여야 한다.[64] 민사소송과 형사소송에서 예단 배제의 필요성의 범위가 달라져야 하는 이유는 찾기 어렵다. 현행 민사소송법 제41조 제5호가 형사소송법 제17조 제7호와 달리 규정되어 있기 때문에 위와 같이 판시한 것이라면 민사소송법의 제척 조항을 개정할 필요가 있다.

---

63) "법관이 사건에 관하여 불복신청이 된 전심재판에 관여하였던 때라 함은 당해 사건에 관하여 하급심재판에 관여한 경우를 말하며 당해 사건의 사실관계와 관련이 있는 다른 형사사건에 관여한 경우는 이에 해당하지 아니한다"고 판시한 대법원 1985. 5. 6. 자 85두1 결정도 전심재판 관여한 법관을 배제하는 취지를 심급제도에서 찾기 때문인 것으로 보인다. 이재상, "법관의 제척·기피·회피", 사법행정 제27권 제1호, 한국사법행정학회(1986. 1), 51-52면도 대법원 판결과 같은 취지.
64) 하정철, 앞의 논문(주 29), 646면도 같은 취지.

② 중재 또는 행정처분에 관여한 경우

전심에 관여한 경우뿐 아니라 법관이 담당사건의 전제가 되는 중재에 관여하였거나[65] 담당사건의 중요한 기초를 이루는 행정처분에 관여한 경우도 이러한 개인적인 이해관계를 가진다는 점에서는 차이가 없다. 이러한 경우 재판의 공정성에 대한 의문이 생길 수 있으므로 전심 관여 또는 수사 관여와 같이 취급할 필요가 있다. 법관이 임용전에 입법에 관여하였고 그 법률이 적용되는 사건을 담당하는 경우에는 그 입법이 그 당사자에게만 적용되도록 한 것이 아닌 한 전심관여와 같은 상황이 된다고는 할 수 없다.[66][67]

우리나라와 법제가 근본적으로 다른 국가에서 발생한 것이기는 하지만, 법관이 그 담당사건의 중요한 기초를 이루는 입법 또는 행정처분에 관여한 것이 재판의 공정성을 훼손하거나 훼손할 우려가 있다고 하여 공평한 법원의 재판을 받을 권리를 규정한 유럽인권협약 제6조 제1항[68]을 위반하였다고 판시한 유럽인권재판소의 판결들[69][70]을 참고할 만하다.

---

65) 예컨대 중재판정의 효력을 다투거나 중재판정의 집행을 구하는 사건을 맡은 법관이 중재인·대리인으로 그 중재에 관여한 경우.

66) 독일 헌법재판소법 제18조 제3항 제1호는 입법관여가 헌법재판관의 제척사유가 아님을 명시하였다.

67) 영국의 Lord Chancellor가 사법부의 수장, 상원의 입법위원회 의장 및 내각의 구성원 등의 여러 직위를 가지고 있었으나, 2005년 헌법개혁법(Constitutional Reform Act 2005)으로 Lord Chancellor가 더 이상 법관의 역할을 하지 않게 된 것도 유럽인권협약에서 요구하는 재판의 독립성과 공정성에 대한 문제를 해소하는 측면이 있다. Andrews, Neil, Judicial Independence: The British Experience in Shimon Shetreet and Christopher Forsyth, The Culture of Judicial Independence (2012), pp. 363-364.

68) 주 1.

69) Procola v. Luxembourg－14570/89 [1995] ECHR 33 (28 September 1995)에서 유럽인권재판소는 행정명령에 관여한 사람이 법관으로 재판한 것은 유럽인권협약 제6조 제1항 위반이라고 판시하였다. 이 사건은 "우유마케팅증진을 위한 농업협회"(Procola)가 룩셈부르크의 우유 쿼타제도 관련 행정명령에 대한 사법심사를

③ **증인·감정인으로 관여한 경우**

법관이 맡은 사건에서 그 법관이 증언이나 감정을 한 경우에는 그는 소송절차에 따른 증거조사를 통하지 않고 다른 경로로 지득한 정보로 심판할 우려가 있고 아울러 자신의 증언·감정을 중시할 수 있다는 점에서 법관의 지위와 충돌된다. 소송법은 법관 자신이 증인·감정인이 된 경우만을 제척사유로 삼고 있으나 법관이 중요한 증인·감정인의 대리인이었던 경우에도 자신이 증인·감정인이었던 경우에 못지않게 영향을 받을 수 있다. 이는 법관이 당사자· 피고인·피해자의 대리인·변호인이었던 경우 재판에서 배제되어야 하는 이유와 마찬가지라고 할 수 있다. 법관이 동일한 법적 쟁점을 가진 다른 당사자 사이의 다른 사건을 재판한 것은 법률적 견해를 나타낸 것에 불과하므로 이 글에서 다루는 이익충돌에 해당하지는 않는다.[71]

룩셈부르크 국무원(Conseil d'Etat)의 사법위원회에 신청하였으나, 그 행정명령 초안에 대한 국무원의 의견 작성에 참여한 4명을 포함한 5명으로 구성된 사법위원회는 신청을 기각한 건이다. 유럽인권재판소는 사법위원회 위원들이 종전에 제시한 의견에 얽매일 수 있다고 Procola가 우려할 정당한 근거가 있고 이는 재판의 공정성(impartiality)을 충분히 훼손하는 것으로 보았다.

70) Mcgonnell v. The United Kingdom－28488/95 [2000] ECHR 62 (8 February 2000)에서 유럽인권재판소는 입법에 관여한 사람이 법관으로 재판한 것은 유럽인권협약 제6조 제1항 위반이라고 판시하였다. 이 사건은 원고가 영국의 건지(Guernsey) 소재 토지를 주거용으로 사용하기 위한 신청을 하였으나 섬개발위원회(IDC)는 건지의 의회(States of Deliberation)에서 1990년 채택한 개발계획(DDP6)에 위반한다는 이유로 기각하였고, 원고는 법원(Royal Court)에 제소하여 IDC의 결정을 다투었으나 법관인 베일리프(Bailiff)와 사실관계를 정하는 기능을 하는 7명의 일반인 배심원(Jurat)으로 구성된 재판부는 1995년 원고의 청구를 기각하였다. 그런데 재판을 담당한 베일리프는 의회에서 DDP6 채택시 副베일리프(Deputy Bailiff)로서 회의를 주재하였다. 유럽인권재판소는 이 사건이 Procola v. Luxembourg (28 September 1995)(주 69) 사건과 유사하다고 지적하고, 입법시 회의를 주재한 사실만으로도 재판의 공정성에 의혹이 제기될 수 있고, 법관이 DDP6 채택에 참여한 것에 의한 영향을 받을 수 있다고 원고가 우려할 정당한 근거가 있으며 이는 재판의 공정성을 충분히 훼손하는 것으로 보았다.

71) 대법원 1993. 6. 22. 선고 93재누97 판결은 "법관이 다른 당사자 사이의 동일한

(3) 법관이 담당사건의 결과에 대해 경제적 이해관계 등을 가지는 경우

1) 현행 법규

이 유형 중 주식보유는 공직자윤리법이 규율한다. 일정한 공직자는 직무관련성이 없다고 인정되지 않는 한 보유 주식을 매각하거나 주식백지신탁을 해야 한다(제14조의4 이하). 이 조항은 등록재산을 공개해야 하는 고등법원 부장판사급 이상에게만 적용되므로 그 이외의 법관의 주식 보유에 따른 사적 이해관계를 규율하지 못한다. 그 밖에 법관이 담당사건의 재판 결과에 대해 개인적으로 경제적·비경제적 이해관계를 가지는 경우에 대해 특별히 정한 것은 없고, 공직자윤리법, 부패방지권익위법, 법관윤리강령의 일반조항들이 추상적으로 규율하고 있을 뿐이다.

민사소송법은 법관이 당사자와 공동권리자·공동의무자·상환의무자의 관계에 있으면 제척되도록 하였을 뿐(제41조 제1호), 담당사건에 관하여 가지는 다른 경제적 이해관계에 대한 명시적인 규율은 하지 않고 있다. 형사소송법도 이 유형에 대하여 아무런 언급을 하지 않고 있다. 기피·회피 제도에 의존하고 있다.

2) 검 토

법관이 담당사건의 직접적 이해당사자가 아니어도 재판 결과에 대해 개인적으로 이해관계를 가지는 경우에는 재판의 공정성에 대한 우려가 있다. 미국 연방법원법(28 U.S.C. § 455(d)(4))은 법관의 부적격을 초래하는 재무적 이익(financial interest)이란 "아무리 작더라도 법적 또는 형평법상의 이익의 소유,[72] 또는 이사, 조언자 기

내용의 다른 사건에서 당사자에게 불리한 법률적 의견을 표시하였다는 사정은 … 기피의 원인에 해당하지 아니"한다고 판시하였다.

72) ABA 모범법관행위규범(주 33) Rule 2.11은 경제적 이익(economic interest)이라는 용어를 사용하였고, 그 용어는 공평성에 합리적인 의문을 일으키지 않을 정도

타 당사자의 업무에 능동적인 참여자로서의 관계"를 의미하는 것으로 정의한다. 다만 (i) 증권에 투자하는 집합투자펀드를 보유한 경우, (ii) 증권을 보유하는 교육, 자선 단체에서 직위를 맡고 있는 경우, (iii) 상호보험회사의 보험계약자로서의 지위, 상호저축은행의 예금자 지위가 있는 경우 및 (iv) 정부가 발행한 증권을 소유한 경우는 일정한 조건[73]하에 부적격을 초래하는 재무적 이해관계에서 제외된다. 미국에서 집단소송의 집단에 속하는 경우 부적격 사유에 해당하는지는 사안에 따라 다른 판결이 나오고 있고,[74] 간접적·우발적 이해관계는 부적격 사유에 해당하지 않는다.[75] 영국 법관행위가이드상 법관이 담당사건의 결과에 대해 중대한 재무적 이해

로 사소함(de minimus)을 넘는 법적 또는 형평법상 이익의 소유를 의미하는 것으로 정의하였다.

73) 집합투자펀드를 법관이 운용하는 경우에는 법관의 부적격을 초래하는 재무적 이해관계에 포함되며, 상호보험회사의 보험계약자 또는 상호저축금융업자의 예금자로서의 지위를 가지는 경우 및 정부증권을 소유한 경우 소송의 결과에 의하여 그 지위 또는 증권의 가치가 상당히 영향을 받는다면 부적격을 초래하는 재무적 이해관계에 포함된다.

74) Geyh, supra note 3, p. 62는 집단소송의 집단구성원으로 추정되는 경우가 부적격을 초래하는 재무적 이해관계에 해당한다고 본 판례로 Tramonte v. Chrysler Corporation, 136 F.3d 1025 (5th Cir. 1998)와 Gordon v. Reliant Energy, Inc., 141 F. Supp. 2d 1041 (S.D. Cal. 2001)를, 부정적으로 본 판례로 In Re Virginia Electric and Power Company, 539 F.2d 357 (4th Cir. 1976)(이 사건은 전력회사가 원자력발전소용 기자재의 하자로 인한 손해배상을 청구한 소송이고 전력회사가 승소하는 경우 전력소비자들에게 요금을 반환할 수 있었으나 그것은 법적·형평법적 이익이 아닌 우발적인 이익에 불과하다고 봄)과 Berthelot V. Boh Bros. Const. Co., L.L.C. 431 F. Supp.2d 639 (E.D. La. 2006)(태풍 카트리나로 입은 손해를 지방정부 등에게 청구하는 집단소송에서 그 지역 법관이 자신은 카트리나로 입은 경제적 피해가 없고 카트리나로 인한 불편함은 일시적이고 매우 작은 것이었다고 하며 법관의 부적격을 초래하는 재무적 이해관계가 없다고 함)를 들었다.

75) Geyh, supra note 3, pp. 61-62에 소개된 여러 판례들 중 대표적인 것으로는, 석유회사의 가격고정행위를 다룬 경쟁법 사건에서 법관이 그 지역의 주민으로서 소송결과에 영향을 받는다고 하더라도 그것은 너무 간접적이고 우발적이어서 28 U.S.C. §455(d)(4)의 재무적 이해관계에 해당하지 않는다고 보았다. In re New Mexico Natural Gas Antitrust Litigation, 620 F. 2d 794 (10th Cir. 1980).

관계(significant financial interest)를 가진 경우에는 재판에서 배제된다.[76]

경제적 이해관계의 전형적인 예는 당사자·피고인인 회사의 주식을 보유한 경우이다.[77] 법관이 당사자·피해자인 회사의 주식을 보유하고 있는 등 사건의 결과에 경제적 이해관계를 가지는 경우 재판에서 배제되는 원칙을 명확히 할 필요가 있다. 법관이 담당사건을 담당하기 이전부터 재판의 공정성을 훼손하거나 훼손힐 우려가 있는 외관을 형성하는 경제적 이해관계를 가지는 경우뿐 아니라, 사건 계속 중에 그러한 경제적 이해관계를 새로 형성하는 경우도 마찬가지다. 즉 어느 회사가 당사자인 사건을 담당한 법관이 그 사건 계속 중에 그 회사의 주식을 취득한 경우도 사건 담당 이전부터 주식을 보유한 경우와 차이가 없이 그 법관은 그 사건의 재판에서 배제되는 것이 타당할 것이다.[78]

재판의 공정성 훼손에 대한 우려는 주로 법관이 담당사건의 결과에 대하여 경제적 이해관계를 가지는 경우 제기되지만, 비경제

---

76) 단락 3.8, Judiciary of England and Wales, Guide to Judicial Conduct 2016, p. 11.

77) Geyh, supra note 3, p. 60은 법관이 당사자 회사가 발행한 주식을 1주라도 가지고 있으면 부적격 사유에 해당한다고 하였다. Hammond, supra note 17, pp. 12-13, 21-23은, 영국의 Dimes v Grand Junction Canal (1852) 판결로 영연방국가에서 어떠한 직접적인 금전적 이해관계라도 법관의 부적격 사유가 된다는 원칙이 확립되어 당사자 회사의 주식을 1주만 가지고 있어도 부적격 사유가 된다고 하겠으나, 최근 뉴질란드 등 일부 영연방 국가에서는 사소한 것(de minimus)에 대한 예외를 인정하는 판결도 있음을 지적하였다. 방갈로어 법관행위원칙은 법관이 담당사건에 관련된 상장회사의 주식 1% 이하를 소유한 경우에는 소규모이므로, 그 주식이 법관에게 중요한 것이 아닌 한, 통상 법관의 부적격을 초래하는 이해관계로 보지 않는다. Judicial Integrity Group, supra note 20, p. 57.

78) 1969년 미국 연방대법관으로 지명된 Clement Haynsworth가 회피하지 않은 것이 문제되어 상원에서 승인이 부결될 때 문제된 사건 중 하나는 그를 포함한 3인의 재판부가 사건당사자 회사에게 유리한 판결을 하기로 결정한 후(1967. 11. 10). 그가 회사의 주식을 매입하였고(1967. 12. 20), 그 후 판결문 초안이 작성되어 그가 서명하여 공개한(1968. 2) 건도 있다. Frank, supra note 53, p. 56.

적 이해관계도 경제적 이해관계만큼 공평한 판단에 영향을 줄 수 있는 경우가 있을 수 있다. 영미에서는 전통적으로 법관이 재무적 이해관계를 가진 경우만 규율해 왔고 법관들이 재무적 이해관계를 가진 경우에는 잘 회피하지만 다른 가능한 편견에 관하여는 그렇지 않다고 한다.79) 재무적 이해관계에 관한 객관적 기준을 세우기는 쉽지만 그 밖의 이해관계는 그렇지 않다는 점이 지적된다.80) 비경제적 이해관계를 가지는 경우의 예로는 법관이 담당사건의 직접적 이해당사자인 비영리법인의 임원인 경우,81) 직접적 이해당사자가 법관의 승진·보직에 영향을 줄 수 있는 경우 등이 있을 수 있다.82) 비경제적 이해관계는 유형화하기 쉽지 않을 것이므로 결국 재판의 공정성 훼손의 우려 및 그러한 외관 형성 여부를 기준으로 구체적인 사실관계를 검토하여 판단하여야 할 것이다.

이익충돌 상황에서 재판한 경우에는 국민의 눈으로는 재판의 공정성에 대한 의혹을 지울 수 없고 사법에 대한 신뢰가 훼손될 수 있으므로 법관이 담당 사건의 결과에 따른 자신의 경제적·비경제

---

79) Bassett, supra note 47, pp. 1223, 1242.

80) Id.

81) 칠레 독재자 피노체트 사건을 재판한 영국 대법관 Hoffman이 소송참가한 국제사면위원회(Amnesty International)의 활동을 지원하는 Amnesty International Charity Limited의 이사 겸 의장이었음이 판결 후에 드러났다. 피노체트의 면책특권 유무를 다투는 소송에서 Hoffman이 비금전적 이해관계를 가지고 있으므로 재판에서 배제되었어야 한다고 보아 Hoffman이 관여한 판결이 취소되었다. R v Bow Street Metropolitan Stipendiary Magistrate, ex p Pinochet (No 2) [1999] UKHL 1. 이에 관한 논의는 Hammond, supra note 17, pp. 26-27.

82) Geyh, supra note 3, p. 24에 따르면 미국의 법원은 (i) 법관의 부적격(disqualification)을 초래하는 '법관과 당사자간의 개인적인 관계'와 (ii) 부적격 사유로 인정하기 불충분한 정치, 종교, 기타 소속관계를 구별한다. 후자의 예로는 일방 당사자와 같은 종교를 가진 경우와 같은 정당에 소속된 경우 각각 법관의 부적격 사유가 되지 않는다고 한 Bryce v. Episcopal Church in the Divorces of Colorado, 289 F.3d 648 (10th Cir. 2002)과 Higganbotham v. Oklahoma, 328 F.3d 638 (10th Cir. 2003)를 들었다.

적 이해관계를 잘 몰랐다는 이유로 이익충돌 상황에서 재판을 계속 진행하도록 내버려두어서는 안 된다. 법관은 자신의 재무적 이해관계를 파악할 의무를 지도록 한 미국 연방법원법(28 U.S.C. 455(c) 전단)[83]과 방갈로어 법관행위원칙(원칙 4.7)[84]을 참고할 필요가 있다.

2. 법관이 담당사건의 이해관계자와 특별한 관계에 있는 경우

(1) 법관의 배우자·친족이 담당사건의 결과에 대한 이해관계를 가지는 경우

1) 현행 법규

부패방지권익위법에 따른 「법관 및 법원공무원 행동강령」은 직계 존·비속과 배우자 등 일정한 친인척이 관여된 경우의 처리를 규정하고 있고,[85] 법관윤리강령은 이 유형에 대하여 명시적인 조항을 두지 않고 있으나, 권고의견은 다음과 같이 법관의 가족·친족이 변호사로 근무하는 법무법인이 수임한 사건을 회피할 것을 권고하였다(권고의견 제8호 2013. 9. 12).

(i) 배우자·2촌 이내의 친족이 변호사로 근무하는 법무법인이 수임한 사건은 처리하지 않는 것이 바람직.

(ii) 3·4촌 친족이 변호사로 근무하는 법무법인이 수임한 사건은 원칙적으로 처리하지 않는 것이 바람직. 다만 그 친족이 담당변호사가 아니고 고용관계에 있는 소속변호사인 경우 제반 사정을 종합적으로 고려하여 공정성에 대한 우려가 없는 경우는 제외.

(iii) 4촌이 넘는 친족이 법무법인의 담당변호사인 경우 그 법무법인이 수임한 사건은 처리하지 않는 것이 바람직.

---

83) ABA 모범법관행위규범(주 33)의 Rule 2.11(B)도 같은 취지.

84) The Judicial Integrity Group, supra note 20, p. 98.

85) 구체적인 내용은 주 31.

(ⅳ) 4촌이 넘는 친족이 법무법인의 담당변호사가 아닌 구성원 변호사인 경우 그 법무법인이 수임한 사건은 처리하지 않는 것이 바람직. 다만 제반 사정을 종합적으로 고려하여 공정성에 대한 우려가 없는 경우는 제외.

(ⅴ) 4촌이 넘는 친족이 법무법인의 담당변호사가 아니고 소속 변호사인 경우 제반 사정을 종합적으로 고려하여 공정성에 대한 의심이 예상되는 경우에는 처리하지 않는 것이 바람직.

한편 민사소송법은 법관의 배우자나 배우자였던 사람이 당사자가 되거나 당사자와 공동권리자·공동의무자 또는 상환의무자의 관계에 있거나(제41조 제1호), 법관의 친족[86]이나 친족 관계에 있던 사람이 당사자인 경우(제41조 제2호)를 제척사유로 열거하고 있다. 형사소송법은 피고인·피해자가 법관의 친족이거나 친족관계가 있었던 사람일 경우 제척사유로 규정하고 있다(제17조 제2호).

2) 검 토

① **규율대상인 인적 범위와 이해관계 범위의 관계**

이 유형의 이익충돌을 어느 범위까지 규율할 것인가는 (i) 규율대상인 가족·친족의 범위를 어디까지로 할 것인지와 (ii) 그 가족·친족이 어떠한 이해관계를 가진 경우를 규율할 것인지의 양면에서 생각하여야 한다. 민사소송법·형사소송법의 제척조항이 적용되는 인적범위는 넓은 반면, 규율대상인 이해관계의 범위는 좁고 형사소송법은 친소관계에 관계없이 동일하게 취급하고 있다. 이와는 달리 권고의견은 친소관계에 따라 규율되는 범위를 순차적으로

86) 친족은 배우자, 8촌 이내의 혈족, 4촌이내의 인척이다(민법 제777조). 이시윤, 앞의 책(주 39), 78면. 민사소송법 제41조 제2호의 친족을 민법 제777조와 제767조 중 어느 조항에 따라 정할 것인지에 대한 논의는 이동률, 앞의 논문(2011)(주 28), 67-68면; 하정철, 앞의 논문(주 29), 645-646면.

달리 정하고 있어 상당히 합리적인 접근방법을 채택하였다. 가족·친족의 이해관계로 인하여 재판의 공정성이 훼손될 우려가 얼마나 있는가에 따라 재판 배제의 범위를 결정할 필요가 있다. 이러한 관점에서 보면, 법관의 배우자, 직계 존·비속, 배우자의 직계 존·비속, 같이 거주하는 친족의 이해관계는 법관 자신의 이해관계와 같은 정도로 재판의 공정성을 훼손할 우려 또는 그러한 외관을 갖추었다고 보는 것이 합리적이다. 이 범위의 친족의 이해관계로 인한 이익충돌은 법관 자신의 이해관계로 인한 이익충돌과 같은 정도로 규율하는 것이 바람직할 것이다. 이 범위를 넘어 어느 정도의 친족의 이해관계까지를 규율할 것인지는 더 논의가 필요할 것이다.

권고의견은 가족·친족이 법무법인의 변호사인 경우만을 언급하고 있어서 이익충돌 유형의 일부분만을 규율하고 있고, 「법관 및 법원공무원 행동강령」의 규율범위도 넓지 못하다. 아래에서는 민사소송법·형사소송법의 제척조항이 적용되는 이해관계의 범위와 인적 범위를 나누어 살펴본다.

② 이해관계의 범위

배우자·가족·친족이 가지는 이해관계는 (가) 직접적 이해당사자인 경우, (나) 전심재판 또는 담당사건의 중요한 기초를 이루는 입법 또는 행정처분에 관여하거나 증인·감정인으로 관여한 경우, (다) 소송의 결과에 대하여 경제적·비경제적 이해관계를 가지는 경우로 나누어 볼 수 있다. 민사소송법·형사소송법의 제척조항은 이 글에서 정의한 직접적 이해당사자 중 매우 작은 범위의 이해당사자인 경우만을 규율하고 있고 (나), (다)의 상황은 전혀 규율하고 있지 않다.

(가) 직접적 이해당사자인 경우

우선 법정대리인·소송대리인은 민사소송법 제41조의 당사자에 해당하지 않아 법관의 배우자가 당사자의 대리인이어도 제척사유가 아닌 것으로 해석되고 있다.[87] 형사소송에서도 법관의 배우자·친족이 피고인의 변호인 또는 피해자의 대리인인 경우는 제척사유에 포함되어 있지 않다. 법정대리인·소송대리인·변호인은 본인·의뢰인과 고도의 신뢰관계 하에서 본인·의뢰인의 이익을 적극적으로 추구한다는 점에서 본인·의뢰인과 같은 정도의 이해관계를 가지고 있다고 할 수 있다, 법관이 당사자·피고인·피해자와 일정한 범위의 친족관계에 있음을 이유로 제척되어야 한다면 당사자 등의 소송대리인·변호인·법정대리인과 같은 범위의 친족관계에 있는 경우에도 재판의 공정성 훼손의 우려가 크다고 해야 할 것이다. 이러한 경우 현행 법률상으로는 법관의 회피를 기대하고 있을 뿐이나,[88] 공정한 재판이 기대되는 상황을 생각하기 어렵다면 제척사유로 삼거나 회피의무가 있음을 명확하게 할 필요가 있다.

재판의 공정성에 대한 우려를 불식시킨다는 점에서, 법관의 배우자와 2촌 이내의 친족이 변호사로 근무하는 법무법인이 수임한 사건은, 재판의 공정성에 대한 우려를 낳을 수 있는 외관이 형성되었으므로, 처리하지 않는 것이 바람직하다고 하고, 법관의 3촌 이상의 친족이 변호사로 근무하는 법무법인이 수임한 사건도 변호사의 지위(담당변호사인가 소속변호사인가)와 촌수에 따라 법관이 사건을 처리하지 않는 것이 바람직한 경우를 명시한 대법원 공직자윤리위원회의 권고의견은 상당히 설득력이 있다. 이와 유사한 내용을 제척사유에 반영하거나 또는 회피의무의 유형화에 포함시키는 것이 바람직하다. 권고의견은 배우자·친족이 변호사로 근무하는

87) 김능환·민일영, 앞의 책(주 41), 제41조 주석(김상준 집필부분), 277-278면.

88) Id., 278면은 법관의 배우자가 민사소송법 제41조 제3, 4, 5호의 제척원인에 해당하게 된 경우 즉 배우자가 증언·감정하였거나, 당사자의 대리인이었거나 대리인이 된 경우, 이전 심급의 재판에 관여한 경우에는 재판의 공정을 해할 우려가 있다고 인정되는 경우 기피나 회피의 원인이 된다고 보고 있다.

법무법인이 수임한 사건에 대해서만 언급하고 있으나 배우자·친족이 변호사로 직접 수임한 사건도 마찬가지로 취급해야 한다.[89)]

현행 법규는 법관이 담당한 사건의 당사자·피고인·피해자가 법인·단체이고 법관의 배우자·친족이 그 대표자 또는 지배주주(또는 주된 출자자·출연자)인 경우에 대하여는 아무런 언급이 없다. 이러한 상황은 법관의 배우자·친족이 당사자·피고인·피해자인 경우와 동일하게 규율할 필요가 있다.

(나) 전심재판 등에 관여하거나 증인 · 감정인으로 관여한 경우

학설은 법관의 배우자가 이전 심급의 재판에 관여한 경우에는 재판의 공정을 해할 우려가 있다고 인정되는 경우 기피나 회피의 원인이 된다고 보고 있다.[90)] 법관이 담당한 사건의 전심에 법관의 배우자 또는 가족·가까운 친족이 관여한 경우 법관은 편견을 가질 수 있고 공정한 재판을 기대하기는 어렵다. 제척사유 또는 회피의무의 유형화에 포함시킬 필요가 있다.

현행 소송법상 법관의 배우자·친족이 담당사건의 증인·감정인이어도 제척사유에 해당하지 않는다. 그러나 법관이 증언·감정을 하였을 때 공정한 재판을 할 수 없는 것(민사소송법 제41조 제3호)과 마찬가지로 법관의 배우자 또는 가까운 친족의 증언·감정에 대하여는 법관이 편견을 가질 수 있다는 점에서 재판의 공정성 훼손의 우려가 크다.[91)]

---

89) 미국 연방법원법(28 U.S.C. § 455(b)(5)(ii))은 법관의 배우자 또는 법관과 그 배우자의 3촌 이내의 친족 또는 그 배우자가 변호사로 관여하는 경우 법관이 회피할 의무를 지도록 하였다.

90) 김능환·민일영, 앞의 책(주 41), 제41조 주석(김상준 집필부분), 278면.

91) 미국 연방법원법(28 U.S.C. § 455(b)(5)(iv))은 법관의 배우자 또는 법관과 그 배우자의 3촌 이내의 친족 또는 그 배우자가 중요한 증인이 될 가능성이 있는 경우 법관이 회피할 의무를 지도록 하였다.

(다) 소송의 결과에 대하여 경제적·비경제적 이해관계를 가지는 경우.

민사소송법·형사소송법은 법관 자신이 이러한 이해관계를 가지는 경우에 대해서도 아무런 언급이 없으므로 배우자·가족·친족이 이러한 이해관계를 가지는 경우에 대하여 정하고 있을 리가 없다. 법관의 배우자 또는 가까운 가족·친족이 이러한 이해관계를 가지고 있음을 법관이 알면서도 재판을 계속하는 것은 법관이 이러한 이해관계를 가질 때와 마찬가지로 재판의 공정을 해할 우려가 있으므로 최소한 회피의무의 유형화에서 다룰 필요가 있다. 문제는 이 때 규율할 가족·친족의 범위를 어디까지로 할 것인가이다. 법관의 배우자 또는 동거 미성년 자녀가 분쟁 또는 그 당사자에 대한 재무적 이해관계를 가지고 있음을 알고 있는 경우에는 법관의 부적격사유로 삼고 법관이 회피할 의무를 부과한 미국 연방법원법(28 U.S.C. § 455(b)(4))과 법관의 가족이 사건의 결과에 대하여 중대한 재무적 이해관계를 가진 경우 직무에서 배제된다고 한 영국의 법관행위가이드[92]를 참고할 필요가 있다.[93]

③ 인적 범위

법관의 배우자가 직접적 이해당사자이거나 또는 전심에 관여한 법관·공직자인 경우 법관이 그 재판을 계속하여서는 공정한 재판이 기대되기 어렵다는 점에 대하여는 큰 의문이 없을 것이다. 그러나 친족의 경우 어느 범위까지 제척사유 또는 회피의무의 유형화에 포함시킬 것인지에 대하여는 신중한 검토가 필요하다. 현행 소송법상으로는 법관이 당사자·피고인·피해자와 친족관계에 있거나 있었던 경우를 제척사유로 삼고 있고 친족은 8촌 이내의 혈족,

---

92) 단락 3.8, Judiciary of England and Wales, supra note 76, p. 11.

93) 미국 연방법원법(28 U.S.C. 455(b)(6)후단)과 영국의 법관행위가이드(단락 5.1(7))는 법관이 관련 가족의 재무적 이해관계를 파악하는 합리적인 노력을 할 의무를 지도록 하였다.

4촌 이내의 인척과 배우자로 상당히 넓은 편이다.

제척사유가 되는 친족의 범위를 넓게 잡으면 법관이 파악하기 어려운 경우가 발생할 수 있어 실효성이 떨어지고 재판의 안정성을 해할 우려가 있다.[94] 친족의 범위를 넓게 잡는 것보다는 친밀한 관계에 있는 친족으로 제한하고 대신 법관의 재판관여가 배제되어야 할 상황(친족의 대리, 증언, 감정 등)을 확대하는 것이 바람직하다.[95]

(2) 법관이 종전에 근무하였거나 앞으로 근무할 예정인 법인·단체·동업자 등이 담당사건의 직접적 이해당사자인 경우

1) 종전 근무에 관한 규율

부패방지권익위법에 따른 「법관 및 법원공무원 행동강령」은 자신이 2년 이내에 재직하였던 단체 또는 그 단체의 대리인이 직무관련자인 경우 다른 법령에 정함이 있으면 그에 따라 행동하고 그렇지 않은 경우에는 직무 회피 여부를 바로 위의 상급자 또는 행동강령책임관과 상담한 후 처리하도록 하였다(제4조 제1항).

민사소송법·형사소송법은 이 유형에 대하여 구체적인 조항을 두고 있지 않다. 구체적인 상황에 비추어 기피·회피 제도로 처리하고 있고, 다만 종전 근무한 법무법인과 관련한 문제에 대하여 사

94) 제척조항의 적용대상의 인적 범위에 대하여는 학계에서 이미 상당한 논의가 이루어지고 있다. 이동률, 앞의 논문(2011)(주 28), 61-62면은 독일 민사소송법 제41조 제3호가 직계혈족·직계인척이거나 이었던 사람, 3촌 이내의 혈족 또는 2촌 이내의 인척인 사람 또는 그러한 관계에 있었던 사람으로, 일본 신민사소송법 제23조 제2호가 당사자와 4촌 이내의 혈족, 3촌 이내의 인척 또는 동거친족이거나 그러한 관계에 있었던 때로 정한 점을 지적하였다. 형사소송법의 제척조항의 인적범위에 대하여는 조현욱, "친족의 범위와 관련된 법관의 제척사유에 관한 비교법적 고찰", 홍익법학 제13권 제3호(2012).

95) 미국 연방법원법(28 U.S.C. § 455(b)(5))은 법관 또는 배우자의 3촌 이내의 친척 또는 그 배우자가 (i) 당사자이거나 당사자의 임원·이사·수탁자인 경우, (ii) 변호사로 관여하는 경우, (iii) 재판의 결과에 의하여 상당한 영향을 받을 이해관계를 가지고 있음을 법관이 알고 있는 경우, (iv) 법관이 아는 한 중요한 증인이 될 가능성이 있는 경우 법관이 회피할 의무를 지도록 하였다.

건배당이라는 실용적인 방법으로 대응하고 있다. 「법관 등의 사무분담 및 사건배당에 관한 예규」는 법관이 종전에 재직·소속한 법무법인 등이 수임한 사건은 그 법관이 법무법인 등에서 퇴직·탈퇴한 날로부터 3년이 경과하기까지는 그 법관에게 배당하지 않도록 하여(제10조3 제1항 제3호), 실질적인 재판관여 배제의 기능을 하고 있다. 다만 이러한 배당의 특례로 인하여 배당할 수 없거나 적정한 사건배당이 현저히 곤란하게 되는 때에는 각급 법원장 및 지원장이 사건의 배당에 관하여 달리 정할 수 있도록 하고 있다(제10조3 제3항).

또한 위 예규는 재판장이 "자신 또는 재판부 소속 법관과 개인적인 연고관계가 있는 변호사의 선임으로 재판의 공정성에 대한 오해의 우려가 있다"고 판단하면 재배당을 요구할 수 있도록 하고 있고(제14조 제10호), 개인적 연고관계의 범위에 관하여 서울중앙지방법원은 2015. 8. 1.부터 자율적으로 기준을 정하여 형사합의부 사건 가운데 재판부 소속 법관 한 사람 이상과 변호인이 고교 동문, 대학(원) 동기, 사법연수원(법학전문대학원) 동기, 같은 재판부나 업무부서 또는 로펌에서 함께 근무한 경우, 그 밖에 이에 준하는 업무상 연고관계가 있는 때에는 재판장이 재배당을 요구할 수 있는 것으로 처리하기로 하였다.[96] 이러한 재배당 요구에 관한 구체적인 기준은 다른 법원들로 확대되고 있다.[97]

2) 장래 근무에 관한 규율

소송법은 이 유형에 대한 구체적인 조항을 두고 있지 않다. 권

---

96) 법률신문, "형사합의부 사건, 판사-변호인 연고 있으면 재배당"(2015. 7. 23).

97) 부산고등법원(연합뉴스 2016. 6. 30), 서울고등법원 (연합뉴스 2016. 7. 20), 울산지방법원 (연합뉴스 2016. 9. 19), 수원지방법원(연합뉴스 2016. 7. 26), 대구지방법원(연합뉴스 2016. 9. 26). 대법원 보도자료, 재판의 공정성 훼손우려에 대한 대책(2016. 6. 16).

고의견 제4호(2009. 12. 2)는 다음과 같이 권고하였다.

(i) 법무법인 등과 취업협상 개시후 그 법무법인 등이 선임된 사건을 회피하여야 한다. 그 협상이 초기단계이거나 탐색적인 것에 불과하더라도 종국적으로 결렬되지 아니한 이상 마찬가지다. 취업협상을 진행하면서 그 법무법인 등이 대리·변호하는 사건을 진행할 경우 재판의 공정성과 법관의 청렴성이 의심받을 수밖에 없다

(ii) 법무법인이 선임된 사건이 많거나 많을 것으로 예상되는 경우 그 법무법인과의 취업협상을 자제함이 바람직하다. 법관의 개인적 이익보다는 신속하고 능률적으로 재판을 진행하여야 할 법관의 직무상 의무가 우선한다.

3) 검 토

① **재배당기준과 권고의견의 법규화**

현재의 배당·재배당을 통한 대응은 법률에 아무런 조항을 두고 있지 않은 상태에서 법관들이 자율적으로 대응하였다는 점에서 높이 평가할만하다. 또한 장래 근무할 법무법인 등이 담당하는 사건에 관한 권고의견도 시의적절하다. 불가피하게 재배당 요구의 기준을 자율적으로 정하는 방법으로 대응하였다고 하더라도, 그 기준을 거의 전국적으로 채택하는 단계에 이른 이상 이를 회피의무의 유형으로 만들어 법관행위규범화하는 편이 사법에 대한 신뢰를 쌓는데 도움이 될 것이다. 권고의견 역시 규범화하여 실효성을 확보할 필요가 있다. 법관과 대리인·변호인과의 관계로 인한 회피의무의 범위가 넓어지면 당사자가 재판부를 선택하는 방법으로 이를 악용할 우려가 없는 것은 아니다. 회피의무의 유형을 정할 때 악용의 우려까지 고려할 필요가 있다.

② **종전 근무 관련한 재배당 요구 제도**

첫째, 재배당 요구 시 연고관계의 의미에 대한 여러 법원들의 기준은 형사소송에 대해서만 적용되는 것으로 보도되고 있다.[98] 양형에 대한 법관의 재량이 크다는 점에서 형사소송에서 더 중요한 의미를 가지겠으나 민사·가사·행정 등 다른 종류의 소송에서도 본질적으로 같은 이익충돌의 문제가 있다.

둘째, 위 기준은 법관이 종전에 법무법인·법률사무소에서 근무한 경우만을 다루었고 법관이 다른 회사·법인·단체에 근무하였고 그 회사·법인·단체가 담당사건의 직접적 이해당사자인 경우는 “기타 이에 준하는 업무상 연고관계”가 있는지 여부로 대응하고 있을 뿐이다. 사내변호사의 증가와 경력법관 임용제도 등을 고려해 보면 법관이 다른 회사·법인·단체에 근무한 경우 일정기간은 연고관계가 있다고 보고 재판에서 배제되도록 하는 것이 바람직하다.[99]

법관이 정부에서 근무한 경력이 있는 경우 그 부처가 담당 사건의 직접적 이해당사자인 경우에도 위와 동일한 기준을 적용해야 하는가의 의문이 발생할 수 있다. 법관의 종전 근무를 이유로 한 재판에서의 배제는 (i) 법관이 종전에 근무한 직장(법무법인, 회사, 단체 등) 자체에 우호적인(또는 비우호적인) 입장을 취할 우려와 (ii) 법관이 종전 직장 근무시 인간관계를 형성한 사람이 사건을 수임하거나 처리함에 따라 법관이 그에게 우호적인(또는 비우호적인) 입장을 취할 우려 때문이라고 할 수 있다. 정부에서 근무한 경우에는 (i)의 우려보다는 (ii)의 우려를 중시하여, 법관이 최근 일정기간 이내에 다른 정부부처에서 근무시 같은 업무부서에서 근무한 사람이

98) 주 96, 97의 언론보도.

99) 법관의 정부 근무경력에 대하여는, 최근 일정기간 정부부처의 같은 업무부서에서 근무한 사람이 담당사건의 직접적 이해당사자인 경우에는 재판에서 배제하도록 하는 것이 합리적일 것이다.

담당사건의 직접적 이해당사자인 경우에는 재판에서 배제되도록 하는 방안을 고려해 볼 수 있을 것이다.

③ **장래 근무 관련한 권고의견**

권고의견 제4호의 취업협상 개시후 사건회피에 관한 부분은 미국 연방항소법원의 판결인 Pepsico Inc v. R McMillen[100]을 참고하고, 법관이 담당한 사건을 많이 수임한 법무법인 등과의 취업협상의 자제에 관한 부분은 그 이후에 나온 미국의 사법회의(Judicial Conference)의 권고의견[101]을 참고한 것으로 보인다. 권고의견의 문언 상 의문이 있을 수 있으나 Pepsico Inc v. R McMillen 판시[102]와

---

100) 764 F2d 458 (7th Cir. 1985).

101) Committee on Codes of Conduct Advisory Opinion No. 84: Pursuit of Post-Judicial Employment.

102) Pepsico Inc v. R McMillen 사건은 정년을 앞둔 1심 법관이 헤드헌터에게 취업할 로펌을 찾아볼 것을 위임하였고(담당 사건을 맡은 로펌은 제외하라는 지시를 법관이 헤드헌터에게 하였는지에 대하여는 법관과 헤드헌터의 진술이 상이함), 헤드헌터가 그 법관이 담당한 사건의 당사자를 대리하는 2개의 로펌에 취업가능여부를 문의하였으나 한 곳에서는 거절당하였고 다른 한 곳에서는 회신을 받지 못하였다. 심리를 시작하기 직전에 이를 알게 된 법관이 이를 양 당사자에게 알리고 회피하지 않자 취업을 거절한 측에서 기피를 신청하였다. 항소심은 법관이 실제 온당하지 않은 행위(impropriety)를 하지는 않았으나 편파성을 보일 외관(appearance of partiality)이 형성되었다는 점에서 연방법원법 제455조 (a)항에 따라 재판에서 배제되어야 한다고 다음과 같이 판시하였다.
"법관이 … 로펌과 취업 협상(그것이 예비적, 임시적, 간접적이건, 의도하지 않은 것이건, 결국 성사되지 않은 것이건 상관없이)을 한 시점에 회피하여야 한다. 법관이 어느 한 당사자와 협상을 하는 경우에는 의문의 여지가 없을 것이다. 왜냐하면 어느 한 당사자와 재무적 관계를 가질 것을 예상하면서 다른 당사자에게 공정하게 재판할 수 있다고 설득할 수는 없기 때문이다. 양 당사자와의 사이에서 그러한 예상을 하는 경우에는 편견의 요소가 덜 명백하지만 편파성을 보일 외관이 완전히 없어지지는 않는다. 외관상으로도 공평한 정의를 보여야 하므로 법관은 담당사건에 나오는 변호사중 어느 하나 또는 모두와 취업가능성을 추구해서는 안 될 것이 요구된다. 담당사건의 변호사 앞에 법관이 취업을 간절히 부탁하는 역할로 나타날 때 사법부의 존엄과 독립성은 약화된다. 공중(公衆)은 그러한 상황에서 심리된 사건이 사법부의 최고의 전통에 따라 결정되었다고 신뢰할 수 없다."

같이 궁극적으로 협상이 성사되었는지 여부와 관계없이 협상하는 중에는 협상 상대방이 수임한 사건을 담당해서는 안 된다. 협상이 성사된 이후 이러한 우려가 계속됨은 물론이고 협상이 결렬된 후에도 일정한 기간이 경과하기 전에는 협상 상대방이 수임한 사건을 담당하지 않는 것이 바람직하다.

(3) 법관이 담당사건의 직접적 이해당사자와 기타 친분관계 등을 가진 경우

1) 현행 법규

권고의견 제9호(2014. 9. 21)[103]는 법관이 (i) 법관 직위를 이용하여 외부인사에게 특별한 이익을 제공해서는 안 되고 그렇게 의심받을 상황을 만드는 것도 피해야 하며, (ii) 개인적으로 교류하던 사람이 소송당사자가 된 재판을 맡게 된 경우 적극적으로 재배당 요구를 하거나 회피하는 것이 바람직하다고 권고하였다. 소송법은 이 유형에 대하여 구체적인 조항을 두고 있지 않다. 기피·회피 제도에 의존하되 다만 형사소송에서는 위 Ⅳ. 2. (2)에서 언급한 재판장의 재배당 요구로 대처하고 있다.

2) 검 토

법관과 친분관계가 있는 변호사가 대리·변호하는 경우에 대하여는 연고가 강조되는 우리 사회 풍토에서는 기피이유가 되고 특히 전관예우의 문제가 제기되는 상황에서는 더욱 그렇다는 지적이 있어왔다.[104] 권고의견도 이 문제를 정면으로 다루고 있지 않은 상

---

103) 권고의견 제9호는 법관은 직무의 공정성을 손상시킬만한 부적절한 만남을 피해야 함과 독립성·청렴성·공정성을 훼손한다고 볼 수 있는 어떠한 이익도 법관 또는 가족이 받지 않아야 함을 지적하였다.

104) 이시윤, 앞의 책(주 39), 82면은 “법관이 소송대리인과 … 특별한 친근관계, 불화관계가 있을 때에는 본인과의 관계만큼 엄격한 기준에 의할 것은 아니라도 연고와 의리의 중시풍토에서 법조의 정화를 위해서나 제41조 제2호와의 균형관

황에서 재배당요구를 통한 대응은 법관들이 자율적으로 대응하였다는 점에서 평가할만하다. 형사소송뿐 아니라 민사·가사·행정 등 다른 종류의 소송에서도 연고관계가 있는 법관의 재판 관여를 배제할 필요가 있다.

재배당요구에 관한 위 기준은 외관상 친분관계가 있을 것으로 보이는 경우를 유형화한 것이고, 그 이외에도 개인적 친분관계가 긴밀한 경우도 충분히 있을 수 있다. 이러한 개인적 친분관계를 모두 유형화하여 규범화하는 것은 쉽지 않다. 대법원 공직자윤리위원회의 권고의견도 "개인적으로 교류하던 사람"이라는 표현을 사용함으로써 기준을 세우기 어려움을 잘 나타내고 있다. 결국 그러한 친분관계로 인하여 재판의 공정성에 영향을 줄 우려 또는 공정성에 영향을 줄 외관을 형성하는지에 대하여는 법관의 양식에 맡길 수밖에 없을 것이다.

법관의 친분관계와 관련하여 특히 유의할 것은 이른바 관선변호의 문제이다.[105] 직접적 이해당사자가 법관과 친분관계를 가지고 있고, 그 법관이 사건을 담당한 법관과 친분관계가 있는 경우, 다른 법관을 매개로 하여 직접적 이해당사자와 사건 담당 법관 간에 간접적으로 친분관계가 형성될 수 있다. 직접적 이해당사자가 잘 아는 법관을 통하여 사건담당 법관에게 부정청탁을 하는 것은 청탁금지법에 따라 금지된다. 그러나 다른 법관을 통하여 사건담당 법관에게 부정청탁에 해당하지 않는 정도의 이야기를 하는

계로 보아 기피이유가 되는 것으로 봄이 옳을 것이다. 우리 사회에 만연된 '우리가 남이가'식의 전직 봐주기의 '전관예우' 문제가 형사에서의 '유전무죄, 무전유죄'에 대한 반캠페인이 벌어지고 있는 상황에서는 더욱 그러하다"고 강조하고 "독일은 … 법관이 변호사 차에 같이 탄 것 까지 기피이유로 보고 있다"고 지적하였다.

105) 이 문제에 관한 상세한 논의는 박준, "이른바 현관예우·관선변호 현상에 대한 법적 고찰", 서울대학교 법학 제52권 제2호(2011).

것[106]도 재판의 공정성에 영향을 미치거나 미친다고 보일 외관을 형성한다는 점에서 금지되어야 한다.

3. 법관이 담당사건의 직접적 이해당사자에게 상담·조언하거나 그와 금전대차 등 거래를 한 경우

(1) 법관이 담당사건의 직접적 이해당사자에게 상담·조언한 경우

이 유형은 상담·조언의 시점에 따라 첫째, 법관이 이미 담당하고 있는 사건의 이해당사자에게 사건에 관한 상담·조언을 하는 경우와 둘째, 법관이 담당하고 있지 않은 사건(예컨대 아직 소송이 제기되지 않은 사건)에 대하여 그 사건의 직접적 이해당사자와 상담하거나 그에게 조언하는 경우로 나누어 볼 수 있다. 둘째 유형은 상담·조언 시에는 이익충돌의 문제 또는 그 법관이 담당한 사건의 재판의 공정성 문제를 일으키지 않을 것이나, 법관이 그 사건을 담당하게 되면 상담·조언을 받은 사람과의 사적인 관계로 인한 이익충돌과 더불어 자신이 행한 상담·조언의 내용에 정당성을 부여하고자 할 수 있다는 점에서 법관 자신의 개인적인 이해관계가 생기게 된다.

1) 현행 법규

첫째 유형은 법관윤리강령과 법관의 면담 등에 관한 지침으로 법관의 소송관계인 면담·접촉을 엄격히 제한함으로써 규율된다. 둘째 유형은 법관윤리강령 제5조 제3항(재판에 영향을 미치거나 공정

---

106) 법관이 법령 위반 없이 가지고 있는 재량 범위 내에서 처리하도록 요청하거나 단순히 법에 따라 공정하게 처리해달라고 이야기 하는 것은 청탁금지법 제5조 제1항 상의 부정청탁에 해당하지 않는다. 그러나 법관이 동료 법관에게 그 동료 법관이 담당한 사건에 관하여 언급하는 것은 그것이 단순히 법에 따라 공정하게 처리해달라거나 기록을 잘 보아달라는 것이라고 하더라도 청탁의 의미를 가진다고 보아야 하므로 다른 법관이 담당한 사건에 관하여 그 다른 법관에게 이야기 하는 것은 금지하여야 한다.

성을 의심받을 염려가 있는 경우에는 법률적 조언을 하거나 변호사 등 법조인에 대한 정보를 제공하지 않도록 함)과 권고의견 제1호(2006. 11. 15)(법관이 타인의 분쟁에 관여하여 직접 중재·조정하는 행위를 회피할 것, 조만간 담당할 사건의 소송관계인이 될 가능성이 큰 사람과의 접촉을 삼갈 것) 및 제9호(2014. 9. 21)(법관이 외부인사로부터 분쟁에 대한 설명을 들었거나 법적 조언을 해준 사실이 있다면 그 분쟁에 대한 재판을 맡는 것도 피할 것)로 어느 정도 규율하고 있다. 소송법은 구체적인 조항을 두고 있지 않고, 회피·기피 제도에 의존하고 있다.

2) 검 토

첫째 유형은 법관과의 사적인 관계를 이용하여 법관의 판단을 미리 확인하는 것이므로 그것이 재판의 공정성을 훼손하는 심각한 행위라는 점에 대하여는 별다른 이의가 없을 것이다. 이러한 행위는 법관윤리강령과 법관의 면담 등에 관한 지침이 적절히 규율하고 있다.

둘째 유형에 대하여 법관윤리강령은 "재판에 영향을 미치거나 공정성을 의심받을 염려가 있는 경우"에만 법률적 조언을 하지 말도록 규정하고 있어 아직 소송이 제기되지 않은 사건에 대한 법관의 법적 조언은 허용되는 것 같이 되어 있다. 권고의견도 "법관이 타인으로부터 법률적 조언 또는 법조인에 대한 정보를 요청받는 경우 그 요청을 전면적으로 거부한다는 것은 쉽지 않은 일"이라고 보고 법관이 "무색하게 법률적 조언을 해" 주는 것은 허용되는 것으로 보았고(권고의견 제1호 2006. 11. 15), 다만 그렇게 조언을 해준 분쟁에 관한 재판을 맡는 것은 피하도록 권고하고 있을 뿐이다(권고의견 제9호 2014. 9. 21). 요컨대 법관이 타인에게 법적인 조언을 할 수 있되 그 사건을 맡는 것을 회피하라고 하는 셈이다.

이러한 조언은 은밀히 행해질 수밖에 없고 상대방 당사자는 그 사실을 알기 어렵다. 법관의 양식에 의존한 회피 권고보다는 근본적으로 법관의 법적 조언을 더 엄격하게 제한할 필요가 있다. 법관이 다른 사람과 법률문제에 대하여 상담하거나 조언을 제공한 이후 그 사건을 담당하게 된 경우에는 그 다른 사람과의 관계가 법관의 판단에 영향을 줄 수 있다는 점 및 법정에서의 증거에 입각한 사실관계의 파악이 아닌 사전에 입수한 정보에 기한 예단을 가질 수 있는 등 재판의 공정성에 영향을 미치는 문제가 발생한다.[107] 법관이 조언하지는 않았으나 사건의 내용을 듣기만 한 경우에도 마찬가지로 예단의 형성 또는 그 외관이 발생한다는 점에서 규율할 대상이 된다.

(2) 법관이 담당사건의 직접적 이해당사자와 금전대차 등의 거래를 한 경우

1) 현행 법규

법관윤리강령은 "재판의 공정성에 관한 의심을 초래하거나 직무수행에 지장을 줄 염려가 있는 경우"에는 법관은 금전대차 등 경제적 거래행위를 하지 않도록 하고 있다(제6조). 나아가 권고의견은 법관이 현재 담당하고 있거나 과거에 담당하였던 사건의 소송관계인, 조만간 담당하게 될 가능성이 큰 사건의 소송관계인과 금전대차·부동산매매 등 거래를 하지 말 것을 권고하였다(권고의견 제1호 2006. 11. 15). 민사소송법·형사소송법은 이 유형에 관한 구체적인 조항을 두고 있지 않고, 회피·기피 제도로 규율하고 있다.

2) 검 토

법관윤리강령과 권고의견은 금전대차 등의 거래를 하는 시점에는 거래상대방에 관한 사건을 담당하거나 담당할 가능성이 크지 않았으나 거래가 계속되고 있는 상황에서 거래상대방이 관여하는

107) 상세한 논의는 박준, 앞의 논문(주 105), 25-33면.

사건을 담당하게 된 경우에 대한 법관의 행동지침을 제공하지 못한다. 이 경우 법관이 회피하여야 하는 기준을 미리 정하기는 쉽지 않다. 그 대안으로 법관이 그러한 거래관계에 관한 상세한 정보를 모든 당사자에게 제공하고 모든 당사자가 동의하는 경우 그 법관이 계속 사건을 맡을 수 있도록 하는 방안(정보제공(disclosure)과 동의 방안)을 생각해 볼 수 있다. 이 방안은 영미에서도 인정되고 있으나,[108] 재판의 공정성의 훼손 또는 그 우려는 당사자의 동의로 치유될 수 있는 성질의 것이 아니라는 점, 사실상 당사자 및 소송대리인·변호인에게 동의할 것을 압박하는 형태로 운영될 우려가 있다는 점,[109] 실증적 심리학 연구[110]에 따르면 이익충돌 상황에 있음을 알린 후 더 쉽게 자신의 이익을 추구하는 경향(이른바 도덕적 허가(moral licensing)를 받은 것 같은 현상)이 있다는 점 등의 문제도 있다. 부득이 이 방안을 채택하더라도 법관이 당사자에게 필요한 모든 정보를 제공하고 당사자와 그 소송대리인이 동의를 하지 않으면 불이익을 받을지 모른다는 우려가 없이 동의 여부를 결정할 수 있도록 하여야 한다.[111]

---

108) 미국 연방법원법 28 U.S.C. 455(e)의 이러한 제도에 대하여는 주 17.

109) Frank, supra note 53, p. 64; Bassett, supra note 47, p. 1228 fn 69.

110) Cain, Daylian M., George Loewenstein, and Don A. Moore, "The Dirt on Coming Clean: Perverse Effects of Disclosing Conflicts of Interest", 34 *Journal of Legal Studies* 1 (2005) pp. 1-25. Cain, Daylian M., George Loewenstein, and Don A. Moore, "When Sunlight Fails to Disinfect: Understanding the Perverse Effects of Disclosing Conflicts of Interest", 37 Journal of Consumer Research 836 (2011) pp. 836-857. 이 연구는 조언제공자와 조언수령자간의 관계에서 조언제공자가 조언수령자의 이익과 충돌되는 이해관계를 가지고 있는 경우를 대상으로 한 것이고, 연구결과에는 본문에서 언급한 내용 이외에도 조언제공자가 이익충돌 상황에 있음을 조언수령자에게 알려주어도 조언수령자는 이익충돌 상황을 충분히 감안하지 못한다는 점도 있다. 논문의 저자들은 이익충돌상황에 있음을 밝히는 것보다는 이익충돌을 제거하는 방향으로 규율해야 한다고 주장한다.

111) Hammond, supra note 17, p. 94.

4. 기타 법원 또는 법관의 이익·이해관계가 있는 경우

법관이 어느 한쪽의 소송당사자에 치우친 판단을 할 우려를 야기하는 것은 아니지만 사법제도의 공정한 운영이 아닌 다른 이해관계를 법원 또는 법관이 가지고 있는 경우이다. 이러한 이익충돌을 특별히 규율하는 현행 법규는 없다.

(1) 조정·화해 권고

경제발전 및 개인의 권리의식 제고에 따라 1980년대 이후 민사소송사건은 꾸준히 증가하였고 특히 1990년대 중반 이후 민사본안사건의 급증현상[112]이 나타났다. 법관의 1인당 민사본안사건 업무량은 증가하는 상황 하에서 IMF 경제위기를 맞아 제한된 인력과 시설을 최대한 효율적으로 활용하기 위하여 민사조정을 적극적으로 활용하기 시작한 후,[113] 조정을 활성화하는 노력을 계속 기울이고 있다.[114][115] 조정은 당사자의 합의에 의하여 성립하는 것이지만 합의가 성립하지 않은 경우 법관이 직권으로 사건의 공평한 해결을 위한 결정 이른바 조정을 갈음하는 결정을 할 수 있고(민사조정법 제30조), 당사자가 이에 대하여 2주 이내에 이의신청하지 않으면 그 결정은 재판상 화해와 동일한 효력이 있다(같은 법 제34조 제4항). 민사조정 제도는 저비용 고효율 분쟁해결제도[116]라는 취지로

---

112) 1970년 대비 2000년대 중반에는 민사본안사건 수가 16배까지 증가하였으나(정영화, "한국의 법문화 변화에서 법원과 법률가의 역할: 법원연계 민사조정의 활성화방안", 강원법학 제43권, 강원대학교 비교법학연구소(2014), 449면), 2006년 이후 2015년까지의 10년간 1심 민사본안사건 접수건수는 약간 감소하였다. 법원행정처, 2016 사법연감(2016), 601-603면.

113) 법원행정처 보도자료, IMF시대의 민사분쟁해결방식－조정(1998. 2. 10).

114) 정영화, 앞의 논문(주 112), 455-467면.

115) 2010년 3월 조기조정제도 도입후 조정회부 건수가 대폭 증가하였으나 조정성공율은 감소세라는 보도로는 "재판부 직권 '조정회부' 7배 늘었다", 법률신문(2012. 10. 4).

116) 법원행정처 보도자료(주 113).

시작하였지만 몇 가지 점에서 제도가 남용되고 있다는 비판을 받아 왔고[117] 법원은 이를 해소하기 위한 노력을 하고 있는 것으로 보인다.[118]

재판상 화해도 양 당사자가 서로 양보하여 소송을 종료시키기로 하는 합의를 소송기일에 함으로써 성립하는 것인데[119] 2002년 민사소송법 전부개정시 화해권고결정 제도가 도입되어 법관이 직권으로 화해권고결정을 할 수 있고(제225조 제1항), 이에 대하여 당사자가 2주 이내에 이의신청을 하지 않으면 그 결정은 재판상 화해와 동일한 효력을 가지도록 하였다(제231조). 화해권고는 재판상 화해를 적극적으로 활성화하기 위한 제도이지만, 화해권고결정에 대하여 이의신청을 하지 않으면 재판상 화해의 효력을 가지도록 한 점에 대하여는 상당한 비판이 있다.[120] 이 비판은 조정에 갈음하는 결정에 대하여도 동일하게 적용된다.

판결 선고가 필요 없는 분쟁해결 방법의 도입에 대하여는 이익충돌의 관점에서 유의할 점이 있다. 사건을 담당한 법관이 직접 조정 등에 관여하는 경우 법관 자신의 이해관계가 개입할 수 있게

---

117) 조정에 부적절한 사건의 조정 회부, 조정에 갈음하는 결정에 불복한다고 하여 불이익을 주는 행위, 조정에서 소송대리인을 배제하는 행위 등이 지적되었다. 민경한, "민사조정제도의 남용과 문제점", 법률신문(2005. 12. 19); 강석원, "화해·조정 권하는 재판정", 법률신문(2008. 10. 16); "서울변회에 접수된 조정강요 사례 등", 법률신문(2010. 10. 21).

118) 예컨대, 문광섭, "조정 활성화를 위한 공감과 협력을 바라며", 법률신문(2014. 7. 17).

119) 이시윤, 앞의 책(주 39), 569면.

120) "민사소송은 기본적으로 처분권주의와 변론주의의 원칙에 따르는 것으로 소송의 운명 또는 종결에 대한 결정권은 당사자에게 있다. 따라서 당사자들이 법원의 화해나 조정권고에도 불구하고 끝까지 당사자들이 동의(합의)의 의사를 표시하지 않았다면 … 법원이 할 수 있는 일은 당사자의 뜻에 따라 헌법과 법률 및 양심에 구속되어 판단하는 것일 뿐"이라고 비판하는 견해로는 함영주, "민사소송법상의 ADR 분류체계의 재검토", 민사소송 제17권 제2호, 한국민사소송법학회(2013).

된다. 조정·화해권고를 통한 분쟁해결은 어려운 법적 쟁점의 분석과 판단 및 판결문 작성이 필요 없다는 점 때문에 담당법관이 선호할 수 있고 분쟁이 종국적으로 해결되어 상소 사건이 감소한다는 점에서 상급심 법관도 선호하게 된다. 조정·화해권고가 본래의 뜻과는 달리 "판결문 작성 노고의 도피구로 안일하게 운영하거나 남용하면 법치주의가 몰락할 수 있어 경계"해야 한다는 지적[121]은 이러한 이익충돌 문제를 간파한 매우 타당한 지적이다. 또한 조정·화해권고로 사건을 처리하는 것을 장려하여 그 처리건수와 비율을 법관의 근무평정에 반영하면 조정·화해권고 제도가 근무평정을 잘 받기 위한 목적으로 활용되어 운영이 왜곡될 우려가 있다.

(2) 판례 등 정보의 공개

사법부가 가지고 있는 정보를 언제 어느 범위까지 공개할 것인가를 정할 때도 공개에 따르는 공공적 이익과 법관 전체 또는 담당자의 이해관계가 충돌될 수 있다. 특히 그 정보가 가치를 가지고 있거나 정보의 우위를 담당자 또는 소속 조직이 향유할 수 있는 경우에는 이익충돌의 우려가 커진다. 이 점은 정부·공공기관이 가지고 있는 정보의 공개범위와 시기에 관한 공통된 쟁점이지만 판결정보는 판례의 법리형성기능과 전관예우의 감시의 차원에서 다른 공공정보와는 구별된다.

판례는 법리를 형성하고 그 법리의 적용을 받는 사람들에게 행동지침을 제공함으로써 선례로서의 가치를 발휘할 수 있다. 판례가 행동지침의 기능을 하려면 법관만이 아니라 법원 밖에 있는 법률가들도 판례를 알 수 있도록 하여야 한다. 공개되지 않은 판결

121) 이시윤, 앞의 책(주 39), 579면. Macey, Jonathan R., "Judicial Preferences, Public Choice, and the Rules of Procedure", 23 *Journal of Legal Studies* 627 (1994), pp. 634-635도 유사한 지적을 하였다.

을 선례로 삼아 다른 사건을 판결하는 것은 바람직하지 못하다. 법관이 참고하는 판례들에 대해 법원 밖의 법률가들이 쉽게 접근할 수 있어야 하고, 원칙적으로 판결은 모두 공개할 필요가 있다.[122] 또한 판결문 공개는 법리에 관한 정보제공 기능뿐 아니라 외부 감시효과를 발휘할 수 있다. 판결문을 공개하여 담당 법관 및 담당 변호사를 쉽게 알 수 있도록 하면 전관예우의 문제 및 법관과 변호사간의 친분관계에 따른 판결인지 여부에 대한 논란도 상당히 해소할 수 있을 것이다.

Ⅴ. 결 어

법관의 직무수행은 영미법상의 신인의무(fiduciary duty)가 부과되는 민·상사 법률관계와 마찬가지로 신인의무의 핵심인 충성의무(duty of loyalty)에 상응하는 충실의무가 적용되어야 할 성질을 가지고 있다. 그러나 현행법 체계상 법관의 이익충돌에 대하여 영미의 충성의무와 같은 의무를 적용하기는 쉽지 않다. 구체적인 법규를 통한 규율이 중요하다.

법관의 이익충돌 규율에서는 사적인 이해관계 때문에 재판의 공정성이 훼손되지 않도록 하여야 할 뿐 아니라 사법의 신뢰를 위해서는 재판의 공정성을 훼손할 우려가 있는 외관을 갖춘 경우도 규율할 필요가 있다.

법관의 이익충돌을 규율하는 현행 법규는 공직자 일반에게 적용되는 직업윤리 관련 법규, 법관에게만 적용되는 직업윤리 관련 법규 및 소송절차 법규로 구성되어 있어 다층적이고 상호 연계가 잘 이루어지지 않고 있다. 법관의 기본적 임무는 재판이므로 우선

122) 이상원, 판결과 기록의 공개 그리고 투명한 사법, 경인문화사, 2012, 190면.

법관의 이익충돌에 대한 소송법적인 규율을 정비할 필요가 있다. 소송법상 법관이 재판의 공정성을 훼손할 우려가 있는 이해관계를 가진 경우 재판에서 배제되어야 한다는 원칙이 명시되는 것이 바람직하다. 민사소송법과 형사소송법이 제척사유를 다르게 정한 것도 정비하여야 한다. 이익충돌로 인하여 재판의 공정성을 훼손할 우려가 명백한 사유를 제척사유로 추가할 필요가 있고 그 이외의 이익충돌은 제척의 소송법적 효과를 감안하여 회피의무의 발생사유로 유형화하여 법관을 규율하는 직업윤리 관련 법규에 명시하여 소송법과 직업윤리 법규가 연계되도록 할 필요가 있다.

▨ 참 고 문 헌

Ⅰ. 국내문헌

[단행본]

김능환·민일영, 주석 민사소송법(I)(제7판), 한국사법행정학회, 2012.
김정연, 자본시장에서의 이익충돌에 관한 연구, 경인문화사, 2017.
김환수·문성도·박노섭 공역, Klaus Volk의 형사소송법, 박영사, 2009.
백형구·박일환·김희옥, 주석 형사소송법(I)(제4판), 한국사법행정학회, 2009.
법원행정처, 2014 사법연감; 2015 사법연감; 2016 사법연감.
법원행정처, 법관윤리, 2011.
신동운, 신형사소송법(제5판), 법문사, 2014.
이상수, 법조윤리의 이론과 실제, 서강대학교 출판부, 2009.
이상원, 판결과 기록의 공개 그리고 투명한 사법, 경인문화사, 2012.
이시윤, 신민사소송법(제8판), 박영사, 2014.
이중기, 충실의무법, 삼우사, 2016.

[논문]

김하열, "헌법재판소 재판관의 제척·기피·회피", 저스티스 제144호(2014).
박 준, "법관·검사 징계사례에 관한 연구", 서울대학교 법학 제55권 제2호, 서울대학교 법학연구소(2014).
박 준, "이른바 현관예우·관선변호 현상에 대한 법적 고찰", 서울대학교 법학 제52권 제2호(2011).
오상현, "법관 제척이유로서의 '당사자'와 '공동권리자·공동의무자': 대법원 2010. 5. 13. 선고, 2009다102254 판결", 성균관법학 제26권 제1호(2014).
이동률, "법관의 제척", 중앙법학 제13집 제1호(2011).
이동률, "법관의 제척이유로서의 공동권리자－대상판결: 대판 2010. 5. 13.,

2009다102254−", 중앙법학 제16집 제3호(2014).
이시윤, "법관의 제척·기피·회피", 고시연구(1976. 4).
이연갑, "위임과 신탁: 수임인과 수탁자의 의무를 중심으로", 비교사법 제22권 제1호, 한국비교사법학회(2015).
이재상, "법관의 제척·기피·회피", 사법행정 제27권 제1호, 한국사법행정학회(1986. 1).
이충상, "법관기피신청의 남용", 법조 제51권 제4호(2002).
정영화, "한국의 법문화 변화에서 법원과 법률가의 역할: 법원연계 민사조정의 활성화방안", 강원법학 제43권, 강원대학교 비교법학연구소 (2014).
정인진, "미국의 법관윤리전범에 관한 연구", 외국사법연수논집(9), 재판자료 제58집, 법원행정처(1992).
조현욱, "친족의 범위와 관련된 법관의 제척사유에 관한 비교법적 고찰", 홍익법학 제13권 제3호(2012).
하정철, "재판의 공정성을 의심할 만한 사정의 존부 판단에 의한 제척이유의 실질화", 서울법학 제22권 3호(2015).

Ⅱ. 외국문헌

[단행본]

Bazerman, Max H. and Ann E. Tenbrunsel, *Blind Spots: Why We Fail to Do What's Right and What to Do about It*, Princeton University Press, 2011.
Hammond, R. Grant, *Judicial Recusal: Principles, Process and Problems*, Hart Publishing, 2009.
Geyh, Charles Gardner, *Judicial Disqualification: An Analysis Of Federal Law*, 2nd Ed., Federal Judicial Center, 2010.
Judiciary of England and Wales, Guide to Judicial Conduct 2016, 2016.
The Judicial Integrity Group, *Commentary on The Bangalore Principles of Judicial Conduct*, 2007.

Kraakman, Reinier, et al, *The Anatomy of Law* (Oxford University Press, 2009(김건식외 7인 역, 회사법의 해부, 소화, 2014).

Virgo, Graham, *The Principles of Equity and Trusts*, Oxford University Press, 2012.

秋山幹男외, コンメンタール民事訴訟法(I)(第2版追補版), 日本評論社, 2014.

[논문]

Andrews, Neil, "Judicial Independence: The British Experience", in Shimon Shetreet and Christopher Forsyth, The Culture of Judicial Independence (Leiden: Brill. 2012).

Bassett, Debra Lyn, "Judicial Disqualification in the Federal Appellate Courts", 87 *Iowa Law Review* 1213 (2001).

Cain, Daylian M., George Loewenstein, and Don A. Moore, "The Dirt on Coming Clean: Perverse Effects of Disclosing Conflicts of Interest", 34 Journal of Legal Studies 1 (2005).

Cain, Daylian M., George Loewenstein, and Don A. Moore, "When Sunlight Fails to Disinfect: Understanding the Perverse Effects of Disclosing Conflicts of Interest", 37 Journal of Consumer Research 836 (2011).

Chugh, Dolly, Max H. Bazerman & Mahzarin R. Banaji, "Bounded Ethicality as a Psychological Barrier to Recognizing Conflicts of Interest", in Don A. Moore et. al. (ed.), *Conflicts of Interest: Challenges and Solutions in Business, Law, Medicine, and Public Policy*, Cambridge University Press (2005).

Cohn, Sigmund A., "Judicial Recusation in the Federal Republic of Germany", 3 *Georgia Journal of International and Comparative Law* 18 (1973).

Flannigan, Robert, "The Adulteration of Fiduciary Doctrine in Corporate Law", 122 Law Quarterly Report 449 (2006).

Frank, John P., "Disqualification of Judges: In Support of the Bayh Bill", 35 *Law and Contemporary Problems* 43 (1970).

Guthrie, Chris, Jeffrey J. Rachlinski, and Andrew J. Wistrich, "Inside the Judicial Mind", 86 *Cornell Law Review* 777 (2000).

Jennings, Marianne M. and Nim Razook, "Duck When a Conflict of Interest Blinds You: Judicial Conflicts of Interest in the Matters of Scalia and Ginsburg", 39 University of San Fransisco Law Review 873 (2005).

Jensen, Michael C., and William H. Meckling, "Theory of The Firm: Managerial Behavior, Agency Costs And Ownership Structure", *Journal of Financial Economics* 3.4 (1976).

Law Commission, Fiduciary Duties and Regulatory Rules, Consultation Paper No. 124 (1992).

Leib, Ethan J., David L. Ponet, and Michael Serota, "A Fiduciary Theory of Judging", 101 *California Law Review* 699 (2013).

Macey, Jonathan R., "Judicial Preferences, Public Choice, and the Rules of Procedure", 23 *Journal of Legal Studies* 627 (1994).

Posner, Richard A., "What Do Judges And Justices Maximize? (The Same Thing Everybody Else Does)", 3 *Supreme Court Economic Review* 1 (1993).

Rock, Edward B. and Michael L. Wachter, "Dangerous Liaisons: Corporate Law, Trust Law, and Interdoctrinal Legal Transplants", 96 Northwestern University Law Review 651 (2002).

Shetreet, Shimon, "Creating a Culture of Judicial Independence: The Practical Challenge and the Conceptual and Constitutional Infrastructure", in Shimon Shetreet and Christopher Forsyth, *The Culture of Judicial Independence*, Leiden: Brill (2012).

제4장
변호사의 이익충돌

정 형 근

Ⅰ. 서 론

헌법은 변호사를 법관·검사와 함께 국민의 신체의 자유를 보장하는 제도로 인정하고 있다.[1] 모든 국민은 변호사의 조력을 받을 권리가 있다. 변호사는 의뢰인의 요청에 따라 조력을 제공하는 피동적인 위치에 있는 것이 아니라, 적극적으로 국민에게 조력을 제공할 수 있는 기본권의 주체로서의 지위를 가지고 있다.[2] 헌법이 변호사의 도움을 받을 권리를 사법절차적 기본권으로 인정하고 있는 것은 무기평등의 원칙을 형사소송절차에서도 실현시킴으로써 국가권력의 일방적인 형벌권 행사에 의한 인신의 침해를 막기 위한 것이므로 변호인의 조력은 충분한 도움을 받을 수 있는 것이어야 한다.[3] 그리하여 사선 변호인을 선임할 수 없는 경제적인 무자력자나 사회적 약자에게도 변호사의 도움을 받을 권리를 보장하기 위하여 국선변호인 제도를 운영하고 있다(형사소송법 33). 또한 체

1) 정형근, "변호사의 이익충돌회피의무", 경희법학 제46권 제2호(2011. 6), 203면 이하.
2) 헌재 2003. 3. 27, 2000헌마474.
3) 허영, 한국헌법론, 박영사, 2016, 388-389면.

포 또는 구속된 피의자에게 변호인이 없는 때에는 국선변호인을 선정한다(형사소송법 제214조의2 제10항). 피고인에 대한 국선변호는 헌법상 기본권이지만(헌법 제12조 제4항 단서), 피의자에 대한 국선변호는 형사소송법상의 권리에 해당된다. 헌법은 형사절차에서 변호인의 조력을 받을 권리를 포괄적으로 보장하는 일반규정 형식이 아니라 '체포·구속과 같이 신체의 자유를 제한당한 경우에 대하여' 변호인의 조력을 받을 권리를 기본권으로 보장하는 규정을 취하고 있다.[4] 따라서 피의자·피고인의 구속여부와 관계없이 형사절차에서 변호인의 조력을 받을 포괄적인 권리는 다른 헌법규범에 근거를 두고 있다.[5]

헌법상 변호인의 조력권은 피의자나 피고인이 원하는 변호사를 선택하여 선임할 수 있는 권리이기도 하다.[6] 그러나 변호사법은 변호사가 특정한 사건은 수임할 수 없다는 제한을 두고 있다. 이는 곧 국민의 입장에서는 원하는 특정한 변호사(또는 법무법인 등)에게 자신의 사건을 위임할 수 없게 되고, 그 결과 충분한 변호사의 조력을 받을 기본권의 제한으로 연결될 수도 있다. 물론 선택

4) 한수웅, 헌법학, 법문사, 2016, 646면.

5) 우리 헌법은 변호인의 조력을 받을 권리가 불구속 피의자·피고인 모두에게 포괄적으로 인정되는지 여부에 관하여 명시적으로 규율하고 있지는 않지만, 불구속 피의자의 경우에도 변호인의 조력을 받을 권리는 우리 헌법에 나타난 법치국가원리, 적법절차원칙에서 인정되는 당연한 내용이고, 헌법 제12조 제4항도 이를 전제로 특히 신체구속을 당한 사람에 대하여 변호인의 조력을 받을 권리의 중요성을 강조하기 위하여 별도로 명시하고 있다. 피의자·피고인의 구속 여부를 불문하고 조언과 상담을 통하여 이루어지는 변호인의 조력자로서의 역할은 변호인선임권과 마찬가지로 변호인의 조력을 받을 권리의 내용 중 가장 핵심적인 것이고, 변호인과 상담하고 조언을 구할 권리는 변호인의 조력을 받을 권리의 내용 중 구체적인 입법형성이 필요한 다른 절차적 권리의 필수적인 전제요건으로서 변호인의 조력을 받을 권리 그 자체에서 막바로 도출되는 것이다(헌재 2004. 9. 23, 2000헌마138).

6) 정형근, "변호사의 절대적 수임제한사유에 관한 연구", 인권과 정의 통권 제447호(2015. 2), 98면 이하.

가능한 변호사는 많이 있기 때문에 수임제한은 의뢰인의 이익 보호를 위한 최소한의 수단이라는 반론도 가능하다. 그러나 특정한 변호사의 조력을 받고자 할 때 일반적으로 많은 변호사가 존재한다는 사실은 그리 중요하지 않다고 볼 수 있다.

변호사가 의뢰인이 위임하는 법률사건이나 법률사무를 처리해 주기로 하는 내용의 계약을 수임계약이라고 한다. 변호사법은 변호사의 사건선임의 법적 성질을 민법상 위임으로 파악한다. 수임장부, 수임사건, 수임제한, 수임사건과 관련된 손해배상책임 등에 관한 규정에서 위임계약의 요소인 '수임'이라는 용어를 사용하는 것을 통해서 이를 알 수 있다(변호사법 제28조의2, 제31조, 제58조의11 등). 다만, 이론상 변호사의 직무의 성질에 따라 도급의 성질을 가진 혼합계약적인 성질을 가지고 있다. 변호사는 의뢰인의 사무를 처리해 주고 그 대가인 보수를 받아서 살아가는 사인이다. 그러나 국선변호인은 법원의 선정에 의한 것이라 의뢰인과의 위임계약이 존재하는 것은 아니다. 만약 변호사가 보수를 받지 않는다면 수입이 없어 결국 직무를 수행할 수 없게 될 것이다.[7] 그러므로 변호사가 고도의 법률지식과 소송기술을 가진 법률전문가로서 그 직무에 적당한 보수를 받는 것은 변호사의 공익적 지위와 충돌되는 것은 아니다.[8]

변호사도 국민의 지위에서 헌법상 직업의 자유를 향유하는 기본권의 주체이다. 그러므로 변호사가 사건을 수임하는 것은 직업의 자유의 일환이다. 변호사가 법률전문가로 생활할 수 있는 것은 수임의 자유가 보장되기 때문이다. 만약 변호사를 영리추구를 목적으로 하는 상인으로 본다면, 사건수임에 대한 제한은 최소한으로 그쳐야 할 것이다. 그렇지만 헌법과 변호사법의 정신 및 변호사의

---

7) 田中紘三, "辯護士の役割と倫理", 商事法務, 2004, 308면.

8) 정형근, "변호사보수에 관한 고찰", 법조(2009. 6), 216면.

직업윤리에 관한 규범의 총체인 「변호사윤리장전」은 변호사의 직무를 영리를 목적으로 하는 영업으로 인정하지 않는다.[9] 구 「변호사윤리장전」 제29조는 "그 직무는 영업이 아니며, 대가적 거래의 대상이 되어서는 아니 된다."고 명시한 바 있다. 그러나 2014. 2. 24. 개정된 「변호사윤리장전」에는 위 규정이 삭제되었다. 현행 「변호사윤리장전」은 어려운 수임환경을 고려하여 장전내용에 대하여 변호사의 의무적인 준수가 아닌 자율적인 준수를 내용으로 직무규범성을 대폭 약화시킨 것으로 평가할 수 있다. 그럼에도 변호사의 직무의 공공성에 비추어 볼 때 오로지 상인적 정신으로 이득을 취하려는 직무수행의 태도는 여전히 허용되지 않는다. 특히 변호사의 사건 수임으로 인한 이익이 의뢰인에게 손해로 귀결되어서는 아니 된다. 그러므로 변호사의 사건 수임은 대개는 의뢰인의 요청에 의한 것이라서 변호사와 의뢰인 모두에게 이익이 될 것이지만, 특정 사건의 수임과 관련해서는 의뢰인의 이익과 충돌할 가능성이 있다.

헌법은 국가안전보장·질서유지·공공복리를 위하여 필요한 경우에 한하여 법률로써 직업의 자유를 제한할 수 있도록 한다(헌법 제37조 제2항).[10] 특히 변호사는 사건수임에 관하여 소개·알선 또는

---

9) 변호사의 영리추구 활동을 엄격히 제한하고 그 직무에 관하여 고도의 공공성과 윤리성을 강조하는 변호사법의 여러 규정에 비추어 보면, 위임인·위촉인과의 개별적 신뢰관계에 기초하여 개개 사건의 특성에 따라 전문적인 법률지식을 활용하여 소송에 관한 행위 등에 관한 대리행위와 일반 법률사무를 수행하는 변호사의 활동은, 간이·신속하고 외관을 중시하는 정형적인 영업활동을 벌이고, 자유로운 광고·선전활동을 통하여 영업의 활성화를 도모하며, 영업소의 설치 및 지배인 등 상업사용인의 선임, 익명조합, 대리상 등을 통하여 인적·물적 영업기반을 자유로이 확충하여 효율적인 방법으로 최대한의 영리를 추구하는 것이 허용되는 상인의 영업활동과는 본질적으로 차이가 있고, 변호사의 직무 관련 활동과 그로 인하여 형성된 법률관계에 대하여 상인의 영업활동 및 그로 인하여 형성된 법률관계와 동일하게 상법을 적용하지 않으면 아니 될 특별한 사회경제적 필요 내지 요청이 있다고 볼 수도 없으므로, 변호사는 상법 제5조 제1항이 규정하는 '상인적 방법에 의하여 영업을 하는 자'라고 볼 수 없다(대법원 2011. 4. 22. 2011마110).

10) 직업의 자유를 제한하기 위하여 국가안전보장·질서유지·공공복리의 필요상 불

유인의 대가로 금품을 제공하여서는 아니 되는데(변호사법 제34조 제2항), 헌법재판소는 이 조항으로 가장 직접적으로 제한되는 기본권은 직업수행의 자유라고 하면서, 위 법률조항으로 변호사가 받는 불이익은 결국 수임 기회의 제한에 불과하고, 변호사를 직업으로 선택한 이로서는 당연히 감수하여야 할 부분이므로, 이 사건 법률조항이 과잉금지원칙에 위반하여 변호사의 직업수행의 자유를 침해한다고 볼 수 없다고 한다.[11] 이는 수임질서를 해치는 행위에 대한 규율이고, 변호사의 이익충돌에 관한 법리는 수임제한에 관한 변호사법 제31조, 제32조 등과 같은 규정을 중심으로 규명해 가야 한다. 이익충돌을 회피하도록 하는 변호사의 수임제한은 변호사제도의 신뢰문제와 직무수행의 한계를 정하는 것이고, 국민 입장에서는 변호사선택권을 누리지 못하게 하는 것이라서 그 필요성과 요건을 엄격히 정립해야 할 필요가 있다.

Ⅱ. 변호사의 이익충돌회피를 위한 수임제한의 필요성

1. 이익충돌의 의의

변호사가 위임받은 법률사건·법률사무를 처리할 때는 민법상 대리인의 지위를 갖는다.[12] 대리인은 오로지 본인 한 사람을 위하여 직무를 수행할 때 그 일에 전념할 수 있을 것이다. 변호사는 다른 이해관계인에게 분산되지 않은 충실(undivided loyalty)의무를 그

가피하다고 판단하는 입법권자는 과잉금지의 원칙에 따라 우선 직업의 자유에 대한 침해가 제일 적은 방법으로 목적달성을 추구해 보고, 그 제한방법만으로는 도저히 그 목적달성이 불가능한 경우에만 그 다음 단계의 제한방법을 사용하고, 그 두 번째 제한방법도 실효성이 없다고 판단되는 최후의 불가피한 경우에만 마지막 단계의 제한방법을 선택하게 되는 단계이론이 있다(허영, 한국헌법론, 493면 이하).

11) 헌재 2013. 2. 28, 2012헌바62.

12) 정형근, 변호사법 주석, 피앤씨미디어, 2016, 38-39면에는 법률사건과 법률사무의 개념과 그 내용 및 양자의 구별가능성과 실익을 언급하고 있다.

의 의뢰인에게 다할 것이 요청된다.[13] 의뢰인은 변호사가 자신의 이익을 위하여 최선을 다하고 있다는 신뢰와 심리적 안정감은 변호사 직무수행의 공정성을 담보해 준다.[14] 그럼에도 변호사는 계속적으로 다수인으로부터 사건을 수임해야 하는 직업이라서 그 사건을 둘러싸고 이해관계가 충돌하는 경우가 발생할 수 있다. 민법은 대리인이 한편으로 본인을 대리하고 다른 한편으로는 자기 자신의 자격으로 혼자서 계약을 맺는 자기계약과 대리인이 한편으로 본인을 대리하고 다른 한편으로는 상대방을 대리하는 쌍방대리를 원칙적으로 금지한다(민법 제124조). 자기계약은 자신의 이익을 앞세울 수 있고, 쌍방대리는 어느 한 당사자의 이익을 더 우선시할 가능성이 있다. 양자 모두 본인의 이익을 보호해야 할 필요가 있다.[15]

자기계약과 쌍방대리 금지규정은 대리인과 본인간의 이익충돌을 방지하기 위한 것이다. 대리에서 상정되는 3면 관계는 현실적으로 세 인격자를 필요로 한다는 의미가 아니라, 법률상 세 주체를 필요로 한다는 것을 의미한다는 점에서는 이론상으로 자기계약과 쌍방대리 역시 대리의 한 유형으로 성립할 수는 있다. 그러나 대리인은 자신의 재량에 따라 본인의 권리·의무를 좌우할 여지가 있기에 원칙적으로 이를 금지한다.[16] 자기계약은 본인과 대리인 사이의 이해충돌의 유형이고, 쌍방대리는 본인 상호간의 이해충돌이 되는 것이라서 이런 위험을 피하기 위하여 마련된 규정이라 할 수 있다.[17] 물론 본인에게 실질적·내용적으로 불이익이 없는 행위에 대해서는 이런 유형의 대리를 금할 이유가 없다. 본인의 허락이 있으

13) 김제완, "이익의 충돌에 의한 수임제한과 변호사의 윤리", 인권과 정의 제330호 (2004. 2), 121면.

14) 高中正彦, 辯護士法概說, 三省堂, 2006, 120면.

15) 송덕수, 신민법강의, 박영사, 2017, 211면.

16) 곽윤직·김재형, 민법총칙, 박영사, 2013, 347면.

17) 김준호, 민법강의, 법문사, 2016, 324면.

면 그 적용을 배제할 수 있다는 점에서 임의규정의 성격을 가진다.[18] 변호사의 사건 수임과 관련하여 쌍방대리금지의 원칙은 개별적인 수임제한사유에 따라 적용상의 차이가 있다.

변호사의 수임과 관련하여 야기될 수 있는 의뢰인 상호간 및 현재와 과거의 의뢰인 상호간, 변호사와 의뢰인 사이에 이해관계가 상반되는 현상을 이익충돌(conflict of interest)이라고 한다. 여기서 의뢰인의 이익은 법률상 보호되는 이익이라 할 수 있는데,[19] 행정소송의 원고적격의 요건인 법률상 이익과 같은 엄격한 개념은 아니다. 그러나 의뢰인의 정서적·감정적인 이해관계는 이익충돌의 개념에 포함되지 않는다. 일본의 「변호사직무기본규정」은 의뢰인의 이익과 변호사의 '경제적 이익'이 충돌하는 사건은 의뢰인의 동의 없이는 수임할 수 없도록 하고 있다(규정 제28조 제4호).[20] 변호사가 특정 사건이나 특수한 여건에서 수임을 할 수 없는 것을 이익충돌회피라고 하고, 수임제한을 하는 사건을 수임해서는 아니 되는 것을 이익충돌회피의무로 표현하기도 한다. 변호사가 사건을 수임함으로 발생한 이익충돌로 당사자에게 손해를 끼치지 않도록 해야 할 의무 역시 이익충돌회피의무로 파악된다. 이익충돌의 현상은 변호사의 주요한 직무상 의무인 충실의무를 다할 수 없게 만드는 심각한 딜레마상황을 야기할 수 있다.[21] 변호사법은 변호사의 이익충돌의 문제를 수임제한이라는 방법으로 해결하고자 한다.[22] 변호사가 이익충돌회피의무를 위반한 사건 수임으로 개인적인 이익

18) 宮川光治, "利益相反と調整", 法曹の倫理と責任, 現代人文社, 2005, 113면.
19) 小島武司 外3人, 法曹倫理, 有斐閣, 2006, 86면.
20) 加藤新太郎, 辯護士倫理, 有斐閣, 2006, 68면; 宮川光治, "利益相反と調整", 法曹の倫理と責任, 150면.
21) 이상수, "이익충돌회피의무", 한인섭·한상희·김재원·이상수·김희수·김인회·정한중·이전오, 법조윤리, 박영사, 2017, 183면.
22) 정형근, "변호사의 절대적 수임제한사유에 관한 연구", 99면.

을 얻으려고 나설 때 변호사 직무의 독립성과 의뢰인관계의 순수성이 훼손됨은 물론[23] 변호사 직무는 상인처럼 되었다는 비판을 받게 된다. 그러므로 이익충돌이 있을 때 변호사는 당해 사건의 수임을 절대적으로 제한하거나 의뢰인의 동의나 양해를 얻도록 하는 등의 여러 제한을 두고 있다.

2. 이익충돌회피를 위한 수임제한의 이론적 근거

이익충돌로 인한 수임제한은 변호사나 의뢰인 모두에게 어느 정도의 희생을 요구한다. 변호사는 수임의 자유를 누릴 수 없는 경제적 손해와 전문적 역량을 발휘할 수 있는 기회를 갖지 못할 수 있다. 의뢰인은 자신이 선호하는 변호사에게 사건을 위임할 수 없는 제한을 받는다. 특히 변호사가 많지 않은 소도시와 같은 환경에서는 수임제한을 받는 변호사들 때문에 재판청구권 행사에 제약을 받을 수 있다.[24] 변호사는 이해관계가 대립하지 않은 의뢰인들의 사건을 수임하는 것이 요청된다. 변호사 입장에서는 다수의 의뢰인이 존재하면 수임사건 처리에 필요한 당사자의 협력을 구할 수 있는 유리한 점도 있을 수 있다. 복수의 의뢰인이라도 이익충돌이 없는 동일한 이익을 갖는 경우에는 1인의 변호사라도 모두의 이익을 위하여 업무를 수행하는데 어려움이 없다.[25] 그럼에도 이익충돌이 발생하는 경우에 아래와 같은 이유로 변호사의 수임의 자유를 제한하게 된다.[26]

---

23) A.C. Hutchinson, "*Legal Ethics and Professional Responsibility*", Irwin Law, 2006, p. 134.

24) 정형근, "변호사 직무의 공공성", 한양법학 제21권 제2집(2010. 5), 211면.

25) 小島武司 外3人, 法曹倫理, 87면; 예컨대 대여금청구사건에서 주채무자와 연대채무자의 공동 소송대리인이 될 수 있다. 그러나 주채무자와 연대채무자 사이에 채무부담비율에 관한 내부적인 분쟁이 있거나 연대채무자가 변제 후 구상금청구를 주채무자에게 하는 경우라면 수임제한 사유가 발생할 수 있다.

26) 정형근, "변호사의 이익충돌회피의무", 206-208면.

(1) 충실의무의 이행

변호사는 의뢰인에 대하여 충실의무를 다해야 한다. 이해관계가 상반되는 여러 의뢰인들을 대리하는 경우 변호사의 판단으로 특정 의뢰인의 이익이 침해되도록 직무를 처리할 위험이 있다. 변호사는 제한된 시간과 능력 및 주의력으로 의뢰인의 이익을 위하여 일하는데, 모든 의뢰인들에게 공평하고도 완벽하게 그 직무를 수행하기란 쉽지 않다. 그럼에도 의뢰인은 변호사가 전심전력하여 자신의 이익을 옹호하도록 요구할 권리가 있다. 의뢰인은 변호사가 다른 이해관계인에게 분산되지 않는 집중된 충실의무의 이행을 원한다. 민법은 의뢰인의 이익을 충실하게 옹호하도록 선관주의의무를 부과하고 있다. 수임인은 위임의 본지에 따라 선량한 관리자의 주의로써 위임사무를 처리하여야 한다(민법 제681조). 이로써 변호사는 의뢰인에 대한 직무상 의무의 이행과 법원에 대해서는 성실공정의 의무를 다하는 계기가 된다.[27]

(2) 직무수행의 능률성과 신뢰성 제고

변호사가 행하는 직무수행의 능률성과 신뢰성을 제고할 수 있다. 변호사가 다수의 의뢰인을 대리하는 것보다 1인의 의뢰인을 위하여 일할 때 집중도·효율성이 높아질 수 있다. 변호사는 독립하여 자유롭게 직무를 수행하는데, 이익충돌이 되는 사건에서는 전문가로서의 독자적인 판단으로 활동하는 것을 방해받을 수 있다.[28] 특히 이해관계가 첨예하게 대립하는 사건에서 여러 의뢰인들을 대리하는 경우에는 모두의 기대를 만족시킬 만한 결과를 도출하기란 그리 쉬운 문제가 아니다. 이해관계가 대립된 의뢰인들은 변호사

27) 정형근, "변호사의 직업윤리에 대한 고찰" 법조 통권 제633호(2009. 6), 313면.

28) American Bar Association, "*ABA Compendium of professional responsibility rules and standards*", American Bar Association, 2007, p. 43.

가 특정인의 이익만을 우선시하는 것은 아닌가 하는 의혹을 가실 수 있다. 그 결과 변호사는 매번 이해관계를 조정하고 설명하는데 많은 노력을 들여야 하지만 현실적으로는 만족스런 결과를 도출하기는 어렵다. 그렇기 때문에 사전에 변호사의 직무수행의 능률성과 신뢰관계를 훼손할 위험을 제거할 필요가 있다. 바로 이러한 요청에 부응하기 위하여 수임제한사유를 둘 수밖에 없다.

(3) 비밀보호의무의 이행

의뢰인의 비밀정보가 공개되거나 상대방의 이익으로 이용되는 것을 방지한다. 변호사의 비밀유지의무는 의뢰인과의 신뢰관계를 맺게 하여 원활한 의사소통을 가능하게 한다. 변호사는 의뢰인의 비밀을 공개하지 않도록 함으로써 의뢰인을 가장 효과적으로 보호할 수 있다.[29] 그리고 변호사를 신뢰한 의뢰인은 사건의 진실을 변호사에게 말하게 되어 결과적으로 정의를 실현하는데 유익한 변론을 할 수 있다. 그로 인하여 공공의 이익까지도 도모할 수 있는 효과를 내게 된다.[30] 그러므로 변호사가 의뢰인의 비밀을 누설할 가능성이 있을 때는 그 사건수임을 제한하는 것이 그 비밀에의 접근을 원천적으로 봉쇄하는 중요한 수단이 될 수 있다.[31]

(4) 독직행위의 예방

변호사가 위법한 독직행위로부터 부패하게 될 위험에서 벗어나게 한다. 변호사가 이해관계가 대립되는 의뢰인들을 대리할 때, 자신의 이익을 우선적으로 고려해 줄 것을 요청하는 의뢰인으로부

---

29) Geoffrey C. Hazard, "*The Law And Ethics Of Lawyering*", Foundation Press, 1999, p. 203; Ronald E. Mallen, Jeffrey M. Smith, "*Legal malpractice(2)*", West Pub, 1989, p. 700.

30) Ronald E. Mallen, Jeffrey M. Smith, "*Legal malpractice(1)*", West Pub, 1989, p. 672; Upjohn Co. v. United States, 449 U.S. 383 (1981).

31) 김제완, "이익의 충돌에 의한 수임제한과 변호사의 윤리", 122면.

터 정식의 보수 외의 특별한 금품이나 향응을 제공받는 등의 유혹을 받을 수 있다. 변호사는 그 같은 불법적인 제안을 당연히 거절하여야 할 것이다. 그렇지 못한 경우에는 직무의 공정성은 의심받고 변호사제도에 대한 신뢰도 무너질 뿐만 아니라, 그 변호사의 변론으로 인한 법원의 판결까지도 의심받게 된다. 그 때문에 변호사법은 수임제한사유를 정하고 있을 뿐만 아니라 독직행위의 금지를 명시하고 있다(변호사법 제33조). 그리고 이를 위반할 때에는 7년 이하의 징역 등의 엄한 형사처벌을 한다(변호사법 제109조 제2항). 그 때문에 공정한 재판을 방해하는 요소를 안고 있는 변호사를 사전에 그 사건으로부터 제거하여 사법의 왜곡을 방지할 필요도 크다.

3. 이익충돌의 유형과 법적 규제

변호사가 수임사건을 처리함에 있어 직면할 수 있는 이익충돌의 유형은 다양하다. 현재의 의뢰인 상호간의 충돌과 현재와 과거의 의뢰인 상호간의 충돌로 분류하는 것이 일반적이다.[32] 이익충돌은 다수의 의뢰인을 중심으로 하는 당사자 중심의 '주관적 범위'의 이익충돌과 현재 진행 중인 사건 및 이미 처리가 종료된 과거 사건과의 이익충돌을 기준으로 하는 사건중심의 '객관적 범위'의 이익충돌로 나눌 수 있다.[33] 변호사법 제31조와 「변호사윤리장전」 제22조는 절대적으로 사건수임을 할 수 없게 하거나, 의뢰인의 동의나 양해를 받은 후에 수임하도록 하는 제한을 통하여 이익충돌로 인한 의뢰인의 손해를 예방하고 있다.

변호사법과 「변호사윤리장전」에서의 수임제한사유가 모두 이

---

32) 도재형, 법조윤리입문, 이화여자대학교 출판부, 2011, 110면; 박휴상, 법조윤리, 피데스, 2010, 211면; 이상수, 법조윤리의 이론과 실제, 서강대학교 출판부, 2009, 182면; 최진안, 법조윤리, 세창출판사, 2010, 119면.

33) 정형근, 법조윤리강의, 박영사, 2016, 288면.

익충돌회피를 위한 것은 아니다. 예컨대 변호사는 변호사법 제36조는 '재판·수사기관 공무원의 사건 소개 금지', 제37조는 '직무취급자 등의 사건 소개 금지'를 하고 있다. 이들이 소개한 사건을 수임할 수 없다는 제한은 변호사법에 명시되어 있지 않지만, 이 역시 수임할 수 없다고 보아야 한다. 「변호사윤리장전」에서는 이를 분명히 금지하고 있다. 즉, 변호사는 법원, 수사기관 등의 공무원으로부터 해당기관의 사건을 소개받지 아니한다(변호사윤리장전 제40조). 재판과 수사기관의 신뢰 및 그 직무의 공정성을 보장하기 위하여 사건소개 금지를 규정한 입법취지를 고려할 때, 변호사법을 위반한 재판·수사기관 공무원으로부터 (금품 등을 제공하거나 제공하기로 약속한 바 없더라도) 사건소개를 받아 수임하는 행위는 금지되어야 한다.[34] 이런 수임제한사유는 고유한 의미의 이익충돌회피를 위한 것이라기보다는 공직의 부패를 방지하고 올바른 수임질서를 유지하기 위한 정책적인 제도라 할 것이다. 그리고 「변호사윤리장전」 제21조는 "변호사는 위임의 목적 또는 사건처리의 방법이 현저하게 부당한 경우에는 당해 사건을 수임하지 아니한다."고 하는데, 변호사 직무의 공공성에 반하고 품위훼손행위로 평가받을 수 있는 사건의 수임을 금지하는 것으로 이익충돌의 쟁점과는 직접 관련을 갖지 않는다. 따라서 모든 수임제한사유가 이익충돌의 회피를 위한 것은 아니라고 할 수 있다.

변호사에 대한 수임제한의 유형으로는 일정한 사유에 해당되면 수임을 금지하는 '절대적 수임제한사유'가 있다(변호사법 제31조 제1항 제1호, 제3호, 제32조).[35] 이런 절대적 수임제한사유 중에는 ①

---

34) 정형근, 법조윤리강의, 129면.

35) 변호사법 제52조 제2항의 '법무법인 등이 수임을 승낙한 사건' 역시 절대적 수임제한사유로 분류하는 견해도 있지만, 수임을 승낙한 법무법인이 동의하면 수임이 가능하다는 점에서 일단 이 분류에서 제외하기로 한다. 실제로 법무부에서 2014. 10. 30. 입법예고한 변호사법 개정안에도 "다만, 법인의 동의를 받은 경우는 그러

수임을 승낙한 사건의 상대방이 위임하는 (동일)사건(변호사법 제31조 제1항 제1호)에서는 민법상 쌍방대리의 예외적 허용사유가 적용될 수 있는지 여부 및 수임제한의 시적 한계와 로펌 간의 이직으로 인한 문제가 주요 쟁점이 되고 있으며, ② 공무원 등으로 직무상 취급한 사건(변호사법 제31조 제1항 제3호)에서는 공무원 재직시의 직무수행의 내용과 범위 및 규제를 받는 공무원의 종류가 문제되고 있다. 예컨대 법관으로 재직 중 처리 중인 사건을 변호사가 되어 변론을 하는 것은 공무수행의 공정성과 정당성을 의심받게 하며,[36] 공무를 사유화하는 결과를 초래하기 때문에 엄격한 수임제한이 필요하다. 그리고 ③ 계쟁권리의 양수금지(변호사법 제32조)와 관련해서는 그 개념과 요건 및 효과를 검토할 필요가 있다.[37]

그리고 의뢰인의 동의 또는 양해 등이 있으면 수임을 허용하는 '상대적 수임제한사유'도 있다(변호사법 제31조 제1항 제2호). 「변호사윤리장전」 제22조는 ① 수임하고 있는 사건의 상대방이 위임하는 다른 사건은 수임하고 있는 사건의 의뢰인이 양해하거나(제3호), ② 상대방 또는 상대방 대리인과 친족관계에 있는 경우는 의뢰인이 양해(제4호)할 때는 수임할 수 있다. 반면, ③ 동일 사건에서 둘 이상의 의뢰인의 이익이 서로 충돌하는 경우(제5호) 및 ④ 현재 수임하고 있는 사건과 이해가 충돌하는 사건(제6호)은 관계되는 의뢰인들이 모두 동의하고 의뢰인의 이익이 침해되지 않는다는 합리적인 사유가 있는 경우에는 수임할 수 있다(제1항 단서).[38]

이익충돌은 법무법인과 같은 (대규모) 로펌에서도 발생하기 쉽

하지 아니하다"라는 단서규정을 신설하고 있다.

36) 이상수, 법조윤리의 이론과 실제, 187면.

37) 정형근, "변호사의 절대적 수임제한사유에 관한 연구", 99면.

38) 변호사법에 임의규정이 없음에도 회칙의 일종인 변호사윤리장전으로 새로운 수임제한을 하는 것은 위임입법의 법리상 문제가 있다고 지적할 수 있다(정형근, 변호사법 조문해설 "변호사윤리장전의 수임제한 사유", 법률신문 2018. 2. 21. 자).

다.[39] 법무법인 등이 아니면서 수인의 변호사로 구성되어 '수익의 분배 또는 비용을 분담'하는 형태의 공동법률사무소는 하나의 변호사로 본다. 즉, 법무법인·법무법인(유한)·법무조합이 아니면서도 변호사 2명 이상이 사건의 수임·처리나 그 밖의 변호사 업무 수행시 통일된 형태를 갖추고 수익을 분배하거나 비용을 분담하는 형태로 운영되는 법률사무소는 하나의 변호사로 본다(변호사법 제31조 제2항). 법무법인 등이 사건을 수임하는 경우에도 수임제한에 관한 「변호사윤리장전」의 규정을 준용하는 것이 원칙이다(변호사윤리장전 제48조 제1항). 그러나 법무법인 등의 특정 변호사에게만 제22조 제1항 제4호 또는 제42조에 해당하는 사유가 있는 경우에는 당해 변호사가 사건의 수임 및 업무수행에 관여하지 않고 그러한 사유가 법무법인 등의 사건처리에 영향을 주지 아니할 것이라고 볼 수 있는 합리적 사유가 있는 때에는 사건의 수임이 제한되지 아니하며(변호사윤리장전 제48조 제2항), 이 경우 법무법인 등은 제2항의 경우에 당해 사건을 처리하는 변호사와 수임이 제한되는 변호사들 사이에 당해 사건과 관련하여 비밀을 공유하는 일이 없도록 합리적인 조치를 취한다(변호사윤리장전 제48조 제3항).

변호사는 의뢰인으로부터 즉시 사건을 수임할 수도 있지만 상당한 시간 동안 상담관계만을 유지할 수 있다. 그 때문에 2014년 개정된 「변호사윤리장전」은 수임제한의 한계를 설정하고 있다. 즉, 변호사는 의뢰인과 대립되는 상대방으로부터 사건의 수임을 위해 상담하였으나 수임에 이르지 아니하였거나 기타 그에 준하는 경우로서, 상대방의 이익이 침해되지 않는다고 합리적으로 여겨지는 경우에는, 상담 등의 이유로 수임이 제한되지 아니한다(변호사윤리장전 제22조 제3항).

---

39) 정형근, 법조윤리강의, 288면.

Ⅲ. 이익충돌회피를 위한 변호사의 절대적 수임제한사유

1. 수임을 승낙한 사건의 상대방이 위임하는 동일한 사건

(1) 의 의

변호사법은 변호사와 의뢰인의 이익충돌이 있을 때 처음부터 그 사건을 수임할 수 없도록 하는 경우가 있다. 즉, 변호사는 당사자 한쪽으로부터 상의를 받아 그 수임을 승낙한 사건의 상대방이 위임하는 사건에 해당하는 사건에 관하여는 그 직무를 수행할 수 없다(변호사법 제31조 제1항 제1호). 여기서 '직무를 수행할 수 없다'는 것은 수임은 가능하지만 그 수임사건에 관하여 직무를 수행할 수 없다는 것이 아니다. 변호사로서의 직무수행을 할 수 없는 사유에 해당되기에 사건수임 자체를 할 수 없다는 의미이다. 이런 점을 명확하게 규정하고 있는 「변호사윤리장전」은 변호사는 '동일한 사건에 관하여 상대방을 대리하고 있는 경우'에 해당하는 사건을 수임하지 아니한다(제22조 제1항 제2호)고 명시하고 있다.

변호사와 의뢰인의 수임관계는 이해관계의 일치로 인한 정서적 친밀감으로 깊은 신뢰관계를 특징으로 한다.[40] 수임계약이 체결되기 위해서는 변호사의 인격·식견·지능·기량 등에 관한 특별한 대인적 신뢰가 있어야 함은 물론이다.[41] 이런 각별한 신뢰관계는 당사자 상호간에 필요하지만, 의뢰인이 변호사에 대하여 갖는 신뢰가 더 크다고 할 것이다. 변호사는 공공성을 지닌 전문직이라서 변호사와 의뢰인 사이에 위임관계가 공정하게 규율되어야 한다. 이를 위하여 민법은 위임인의 신뢰를 보호하기 위하여, 수임인

---

40) 정형근, "변호사와 의뢰인의 수임관계에 관한 고찰", 외법논집 제34권 제4호 (2010. 11), 211면.

41) 곽윤직(편), 민법주해[XV], 박영사, 1997, 516면(이재홍 집필부분).

은 위임의 본지에 따라 선량한 관리자의 주의로써 위임사무를 처리하도록 한다(민법 제681조). 따라서 소송대리를 위임받은 변호사는 전문적인 법률지식과 경험으로 성실하게 의뢰인의 권리를 옹호해야 한다. 그런데 변호사가 수임을 승낙한 사건의 상대방이 위임하는 사건을 수임하는 행위 자체는 법률상 적대적인 지위에 있는 양 당사자를 대리하(려)는 쌍방대리의 전단계이다. 상대방이 위임한 사건을 수임한 후 대리행위에 이를 때 비로소 쌍방대리에 해당된다. 그렇지만 사건수임행위를 곧 쌍방대리로 이해하는 것은 수임으로 대리행위가 시작되었다는 것을 전제로 하고 있기 때문이다.[42]

변호사가 상대방이 위임하는 사건을 수임하는 것은 의뢰인의 이익을 위한 충실의무나 성실의무에 위반될 수 있다. 또한 제공된 비밀이 있을 경우에 비밀유지의무를 위반하여 비밀누설(공개) 또는 이용행위로 나갈 수 있으며, 무엇보다 수임료만을 챙기려고 한다는 비난을 받게 되어 공공성을 지닌 법률전문가로서의 품위를 손상시킨다.[43] 결국 두 당사자를 대리하는 쌍방대리의 금지는 당사자 보호와 변호사직과 사법제도에 대한 공공의 신뢰를 보호하기 위한 것이라 할 수 있다.[44] 판례 역시 변호사가 그와 같은 사건에 관하

---

42) 이광수, "변호사법 제31조 제1항 제1호 수임제한 요건의 해석기준", 인권과 정의 제441호(2014. 5), 43면에서는 민법상 쌍방대리는 본인의 승낙을 얻는 경우에는 유효한 행위가 될 수 있지만, 수임제한규정은 본인의 승낙을 얻더라도 수임할 수 없다는 점에서 쌍방대리금지라는 민사법적 문제와는 다른 차원의 문제라고 하면서 변호사법 제31조 제1항 제1호는 '쌍방대리금지' 규정이 아니라 '쌍방수임금지' 규정으로 보는 것이 정확하다고 한다. 그렇지만 수임행위가 있으면 바로 직무를 수행하는 단계로 진행될 수 있다는 점에서는 수임행위는 곧 쌍방대리로 이해할 수도 있고, 수임 후 어느 정도 시간이 지난 후에 비로소 대리행위에 나서는 경우처럼 다양한 유형을 상정할 수 있다.

43) 정형근, "변호사 직무의 공공성", 211면.

44) 김건식, "기업변호사의 역할과 윤리", 서울대학교 법과대학편, 법률가의 윤리와 책임, 박영사, 2007, 253면; 박휴상, 법조윤리, 215면; 박준, 판례 법조윤리, 소화, 2011, 213면; 최진안, 법조윤리, 126면.

여 직무를 행하는 것은 먼저 그 변호사를 신뢰하여 상의를 하고 사건을 위임한 당사자 일방의 신뢰를 배반하게 되고, 변호사의 품위를 실추시키게 되는 것이므로 그와 같은 사건에 있어서는 변호사가 직무를 집행할 수 없도록 금지한 것이라고 한다.[45)]

(2) 민법 제124조(쌍방대리)와의 관계

민법은 쌍방대리를 원칙적으로 금지하면서 본인의 허락이 있거나 채무의 이행을 하는 경우에는 예외적으로 이를 허용한다. 사적자치의 원칙에 비추어 본인의 허락이 있는 쌍방대리를 금지할 이유는 없다. 채무의 이행 역시 이미 확정된 법률관계를 결제할 뿐 당사자 간에 새로운 이해관계를 발생시키는 것은 아니기 때문에 허용된다.[46)] 변호사법은 쌍방대리를 허용하는 예외규정을 두고 있지 않다. 이 점에 관해서는 변호사법의 규정이 민법의 특별법의 지위에 있다고 볼 수 있다. 따라서 변호사는 본인(의뢰인)의 승낙을 얻더라도 여전히 수임제한을 받게 된다. 의뢰인이 승낙함으로써 변호사의 수임제한의무를 면제할 수는 없기 때문에 설령 의뢰인의 동의가 있더라도 수임할 수 없다고 보는 것이 일반적인 견해이다.[47)] 위임인이 동의한 경우에는 다른 사건의 수임을 허용하는 변호사법 제31조 제1항 제2호와의 관계에서 보더라도 그러하다.

그러나 변호사법의 적용에서도 민법과 같은 예외를 인정할 필요는 있다. 예컨대 법률에 특별한 규정이 있거나 당사자 간에 이익충돌이 없는 등 특별한 사정이 있는 때는 쌍방대리를 허용할 수 있

45) 대법원 2003. 11. 28. 2003다41791.

46) 곽윤직·김재형, 민법총칙, 348면; 곽윤직(편), 「민법주해[III]」, 박영사, 1996, 84-85면(손지열 집필부분); 송덕수, 신민법강의, 231면.

47) 김건식, "기업변호사의 역할과 윤리", 법률가의 윤리와 책임, 253면; 이상수, 법조윤리의 이론과 실제, 189면; 高中正彦, 辯護士法概說, 125면; 森際康友, 法曹の倫理, 名古屋大學出版會, 2005, 11면 역시 동의가 있더라도 변호사의 신용과 품위를 훼손하는 것이므로 직무수행을 할 수 없다고 한다.

을 것이다. 부동산의 매매계약이 체결된 경우에 매도인의 소유권이전등기의무, 인도의무와 매수인의 잔대금지급의무는 동시이행의 관계에 있는 것이 원칙이다.[48] 만약 변호사가 매도인으로부터 소유권이전등기청구 사건을 수임했다면, 매수인이 위임하려는 잔대금지급청구 사건은 수임할 수 없다. 이는 수임을 승낙한 사건의 상대방이 위임하는 동일한 사건이기 때문이다. 설령 매도인의 동의가 있더라도 수임할 수 없다고 해야 한다.

반면, 위 사건의 판결이 확정된 후 각자 채무의 이행단계에서 진행되는 소유권이전등기 사건은 매도인과 매수인으로부터 수임하여 쌍방대리를 할 수 있다고 할 것이다. 「부동산등기법」은 "등기는 법률에 다른 규정이 없는 경우에는 등기권리자와 등기의무자가 공동으로 신청한다."(제23조 제1항)고 규정하고 있기 때문이다. 구 「변호사윤리장전」 제17조 제2항이 "변호사는 동일 사건에 관하여 당사자 쌍방을 대리할 수 없다. 다만, 법률상 금지되지 아니한 경우에는 그러하지 아니하다."[49]라고 하였던 것은 「부동산등기법」과 같은 법률을 염두에 두었던 것으로 보인다. 아무튼 등기의 공동신청은 의뢰인과 그 상대방의 허락이 있고, 그 대리행위의 성질이 이미 성립(확인)된 채무의 이행에 불과하다고 할 수 있다. 따라서 이와 같은 유형의 사건에서는 예외적으로 쌍방대리를 허용할 수 있다고 하겠다. 그러나 채무이행이라도 기한 미도래의 것이나, 항변이 붙어 있거나, 새로운 이해관계가 형성되는 대물변제 등과 같은 이익충돌이 발생하는 등의 사정이 있으면 사건수임을 부정함이 타당하다.

그리고 동일사건에 대한 쌍방대리의 가능여부는 이익충돌회피의무 위반행위의 효력과 관련해서도 살펴보아야 한다. 판례는 동

48) 대법원 2000. 11. 28. 2000다8533.

49) 이 규정은 2014. 2. 24. 개정된 「변호사윤리장전」에서 삭제되었다.

일사건의 수임제한 규정을 위반한 소송행위의 효력에 관하여 상대방이 이의를 제기하지 아니하면 완전한 효력이 생긴다고 한다.[50) 즉, 변호사법 제31조 제1항 제1호 수임제한에 위반한 변호사의 소송행위를 상대방 당사자(종전의 의뢰인)가 이의를 제기하면, 그 소송행위는 무효에 해당되어 더 이상 그 변호사의 소송관여는 허용되지 않지만, 상대방 당사자가 그 같은 사실을 알았거나 알 수 있었음에도 사실심 변론종결시까지 아무런 이의를 제기하지 아니하였다면 그 소송행위는 소송법상 완전한 효력이 생긴다.[51) 여기서 당사자가 이의를 제기하지 않았다는 것은 동일사건의 수임행위를 동의 또는 추인한 것이라 할 수 있기에 동일사건이라도 쌍방대리가 절대적으로 불가능한 것은 아님을 알 수 있다. 물론 수임제한을 금지하는 것과 그에 위반한 소송행위의 효력은 다른 차원의 문제이다. 그렇지만 수임제한에 위반한 소송행위의 효력을 당사자의 처분에 맡기고 있는 것은 결국 동일사건의 수임제한의 엄격성을 특정 사건에서는 다소 완화하여 해석할 필요가 있음을 엿보게 한다.[52)

(3) 수임제한의 요건

1) 변호사가 당사자 한쪽으로부터 상의를 받아 그 사건의 수임을 승낙했을 것

변호사가 특정 의뢰인으로부터 사건을 수임하기로 승낙했어야 한다. 여기서 '변호사'는 단독 개업 중인 변호사는 물론 법무법인·법무법인(유한)·법무조합도 해당되며(변호사법 제57조, 제58조의16, 제

---

50) 대법원 1995. 7. 28. 94다44903; 원고의 소송대리인 변호사 정○○가 피고 대리인의 의뢰에 의하여 피고의 소송대리인 변호사 최○○을 선임하는 행위는 변호사법 제14조, 제16조[현행 변호사법 제31조 제1항]에 저촉되는 행위라 할 것이나, (중략) 본건에 있어서는 위 선임행위는 소송법상 완전한 효력이 생긴다고 할 것이다(대법원 1973. 10. 23. 73다437).

51) 대법원 2003. 5. 30. 2003다15556 채무부존재확인.

52) 정형근, "변호사의 절대적 수임제한사유에 관한 연구", 101면.

58조의30), 공동법률사무소 역시 포함된다(변호사법 제31조 제2항). 법무법인은 법인 명의로 업무를 수행하며 그 업무를 담당할 변호사를 지정하여야 한다(변호사법 제50조 제1항). 이처럼 법무법인이 사건을 수임할 때는 법인 명의로 하고, 그 구성원 또는 소속 변호사는 담당변호사로 지정될 수 있을 뿐인데도 수임제한과 관련해서는 당해 사건의 처리에 전혀 관여한 바 없더라도 법인 소속이었다는 이유로 여전히 수임제한을 받는 특징이 있다.[53]

'당사자 한쪽으로부터'는 당해사건의 당사자의 지위에 있는 자 중 어느 한쪽을 말한다. 여기서의 당사자는 분쟁 발생의 성숙성이 존재하지 않을지라도 장차 사건화되면 당사자로 나서게 될 자이다. 직접 당사자가 아닐지라도 그 대리인은 당연히 이에 포함될 것이지만, 당사자의 친구와 같은 단순한 의사전달 역할을 하는 사자(使者)는 해당되지 않는다고 하겠다.

그리고 '상의를 받아'는 변호사가 당사자 한쪽으로부터 특정한 법률사건이나 사무에 관한 법적 조력을 구하는 의사표시를 받았다는 것이다. '상의'란 서로 의논한다는 사전적 의미를 고려할 때 의뢰인의 법률상담에 대하여 유·무형의 조력이 행하여졌음을 말해준다. 상의를 받은 사건은 동일사건 여부를 판단할 수 있는 구체성을 띠는 것이어야 한다. 당사자가 특정되지 않고 분쟁이 발생할 가능

53) 대법원 2003. 5. 30. 2003다15556: 법무법인의 구성원 변호사가 형사사건의 변호인으로 선임된 그 법무법인의 업무담당변호사로 지정되어 그 직무를 수행한 바 있었음에도, 그 이후 제기된 같은 쟁점의 민사사건에서 이번에는 위 형사사건의 피해자측에 해당하는 상대방 당사자를 위한 소송대리인으로서 직무를 수행하는 것도 금지되는 것임은 물론이고, 위 법무법인이 해산된 이후라도 변호사 개인의 지위에서 그와 같은 민사사건을 수임하는 것 역시 마찬가지로 금지되는 것이라고 풀이할 것이며, 비록 민사사건에서 직접적으로 업무를 담당한 변호사가 먼저 진행된 형사사건에서 피고인을 위한 직접적인 변론에 관여를 한 바 없었다고 하더라도 달리 볼 것은 아니라고 할 것이니, 이러한 행위들은 모두 변호사법 제31조 제1호의 수임제한규정을 위반한 것이다.

성도 없는 막연한 법률관계의 문의를 받는 것만으로는 상의를 받았다고 할 수 없다. 이는 법률상식에 관한 호기심의 표현으로 볼 수 있다. 상의를 받은 변호사는 그 자에게 장차 사건의 진행경과나 승소 여부 등에 관한 구체적인 조언을 하게 된다. 상의를 요청한 자는 의뢰인 또는 잠재적 의뢰인의 지위에 있다. 미국 변호사협회는 2002년 「변호사 직무에 관한 모범규칙」(Model Rules of Professional Conduct) 중 Rule1.18을 신설하여 "잠재적 의뢰인(Prospective Client)이란 어떤 사건에 관하여 장차 의뢰인과 변호사 관계를 형성할 가능성이 있는 자"라고 명시한 바 있다.[54] 우리도 2014년 개정된 「변호사윤리장전」 제19조에서 '예상 의뢰인'이라는 용어를 신설하고 있다.

또한 '사건의 수임을 승낙'했다고 할 때 '사건'은 소송사건은 물론 당사자가 특정되고 구체적인 법률관계에서 해결해야 할 분쟁의 성숙성이 구비되어 조력을 행하였거나 행하기로 한 자문사건까지를 포함한다.[55] 상의를 받은 시점과 사건수임을 승낙한 시점이 일치하거나 반드시 근접해야 하는 것은 아니다. '수임을 승낙'했다는 것은 변호사가 의뢰받은 사건을 처리하기로 의사표시를 하였다는 것을 말한다. 수임을 '승낙'했다는 것만으로도 수임제한의 요건이 됨을 유념해야 한다. 의뢰인이 사건을 위임하겠다는 청약을 하고 변호사가 이에 대하여 승낙을 하면 수임이 된 것으로 본다는 것이다. 수임계약은 민법상 위임계약이고, 위임은 유상이든 무상이든

---

54) American Bar Association, *ABA Compendium of professional responsibility rules and standards*, American Bar Association (2007), p. 84-85.

55) 대한변협이 취하고 있는 기본입장은 "사건"의 범주에 관한 변호사법 및 윤리규칙의 규정들은 원칙적으로 소송사건에 적용되는 것이나, 자문사건 중에서도 대립하는 당사자가 구체적으로 특정되고 구체적인 법률관계에 대하여 일방 당사자에 대해 조력하겠다고 하는 의사가 표시된 경우에는 이를 "사건"에 포함시키고 있다(대한변협 질의회신 2014. 4. 11. 자문의뢰인을 상대방으로 하는 소송사건의 수임 가부).

위탁과 승낙이라는 합의만 있으면 성립하는 낙성계약이다. 즉, 위임은 당사자 일방이 상대방에 대하여 사무의 처리를 위탁하고 상대방이 이를 승낙함으로써 그 효력이 생긴다(민법 제680조). 그리고 불요식의 계약이라서 위임장을 교부했더라도 단순한 증거방법에 지나지 않는다.[56] 따라서 변호인선임서나 약정서의 작성이 없더라도 수임이 된 것으로 보아 수임제한사유를 적용하게 된다.

변호사가 수임승낙에 이른 과정을 좀 더 살펴볼 필요가 있다. 일반적으로 의뢰인이 사건 위임을 청약하고, 변호사가 이를 승낙하면 '수임의 승낙'이 있고 그 결과 위임계약서의 작성과 수임료의 지급으로 이어진다. 변호사가 먼저 수임청약을 하고 의뢰인이 승낙하는 경우에도 '수임의 승낙'이 있었다고 할 수 있다.[57] 따라서 어느 일방이 일방적으로 수임 제안을 하고 상대방은 이를 받아들이지 않으면 수임의 승낙은 있었다고 할 수 없다. 변호사가 상담 후에 수임제안을 먼저 할 수 있는데,[58] 그 때 의뢰인이 거절하였다면 당연히 '수임의 승낙'은 없게 된다.[59] 수임의 승낙은 반드시 변

---

56) 김준호, 민법강의, 1740면.

57) 일본 변호사법 제25조 제1호는 "상대방의 협의를 받아 찬조하거나 그 의뢰를 승낙한 사건"의 수임을 금지하고 있다. 여기서는 의뢰인의 '의뢰를 승낙'한 경우가 수임제한의 요건이고, 단순히 변호사가 먼저 수임을 제안한 경우는 이에 해당되지 않는다.

58) A 변호사가 분쟁의 당사자 일방인 甲을 상담하면서 분쟁이 발생하게 된 동기 및 경위 등에 관하여 상세히 듣고 그 사건을 자신에게 맡겨달라고 하였지만 甲은 A 변호사에게 사건을 맡기지 않고 다른 변호사에게 사건을 의뢰하였다. A 변호사는 수임을 제안하였을 뿐 수임제안을 받아 수임을 승낙한 경우가 아니므로 항소심에서 반대편인 乙로부터 사건을 수임할 수 있다(대한변협 질의회신 2014. 2. 7. 상담한 의뢰인의 상대방 수임).

59) 대한변협은 단순히 변호사가 수임을 제안하기만 해도 변호사법 제31조 제1항 제1호에 해당한다고 보면 다음과 같은 문제가 발생할 수 있다고 한다. "요즘 의뢰인들, 특히 기업 의뢰인들의 경우 대리인 선정에 앞서 주요 변호사 내지 로펌들에게 수임제안을 해 달라고 요구하는 경우가 매우 많습니다. 중요한 사건은 거의 대부분 수임제안을 받아 그 중 하나의 변호사 또는 로펌을 선정하고 있습니다.

호사가 하여야 하는 것은 아니고 사무직원이 변호사를 대리해서 하는 것도 해당된다.[60] 사안에 따라서는 변호사가 상의를 받았지만 수임약정서나 위임장이 작성되지 아니하고, 수임료의 지급도 없는 경우에는 특별한 사정이 없는 한 수임의 승낙이 없는 것으로 보아야 하는 경우도 있다.[61] 향후 의뢰인의 모든 법률문제를 자문하기로 하는 내용의 자문계약 체결행위만으로는 '구체적 사건'의 수임을 승낙했다고 할 수 없다.

의뢰인이 상담 후에 '장차' 그 사건을 위임하겠다는 말을 하고, 변호사가 이에 동의한 경우에 수임을 승낙한 것으로 보아야 할 것인지 문제된다. 변호사와 상담을 했던 자가 그 사건을 앞으로 위임하겠다는 명확한 의사표시를 하고 변호사가 이를 승낙하였다면 사건을 수임했다고 볼 수 있다. 그렇지 않고 막연히 앞으로 진행되는 사정을 보아가면서 정식으로 다툼이 될 때 위임하겠다고 하였다면, 위임계약의 요소인 '사무의 처리를 위탁'(민법 제680조)한 바 없기에 수임승낙이 없었다고 해야 한다. 헌법재판소 역시 위임계약에 해당하는 변호사 선임계약은 문서 없이 말로 약정하거나 다른 변호사를 통하여 순차적으로 약정하는 방법으로 체결할 수 있다고 한다.[62]

변호사가 사건을 수임했으면 그 사무처리에 착수하지 않았더

이 경우 수임제안을 요청받은 변호사 내지 로펌들은 기업측 요구에 따라 수임제안서를 제출하지 않을 수 없는데, 단순히 수임제안을 하였을 뿐 정작 수임 경쟁에서 탈락하였는데도 불구하고 당해 심급은 물론 상급심에서도 일체 그 사건의 상대방으로부터 사건을 수임할 수 없다고 하는 것은 지나칩니다. 오히려 기업측이 이를 악용하여 주요 로펌들로부터 수임제안서를 요구해서 받은 뒤 이들 로펌들을 모두 conflict out 시키는 부작용을 초래할 수 있습니다. 그렇게 되는 경우 법률시장은 심각하게 왜곡되고 의뢰인이 변호사의 조력을 받을 권리가 침해될 수 있습니다"(대한변협 질의회신 2014. 2. 7. 상담한 의뢰인의 상대방 수임).

60) 대한변협 2008. 2. 19. 법제 제475호(대한변호사협회, 변호사법 축조해설, 2009, 159면).

61) 대한변협 질의회신 2010. 2. 4. 고문사건 수임제한 범위.

62) 헌재 2016. 12. 29, 2015헌마880.

라도 수임제한의 요건이 된다.[63] 그런데 변호사는 의뢰인과 대립되는 상대방과도 상담할 수 있고, 그런 상담만으로 수임제한 여부에 해당되는지 문제가 되기도 했다. 그래서 2014년 개정된 「변호사윤리장전」에서는 "변호사는 의뢰인과 대립되는 상대방으로부터 사건의 수임을 위해 상담하였으나 수임에 이르지 아니하였거나 기타 그에 준하는 경우로서, 상대방의 이익이 침해되지 않는다고 합리적으로 여겨지는 경우에는, 상담 등의 이유로 수임이 제한되지 아니한다(제22조 제3항)는 규정을 신설했다. 여기서 '수임을 위해 상담'했다는 것은 말로 대화를 나눴다는 것은 물론 각종 자료(계약서, 사건기록 등)를 넘겨받아 검토단계까지도 진행되었음을 예상할 수 있다. 이 과정에서 소정의 상담료를 받았을 수도 있다. 그럼에도 정식으로 수임약정이 체결되지 않은 상태라면 대립되는 상대방이 위임하는 사건을 수임할 수 있다. 미국 판례 중에는 1회의 면담만 한 경우라면 변호사-의뢰인 관계가 성립되지 않는다는 미국의 사례도 있다.[64]

그런데 위 규정은 '상대방의 이익이 침해되지 않는다고 합리적으로 여겨지는 경우에는'이라는 요건을 제시하고 있다. 상담 단계에서 사건의 전말을 파악하기 위하여 여러 비밀정보도 묻고 듣게 될 수도 있는데, 이 점만 고려하면 비록 수임이 되지 않았더라도 상담자의 이익이 침해될 수 있다고 볼 여지도 있다. 상담 등을 이유로 수임이 제한되지 않는 점을 분명하게 한 점은 타당하지만, 상

63) 실질적으로 변호사 직무를 수행하여야 비로소 사건을 수임한 것으로 보아야 할 아무런 근거가 없다. 어느 정도까지 직무를 수행하여야 실질적으로 변호사 직무를 수행하는 것인지 분명하지 아니할 뿐만 아니라, 변호사 선임계나 법원·검찰 등에 제출하는 서류에 특정 변호사의 이름을 올리는 것만으로도 재판이나 수사결과에 영향을 미칠 수 있다는 인식이 남아 있는 현실 여건 상 단순한 사건 수임 자체를 제한할 필요성도 인정된다(헌재 2016. 12. 29, 2015헌마880).

64) 박준·이상원·이효원·박준석·윤지현, 판례로 본 미국의 변호사윤리, 소화, 2012, 217-219면.

대방의 이익이 침해되지 않는 사정이라는 애매한 요건을 추가한 것은 수임의 자유를 지나치게 규제한 것이다. 의뢰인의 이익을 도모하고 수임제한의 취지를 고려한 것으로 보이지만, 오히려 상대방이 위임하는 사건을 수임할 수 없도록 방해하는 자에 의해서 악용될 소지도 있다. 향후 이 요건의 해석을 둘러싸고 분쟁이 발생할 여지도 있어 보인다. 예컨대 상담시에 변호사가 지득한 비밀의 부당한 이용가능성이 있기 때문에 상대방이 의뢰하는 사건을 수임할 수 없다고 주장할 수도 있다. 대개 의뢰인은 상담 단계에서는 변호사에게 사건위임 여부를 결정하려고 동종 사건의 처리경험이나 능력 등을 탐색하려는 조심스런 태도를 취할 수 있기에 사건의 진실에 관한 내밀한 대화를 하지 않을 수 있다. 따라서 변호사가 특정 사건에 관하여 상담을 했더라도 의뢰인의 비밀을 제공받았다고 쉽게 단정할 수는 없을 것이다. 그러므로 상담만 하고 돌아간 자의 상대방이 의뢰하는 사건은 수임할 수 있다고 해야 한다. 여러 변호사로 구성된 법무법인 등의 법률사무소에서 어느 변호사가 특정인과 상담만 하고 그쳤는데, 그 법인의 다른 변호사는 그 상대방과 상담을 했다면 이를 수임할 수 있어야 하는 것은 당연하다.

2) 상대방이 이미 수임한 사건과 동일한 사건을 위임할 것

변호사가 이미 수임한 사건과 동일한 사건을 상대방으로부터 위임을 요청받아야 한다. 여기서 '상대방'은 민사·형사사건을 불문하고 동일사건의 사실관계에서 대립된 이해관계에 있는 당사자를 말한다.[65] 여기서의 이해대립은 형식적인 대립관계가 아니라 실질적인 이해대립이 있어야만 상대방이라 할 수 있다.[66] 예컨대 변호사가 의뢰인 A로부터 공유자 B를 상대로 하는 공유물분할청구사건

65) 森際康友, 法曹の倫理, 12면.
66) 高中正彦, 辯護士法概說, 121-122면.

을 수임한 후 B와 공유물분할에 관하여 협의를 하였으나 의견대립으로 협의가 성립되지 아니하였다. 그 후 변호사는 B로부터 A를 피고로 하는 공유물분할청구사건을 의뢰받았다.[67] 이 경우 법원이 주도적인 역할을 하는 형식적 형성소송이라도 이해대립의 가능성이 크기 때문에 B는 수임을 승낙한 사건의 상대방에 해당되므로 변호사는 B가 의뢰하는 사건을 수임할 수 없다.

수임이 제한되는 '상대방이 위임하는 사건'은 이미 수임을 승낙한 사건과 동일성이 있어야 한다. 변호사법 제31조 제1항 제1호는 '동일사건'이어야 한다고 명시하고 있지는 않다. 반면, 「변호사윤리장전」은 '동일한 사건'의 수임을 금지하고 있다(제22조 제1항 제2호). 그런데 변호사법 제31조 제1항 제2호는 수임하고 있는 사건의 상대방이 위임하는 '다른 사건'은 수임하고 있는 사건의 위임인이 동의한 경우에는 수임할 수 있다고 한다. 따라서 제1호 사건은 수임을 승낙한 사건의 상대방이 위임하는 '동일한 사건'을 말하고, 제2호 사건은 법문에 명시된 바와 같이 '다른 사건'을 말한다(통설).[68] 판례 역시 변호사법 제31조 제1호가 적용되기 위해서는 그 변호사가 관여한 사건이 일방 당사자와 그 상대방 사이에 있어서 동일하여야 한다고 본다.[69] 동일사건을 수임한 경위는 묻지 않는다. 변호사가

67) 공유물분할청구는 형식은 소송사건이지만 실질은 비송사건성의 법률관계의 변동을 구하는 형식적 형성의 소에 해당되므로, 어떤 내용으로라도 법률관계를 형성하여야 하기 때문에 원고의 청구를 기각할 수는 없다(이시윤, 신민사소송법, 박영사, 2016, 209면).

68) 도재형, 법조윤리입문, 113면; 박휴상, 법조윤리, 215면; 이상수, 법조윤리의 이론과 실제, 188면; 최진안, 법조윤리, 124면.

69) 변호사법 제31조 제1호가 적용되기 위해서는 그 변호사가 관여한 사건이 일방 당사자와 그 상대방 사이에 있어서 동일하여야 하는데, 여기서 사건이 동일한지의 여부는 그 기초가 된 분쟁의 실체가 동일한지의 여부에 의하여 결정되어야 하는 것이므로 상반되는 이익의 범위에 따라서 개별적으로 판단되어야 하는 것이고, 소송물이 동일한지 여부나 민사사건과 형사사건 사이와 같이 그 절차가 같은 성질의 것인지 여부는 관계가 없다(대법원 2003. 11. 28. 2003다41791).

수임 당시에 동일한 사건을 수임한다는 점을 알고 있어야 하는 것도 아니다. 예컨대 (별산제) 법무법인의 구성원 변호사가 동일한 사건의 원고 또는 피고대리인으로 법정에서 만나는 경우가 있다. 이 경우는 법무법인 명의로 수임약정을 체결하였기에 전형적인 동일한 사건의 수임에 해당된다.

그리고 두 사건 간의 동일성은 어떤 기준으로 구별할 것인지 문제된다. 민사소송법 제259조는 이미 사건이 계속되어 있을 때는 그와 동일한 사건에 대하여 당사자는 다시 소를 제기할 수 없다는 중복된 소제기의 금지를 규정하고 있다. 여기서는 '당사자와 청구'(소송물)가 동일하면 동일한 사건으로 보고 있다.[70] 이와 달리 수임제한사유에서는 소송물의 동일성을 요구하지 않고 있다.[71] 만약 소송물로 동일성 여부를 판단한다면 수임제한의 범위는 축소되어 변호사는 수임의 자유를 누릴 수 있지만 이익충돌의 위험성은 커지게 된다.[72] 학설상으로도 사건의 동일성을 '청구권의 기초가 되는 생활관계 그 자체'[73] 또는 '분쟁의 실체가 동일한지 여부'[74]를 기준으로 하고 있다. 여기서 청구권의 기초가 되는 생활관계나 분쟁의 실체는 결국 법적인 '사실관계'에서 비롯된다.[75] 특정한 사실관계에서 다양한 형태의 법적 분쟁이 발생할 수 있고, 서로 다른

70) 송상현·박익환, 민사소송법, 박영사, 2014, 282-284면; 이시윤, 신민사소송법, 289-290면.

71) 그런 점에서 중복제소금지의 요건보다 수임제한사유의 범위가 훨씬 넓다. 중복제소금지는 '전소의 계속 중에 후소를 제기하였을 것'이라는 요건을 요하지만, 수임제한사유에서는 이를 요하지 않는다.

72) 이 때문에 이익충돌의 문제는 실제적으로 발생한 손상이 아니라 비밀정보의 남용 가능성 또는 불성실한 대리의 가능성과 같이 손상을 낳을 위험성 있는지 여부가 중요하다(이상수, "이익충돌회피의무", 8인 공저, 법조윤리, 195면).

73) 김건식, "기업변호사의 역할과 윤리", 법률가의 윤리와 책임, 254면.

74) 박휴상, 법조윤리, 215면; 이상수, 법조윤리의 이론과 실제, 188면; 高中正彦, 辯護士法概說, 124면.

75) 정형근, "변호사의 절대적 수임제한사유에 관한 연구", 104면.

소송절차에서 문제될 수 있으며, 주장하는 소송물의 종류도 다를 수 있기 때문이다.

판례 역시 "실질적으로 동일한 쟁점을 포함하고 있는 민사사건"[76] 또는 "기초가 된 분쟁의 실체가 동일한지의 여부"에 의하여 결정해야 한다는 입장이다.[77] 대한변호사협회 역시 '청구의 기초가 동일한 것'을 기준으로 삼고 있다.[78] 그리고 민사·형사사건처럼 그 절차가 같아야 하는 것도 아니다.[79] 따라서 교통사고를 야기한 피고인의 업무상과실치사사건의 변호인이었던 변호사가 위 교통사고 피해자 측의 의뢰를 받아 피고인의 사용자를 상대로 손해배상청구소송을 제기하는 것은 수임이 금지된 동일한 사건을 수임한 경우에 해당된다.

3) 이미 수임한 사건의 처리 중 또는 종결 후에 동일한 사건의 위임을 받았을 것

① 이미 수임한 사건의 처리 중에 위임한 경우

이미 수임을 승낙한 직후 또는 수임사건의 처리를 위한 착수에 이르렀거나, 처리 중에 있을 때 상대방으로부터 동일사건을 위

76) 대법원 2003. 5. 30. 2003다15556.

77) 대법원 2003. 11. 28. 2003다41791; 高中正彦, 法曹倫理講義, 民事法研究會, 2005, 86면.

78) 대한변호사협회, 징계사례집, 2012, 442면[제2008-16호 변호사징계(2008. 9. 10. 결정)].

79) 형사사건에서 피고인의 변호인으로 선임된 법무법인의 업무담당변호사가 그 법무법인이 해산된 이후 변호사 개인의 지위에서 위 형사사건의 피해자에 해당하는 상대방 당사자를 위하여 실질적으로 동일한 쟁점을 포함하고 있는 민사사건의 소송대리를 하는 것(대법원 2003. 5. 30. 2003다15556)과 변호사가 고소인으로부터 피고소인을 상대로 하는 고소대리를 수임하고 당국에 횡령의 고소를 하였는데 사건이 원만히 해결되어 고소는 취하되었으나 그 전에 피고소인으로부터 만일 고소인측에서 돈 30만원을 받아 낼 수 있다면 그중 2할인 6만원을 주겠다는 취지로 화해의 수임을 받고 그와 같이 화해시키고 피고소인으로부터 6만원의 사례를 받은 행위(대법원 1968. 8. 1. 68두8)는 변호사법 제31조 제1호의 수임제한 사유에 해당한다.

임받을 수 있다. 이때 변호사가 그 사건을 수임하면 동일사건의 동시적 쌍방대리에 해당되기에 허용되지 아니한다. 예컨대 강간피해자로부터 가해자를 상대로 하는 손해배상청구사건을 수임한 후에 위 강간피의자의 형사변론사건을 수임한 경우가 이에 해당된다.[80] 또한 제1심에서 피고를 대리하여 소송행위를 하였던 변호사가 항소심에서 원고 소송복대리인으로 출석하여 변론을 한 경우도 같다.[81] 소송사건의 경우 같은 변론기일에 동일한 사건의 양 당사자를 법정에서 대리하는 것이 동시적 쌍방대리의 전형적인 모습이라 할 수 있다. 그렇지만 실제로는 속행되는 여러 변론기일 중에 하는 소송대리행위가 더 일반적이다. 법원은 변호사가 동시적 쌍방대리를 하고 있는 것을 알게 되면, 상대방 당사자의 의사(이의제기)를 중심으로 향후 소송행위에 관여 여부와 그때까지의 소송행위의 효력을 판단하게 된다.[82]

② **이미 수임한 사건의 처리종료 후 위임한 경우**

이미 수임한 사건의 처리가 종료된 후에 동일한 사건을 위임받을 수 있다. 종전 사건의 처리가 종료되었으면 그 의뢰인의 이익보호는 실현되었다고 볼 수 있다. 그럼에도 나중에 동일한 쟁점을 포함하고 있는 사건을 수임하게 되면 신뢰관계의 파탄은 물론 의뢰인의 비밀보호를 충분히 할 수 없는 위험도 있을 수 있다. 따라서 수임한 사건의 처리 후에라도 여전히 수임제한을 받는다고 보는 것이 일반적인 견해이다.[83]

---

80) 대한변협 1998. 2. 16. 결정, 징계 제97-8.

81) 대법원 1990. 11. 23. 90다4037: 이 판결은 당사자가 그에 대하여 아무런 이의를 제기하지 아니하면 그 소송행위는 소송법상 완전한 효력이 생긴다는 내용이다.

82) 대리권의 유무는 법원의 직권조사사항이며, 대리권의 존재에 관하여 의심할 만한 사정이 있는 경우 상대방의 이의가 없더라도 법원은 그에 관하여 심리, 조사하여야 한다(이시윤·조관행·이원석, 판례해설 민사소송법, 박영사, 2014, 105면).

83) 도재형, 법조윤리입문, 115면; 박휴상, 법조윤리, 218면; 최진안, 법조윤리, 136면.

판례 역시 같은 입장이다. 동일한 변호사가 형사사건에서 피고인을 위한 변호인으로 선임되어 변호활동을 하는 등 직무를 수행하였다가 나중에 실질적으로 동일한 쟁점을 포함하고 있는 민사사건에서 위 형사사건의 피해자에 해당하는 상대방 당사자를 위한 소송대리인으로서 소송행위를 하는 등 직무를 수행하는 것 역시 마찬가지로 금지되는 것으로 볼 것이며,[84] 동일한 변호사가 민사사건에서 형사사건의 피해자에 해당하는 상대방 당사자를 위한 소송대리인으로서 소송행위를 하는 등 직무를 수행하였다가 나중에 실질적으로 동일한 쟁점을 포함하고 있는 형사사건에서 피고인을 위한 변호인으로 선임되어 변호활동을 하는 등 직무를 수행하는 것 역시 금지된다고 봄이 상당하다.[85]

대한변협도 수임사무가 종료된 이후라도 수임제한을 받는다고 본다. 예컨대 피상속인 甲이 생전에 변호사 A를 유언집행자로 지정하였고 변호사 A는 甲이 사망한 후 甲의 유언의 취지에 따라 甲의 상속인들인 배우자 乙과 아들 丙, 丁, 戊에게 재산을 분배하였는바, 이후 상속인들 사이에 분쟁이 발생하여 戊가 乙을 상대로 상속회복청구소송을 제기한 사건에서 A 변호사는 乙의 사건을 수임할 수 없다.[86] 생각건대 변호사가 동일사건에 관하여 동시에 대리하

84) 대법원 2003. 5. 30. 2003다15556.

85) 대법원 2009. 2. 26. 2008도9812: 피고인 1과 공소외 1, 2, 3 사이의 대여금사건에서 공소외 1 등의 소송대리인으로서 직무를 수행한 변호사 공소외 4가, 위 대여금사건 종결 후 그와 실질적으로 동일한 쟁점을 포함하고 있는 피고인들의 공소외 1 등에 대한 소송사기미수 범행 등에 대한 형사재판인 이 사건 공판절차 제1심에서 피고인들의 변호인으로 선임되어 변호활동 등을 한 것은 변호사법 제31조 제1호에 위반된다고 봄이 상당하다.

86) 대한변협 2014. 1. 3. 유언집행자인 변호사의 상속인간 분쟁수임 가부 질의회신: 甲변호사는 乙의 소송대리사건을 수임할 수 없습니다. 지정에 의한 유언집행자는 상속인들의 대리인으로서의 지위를 가지며, 그 직무집행에 관하여 위임에 관한 규정을 준용하고 있으므로 유언집행자가 집행한 유언의 결과에 따라 분배한 재산을 둘러싼 상속인들 사이의 상속회복청구사건에서 어느 일방을 수임하는 것은 타

는 것이 전형적인 유형이지만, 동일사건에서 분쟁의 모습은 다양하게 전개될 수 있으며, 그로 인한 수임제한의 필요성은 여전하기 때문에 '이시적(異時的) 쌍방대리' 역시 금지하게 된다.

4) 수임약정이 즉시 해지된 경우 상대방이 위임하는 동일사건의 수임 여부

변호사가 상의를 받아 '수임을 승낙'을 했는데, 나중에 사임하는 경우가 있다. 의뢰인이 위법행위에 협조해줄 것을 요청한다거나, 약정한 보수의 지급을 거부하는 경우와 같은 위임계약을 존속시킬 수 없는 여러 사정으로 사임할 수 있다. 여기서 사임의 시기에 따라 그 사건의 상대방이 위임하는 사건에 대하여 수임제한을 할 것인지 살펴볼 필요가 있다. 상의를 받아 수임을 승낙한 직후에 곧바로, 언제든지 수임계약은 해지될 수 있다. 즉, 위임계약은 각 당사자가 언제든지 해지할 수 있다(민법 제689조 제1항). 계약은 기본적으로 해지하거나 해제할 수 있지만(민법 제543조), 위임계약처럼 언제든지 해지할 수 있다고 특히 명시하고 있는 경우는 드물다. 변호사가 의뢰인과의 신뢰관계가 훼손된 상태에 있는 것은 위임의 본질에 맞지 않다.[87] 위임계약의 각 당사자는 민법 제689조 제1항에 따라 특별한 이유 없이도 언제든지 위임계약을 해지할 수 있다.[88] 여타 계약과 달리 위임계약에서는 언제든지 해지할 수 있다

방 상속인에 대한 관계에서 쌍방수임에 해당하고 「변호사법」은 이를 금지하고 있기 때문입니다.

87) 정형근, "변호사와 의뢰인의 수임관계에 관한 고찰", 217면.

88) 민법상의 위임계약은 유상계약이든 무상계약이든 당사자 쌍방의 특별한 대인적 신뢰관계를 기초로 하는 위임계약의 본질상 각 당사자는 언제든지 해지할 수 있고 그로 말미암아 상대방이 손해를 입는 일이 있어도 그것을 배상할 의무를 부담하지 않는 것이 원칙이며, 다만 상대방이 불리한 시기에 해지한 때에는 해지가 부득이한 사유에 의한 것이 아닌 한 그로 인한 손해를 배상하여야 하나, 배상의 범위는 위임이 해지되었다는 사실로부터 생기는 손해가 아니라 적당한 시기에 해지되었더라면 입지 아니하였을 손해에 한한다(대법원 2015. 12. 23. 2012다71411).

고 명문으로 규정하고 있다. 위임계약이 갖는 존속의 불안정성을 보여주고 있다. 그 결과 수임약정 역시 해지될 가능성이 높고 실제로도 그러하다. 재산권의 위협과 인신구속과 같은 극한 상황에 처한 의뢰인은 사소한 일로도 민감하게 반응하며 수임약정을 해지할 수 있다. 수임약정은 변호사와 의뢰인 간의 신뢰관계라는 상당히 감정적인 요소를 포함하고 있으며, 상황에 따라 변하는 이해관계 때문에 언제든지 깨져버릴 수 있다. 예컨대 변호사가 명절 끝에 이혼사건을 수임했는데, 불과 하루 뒤에 이혼하지 않기로 했다면서 수임약정을 해지할 수 있다. 물론 수임료도 지급받지 않은 상태일 수 있다. 그런데 그 후 그 상대방 배우자가 동일한 이혼사건을 위임했다고 한 경우를 상정해 보자. 이는 '이미 상의를 받아 그 수임을 승낙한 사건의 상대방이 위임한 사건'에 해당된다. 문리적으로 보면 이 경우에도 수임제한을 받는다고 해야 한다. 과연 이런 사정이 있을 때도 수임제한을 해야 하는지 문제된다.

이 문제의 해결을 위해서는 동의를 얻어 수임할 수 있는 다른 사건의 수임요건인 변호사법 제31조 제1항 제2호 "수임하고 있는 상대방이 위임하는 다른 사건"을 살펴볼 필요가 있다. 여기서 '수임하고 있는'의 의미는 현재 수임사건을 처리 중에 있다는 것이다. 수임사건의 처리가 아직 종료되지 않은 진행상태(현재성)를 말한다.[89] 만약 동의를 얻어 수임할 수 있는 다른 사건이 현재 처리 중에 있는 사건을 말하지 않고, 이미 종료된 사건까지 동의를 얻도록 한다면 변호사는 동의를 얻을 수 없을 것이다. 왜냐하면 사건이 종료되어 연락이 끊긴 의뢰인을 어떻게 수소문하여 동의를 얻을 수 있을는지 문제되고, 종전 의뢰인과 아무런 이해관계 없는 사건수임에 대하여 동의를 얻도록 하는 것도 타당하지 않기 때문이다. 그런

89) 정형근, 변호사법 주석, 239면.

데 동일한 사건의 수임제한은 사건 진행의 현재성을 요구하지 않는다. 이미 종료된 과거의 사건이라도 동일사건이라면 수임제한을 해야 할 필요성은 여전하다. 동일사건에서 이미 종료된 사건도 포함시킨 것은 사건이 종료되었더라도 여전히 수임제한의 취지가 유지되어야 하기 때문이다.

동일사건의 수임제한에 관한 변호사법 제31조 제1항 제1호는 '수임을 승낙한 사건'이라고 하여 의뢰인의 위임청약과 변호사의 수임승낙의 합치로 수임약정이 된 순간부터(즉시성) 그 상대방이 위임하는 사건은 수임할 수 없다고 한다. 어느 사건을 수임하기로 의사의 합치가 있는 순간부터 상대방이 위임하는 동일한 사건을 수임할 수 없도록 하겠다는 것이 입법자의 의도이다. 변호사가 수임한 사건의 처리에 즉시 착수한 상태라면 이렇게 엄격하게 규율할 필요가 있다. 그런데 수임하자마자 곧바로 위임계약이 해지될 수 있다. 그렇더라도 '상의를 받아 수임을 승낙한 사건'의 요건은 충족한다는데 문제가 있다. 그렇기 때문에 수임을 승낙한 사건이라고 할 때 그 수임사건은 '수임상태의 상당한 계속성'을 포함하고 있다고 해야 한다. 산술적으로 몇 시간 또는 며칠 동안이 이에 해당된다고 정의하기는 어렵다. 그럼에도 수임되자마자 불과 얼마 후에 수임약정이 해지되어 버린 경우와 같이, 수임약정이 없었던 것과 같은 특별한 사정이 있을 때는 상대방이 위임하는 사건을 수임할 수 있다고 해야 한다. 당사자 한쪽으로부터 상의를 받아 수임을 승낙했더라도 수임사건 처리에 착수할 시간적 겨를도 없는 단시간 내에 수임계약이 해지된 경우에는 쌍방대리를 제한해야 하는 문제점도 발생하기 어렵기 때문이다. 수임사건의 비밀보호를 위해서도 수임제한을 해야 한다는 지적도 있을 수 있지만, 수임약정시부터 비밀관련 정보가 오간다고 단정하기 어렵다. 대부분의 사건관련 대화는 비밀사항이라기보다는 자신의 정당한 권리주장에 관한 사실관계의 설명(해명)이라고 할 수 있기 때문이다. 물론 이런 주장에 대하여 수임제한의 취지를 몰각시키고 이를 남용하는 사례의 발생을 우려할 수도 있다. 그러나 수임제한 제도는 유지해 나가되, 어떤 대리행위에도 나갈 수 없었던 변호사의 수임의 자유를 과도하게 제한하여 직업의 자유를 침해하거나, 국민의 변호사조력권의 향유를 위한 변호사선택권에 과도한 제약을 해서는 아니 된다는 점을 유념할 필요가 있다.

(4) 「변호사윤리장전」의 동일사건 등에 관한 수임제한

1) 동일 사건

변호사는 '동일한 사건에 관하여 상대방을 대리하고 있는 경우'에는 사건을 수임하지 아니한다(변호사윤리장전 제22조 제1항 제2호). 변호사법 제31조 제1항 제1호에 관한 내용을 확인한 것이다. 민법 제124조의 해석상 본인의 허락이 있는 경우에는 특정한 법률행위에 관한 대리인은 그 법률행위를 위하여 당사자 쌍방을 유효하게 대리할 수 있다.[90] 그러므로 토지 매매계약의 체결로 매도인과 매수인이 공동으로 소유권이전등기를 신청함에 있어 그 대리행위를 의뢰받아 등기신청행위를 하는 것은 본인의 허락이 있고, 이해관계가 대립하거나 이익이 충돌되는 경우가 아니므로 수임제한 사유에 해당되지 않는다. 등기는 법률에 다른 규정이 없는 경우에는 등기권리자와 등기의무자가 공동으로 신청한다(부동산등기법 제23조 제1항).

2) 종전 사건과 기초가 된 분쟁의 실체가 동일한 사건

변호사는 위임사무가 종료된 경우에도 종전 사건과 기초가 된 분쟁의 실체가 동일한 사건에서 대립되는 당사자로부터 사건을 수임하지 아니한다(변호사윤리장전 제22조 제2항). 대한변호사협회는 2016.

90) 대법원 1973. 10. 23. 73다437.

2. 29. 기존의 「변호사윤리장전」의 내용인[91] "… 실질적으로 동일하거나 본질적으로 관련된 …"을 "… 기초가 된 분쟁의 실체가 동일한 …"으로 개정하였다. 개정 전의 "실질적으로 동일하거나 본질적으로 관련된 사건"은 동일사건의 의미를 확장하여 달리 표현한 것으로 실제로는 같은 개념으로 파악했었다. 그래서 위와 같은 개정에서는 변호사법 제31조 제1항 제1호의 동일사건 여부를 판단하는 판례에 따라 "기초가 된 분쟁의 실체"라는 용어로 변경하였다.[92] 판례는 사건이 동일한지 여부를 '실질적으로 동일한 쟁점을 포함하고 있는 사건'[93]을 기준으로 한다고도 적시한 바 있다. 변호

---

91) 구 「변호사윤리장전」 제22조[수임 제한] ② 변호사는 위임사무가 종료된 경우에도 종전 사건과 실질적으로 동일하거나 본질적으로 관련된 사건에서 대립되는 당사자로부터 사건을 수임하지 아니한다, 다만, 종전 사건과 실질적으로 동일하지 않고 종전 의뢰인이 양해한 경우에는 그러하지 아니하다.

92) 변호사법 제31조 제1호가 적용되기 위해서는 그 변호사가 관여한 사건이 일방 당사자와 그 상대방 사이에 있어서 동일하여야 하는데, 여기서 사건이 동일한지의 여부는 그 기초가 된 분쟁의 실체가 동일한지의 여부에 의하여 결정되어야 하는 것이므로 상반되는 이익의 범위에 따라서 개별적으로 판단되어야 하는 것이고, 소송물이 동일한지 여부나 민사사건과 형사사건 사이와 같이 그 절차가 같은 성질의 것인지 여부는 관계가 없다(대법원 2003. 11. 28. 2003다41791).

93) 변호사법 제31조 제1호에서는 변호사는 당사자 일방으로부터 상의를 받아 그 수임을 승낙한 사건의 상대방이 위임하는 사건에 관하여는 그 직무를 행할 수 없다고 규정하고 있고, 위 규정의 입법 취지 등에 비추어 볼 때 동일한 변호사가 형사사건에서 피고인을 위한 변호인으로 선임되어 변호활동을 하는 등 직무를 수행하였다가 나중에 실질적으로 동일한 쟁점을 포함하고 있는 민사사건에서 위 형사사건의 피해자에 해당하는 상대방 당사자를 위한 소송대리인으로서 소송행위를 하는 등 직무를 수행하는 것 역시 마찬가지로 금지되는 것으로 볼 것이며, 이러한 규정은 같은 법 제57조의 규정에 의하여 법무법인에 관하여도 준용된다고 할 것이므로, 법무법인의 구성원 변호사가 형사사건의 변호인으로 선임된 그 법무법인의 업무담당변호사로 지정되어 그 직무를 수행한 바 있었음에도, 그 이후 제기된 같은 쟁점의 민사사건에서 이번에는 위 형사사건의 피해자측에 해당하는 상대방 당사자를 위한 소송대리인으로서 직무를 수행하는 것도 금지되는 것임은 물론이고, 위 법무법인이 해산된 이후라도 변호사 개인의 지위에서 그와 같은 민사사건을 수임하는 것 역시 마찬가지로 금지되는 것이라고 풀이할 것이며, 비록 민사사건에서 직접적으로 업무를 담당한 변호사가 먼저 진행된 형사사건에서 피고인을

사는 상대방이 의뢰하는 동일한 사건은 위임사무의 종료 여부와 상관없이 수임할 수 없다. 본조는 그런 점을 확인한 주의적인 규정이라 할 수 있다.

그리고 개정 전의 단서 "다만, 종전 사건과 실질적으로 동일하지 않고 종전 의뢰인이 양해한 경우에는 그러하지 아니하다."를 삭제했다. 이 단서는 위임사무가 종료된 경우 동일한 사건이 아님에도 의뢰인의 양해를 얻어야 한다는 것인데, 이미 종료한 사건의 상대방이 위임하는 다른 사건은 종전 의뢰인의 동의(양해)없이도 수임할 수 있다는 변호사법 제31조 제1항 단서, 제2호의 규정에도 반한다는 비판이 있었다. 그리하여 이번 개정에서 위 단서 규정을 삭제한 것은 지극히 타당하다.[94]

예컨대 원고가 대여금청구소송을 주채무자와 연대보증인을 상대로 제소하였을 때, A 변호사는 연대보증인의 소송대리인이었다. 주채무자와 연대보증인은 '대립되는 당사자'라고 할 수 있다. 여기서 대립되는 당사자란 민사소송법상 소송에서 두 '당사자'의 대립이라는 개념보다는 '이해관계'의 대립으로 넓게 이해하는 것이 타당하다. 아무튼 위 소송에서 패소한 연대보증인이 채권자에게 채무를 변제한 후 주채무자를 상대로 구상금청구의 소를 제기할 수 있다. 이 경우에 A 변호사가 이번에는 주채무자를 대리할 수 있는지 문제된다. 현재 제소된 구상금청구소송은 종전 사건인 대여금청구소송과 '기초가 된 분쟁의 실체가 동일한 사건'이라 할 수 있다. 그러므로 종전 의뢰인인 연대보증인의 양해를 얻더라도 구상금청구소송은 종전 사건과 실질적으로 동일한 사건이라 할 수 있

위한 직접적인 변론에 관여를 한 바 없었다고 하더라도 달리 볼 것은 아니라고 할 것이니, 이러한 행위들은 모두 변호사법 제31조 제1호의 수임제한규정을 위반한 것이다(대법원 2003. 5. 30. 2003다15556).

94) 정형근, 법조윤리강의, 292면.

어 종전 의뢰인(연대보증인)의 양해가 있더라도 주채무자로부터 위 사건을 수임할 수 없게 된다.

3) 이익이 충돌되는 (동일)사건

변호사법 제31조 제1항 제1호의 동일사건과 달리 의뢰인의 동의 등의 요건을 갖추면 수임할 수 있는 경우도 있다. 즉, 변호사는 '동일 사건에서 둘 이상의 의뢰인의 이익이 서로 충돌하는 경우(제5호),' '현재 수임하고 있는 사건과 이해가 충돌하는 사건(제6호)'의 경우 관계되는 의뢰인들이 모두 동의하고 의뢰인의 이익이 침해되지 않는다는 합리적인 사유가 있는 경우에는 그러하지 아니하다(변호사윤리장전 제22조 제1항 단서). 여기서 '동일 사건'은 변호사법 제31조 제1항 제1호의 동일한 사건을 말하는 것이 아니라, 복수의 의뢰인이 있는 단일한 사건을 말한다. 그리고 '동일 사건에서 둘 이상의 의뢰인의 이익이 서로 충돌하는 경우'는 복수의 의뢰인 상호간에 이익이 충돌하여 변호사가 어느 한편의 이익을 앞세울 수 없는 경우이다. 그리고 '현재 수임하고 있는 사건과 이해가 충돌하는 사건'은 현재 의뢰인의 사건과 충돌되는 사건이라는 포괄적인 의미로 다른 규정으로 포섭되지 않은 이익충돌에 관한 문제를 해결하고자 원론적인 수준의 원칙으로 규정한 것이다.

변호사는 변호사윤리장전 제22조 제1항 제5호, 제6호의 사유에 해당하는 사건은 원칙적으로 수임하여서는 아니 된다. 다만, 관계되는 의뢰인들이 모두 동의하고 그 이익이 침해되지 않는다는 합리적인 사유가 있는 경우에는 수임할 수 있다고 할 것이지만, 수임하려는 단계에서 그런 이익충돌의 사정을 알기 어렵다고 할 것이다. 예컨대 변호사가 공동피고인의 변호인으로 형사사건을 수임하여 변론하려고 할 때, 피고인들 상호간에 공소사실을 부인하면서 상피고인에 대한 책임전가 주장에 직면할 수 있다. 이처럼 수임 후에 비로소 그의 의뢰인들 상호간에 이익이나 이해가 충돌하고 있음을 발견할 수 있다. 그러면 수임 당시에 그런 정을 몰라서 동의를 얻지 않고 수임했다면 「변호사윤리장전」위반이라고 하기 어려울 것이다. 그런 정을 알면서도 일단 수임한 경우라면 대한변호사협회 회칙(변호사윤리장전) 위반으로 징계를 할 수 있을 것이나, 수임행위 자체의 효력에는 영향이 없다고 할 수 있다.

구 「변호사윤리장전」에서는 위 두 경우의 수임을 모두 예외규정을 두지 않고 금지하였다. 그러나 현행 「변호사윤리장전」은 '관계되는 의뢰인들이 모두 동의하고, 의뢰인의 이익이 침해되지 않는다는 합리적인 사유가 있는 경우'에는 수임할 수 있도록 하였다. 둘 이상의 의뢰인 상호간의 이해대립은 수임 후 대리행위 중에 첨예하게 발생할 여지도 있다. 「변호사윤리장전」 제27조는 '의뢰인간의 이해대립'을 규율하는 규정을 두고 있는데, 의뢰인 상호간의 이익충돌로 이해할 수 있다. 수임 이후에 변호사가 대리하는 둘 이상의 의뢰인 사이에 이해의 대립이 발생한 경우에는, 변호사는 의뢰인들에게 이를 알리고 적절한 방법을 강구한다(변호사윤리장전 27). 여기서 '수임 이후에'는 수임제한사유에 해당되지 않은 적법한 수임이 이뤄진 후를 말한다. 구 「변호사윤리장전」은 '뒤에 수임한 사건을 사임'하도록 하였지만, 현재는 '적절한 방법을 강구한다'고만 하고 있다. 어렵사리 수임한 사건에 대하여 사임하지 않고 처리할 길을 스스로 모색해 보라는 취지로 변호사의 이해(이익)를 앞세운 규정이다. 일본의 「변호사직무기본규정」 제42조는 '수임 후 이해대립'이 생긴 때에는 의뢰인들에게 그 사정을 알리고 '사임이나 기타 사안에 따른 적절한 조치를 취해야 한다.'고 규정하고 있다.

(5) 수임제한의 적용범위

1) 공동법률사무소와 법무법인·법무법인(유한)·법무조합에의 준용

단독 개업 변호사는 물론 공동법률사무소 역시 하나의 변호사로 보기 때문에 수임제한을 받게 된다. 법무법인, 법무법인(유한), 법무조합도 모두 변호사법 제31조 제1항을 적용받는다.[95] 따라서 공동법률사무소나 법무법인, 법무법인(유한), 법무조합은 1인의 변호사가 동일한 사건의 양 당사자를 대리할 수 없는 것과 같은 규제를 받게 된다.[96] 법무법인과 같은 로펌(Law Firm)이 동일한 사건의 원고와 피고로부터 수임하여 담당변호사를 달리하여 업무수행을 하거나, 심급을 달리하여 양 당사자를 대리하거나, 형사사건에서 피고인을 변호하였던 변호인이 그 피고인을 상대로 손해배상을 청구한 민사사건을 수임하는 것은 금지된다.[97]

수임제한과 관련해서는 로펌의 변호사는 단독 개업 중인 변호사와 동일한 취급을 받는다. 로펌에 있는 변호사 역시 의뢰인에 대하여 성실의무 등의 직무상 의무를 부담한다. 로펌 변호사는 의뢰인의 사건 자료에 대한 일반적 접근권을 가지며, 그 사건의 해결에 관한 논의에 참여할 수 있다. 로펌 변호사는 모든 의뢰인들에 관한 정보에 사실상 내밀하게 관여하는 것으로 추론할 수 있다.[98] 그 점

95) 법무법인은 1982. 12. 31., 법무법인(유한)·법무조합은 2005. 1. 27., 공동법률사무소는 2008. 3. 28. 변호사법 개정으로 그 제도가 창설되면서부터 모두 수임제한 규정이 준용되었다.

96) 공동법률사무소나 법무법인, 법무법인(유한), 법무조합을 통칭하여 '로펌'(Law Firm)으로 표기하기로 한다.

97) 법무법인의 구성원 변호사가 형사사건의 피해자에 해당하는 상대방 당사자를 위한 소송대리인으로 선임된 그 법무법인의 업무담당 변호사로 지정되어 그 직무를 수행한 바 있었음에도, 그 이후 공소 제기된 같은 쟁점의 형사사건에서 이번에는 피고인을 위한 국선변호인으로 직무를 수행하는 것도 금지된다(대법원 2004. 11. 26. 2004도5951).

98) American Bar Association, ABA Compendium of professional responsibility rules and standards, American Bar Association, 2007, p. 62.

에서 로펌의 의뢰인은 로펌에 소속한 모든 변호사의 의뢰인이라고 할 수 있다. 수임계약은 로펌명의로 체결할지라도 실제로 사건처리는 로펌에 소속되어 있는 변호사들이 수행하기 때문이다. 따라서 로펌의 변호사들은 특정 사건의 담당변호사인지 여부에 상관없이 그 로펌 의뢰인에 대하여 각종 의무를 부담한다고 보아야 한다.[99)]

물론 법무법인(유한)·법무조합처럼 담당변호사의 책임을 별도로 규정하는 경우에는 달리 보아야 한다.

그러나 한편으로는 수임주체를 기준으로 하여 수임제한 여부를 판단해야 한다는 논의도 가능하다. 로펌이 그의 명의로 수임한 사건과 동일한 사건은 그 로펌이 수임할 수 없는 것은 당연하다. 로펌이 해산하거나 구성원에서 탈퇴하여 단독 개업한 변호사에게까지, 특히 로펌이 수임한 '사건의 처리에 전혀 관여한 바 없음'에도 수임제한을 받도록 하는 것은 법인체인 로펌과 그 구성원의 지위에 있는 변호사를 동일하게 취급한 것으로 법인이론과도 맞지 않기 때문에 지나친 수임제약이라는 비판도 제기될 여지가 있다. 특히 수백 명이 고용된 로펌에서 수임한 사건과 동일사건이라고 하여 그 사건처리에 전혀 관여한 바 없이 그 로펌을 탈퇴하여 개업한 변호사도 제한을 받도록 하는 것은 과잉금지의 원칙에 위반하여 수임의 자유를 제한하는 것으로 볼 수도 있는 것이다. 앞으로 보다 심도 있고 조심스럽게 연구할 점이다.

우리와 달리 일본 변호사법 제30조의17 제5호는 수임제한 사건 중 변호사법인 구성원 변호사의 반수 이상이 직무를 수행할 수 없는 때 수임제한을 한다. 구성원 변호사의 반수를 기준으로 하는 이유는 사건수임 여부와 변호사법인의 의사결정의 공정성을 기하기 위해서라고 하는데,[100)] 이 결과 비교적 넓게 수임의 자유를 누

99) 정형근, "변호사의 절대적 수임제한사유에 관한 연구", 106면.
100) 高中正彦, 辯護士法概說, 197면.

리게 된다.

2) 로펌 변호사의 상대방 대리인 로펌으로의 이직문제

수임제한은 1인의 변호사를 전제로 할 때 자연스럽다. 로펌은 다수의 변호사와 법인격 또는 일정한 조직체가 분리될 수 있어 수임제한에 관한 어려운 문제가 발생한다. 변호사의 이직(전직)은 헌법상 보장된 직장선택의 자유에 해당된다.[101] 지난 1982년 최초로 법무법인에 수임제한 규정을 준용한 이후 로펌의 규모가 대형화되고 변호사들의 잦은 이직으로 인하여 이익충돌 문제가 발생하였다. 변호사법은 로펌에 수임제한 규정을 준용한다고 하면서도 이와 같은 현상을 예측하여 필요한 규정을 두지 않아 입법의 불비상태가 초래되고 있다. 변호사의 직무규범인 「변호사윤리장전」에도 이에 관한 규율은 없다. 이와 달리 미국 「변호사 직무에 관한 모범규칙」(Model Rules)은 로펌 사이의 변호사의 이동(Lawyers Moving Between Firms)과 관련한 규정을 두고 있다.[102]

법무법인은 법무법인 명의로 업무집행을 하지만, 실제로는 지정된 담당변호사가 법무법인을 대표하여 수행한다(변호사법 제50조 제1항, 제6항, 제7항). 그러므로 담당변호사는 특정 사건의 처리에서는 법무법인의 대표변호사 지위에 있다. 이론상 법인체와 그 기관을 구성하는 자연인은 구분된다. 법무법인은 담당변호사를 통하여 그의 의사를 외부에 표시한다. 이 같은 담당변호사가 상대방 대리

---

101) 성낙인, 헌법학, 법문사, 2013, 670면; 허영, 한국헌법론, 488면.

102) American Bar Association, ABA Compendium of professional responsibility rules and standards, p. 60. Rule 1.9.(3)은 변호사가 현재 또는 과거의 소속 로펌이 어떤 사안에 관하여 의뢰인을 대리한 적이 있는 경우에는 대리와 관련된 정보를 이전 의뢰인에게 불이익하게 사용하거나 누설하는 행위를 금지한다. 변호사가 어느 로펌에 소속되었으나 그 후 탈퇴한 경우 대리업무를 수임할 수 있는지에 관한 여러 논의가 있다. 이와 관련된 내용을 상세히 소개하고 있는 문언으로는, 이상수, "차단막을 이용한 이익충돌 회피", 법과 사회 제36권(2009), 215면 이하.

인 로펌으로 이직하면 동일한 사건을 한 로펌에서 수임한 것과 같다는 비판을 받게 된다. 이직한 변호사가 다시 담당변호사가 되는 것은 말할 것 없고, 그렇지 않고 그 변호사의 사건관여를 금지하기 위하여 정보공유 등을 하지 못하도록 차단막을 마련한다고 할지라도 실질적으로 수임제한을 위반한 것이라는 비판이 있을 수 있다. 비록 로펌의 담당변호사가 아닐지라도 그 사건을 내부적으로 관여하거나 지휘·감독한 지위에 있었던 다른 변호사가 이직한 경우에도 유사한 문제가 발생할 수 있다.

예컨대 원고를 대리하는 A 로펌에 소속했던 변호사가 피고를 대리하고 있는 B 로펌으로 이직하였을 때 B 로펌은 계속적으로 피고를 대리할 수 있는지 문제된다. 이 문제에 관하여는 먼저, 이직한 변호사가 A 로펌에서 담당변호사로 지정되는 등 직접 사건에 관여한 적이 없었다면 B 로펌은 피고를 대리할 수 있다는 입장이 있다. B 로펌이 여전히 대리인이 될 수 있다는 점에서 법인수임가능론으로 표현할 수 있다. 그리고 사건관여 여부에 상관없이 B 로펌은 피고를 대리하지 못하고 그 사건에서 사임하여야 한다는 견해도 상정할 수 있다. 이는 법인수임불가론이라 할 수 있다.[103] 법인수임가능론은 이직한 변호사가 사건에 관여하였는지 여부를 기준으로 수임제한 문제를 해결하려고 한다. 이 견해는 수많은 변호사로 구성된 대형로펌에서 사건에 전혀 관여하지 않은 1명의 변호사의 이동으로 수임제한을 받는다면 불합리하다는 것을 전제하고 있다. 그러나 대형 로펌이 아닌 3명의 변호사로 설립된 소규모 법무법인의 구성원 변호사가 상대방을 대리하는 단독 개업 중인 변

103) 이백규, "로펌이동시 수임제한문제", 법률신문 2014. 10. 2.자, 13면. 이직한 변호사가 A 로펌에서 담당변호사였고, B 로펌에서도 담당변호사라면 수임제한을 받게 되지만, B 로펌에서 담당변호사가 아니면 수임제한을 받지 않는다고 한다. 아울러 A 로펌에서 담당변호사가 아니었지만 B 로펌에서 담당변호사일지라도 수임제한을 받지 않는다고 한다.

호사 법률사무소 또는 소규모의 법무법인으로 이직한 경우도 있다. 이는 이직한 변호사가 담당변호사가 아니었을지라도 여전히 같은 문제가 발생한다. 이에 관하여, 이직한 변호사가 새로운 로펌에서 담당변호사가 되어 사건에 관여하지 않는다면 계속적으로 대리할 수 있다는 하급심 판결이 있다.[104] 이런 입장은 수임제한의 범위를 축소 해석하여 로펌이 가능한 계속적으로 그 사건의 대리를 할 수 있도록 하려는 의도라 할 수 있다.

생각건대 로펌 변호사의 이동으로 인한 수임제한 문제는 의뢰인의 보호 측면에서 검토해야 한다. 의뢰인은 위임 당시 자신의 사건 담당변호사가 상대방을 대리하는 로펌으로 옮겨갈 것이라고는 예상할 수 없을 것이다. 만약 의뢰인이 사전에 그런 사정을 알았더라면 아마 그 로펌에 사건을 위임하지 않았을 것이다. 의뢰인이 나중에 이직사실을 알게 되면 해당 변호사는 물론 로펌에 대하여서도 배신감이나 불신을 가질 수 있다.

아무튼 이직한 변호사는 여전히 종전 의뢰인에 대한 비밀을 누설하거나 이용해서는 아니 된다. 그 때문에 이직한 로펌에서는 종전 사건의 담당변호사가 될 수 없다고 해야 한다. 뿐만 아니라 로펌 내부에서 그 사건의 처리에 조언을 하는 등의 일체의 조력행

---

104) 공동법률사무소 형태인 H합동법률사무소 소속의 J변호사가 피고를 대리하는 S법무법인으로 옮기게 되었는데, H합동법률사무소가 원고를 대리하고, S법무법인이 피고를 대리하는 사건은 모두 13건이나 있었다. H합동법률사무소는 원고대리인이었던 J변호사가 피고 대리인인 S법무법인 소속 변호사가 된 이상, J변호사의 실제 사건 관여 여부를 불문하고 S법무법인의 소송대리행위는 배제되어야 한다면서 2013년 11월 13일 위 13사건 모두에 대해 소송대리행위제한 및 소송행위무효신청을 제출하였다. 이런 이례적인 신청은 모두 배척되었다. 즉, 13사건의 모든 재판부에서 J변호사가 당해 사건에 관여하지 않으면 S법무법인은 계속하여 피고를 대리할 수 있다고 판단하여 이를 명시적으로 기각하거나 S법무법인의 피고대리를 계속 허용(서울남부지방법원 2012가합16644 사건, 전주지법 2013가합4158 사건 등)함으로써 법인수임가능론을 채택한 것이라는 견해가 있다(이백규, 로펌이동시 수임제한문제", 13면).

위도 금지되어야 한다. 이와 같은 제한이 없으면 승소에 집착한 로펌은 상대방 로펌의 담당변호사를 의도적으로 전직시키는 행위도 서슴지 않을 수 있다.

입법론적으로는, 현재 수임사건의 진행 중에 로펌에 소속한 담당변호사가 아닌 변호사가 상대방 대리인 로펌으로 이동하려는 경우에는 먼저 의뢰인에게 그 사실을 고지해야 할 의무를 규정할 필요가 있다.[105] 이는 수임사건의 공정한 처리에 대한 의뢰인의 의심과 불안감을 잠재우고, 위임계약의 해지여부를 고려할 기회를 제공할 필요가 있기 때문이다. 그러므로 담당변호사가 상대방 대리인 로펌으로 이동하려는 경우에는 의뢰인의 '동의'를 얻도록 해야 한다. 의뢰인 입장에서 볼 때, 담당변호사가 상대방 로펌으로의 이직은 상대방의 이익을 위하려고 전직한 것으로 오해하거나 의심할 수 있다. 민법상 수임인으로서의 신의칙에 반하는 행위로 지적될 수도 있다. 그 결과 의뢰인은 심한 불신을 갖게 되며, 사건처리를 위하여 알려준 비밀의 누설과 그 이용을 우려하게 된다. 그러므로 수임사건의 진행 중에는 상대방 대리인 로펌으로 이직하는 것은 금지시켜야 할 것이지만, 부득이 이직하려는 경우에는 의뢰인의 이익보호를 위해서 동의를 얻도록 하는 것이 필요하다.

2014년 개정된「변호사윤리장전」제48조는 로펌의 특정변호사에게만 상대방 또는 상대방 대리인과 친족관계에 있는 경우(제22조 제1항 제4호) 또는 공정을 해할 우려가 있는 겸직하고 있는 정부기관의 사건수임제한(제42조)의 경우에만 예외적으로 수임제한을 받지 않는다는 규정을 신설했다. 따라서 로펌 사이의 변호사의 이직은 위와 같은 예외사유에 해당되지 않으므로 수임제한 문제는 여전히 발생한다. 이직한 변호사를 고용한 상대방 대리인 로펌은 이

105) 정형근, "변호사의 절대적 수임제한사유에 관한 연구", 108면.

직한 변호사가 종전 로펌 의뢰인의 이직동의를 받은 사실이 없다면, 그 사건의 대리를 계속 할 수 없고 사임해야 할 것으로 보인다. 이직한 변호사가 담당변호사가 되지 않은 경우라면 수임사건의 대리를 계속 허용하는 입장은 의뢰인의 보호보다 로펌이익을 우선하는 것이라 하겠다.

그리고 양 당사자를 대리하고 있는 로펌이 사건처리 중에 합병하면(변호사법 제55조), 동일한 사건의 쌍방대리에 해당될 수 있다. 그러므로 가능한 계류 중인 사건의 종결 후에 합병절차를 밟아야 할 것이다. 만약 사건종결 전에 합병절차가 종료된 경우도 생각할 수 있는데, 이는 한 로펌이 동일한 사건의 원·피고를 수임한 것에 해당되기에 결국 그 사건은 모두 사임하는 것이 원칙이라 할 것이다.

(6) 수임제한 위반의 효과(시간적 한계)

변호사는 수임제한의 요건에 해당되는 사건에 관하여는 그 직무를 수행할 수 없다. 결국 변호사 고유의 직무를 수행할 수 없기 때문에 동일사건의 '상대방이 위임하는 사건'은 수임하여서는 아니된다. 그럼에도 상대방이 위임하는 사건을 수임한 경우를 상정할 수 있다. 변호사법 제31조 제1항 본문은 '다음 각호의 어느 하나에 해당하는 사건에 관하여는 그 직무를 수행할 수 없다.'라고 규정하고 있다. 여기서 '어느 하나에 해당하는 사건'은 제1호의 '수임을 승낙한 사건의 상대방이 위임하는 사건'도 포함한다. 수임제한 사건에 관하여 변호사는 '그 직무를 수행할 수 없다.'는 것은 그 사건에서는 변호사의 자격을 박탈하는 것과 같은 효과가 있다는 것이다.

그럼에도 상대방이 위임하는 사건을 수임했다면, 그 사건은 직무를 수행할 수 없기에 사임해야 한다. 만약 사임하지 않고 변론을 하는 등의 직무수행으로 나아갔다면 (후술하는) 소송행위의 효력의 유효성 문제로 귀착한다. 따라서 상내방이 위임하는 동일사건은 사임해야 할 것이고, 앞서 당사자 한쪽으로부터 상의를 받아 수임을 승낙한 사건에 대해서만 직무를 수행할 수 있다. 이는 수임 이후에 의뢰인 상호간에 이해대립이 발생한 경우에 관한 「변호사윤리장전」 제27조와는 전혀 다른 문제임은 물론이다.

만약 변호사가 '당사자 한쪽으로부터 상의를 받아 수임을 승낙한 (선행) 사건'은 사임하고, 상대방이 위임하는 사건은 수임을 그대로 유지할 수 있는지도 문제된다. 원칙적으로 동일사건에서 먼저 당사자 한쪽으로부터 사건을 수임하였으면, 나중에 위임하는 사건은 수임할 수 없고 직무를 수행할 수도 없다는 점에서 허용될 수 없다고 할 수 있다. 선행 사건의 당사자가 그 변호사를 비난하며 직무수행에 동의하지도 않을 것으로 예상된다. 만약 당사자들이 이에 적극적으로 이의를 제기하지 않거나 추인하면 그 소송행위는 유효하다는 판례에 따라 수임이 허용되는 결과가 초래될 여지는 있다.

변호사는 영구적으로 위 수임요건에 해당되면 그와 동일한 사건은 수임할 수 없는지 문제된다. 판례와 대한변호사협회에서 동일사건이기 때문에 수임할 수 없다고 결정한 사안의 대부분은 이미 수임한 사건의 처리가 종결된 직후나 비교적 가까운 시점에서 상대방으로부터 위임받은 경우이다. 이때는 이해관계가 첨예하게 대립된 당사자 간에 여전히 뜨거운 분쟁의 소용돌이에 빠져 있는데, 변호사가 두 당사자를 동시적 또는 이시적으로 대리한다는 것은 법리적 문제뿐만 아니라 감정적으로도 허용하기 어렵다. 이런 사정은 변호사직무 수행의 공정성과 변호사의 품위 및 신뢰를 담보하는 것과 밀접한 관련을 갖는다.

그런데 사건처리의 시간적 간격이 매우 큰 경우도 상정할 수 있다. 예컨대 법무법인이 어느 부동산의 매매계약 체결사무를 수임하여 이를 처리한 바 있는데, 그 계약의 상대방이 20년이 경과한 후에 그 부동산에 대한 소유권이나 점유시효취득을 주장하며 제기한 소송을 수임할 수 있는지 문제된다.[106] 매매계약체결 사건과 이전등기청구사건은 동일한 사건이라 볼 수 있기에 수임제한을 검토해야 한다. 그러나 그 법무법인의 구성원의 변경이나 담당 변호사의 법인 탈퇴 등의 사정변경이 존재할 수 있다. 뿐만 아니라 그 법무법인에 종전 사건에 관한 어떤 자료도 전혀 남아 있지 않을 수 있다.[107] 따라서 이 경우에는 기존 의뢰인과의 이익충돌이 문제되지 않을 수 있어 의뢰인의 변호사 선택권을 존중하여 수임이 가능하다고 볼 수 있다. 이 같은 수임제한의 시간적 한계 문제는 수임제한의 입법취지를 고려하면서도 탄력적인 해석이 필요한 쟁점이라 하겠다.

2. 공무원·조정위원 또는 중재인으로서 직무상 취급하거나 취급하게 된 사건

(1) 의 의

변호사는 공무원·조정위원 또는 중재인으로서 직무상 취급하거나 취급하게 된 사건에 관하여는 그 직무를 수행할 수 없다(변호사법 제31조 제1항 제3호). 이 같은 수임제한의 목적은 변호사직무 수행의 공정성과 변호사의 품위 및 신뢰를 담보하고, 공무원의 직무염결성을 보장하며, 사건 당사자의 이익도 보호하고자 함에 있다.[108]

106) 「변호사윤리장전」 제54조는 '증인으로서의 변호사'를 신설하여 '변호사는 스스로 증인이 되어야 할 사건을 수임하지 아니한다.'고 하고 있어, 이 규정의 저촉여부를 검토해야 하는 사안일 수도 있다.

107) 변호사에 대한 직무상 보관한 서류의 반환을 청구하는 채권은 3년간 행사하지 아니하면 소멸시효가 완성된다(민법 제163조 제4호).

108) 헌재 2016. 12. 29, 2015헌마880: 심판대상조항은 공무원으로서 취급하거나 취급하게 된 사건과 분쟁의 사회적 실체 또는 쟁점이 같은 사건에 한하여만 수임을 제한하고 있다. 따라서 공무원으로서 취급하지 않은 사건은 물론 공무원으

변호사가 과거에 '공무원·조정위원 또는 중재인'의 지위에서 직무상 취급하거나 취급하게 된 사건을 수임할 수 있다면 공직의 남용과 왜곡 및 심각한 부패를 초래할 수 있어 이를 금지하고 있다. 대한변호사협회는 공적 임무를 수행하면서 얻은 정보 혹은 공무집행 중에 형성된 관계를 그 후에라도 사적 이익의 대상으로 삼는 것을 금지하여 변호사 직무의 공정성을 담보하여 사건관계자를 비롯한 일반 국민의 신뢰를 확보하기 위한 것이라고 했다.[109] 그러므로 공무원이 재직 중에 직무상 취급한 사건을 변호사 개업 후에 수임할 수 있다면, 공직을 의뢰인과 자신의 이익을 위하여 이용할 위험이 있다. 또한 공무원이 퇴직하면서 의뢰인에게 수임을 위하여 연락을 하는 등의 부당한 접촉을 할 수도 있어 품위훼손의 문제도 야기된다. 또한 직무상 취급하려고 하였던 사건을 수임하게 되면 그 사건을 맡은 후임 공무원에게 영향력을 행사할 수 있다는 신뢰를 주어 전관예우의 폐해도 발생할 수 있기 때문에 이를 규제할 필요가 있다.[110]

로서 취급한 사건과 관련이 있더라도 분쟁의 실체 또는 쟁점이 다른 사건은 얼마든지 수임할 수 있다. 또한, 전관예우의 문제가 사법에 대한 신뢰를 크게 흔들고 있는 우리 현실에 비추어 보면 재직 중 취급한 사건의 수임을 전면적으로 금지할 필요성은 매우 크고, 공무원으로서 재직 중 알게 된 정보나 사건 장악력은 시간이 경과한다고 해서 감소되는 성질의 것이 아니며, 시간이 경과하거나 공익 목적으로 수임한다고 하여도 반대 당사자의 이익 및 신뢰를 저해할 우려는 계속 존재한다. 따라서 심판대상조항이 기간의 제한 없이 또는 공익 목적으로 수임하는 경우에도 공무원으로서 취급한 사건의 수임을 절대적으로 금지하는 것이 과잉금지원칙을 위반하여 청구인의 직업수행의 자유를 침해한다고 볼 수 없다.

109) 대한변협 2004. 5. 7. 법제 제1336호.

110) 헌법재판소는 수임제한의 이유에 대하여 상세히 판시한 바 있다. 즉, 공무원이 장래 변호사가 되어 자신이 직무상 처리하였던 사건을 언젠가 수임할 수 있다면 그 직무를 처리할 때 개인적 이해에 따라 처리할 위험이 있고, 조만간 변호사로 개업할 예정인 공무원이 재직 중 당사자로부터 향후 사건을 수임할 것을 기대하고 그가 원하는 방향으로 사건을 처리할 수 있다. 그렇지 않다 하더라도

「변호사윤리장전」 역시 동일한 수임제한 규정을 두고 있다. 즉, 변호사는 과거 공무원·중재인·조정위원 등으로 직무를 수행하면서 취급 또는 취급하게 된 사건이거나, 공정증서 작성사무에 관여한 사건을 수임하지 아니한다(제22조 제1항 제1호). 따라서 법관이나 검사 또는 경찰관 등의 공직에서 재직 중 취급하거나 취급하게 된 사건은 변호사 개업 후에 수임할 수 없다. 변호사가 공무원 의제규정에 의하여 공무원 신분을 갖거나 조정위원 또는 중재인을 겸직할 수 있는데, 이 경우에도 이미 취급한 사건은 물론 장차 취급하려는 사건의 수임제한도 받게 된다. 따라서 이 제한은 과거에 공무원이었거나 현재 공무원(의제) 신분일 때도 여전히 적용받는 특징이 있다.

(2) 수임제한의 요건

1) '공무원·조정위원 또는 중재인'으로 직무상 취급한 사건일 것

1949년 제정된 변호사법 제16조 제2호는 '공무원 또는 중재인으로서 직무상 취급한 사건'의 수임을 금지하였다. 그 후 1982. 12. 31. 변호사법 개정으로 '조정위원'이 추가되었다. 여기서 '공무원'은 법원조직법에 의한 법관, 검찰청법에 의한 검사, 국가공무원법과 지방공무원법 등에 의하여 공무원의 신분이 있는 자와 공무원 의제규정에 의하여 공무원으로 인정된 자도 포함된다. 이 규정은 변호사 자격 있는 공무원의 퇴직 후 수임관계를 규율하는 것으로 볼 수도 있다. 그렇지만 공무원 퇴직 후에 비로소 변호사 자격을

공무상 취급한 사건을 퇴직한 뒤 수임하는 경우 잠재적 의뢰인의 이익을 위하여 부당하게 사건을 처리하였다는 의심을 불러일으킬 수 있어 공직에 대한 신뢰를 손상시킬 수 있다. 특히, 법관이나 검사로 재직 중 취급한 사건을 변호사가 되어 수임할 수 있다면 재판과 수사에 대한 불신을 초래하게 된다. 전관예우의 문제가 사법에 대한 신뢰를 크게 흔들고 있는 우리 현실에 비추어 보면 재직 중 취급한 사건의 수임을 전면적으로 금지할 필요성은 더욱 크다(헌재 2016. 12. 29, 2015헌마880).

취득할 수도 있고, 이때도 수임제한의 필요성은 여전하기 때문에 공무원 재직시에 변호사 자격이 있어야 하는 것은 아니라고 하겠다.[111] 학식과 덕망이 있는 사람 중에서 위촉되는 조정위원이나,[112] 사법상 분쟁해결을 목적으로 선정되는 중재인[113] 역시 마찬가지로 볼 수 있다.

공증인 역시 공무원 등과 같이 직무상 공증한 사건은 '원칙적으로' 수임제한을 받게 된다.[114] 법무법인은 그 법인이 인가공증인으로서 공증한 사건에 관하여는 변호사 업무를 수행할 수 없다(변호사법 제51조). 「변호사윤리장전」에서도 '공정증서 작성사무에 관여한 사건'을 수임하지 아니한다(제22조 제1항 제1호)고 이를 확인하고 있다.

2) 직무상 취급하거나 취급하게 된 사건

공무원 등으로 재직 시에 직무상 '취급하거나'와 '취급하게 된' 사건은 수임이 금지된다. 연혁적으로는 2000. 1. 28. 변호사법 개

---

111) 이와 달리 공직퇴임변호사는 변호사의 자격 있는 자를 전제로 하고 있다. 2011. 5. 17. 개정 변호사법에서 공직퇴임변호사의 수임제한을 신설하는 입법취지를 보면, "법관, 검사, 군법무관 그 밖의 공무원직에 재직한 변호사는" 퇴직 전 1년부터 퇴직한 때까지 근무한 국가기관이 처리하는 사건을 퇴직한 날부터 1년 동안 수임할 수 없도록 하여 변호사 자격 있는 공직자를 상정하고 있다. 여기서 "법관, 검사, 군법무관"은 변호사의 자격이 있는 자에 해당된다.

112) 민사조정법 제10조(조정위원) ① 조정위원은 고등법원장, 지방법원장 또는 지방법원지원장이 학식과 덕망이 있는 사람 중에서 미리 위촉한다. 다만, 상임 조정위원은 변호사 자격이 있는 사람으로서 대법원규칙으로 정하는 일정한 경력을 가진 사람 중에서 법원행정처장이 위촉한다.

113) 중재법 제12조(중재인의 선정) ① 당사자 간에 다른 합의가 없으면 중재인은 국적에 관계없이 선정될 수 있다. ② 중재인의 선정절차는 당사자 간의 합의로 정한다.

114) '원칙적으로' 수임제한을 받는다고 표현한 것은 변호사법 시행령 제13조(법무법인의 업무범위)에서 수임제한의 범위를 한정하고 있기 때문이다. 즉, 법 제51조 단서에 따라 법무법인이 수행할 수 있는 변호사의 업무는 다음 각 호(생략)의 어느 하나에 해당하는 사건에 대한 소송에 관한 행위를 제외한 것으로 한다.

정시에 '취급하게 된'이 추가되었다. 이는 취급했던 사건뿐만 아니라 취급하게 된 사건까지 포함시키려는 의도였다. 공무원이 어느 정도 직무에 관여하였을 때 수임제한을 받는지 명확하지 않다. 미국의 「변호사 직무에 관한 모범규칙」 Rule 1.12(a)는 변호사가 전직 판사나 재판관, 중재인이나 그들의 사무관으로서 '직접적이며 실질적으로'(personally and substantially) 관여한 사안에 한하여 수임제한을 하고 있다.[115] 따라서 사건의 본안에 영향을 미칠 수 없는 부차적인 직무수행에 불과하다면 수임제한을 받지 않는다고 한다. 예컨대 전직 판사가 법원에서 쟁점에 영향을 미치지 않는 근소하고 간접적인 관리책임을 행사하였다면, 변호사로서 수임이 금지되는 것은 아니라고 한다. 그러므로 만약 법원장으로 퇴직한 변호사가 그 법원의 특정사건 재판에 관여하지 않았다면 재판업무에 관한 일반적인 감독권을 행사하였더라도 수임제한을 받지 않게 된다. 반면, 특정 재판부의 재판장이었던 변호사는 그 부에 배당된 사건에 관하여는 비록 재판진행이 되지 않았더라도 수임제한을 받는다고 할 수 있다.

공무원이 담당하였던 직무를 처리 중 또는 처리완료 후에 퇴직하고 변호사 개업을 했을 수 있다. 예컨대 제1심에서 법관으로서 취급한 사건을 제2심에서 소송대리인으로서 행한 대리 행위를 들 수 있다.[116] 또한 법관이 당직판사로서 영장업무를 수행한 사건,

115) Rule 1.12(a) 변호사가 전직 판사나 재판관, 중재인이나 그들의 사무관으로서 직접적이며 실질적으로 관여한 사안에 대하여는 모든 소송 당사자가 토론 후 동의하지 않는 한 동일 사안에 대하여 대리할 수 없다(American Bar Association, ABA Compendium of professional responsibility rules and standards, p. 68).

116) 원심 법원에서 변호사 소외인이 피고의 소송을 대리하여 온 사실이 뚜렷하고 아울러 이 소외인은 이 사건이 제1심인 서울지방법원에 계속되고 있을 때에 재판장으로서 다섯 번이나 그 변론에 참여하고 있는 사실도 뚜렷하다(1958. 9. 12, 1958. 9. 26, 1958. 10. 10, 1958. 10. 27, 1958. 11. 21의 각 변론 기일). 그렇다면 변호사 소외인은 공무원으로서 직무상 취급한 사건에 관하여 변호사로

구속적부심 단계에서 취급한 사건 역시 이에 해당된다. 조정위원이나 중재위원 역시 조정이나 중재에 회부된 사건을 처리 종결하였거나 계류 중일 수 있다. 이 경우에는 '직무상 취급하거나'의 요건에 해당된다고 할 수 있다. 따라서 이 부분은 '직무상 취급한 사건'으로 표현하는 것이 보다 명료하다.

이와 달리 아직 구체적으로 직무수행을 행하지 않았지만, 외부적으로 그 공무원의 직무로 특정되어 일정한 시일 내에 식무에 착수할 단계에 있을 수 있다. 법관의 경우 소속되었던 재판부로 사건배당은 되었으나 기일은 지정되지 않았던 사건, 기일이 이미 지정되었으나 실제로 공판을 진행하지 않은 사건이 이에 해당된다. 이 경우를 직무상 '취급하게 된' 사건이라고 할 수 있다. '취급하게 된' 사건까지 수임제한을 하는 것은 외견상 잠재적 직무수행의 범위를 포섭하는 기능을 한다. 실제로 직무상 취급했는지, 취급할 예정이었는지 여부는 사건의 배당과 같은 외관을 기준으로 할 수밖에 없어 그 직무취급의 범위가 넓어지게 되는 특색이 있다.

3) 직무상 취급하거나 취급하게 된 사건과 수임할 수 없는 사건의 범위

변호사가 공무원 등으로 재직시 직무상 취급한 사건과 퇴직 후 변호사로서 수임하려는 사건과의 연관성이 문제된다. 직무상 취급한 사건과 수임하려는 사건과의 관계를 어떻게 해석하느냐에 따라 수임제한의 범위가 결정된다. 이 점에 관한 대한변호사협회의 입장을 보면, 처음에는 상당히 넓게 수임제한을 인정하고 있었다. 수임제한의 취지를 살리기 위해서는 제한의 범위를 넓게 해석하여야 할 것이라고 한 바 있고,[117] 수임하고자 하는 사건과 공직당시의 직무가 추상적으로라도 연관되어 있으면 수임이 금지된다

서 그 직무를 담당하고 소송을 대리한 셈이니 이것은 변호사법 16조 2호에 저촉되는 것이라 할 것이다(대법원 1962. 1. 31. 4294민상517).

117) 대한변협 2005. 12. 8. 법제 제2764호.

고도 하였다.[118] 이 같은 입장은 변호사의 수임의 자유와 의뢰인의 변호사 선임권을 지나치게 제약하는 결과를 초래할 수 있다. 반면, 기본적 사실관계가 같더라도 소송물이 다르면 수임할 수 있다는 결정도 있지만,[119] 이는 지나치게 좁게 해석한 것으로 변호사법의 수임제한의 취지를 훼손할 우려가 있다. 그리하여 현재는 변호사법 제31조 제1항 제1호와 제3호의 입법취지를 고려하여 제1호의 '사건의 범위'에 관한 해석은 제3조에도 적용하여 '그 기초가 된 분쟁의 실체가 동일한지 여부' 또는 '실질적으로 동일한 쟁점을 포함하고 있는지 여부'를 판단의 기준으로 삼고 있다.[120] 따라서 두 사건의 법률적 쟁점이 동일하여 실질적으로 동일한 사건과 마찬가지로 취급할 수 있는 경우로 국한된다고 할 수 있다.[121]

헌법재판소는 "변호사법 제31조 제1항 제1호와 제3호는 같은 수임제한 조항에 규정되어 있고, 변호사 업무의 공정성을 담보하고 변호사에 대한 신뢰를 구축한다는 입법취지가 같다는 점에서 제1

118) 대한변협 2006. 4. 4. 법제 제1167호.

119) 대한변협 2005. 5. 3. 법제 제1354호.

120) 대한변협 2008. 4. 8. 법제 제1342호.

121) 판사 재직 시 甲이 乙을 상대로 하는 위약금청구사건을 취급한 바 있는데, 변호사로 개업한 다음에 ① 위약금청구권을 피보전권리로 하여 乙이 丙에게 한 신탁계약이 사해신탁에 해당한다는 것을 청구원인으로 하는 사해행위취소소송, ② 위약금청구권을 채무명의로 하여 乙의 채무자 丁을 상대로 하는 추심금청구소송을 수임할 수 있는지에 관한 질의에 대하여 다음과 같이 회신한 바 있다. 채무불이행을 이유로 하는 위약금청구사건과 그 위약금청구권을 피보전권리로 하는 사해행위취소청구사건은 두 사건 사이에 관련성은 인정될 수 있을지언정 위와 같이 두 사건의 법률적 쟁점이 동일하여 실질적으로 동일한 사건과 마찬가지로 취급할 수 있는 경우에 해당한다고 볼 수 없습니다. 그러므로 공무원으로 재직 중 취급한 사건을 수임하는 경우라고 볼 수 없습니다. 위약금청구권을 집행권원으로 하여 乙의 채무자 丁을 상대로 하는 추심금청구소송 역시 위와 같이 단지 관련성이 있는 사건에 불과하므로 공무원으로 재직 중 처리한 사건에 해당한다고 볼 수 없습니다(대한변협 2014. 2. 7. 수임제한-판사 재직 시 취급사건 관련 여부 질의회신).

호의 ‘사건의 범위’에 관한 해석, 즉 ‘분쟁의 실체가 동일하거나 실질적으로 동일한 쟁점을 포함하고 있어야 한다’는 해석은 제3호에도 적용된다.”고 한다.[122)]

하급심 판결에서는 변호사로서의 품위유지, 사건 당사자들의 이익 보호, 공정한 재판 업무 수행 등 공익적 요소와 변호사로서의 직업선택 및 직업수행의 자유 등 사익적 요소를 고려하여야 한다고 하면서, 변호사가 판사 재직시 허가한 정리회사의 계약에 관한 사건을 수임한 사례에 관하여, 판사로서 재직시 구체적인 계약 등 법률행위의 허가, 허가의 변경 등에 관여하였을 경우 그 계약과 관련된 직무수행을 제한하는 것으로 해석함이 타당하다고 판단된다고 하였다.[123)] 대법원은 이 같은 원심판결에 불복한 상고를 기각한 바 있다.[124)]

생각건대 제3호에서 ‘공무원으로서 직무상 취급한 사건’은 제1호의 변호사가 ‘이미 수임을 승낙한 사건’처럼 변호사가 공무원 지위에서 먼저 (수임하여) 처리한 것과 유사한 구조를 갖고 있다. 그리고 앞서 ‘직무상 취급’(제3호)했거나 ‘수임했던 사건’(제1호)을 한 변호사가 맡아 처리하도록 하는 것은 원칙적으로 대리제도의 본질에 반하는 공통성이 있다. 물론 공무원이 직무상 취급한 사건을 변호사가 수임한 사건과 동일평면에 놓고 볼 수 없는지는 논란이 있을 수 있다. 아무튼 직무상 취급한 사건과 수임하려는 새로운 사건

122) 헌재 2016. 12. 29, 2015헌마880.

123) 서울행정법원 2008. 2. 5. 2007구합27455: 판사로서 회사정리 사건의 업무에 관여하였다면 그 회사의 회사정리 절차 진행 중에 있었던 모든 사건에 대하여 변호사로서의 업무를 수행할 수 없다는 것으로 무한히 확장하여 해석할 수는 없다고 한다.

124) 대법원 2010. 12. 23. 2008두20857: 원고가 재판장으로서 허가하였던 공사도급계약이 다른 재판장의 관여로 변경되었다고 하더라도 그 계약에 기하여 증가된 공사비 내지 추가공사비 등의 지급을 구하며 제기한 소송을 수임한 것은 원고가 재판장으로서 취급하였던 사건이 포함되어 있다고 봄이 상당하다고 하였다.

은 분쟁의 기초가 되는 사실관계가 동일한지 여부를 중심으로 수임허용 여부를 판단하여야 할 것으로 보인다.

(3) 수임제한의 적용 범위

1) 공직퇴임변호사와 그 예외

공무원이 직무상 취급하거나 취급하게 된 사건의 수임제한의 특수한 경우로 공직퇴임변호사의 수임제한이 있다. 법관, 검사, 장기복무 군법무관, 그 밖의 공무원 직에 있다가 퇴직하여 변호사 개업을 한 자는 재직 중에 취급하거나 취급하게 된 사건의 수임제한을 받게 된다. 변호사법 제31조 제3항은 이들을 "공직퇴임변호사"라고 한다. 공직퇴임변호사는 퇴직 전 1년부터 퇴직한 때까지 근무한 법원, 검찰청, 군사법원, 금융위원회, 공정거래위원회, 경찰관서 등 국가기관이 처리하는 사건을 퇴직한 날부터 1년 동안 수임할 수 없도록 하고 있다. 뿐만 아니라 공직퇴임변호사는 공무원으로 재직 중에 직무상 취급하거나 취급하게 된 사건에 대하여는 영구적으로 수임제한을 받게 된다.

그런데 변호사법 제31조 제3항은 '재판연구원, 사법연수생과 병역의무를 이행하기 위하여 군인·공익법무관 등으로 근무한 자'는 공직퇴임변호사가 아니라고 명시하고 있다. 그 때문에 수임제한과 수임자료제출의무는 없다. 재판연구원 출신 변호사를 전관예우를 받을 수 있는 지위에 있다는 이유로 제3호의 공무원에 해당될 뿐만 아니라 공직퇴임변호사라고 해야 한다는 주장도 있었다.[125] 재판연구원은 변호사의 자격이 있는 사람 중에서 대법원장이 임용하며(법원조직법 제53조의2 제3항), 소속 법원장의 명을 받아 사건의 심리 및 재판에 관한 조사·연구, 그 밖에 필요한 업무를 수

125) 이광수, "전관 변호사의 수임제한", 서울변협 2014. 10. 8. 변호사법상 수임제한에 관한 심포지움 발표문, 11면 이하.

행한다(법원조직법 제53조의2 제2항).[126] 재판연구원은 자기 이름으로 사건처리를 할 수 있는 권한은 없고, 오로지 하명받은 사건의 직무 보조행위에 국한된다. 비록 직무의 성격이 보조적인 것에 불과하더라도 조정위원, 중재위원 역시 본인 단독으로 조정하거나 중재하는 것은 아니기 때문에 그 직무의 비중에 따라 공무원 여부를 판단할 수는 없다. 따라서 재판연구원 출신 변호사는 현행 변호사법과 같이 공직퇴임변호사라고 할 수는 없지만, 재직시에 직무상 취급하거나 취급하게 된 사건의 수임제한을 받는 '공무원'의 범주에 포함된다.

반면, 사법연수생은 예비법조인 수습생의 지위에 있지만, 검사 시보로서의 직무수행 중 취급한 사건은 변호사 개업 후에 수임제한을 받는다고 할 수 있다. 그리고 '병역의무를 이행하기 위하여 군인으로 근무한 자'에 해당하는 단기 군법무관은 자신의 이름으로 수사와 재판을 할 수 있다. 공익법무관 역시 국가송무 업무에 관여하면서 자신의 이름으로 국가를 대리하는 등의 업무를 수행하기도 한다. 이 점에서 단기 군법무관과 공익법무관은 수임제한을 받는 공무원의 지위에 있다고 할 수 있다.[127] 아울러 법원사무관으로 재직하였던 자가 변호사 개업을 한 후에는 동일한 수임제한을 받는다고 할 것이다.

2) 공동법률사무소에 대한 특혜규정

공무원·조정위원 또는 중재인이었던 자가 단독 개업하거나 법무법인, 법무법인(유한), 법무조합에 가입한 경우에는 모두 수임제

126) 재판연구원은 총 3년의 범위에서 기간을 정하여 채용되는 임기제공무원으로 한다(법원조직법 제53조의2 제4항, 제5항).

127) 단기 군법무관과 공익법무관을 공직퇴임변호사로서의 지위를 갖는다고 보아 수임제한과 수임자료제출의무를 부과하는 것은 "누구든지 병역의무의 이행으로 인하여 불이익한 처우를 받지 아니한다"는 헌법 제39조 제2항의 위반 여부에 관한 지적도 있다.

한을 받는다(변호사법 제57조, 제58조의16, 제58조의30). 법관 또는 검사 등으로 퇴직한 변호사가 법무법인 · 법무법인(유한) · 법무조합에 구성원 또는 소속 변호사로 가입할 수 있다. 그런데 그 퇴직한 변호사가 공무원으로 재직 중에 "직무상 취급하거나 취급하게 된 사건"에 대해서는 가입한 법무법인 · 법무법인(유한) · 법무조합은 그 사건을 수임할 수 없다. 이는 법무법인 등의 입장에서는 상당히 가혹하다 여길 수 있겠지만, 공직자였던 변호사와 그를 법인에 가입시킨 법인과는 일체가 된 상태라서 직무상 취급한 사건을 수임할 수 없도록 하는 것은 불가피한 조치라 할 수 있다. 그러므로 법무법인의 구성원인 변호사가 선거관리위원회 위원으로 활동한 결과 어떤 도의원의 범죄혐의가 드러나 추가로 기소되었다면, 위 도의원에 대한 형사사건에 관하여는 위 법무법인이 수임할 수 없게 된다.[128)]

그런데 공무원 등이었던 자가 변호사법 제31조 제2항의 공동법률사무소를 설립하거나 가입한 경우에 공무원 등으로 취급하였던 사건을 공동법률사무소에 소속한 다른 변호사가 수임하는 것을 제한하는 규정은 없다. 즉, 제1항 제1호 및 제2호를 적용할 때 법무법인·법무법인(유한)·법무조합이 아니면서도 변호사 2명 이상이 사건의 수임·처리나 그 밖의 변호사 업무 수행 시 통일된 형태를 갖추고 수익을 분배하거나 비용을 분담하는 형태로 운영되는 법률사무소는 하나의 변호사로 본다(변호사법 제31조 제2항). 공동법률사무소는 '합동법률사무소' 또는 '종합법률사무소' 등 다양한 형식으

128) 법무부 2003. 3. 20.자(대한변호사협회, 변호사법 축조해설, 185면). 또한 법무법인의 구성원 변호사가 '친일반민족행위자 재산의 국가귀속에 관한 특별법'에 의하여 설립된 재산조사위원회의 위원(비상임)으로서 조사개시결정 의결에 참여한 사건과 국가귀속결정 의결에 참여한 사건에 관하여 그 소속 법무법인은 대리인으로 수임할 수 없다(대한변협 2007. 9. 17. 법제 제2324호). 또한 법무법인에 속한 다른 변호사가 제3호 사건을 대리하거나 자문하는 경우에도 법무법인은 원칙적으로 수임이 금지된다(이중기, "법무법인에 발생하는 이익충돌과 충실의무: '준수탁자'로서의 법무법인", 홍익법학 제14권 제4호(2013), 501면).

로 존재한다. 변호사법은 공동법률사무소의 요건으로 복수의 변호사가 업무수행시 통일된 형태를 갖추고 '수익 또는 비용'을 분담하여 운영하는 것을 그 요건으로 한다. 그런데 「대한변호사협회 회칙」 제39조는 '사업자등록을 2인 이상이 같이 하는 경우와 2인 이상이 개인명의 이외의 명칭을 사용하는 경우'로 정의하고 있다. 공동법률사무소는 2008. 3. 28. 변호사법 개정으로 신설된 바 있는데,[129] 공직에서 퇴직한 변호사가 직접 수임하여 담당변호사가 되는 경우가 아니라면 그 소속 공동법률사무소의 변호사들은 수임제한을 받지 않는다. 그런데 단독 개업 변호사나 법무법인 등과 달리 공동법률사무소에 한하여 수임제한을 두지 않은 이유는 명확하지 않다.

예컨대 A 변호사는 법원 형사 항소부에 재직하다 변호사 개업을 한 후 법무법인이 아닌 '종합법률사무소'의 대표변호사가 된 경우 A 변호사는 자신이 형사 항소부 판사로 근무하면서 담당하였던 사건은 수임할 수 없다.[130] 그런데 A 변호사가 위 사건을 직접 수임하지 않고 같은 공동법률사무소의 다른 변호사가 수임하는 형식을 취한다면 수임제한을 받지 않는다. 그렇지만 이런 수임행위는 실질적으로 변호사법 제31조 제1항 제3호의 적용을 회피하는 탈법행위와 다름없어 용인될 수 없다고 해야 한다. 공동법률사무소에 한하여 수임제한을 허용해야 하는 특별한 사유도 존재하지 않는데, 그 적용을 제외시킨 것은 공직자의 재직시의 수임제한의 취지를 몰각시키는 공동법률사무소에 대한 특혜라고 볼 수밖에 없다. 특

129) 이 규정의 입법취지는 '쌍방대리 금지 적용의 확대(법 제31조)'라고 하면서 다음과 같은 이유를 들고 있다. (1) 이 법에서 정하는 공동 법률사무소 외에 「민법」상의 조합형태 등으로 운영되는 공동 법률사무소에 대하여는 쌍방대리 금지규정이 법정화되어 있지 아니함. (2) 변호사 2명 이상이 사건의 수임·처리 등을 조직적으로 수행하는 공동 법률사무소에 대하여도 쌍방대리 금지 규정을 확대 적용함. (3) 모든 공동 법률사무소에 대하여 쌍방대리가 금지됨으로써 법률사무처리의 적정성과 의뢰인 보호에 이바지할 수 있을 것으로 기대됨.

130) 대한변협 2010. 4. 7. 판사 재직 시 취급사건의 수임제한 여부 질의회신.

히 변호사법 제31조 제2항 소정의 공동법률사무소 형태를 띠는 곳은 여러 소규모 형태도 있지만, 우리나라 최고 규모의 법률사무소도 이런 사무소 형태를 취하고 있다는 점에서 결과적으로 합리적 이유 없이 이런 사무소를 위한 특혜규정이 아닌가 하는 비판이 제기되고 있는 것은 당연하다. 향후 변호사법 개정시에 "제1항을 적용할 때 법무법인·법무법인(유한)·법무조합이 아니면서도 변호사 2명 이상이 사건의 수임·처리나 그 밖의 변호사 업무 수행 시 통일된 형태를 갖추고 수익을 분배하거나 비용을 분담하는 형태로 운영되는 법률사무소는 하나의 변호사로 본다(변호사법 제31조 제2항)라고 규정하여 공동법률사무소 역시 제1항 각 호(제1호, 제2호, 제3호) 모두 적용을 받도록 하는 것이 법무법인 등과의 평등의 원칙에도 부합된다 하겠다.

(4) 위반행위의 효과

먼저 수임제한 규정을 위반하여 수임한 경우에는 1년 이하의 징역 또는 1천만원 이하의 벌금에 처한다(변호사법 제113조 제4호). 그리고 제3호는 공익적인 강행규정으로서 이에 위반되는 소송행위는 원칙적으로 그 효력이 없다.[131] 제3호에 위반하여 사건을 수임

131) 대법원 1971. 5. 24. 71다556: 일건기록 및 원판결에 의하면 이 사건 재심청구의 대상이 된 서울고등법원 63나221사건은 재심원고가 재심피고를 상대로 제기한 대전지방법원 홍성지원 1956. 민합제9호 사건에 대한 확정판결이 대법원(62사23사건)에서 재심을 받아들여 이를 취소하고 당시의 원판결(서울고등법원 1960. 민공제52판결)을 파기환송함으로써 동 법원에 다시 계속케 된 사건이고 1957. 민공제18호 사건은 위 1956. 민합 제9호 사건에 대한 서울고등법원의 제1차 항소심 사건임을 알 수 있는 바 원심이 확정한 사실과 같이 변호사 소외인은 이 사건 재심대상의 63나221사건에 있어서 재심원고로 부터 수임하여 그 소송대리행위를 수행하였고 아울러 이에 앞선 1957. 민공제18호 항소심사건의 기본된 변론에 법관으로서 관여하여 판결한 사람이라면 변호사 소외인은 공무원으로서 직무상 취급한 사건에 관하여 변호사로서 그 직무를 담당하고 소송을 대리한 것이니 이것은 변호사법 제16조 2호에 저촉되는 것이라 할 것이고 이러한 경우에 그 변호사가 소송을 대리한다는 것은 적법한 소송대리권이 없는 사

한 변호사가 소송을 대리한다는 것은 적법한 소송 대리권이 없는 자가 소송을 대리하는 것과 마찬가지로 보아야 한다.[132] 소송대리인에게 적법한 대리권이 있는지 여부는 법원의 직권 조사사항이므로 제3호 위반의 소송행위는 무권대리인으로 보아 소송관여를 일단 허용하지 않아야 한다. 다만, 상대방이 그러한 대리행위에 대하여 아무런 이의를 제기하지 않는다면 소송관여를 계속하도록 할 수 있을 것이다. 제3호에 위반하여 수임을 하고 소송행위에 이르렀음에도 당사자의 이의가 없으면 여전히 유효하게 대리행위를 할 수 있다는 점에서 수임은 절대적으로 금지하고 그 위반시에 형사처벌을 하면서도 소송행위는 유효로 하는 특징이 있다. 만약 상대방이 무권대리인으로 수행한 소송행위에 대하여 이의를 제기하지 않는 등의 추인이 없으면, 그 소송행위는 무효에 해당되므로 상고심에서는 원심으로 그 사건을 돌려보내 다시 심리하도록 하게 된다. 물론 이러한 법리는 수임제한에 위반하여 행한 모든 소송행위에 공통된 것이다.

람이 소송을 대리하는 것과 마찬가지로 보아야 할 것이고, 변호사법 제16조의 규정은 공익적인 강행규정으로서 이에 위반되는 행위는 그 효력이 없다고 할 것이므로 필경 위 63나221사건 법원에서는 대리권 없는 소송대리인으로 하여금 소송을 수행시킨 결과가 된다고 할 것인데도 불구하고 원판결이 이와 반대되는 견해로서 동 사건에 있어서의 변호사 소외인의 소송행위를 유효한 것이라고 하였음은 소론과 같이 잘못이기는 하나 민사소송법 제422조 제1항 3호 소정의 소송대리권 흠결의 재심사유 있는 경우에도 당사자가 상소에 의하여 그 사유를 주장하였거나 이를 알고 주장하지 아니한 때에는 재심의 소를 제기할 수 없는 것인바 송부되어 온 63나221사건 기록에 의하면 재심원고는 위 사건 판결에 대하여 대법원(63다761사건)에 상고를 함에 있어 그 사유를 주장한 바 없음을 알 수 있는바 이는 재심원고가 그 사유를 알고도 주장하지 아니한 때에 해당한다고 보아야 할 것이므로 원판결의 위와 같은 잘못은 재심원고의 이 사건 재심의 소는 기각할 것이라는 결론을 같이 한 원판결의 결과에는 영향이 없는 것이므로(소론 재심청구 취하는 재심청구에 의하여 파기환송된 사건의 소취하를 뜻하는 것으로 보여진다) 논지는 이유 없다.

132) 대법원 1962. 1. 31. 4294민상517.

3. 계쟁권리의 양수금지

(1) 의 의

변호사는 계쟁권리를 양수하여서는 아니 된다(변호사법 제32조). 계쟁권리를 양수하는 행위는 변호사와 의뢰인 간의 이익이 충돌되는 유형으로 분류된다.[133] 변호사가 계쟁권리를 양수하는 행위는 새로운 사건의 수임과 같기 때문에 절대적 수임제한사유로 보고 있다.[134] 아무튼 변호사가 진행 중인 사건에 개입하여 이익을 취득하는 것은 변호사 직무의 공정성과 품위를 훼손하게 된다. 또한 변호사가 자신의 이익을 위하여 그 지위를 남용하는 사태를 초래할 수 있으며,[135] 의뢰인에 대한 배임행위로 평가될 수 있다.[136] 「변호사윤리장전」도 "변호사는 소송의 목적을 양수하지 아니한다."(제34조 제2항)고 규정하고 있다. 여기서 '소송의 목적'은 변호사법상의 계쟁권리와 동일한 개념이다.

계쟁권리에서 '계쟁'(係爭)이란 소송 당사자들의 법적인 다툼 또는 그 상태를 말한다. 그리고 계쟁권리란 계쟁의 대상이 되고 있는 권리로서 현재 소송이나 조정절차와 같은 분쟁처리기관에 계속

---

133) 도재형, 법조윤리입문, 124면; 박휴상, 법조윤리, 257면; 이상수, 법조윤리의 이론과 실제, 208면; 이상수, "이익충돌회피의무", 한인섭 외 7인, 법조윤리, 215면; 정형근, 법조윤리강의, 121면; 최진안, 법조윤리, 148면.

134) 그러나 변호사가 계쟁권리를 양수하면 의뢰인은 계쟁 상태에서 제외되고 변호사가 권리주체로 나설 수 있다는 점에서 엄밀한 의미로는 계쟁권리의 양수를 사건수임이라 할 수는 없다. 따라서 수임제한사유라기보다는 '이익충돌 금지사유'로 관념상 이해하는 것이 타당할 것이다.

135) 판례는, 변호사가 당사자로부터 계쟁권리를 양수하므로 인하여 당사자와 변호사 사이의 신임관계에 균열을 초래하며 또는 당사자와 이해상반하는 결과를 가져오는 등 변호사의 일반적 품위를 손상시킬 염려가 있다(대법원 1985. 4. 9. 83다카1775)고 한다.

136) 미국의 「변호사 직무에 관한 모범규칙」 Rule1.8(i)에서도 변호사가 자신이 수행하고 있는 소송의 소송원인 또는 계쟁물과 관련하여 재산상 이익을 취득할 수 없는 규정을 두고 있다.

중인 사건을 말한다.[137] 일본에서는 양수의 요건을 계쟁 중으로 한정한다는 의미로 제한설로 표현한다.[138] 계쟁권리는 강학상 소송물과 동일한 개념으로 본다. 이와 달리 현재 분쟁 중에 있지는 않을지라도 머지않은 장래에 다툼의 대상이 될 수 있는 분쟁 중의 권리 일체를 포함시킬 수도 있다는 견해도 있다(비제한설).[139] 그러나 일본 판례의 대부분은 제한설에 기초하여 변호사가 재판진행 중에 있지 않은 채권양도를 받거나, 장래에 계쟁이 예상되는 토지를 매수한 행위는 이에 해당되지 않는다고 한다.[140] 우리 학설과 판례도 주로 제한설과 같은 입장이다.[141] 법무부 역시 '양수받은 채권은 소송 진행 중인 채권이므로 계쟁권리에 해당함은 명백하다'라고 밝히고 있으며,[142] 대한변호사협회도 '공사대금청구소송 중 의뢰인으로부터 소송목적 계쟁권리인 공사대금채권 중 일부를 양수하여 변호사법을 위반'하였다고 한다.[143]

생각건대 현재 계쟁 중에 있지 않은 권리의 양수까지 포함시키게 되면, 변호사가 의뢰인이 아닌 사인과의 민사거래에서 채권양도를 받는 행위까지도 규제하는 문제점이 있다. 계쟁권리를 양수하면 형사처벌을 받게 되므로(변호사법 제112조 제5호), 죄형법정주의에 따라 처벌의 범위를 한정시킬 필요가 있기 때문에 계쟁 중의 권리로 한정함이 타당하다. 그리고 계쟁권리가 아닌 계쟁목적물을 양수한 행위는 금지되지 않는다.[144] 변호사가 소송 중 부당한 이익

137) 정형근, "변호사의 절대적 수임제한사유에 관한 연구", 115면 이하.

138) 日本辯護士聯合會, 條解 辯護士法, 弘文堂, 2007, 227면.

139) 森際康友, 法曹の倫理, 63면.

140) 日本辯護士聯合會, 條解 辯護士法, 227-228면.

141) 여기서 "계쟁권리"라 함은 바로 계쟁중에 있는 그 권리이며 계쟁목적물이었던 부동산 자체를 계쟁권리라 할 수 없다(대법원 1985. 4. 9. 83다카1775).

142) 법무부 2003. 7. 3. 질의회신(대한변호사협회, 변호사법 축조해설, 210면).

143) 대한변협 2008. 6. 2. 결정, 징계 제2007-33호.

144) 그러므로 '주식인도청구권'이 아닌 '주식'을 양수한 행위는 변호사법 제32조에

의 취득을 방지하기 위해서 계쟁목적물의 양수도 금지할 필요는 있다.[145] 의뢰인 입장에서 계쟁권리나 계쟁목적물이나 다 같은 재산적 가치를 지닌 것이지만, 계쟁목적물을 변호사 보수로 제공하는 등으로 자신의 권리실현의 수단으로 활용할 여지도 있는 등 사적 자치를 존중할 필요도 크다.[146] 따라서 변호사법과 같이 계쟁권리의 양수금지로 국한함이 타당하다 하겠다.

(2) 계쟁권리 양수의 요건

변호사가 계쟁권리를 양수하여야 한다. 계쟁권리를 양수할 때 그 대가를 지급하였는지는 묻지 않는다. 따라서 무상양수도 무방하고 양수계약의 형식 역시 매매, 교환, 증여, 신탁양도 등의 형식을 취할 수 있다. 다만, 변호사가 대리인으로 직무수행 중 그 사건의 계쟁권리를 상속받는 것과 같은 특별한 사정이 있는 때는 허용된다고 보아야 한다.

그리고 변호사가 자기의 계산으로 계쟁권리를 양수해야 한다. 변호사가 타인의 대리인으로서 타인의 계산으로 계쟁권리를 양수한 행위는 금지되지 않는다.[147] 변호사의 적법한 대리행위에 해당되기 때문이다. 변호사가 자기의 계산으로 양수한다면 양수인의 형식적 명의는 누구든 상관없다. 예컨대 변호사가 수임료 명목으

서 금지하고 있는 계쟁권리의 양수로 볼 수 없다(법무부 2007. 8. 27. 결정).

145) 일본 변호사법 제28조는 '계쟁권리의 양수를 금지'하면서도, 「변호사직무기본규정」 제17조는 '계쟁목적물을 양수해서는 안 된다.'라고 규정하고 있다. 우리 「변호사윤리장전」은 '소송의 목적물'이 아닌 '소송의 목적'을 양수하지 아니한다(제34조 제2항)고 규정하고 있어 일본과 차이가 있다.

146) 미국 콜로라도주 법원은 Mason사건(People v. Mason, 938 p.2d 133(Cold., 1997))에서 변호사가 과거 보수에 대한 대가로 의뢰인의 별장을 취득한 것에 대하여, 위 별장이 분쟁상태였고, 계쟁물이 될 개연성이 매우 높은 상태였다면 이는 변호사가 취득할 수 없는 재산상 이익으로 본 바 있다(손창완, "변호사와 의뢰인간의 이익충돌과 변호사의 의무", 전남대학교 법학논총 제33집 제1호(2013), 447면).

147) 日本辯護士聯合會, 條解 辯護士法, 229면.

로 소송 진행 중이던 채권을 사무장 명의로 양수하였다면, 이는 변호사의 계산으로 양수한 것이므로 실질적 양수인은 사무장이 아니라 변호사라고 할 수 있다.[148]

마지막으로, 변호사가 수임한 사건의 대리행위 중에 계쟁권리를 양수해야 한다. 변호사법의 '계쟁권리'와 「변호사윤리장전」의 '소송의 목적'은 분쟁해결을 위한 법적 절차가 진행 중임을 말해준다. 변호사가 수임했던 당해 사건의 처리를 위한 절차가 진행 중이라는 것이다. 의뢰인의 이익을 위하여 성실한 직무수행을 해야 할 변호사가 그 기회를 이용하여 자신의 이익을 취하려고 하는 행위는 허용되지 않는다. 그러나 계쟁 중인 권리였더라도 이미 판결이 확정되었거나 사건의 종결 후에는 수임료 등으로 양수하는 것은 금지되지 않는다.[149] 그런데 변호사가 수임하지 않았던 다른 사건의 계쟁권리를 양수하는 행위도 불허되는지 문제된다. 민법상 채권양도의 법리상 이를 금지하고 있는 것은 아니기 때문에 허용된다고 할 것이다. 다만, 그런 행위가 변호사로서의 품위를 손상하는 행위에 해당될 수는 있다.

(3) 위반행위의 효과

변호사가 계쟁권리를 양수한 경우 의뢰인과 체결한 양수계약의 효력은 유효한지 문제된다. 이에 관한 언급은 많지 않지만, 이 규정은 단속규정으로서[150] 그 양수행위의 사법적 효력에는 아무 영향이 없다는 것이 판례이다.[151] 학설 역시 같다.[152] 반면, 일본에

148) 법무부 2003. 7. 3. 질의회신(대한변호사협회, 변호사법 축조해설, 210면).

149) 이상수, "이익충돌회피의무", 한인섭 외 7인, 법조윤리, 216면.

150) 견해의 대립은 있지만, 국가가 단속할 목적으로 일정한 행위를 금지하거나 제한하고 그에 위반시에는 벌칙의 적용은 있지만 행위 자체의 사법상 효과는 인정하는 것을 단속규정이라 하며, 사법상 효과까지 부정하는 효력규정과 구별된다.

151) 대법원 1985. 4. 9. 83다카1775.

152) 도재형, 법조윤리입문, 124면; 최진안, 법조윤리, 150면.

서는 양수행위를 무효로 보는 것이 일치된 학설과 판례이다.[153] 그 논거로서는 이 금지규정은 강행법규라는 이유로 무효에 해당된다거나, 설령 임의법규라고 하더라도 양수행위는 공서양속에 반하는 행위이기 때문에 무효라고 한다. 생각건대 계쟁권리의 양수금지는 변호사가 직무수행 중에 이익을 취하는 것 등을 금지하려는 취지를 고려하면 사법상 효력까지 부정하여 양수행위를 원천적으로 금지시킬 필요가 있다. 그 위반시에는 형사처벌을 하는 점 등을 고려하면 효력규정으로 파악할 수도 있다. 그렇지만 계쟁권리를 변호사에게 양도한 의뢰인의 이익도 고려한다면 단속규정으로 보는 것이 타당하다. 따라서 이 규정에 위반한 양도양수계약의 사법상 효력은 유효하다고 할 것이다. 다만, 법률전문가인 변호사가 의뢰인의 궁박, 경솔, 무경험을 이용하여 양수계약을 체결할 수 있는데, 이는 민법 제104조의 불공정한 법률행위에 해당될 수 있다.

계쟁권리의 양수가 이뤄지면 그 사건의 실질적 당사자는 양수인인 변호사가 된다. 이 때 변호사는 여전히 양도인의 대리인의 지위에서 승소판결을 받기 위하여 대리행위를 할 수 있다. 이 경우는 소송행위의 효력 여부를 논할 필요가 없을 것이다. 반면, 계쟁권리를 양수한 변호사가 그 사건의 당사자로 참가하는 경우를 상정할 수 있다. 이 때 변호사는 민사소송법 제83조의 공동소송참가를 할 수 있을 것으로 보인다. 공동소송참가는 소송계속 중에 당사자 간의 판결의 효력을 받을 제3자가 원고 또는 피고의 공동소송인으로서 참가하는 것을 말한다.[154] 이와 같은 변호사의 소송행위의 효력이 유효한지 여부 역시 문제된다. 이 점을 언급하고 있는 우리의 학설은 찾기 어렵다. 일본에서는 소송행위의 효력에 관해서는 유

153) 高中正彦, 辯護士法概說, 144면; 森際康友, 法曹の倫理, 64면; 日本辯護士聯合會, 條解 辯護士法, 229면.

154) 송상현·박익환, 민사소송법, 669면.

효하다는 견해가 일반적이다.[155] 그 이유로서는 변호사의 양수행위를 무효로 보면서도 형사처벌을 하는 것은 별론으로 하더라도 수임금지 규정에서 '직무를 수행할 수 없다'고 한 것과 달리, 단순히 '계쟁권리를 양수하여서는 아니 된다'라고 간접적으로 규정하고 있기 때문이라고 한다. 아울러 권리를 양도한 자의 의사에도 부합하기에 유효로 볼 필요가 있다. 변호사에게 계쟁권리를 양도한 의뢰인 역시 그의 재산권 행사의 일환으로 양도행위를 선택하였을 것으로 생각한다면, 그 소송행위는 유효로 보는 것이 타당할 것이다.

Ⅳ. 이익충돌회피를 위한 변호사의 상대적 수임제한사유

1. 수임하고 있는 사건의 상대방이 위임하는 다른 사건

(1) 의 의

변호사는 수임하고 있는 사건의 상대방이 위임하는 다른 사건에 관하여 그 직무를 수행할 수 없다(변호사법 제31조 제1항 제2호). 여기에서 '수임하고 있는 사건'은 현재 수임하여 처리 중에 있는 사건을 말한다. 이미 종료한 사건은 포함되지 않는다. 수임사건이 소송사건이라면 당해 심급의 판결을 송달받을 때에 그 사건이 종료된다. 즉, 소송대리권의 범위는 특별한 사정이 없는 한 당해 심급에 한정되어, 소송대리인의 소송대리권의 범위는 수임한 소송사무가 종료하는 시기인 당해 심급의 판결을 송달받은 때까지라고 할 것이다.[156][157] 따라서 판결이 선고되어 판결송달시까지는 여전

155) 最判昭 35. 3. 22. 민집 14권 4호 525면; 日本辯護士聯合會, 條解 辯護士法, 230면.

156) 대법원 2000. 1. 31. 99마6205.

157) 항소심 사건의 소송대리인인 변호사 또는 법무법인, 법무법인(유한), 법무조합(이하 '변호사 등'이라 한다)의 위임사무는 특별한 약정이 없는 한 항소심판결이 송달된 때에 종료되므로, 변호사 등은 항소심판결이 송달되어 위임사무가

이 '수임하고 있는 사건'이라고 할 수 있다. 그리고 '다른 사건'이란 현재 수임하고 있는 사건과 동일성이 없는 별개의 사건을 말한다. 예컨대 현재 수임하고 있는 사건은 '소유권이전등기청구'의 사건인데, 상대방이 의뢰하는 사건은 '폭행'과 같은 형사사건인 경우이다. 그러므로 이미 사건처리가 종료된 사건도 포함하는 변호사법 제31조 제1항 제1호의 '수임을 승낙한 사건'과 차이가 있다.

변호사는 종전 사건과 동일성이 있는 사건은 물론 동일성이 없는 다른 사건도 원칙적으로 쌍방대리를 할 수 없다. 의뢰인은 변호사에게 사건을 위임한 경우에 그 변호사가 자신의 이익을 위하여 최선을 다할 것을 기대한다. 그런데 그 변호사가 상대방으로부터 다른 사건을 수임하여 그 상대방과도 신뢰관계를 형성하면, 종전의 의뢰인은 변호사에 대한 배신감을 가질 수 있다. 또한 자신의 이익을 위하여 충실하게 대리행위를 할 것인지에 대한 의심도 품게 된다. 그러므로 변호사는 상대방이 위임하는 다른 사건의 수임을 임의로 결정할 수 없고, 이익의 주체인 의뢰인의 동의를 얻도록 하고 있다. 변호사의 수임의 자유보다 의뢰인의 이익을 배려한 것이다. 그러므로 수임하고 있는 사건의 의뢰인이 동의가 있는 경우에는 수임제한이 해제된다. 변호사법은 현재 수임하고 있는 사건의 의뢰인이 이를 동의한 경우에는 수임할 수 있다고 한다(변호사법 제31조 제1항 단서).

의뢰인이 쌍방대리로 인한 자신의 불이익을 감수하거나 자신에 대한 변호사의 성실의무의 정도를 경감해도 된다는 취지의 의사표시를 존중하는 것이다.[158] 변호사의 수임제한은 의뢰인의 이익보호가 중요한 가치를 가진다. 그러므로 이익의 주체인 의뢰인

종료되면 원칙적으로 그에 따른 보수를 청구할 수 있다(대법원 2016. 7. 7. 2014다1447).

158) 최진안, 법조윤리, 128면.

은 전후 사정을 고려하여 그의 변호사로 하여금 상대방이 의뢰하는 사건수임에 동의할 수 있다. 의뢰인이 동의권을 행사하는 것 자체가 어쩌면 그의 이익을 도모하는 수단일 수 있다. 아무튼 이로써 변호사의 공정한 직무수행의 확보와 변호사의 신용·품위유지의 요청은 다소 후퇴하게 된다는 우려도 있다.[159] 그러나 한편으로 이 경우에도 변호사는 의뢰인의 이익보호를 위하여 상대방과 쉽게 접촉할 수 있고, 보다 긴밀하게 형성된 신뢰관계로 상호간의 이익을 도모할 수 있다는 측면에서 충실의무의 이행과 변호사의 공정한 직무수행 등에 흠이 가는 것은 아니라 하겠다. 다만, 의뢰인은 수임에 동의한 순간부터 변호사가 자신의 기대를 저버리지 않기를 기대하는 상황에 처할 수밖에 없다.

(2) 동의의 주체와 방법·철회

1) 동의를 얻어야 할 의뢰인의 범위

변호사는 수임하고 있는 사건의 위임인이 동의한 경우에는 상대방이 위임하는 다른 사건을 수임할 수 있다. 이 때 변호사가 동의를 얻어야 하는 대상에 대하여 현재 진행 중인 사건의 의뢰인의 동의만 필요한 것인지, 새로운 사건을 위임하려는 상대방의 동의도 얻어야 하는지 문제된다. 먼저 수임하고 있는 사건의 위임인만 동의하면 수임이 허용된다는 견해가 있다(일방동의설). 변호사법은 '수임하고 있는 사건의 위임인'의 동의라고 규정하고 있으며(변호사법 제31조 제1항 단서), 「변호사윤리장전」은 '의뢰인이 양해'라고 규정하여(제22조 제1항 단서, 제3호)[160] 이 견해에 입각하고 있다. 그리

159) 加藤新太郎, 辯護士倫理, 67면.

160) 변호사법은 '동의'라고 하고, 「변호사윤리장전」은 '양해'라고 표현하고 있다. 모두 다른 사건을 수임하는 것을 승낙한다는 의미를 가진다. 다만, '동의'는 보다 명확하고 확실한 승낙의 의사표시로 보이고, '양해'는 수임하겠다는 변호사의 제안에 반대의사표시를 하지 않고 소극적으로 수인하는 태도를 표현한 것으로

고 먼저 수임하고 있는 사건의 위임인뿐만 아니라 상대방의 동의도 필요하다는 견해도 있다(쌍방동의설). 쌍방동의설의 논거는 상대방이 먼저 사건의 대리인 변호사가 현재의 변호사라는 사실을 모를 수 있기 때문에 양자의 동의를 얻어야 한다는 것이다.[161]

생각건대 변호사법의 규정에 따라 원칙적으로 먼저 수임하고 있는 사건의 위임인의 동의로 충분하다고 할 것이다. 동의를 받는다는 것 자체가 쉽지 않고, 법률이 정하지 아니하는 새로운 수임제한을 부과하는 것은 변호사의 직업행사의 자유를 침해할 수 있다. 다만, 새로운 사건을 위임하려는 상대방이 변호사와 기존 의뢰인과의 관계를 알 수 없거나, 그 대리관계가 소멸되었다고 오인하는 등의 특별한 사정이 있는 경우에는 신의칙에 따라 그 상대방에게 그런 사정을 고지하여 그럼에도 사건을 위임할 것인지 여부를 결정하도록 함이 타당할 것으로 보인다. 예컨대 수임하고 있는 사건에 대하여 아직 소장을 제출하지 않는 등의 상태에 있는데, 그런 사실을 알지 못하는 당해 사건의 상대방이 다른 사건을 위임하려는 경우도 있을 수 있다. 이때는 이미 수임한 사건의 내용을 알리고 다른 사건의 위임 여부를 결정하도록 해야 할 것이다. 그리고 법무법인(유한) 형태의 대형로펌에서 선행 사건의 담당 변호사가 교체되어 새로운 변호사가 그 대리인이 되어 소송 진행 중일 때, 그 사건의 상대방이 종전의 담당 변호사에게 다른 사건을 의뢰할 경우와 같은 사례에서도 동일한 문제가 발생한다. 이처럼 상대방이 위임하는 다른 사건을 수임하기 위해서 변호사법상으로는 종전 의뢰인의 동의를 얻는 것으로 충분하지만, 위와 같은 사정이 있을 때는 사실상 다른 사건을 위임하려는 자의 동의도 얻어야 하는 결론이 된다.

볼 수도 있다.

161) 최진안, 법조윤리, 129면.

2) 동의의 방법

변호사가 이미 수임하고 있는 사건의 위임인의 동의를 얻기 전에 새로운 다른 사건의 수임을 의뢰하는 상대방의 의도와 목적을 파악해야 한다. 상대방은 그 변호사의 전문지식과 소송수행 능력을 높이 평가하여 다른 사건의 수임을 의뢰할 수 있다. 이와 달리 현재 진행 중인 의뢰인과의 사건해결을 자신에게 유리하게 할 목적으로 별개의 사건을 변호사에게 위임할 수도 있을 수 있음을 유념해야 한다.[162] 변호사는 동의여부를 결정하려는 의뢰인에게 상대방의 숨겨진 불순한 의도나 향후 전개될 법적 공방에 대해서도 충분하게 설명할 필요가 있다. 「변호사윤리장전」 제20조 제3항은 수임시의 설명의무의 하나로 "변호사는 상대방 또는 상대방 대리인과 친족관계 등 특수한 관계가 있을 때에는 이를 미리 의뢰인에게 알린다."고 규정하고 있다. 여기서 '친족관계'는 특수한 관계의 하나의 예시적 사항이고, 상대방이 현재의 사건의 대립적인 상대방 지위에 있음도 이에 포함된다고 할 것이므로 사전에 의뢰인에게 알려야 한다.

변호사는 이제껏 적대적인 상대방으로부터 새로운 사건을 수임하게 됨에 따라 예상되는 기존 사건의 진행경과와 예상되는 불이익이나 위험 등에 대한 충분한 설명이 있어야 할 것이다.[163] 변호사의 이 같은 설명의무의 이행을 통하여 결국 의뢰인의 이익을 사전에 충분히 배려할 의무의 이행도 있었던 것으로 평가받게 된다.[164] 이런 과정을 거친 후에 나온 위임인의 동의는 변호사의 충분한 '설명이 행해진 동의'(informed consent)라고 할 수 있다.[165] 일

162) 高中正彦, 法曹倫理講義, 91면.

163) 조무제, "변호사 윤리로서의 설명의무", 인권과 정의(2010. 9), 66면 이하.

164) 박규룡, "책임의 전제로서 변호사의 의무", 민사소송(2004. 2), 227면.

165) American Bar Association, "*ABA Compendium of professional responsibility rules*

본의 「변호사직무기본규정」 제32조는 변호사에게 사건 수임시에 동일 사건에 다수의 의뢰인이 있어 상호간에 이해대립이 발생할 가능성이 있을 때는 장차 사임가능성 및 기타 불이익을 설명해야 할 의무를 지우고 있다. 변호사에게 부과된 설명의무(고지의무)를 통하여 의뢰인은 자기결정의 기회를 확보하게 된다.[166] 그리고 의뢰인의 동의는 구술로도 가능하겠지만, '서면으로 확인된'(confirmed in writing) 동의여야 할 것이다.[167] 그래야만 나중에 동의 여부를 둘러싸고 발생할 수 있는 분쟁을 예방할 수 있다.

3) 동의의 철회 문제

의뢰인의 동의가 있었더라도 의뢰인이 동의 당시에 예측할 수 없는 불리한 사정이 발생하거나, 그렇게 될 가능성이 있는 경우에는 변호사는 그 사실을 의뢰인에게 보고하여야 한다. 이 때 의뢰인은 상대방의 사건수임에 대한 동의를 철회할 수 있는지 문제된다. 이론상 상대방의 보호와 법적 안정성을 고려하여 부정하는 것이 타당하다. 다른 사건의 수임에 대한 위임인의 동의는 자신의 이익이 침해되지 않을 것을 전제로 하는 것이고, 변호사가 자신에 대한 충실의무를 변함없이 다할 것을 신뢰하였기에 동의하였을 것으로 추단할 수 있는데, 이런 전제가 유지되기 어려운 사정이 발생하면 이미 한 동의를 철회하겠다고 할 수 있음은 충분히 예견할 수 있다. 그렇기 때문에 변호사는 동의받은 상대방의 수임사건 진행 중에 야기된 의뢰인과의 신뢰관계가 파탄되는 등의 사정이 생기면, 두 사건 중 어느 한 사건은 사임해야 할 상황에 직면하게 될 것이다. 이 때 변호사는 기존 의뢰인과의 신뢰회복과 그 이익을 보호하

---

and standards", p. 47.

166) 加藤新太郎, 辯護士倫理, 72면.

167) American Bar Association, "*ABA Compendium of professional responsibility rules and standards*", p. 25.

기 위해서는 원칙적으로 나중에 수임한 상대방의 사건을 사임하는 것이 타당할 것이다. 이는 결국 사실상 의뢰인이 기존의 동의를 철회한 것과 같은 결과가 된다. 그만큼 이해관계가 첨예하게 대립된 양 당사자의 사건을 원만히 처리하는 것은 뜨거운 음료가 가득 담긴 컵을 들고 뛰는 것과 같다. 「변호사윤리장전」 제27조는 '의뢰인 간의 이해 대립'이 있을 때 변호사는 의뢰인들에게 이를 알리고 적절한 방법을 강구하도록 한다. 이는 동일한 형사사건의 공동피고인들의 변호인과 같은 경우를 상정할 수 있지만, 수임제한과 관련된 두 의뢰인 사이에 동의한 의뢰인이 동의를 철회해야 할 정도의 이해대립이 발생한 경우에도 적용되는 규정으로 볼 수 있다.

(3) 현재의 의뢰인을 상대로 한 다른 사건의 수임

1) 상대방이 위임하는 현재의 의뢰인을 상대로 하는 다른 사건의 수임

변호사법과 「변호사윤리장전」은 현재 의뢰인으로부터 수임한 사건의 상대방이 의뢰하는 다른 사건의 수임만을 제한하고 있다. 상대방이 위임하는 사건이 '다른 사건'이라면, 그 상대방이 제3자 또는 현재의 의뢰인일 수 있다. 제3자를 상대로 하는 사건은 제2호의 규율대상이므로 동의를 받으면 수임할 수 있다. 변호사법 역시 이런 경우를 염두에 두었을 것으로 보인다. 그런데 상대방이 의뢰하는 다른 사건이 현재의 의뢰인을 상대방(피고)으로 할 수 있다. 이때도 변호사는 '다른 사건'이므로 현재의 의뢰인의 동의를 얻어 수임할 수 있는지 문제된다. 제2호는 사건의 동일성 여부만 규율하고 있고, 그 상대방에 대해서는 언급이 없다. 원칙적으로 이때도 현재의 의뢰인의 동의가 있었다면 그 의뢰인을 피고로 하는 사건을 수임할 수 있다.[168] 그러나 현실적으로 의뢰인이 자신을 상대로 하는 사건수임을 동의해 주기는 어려울 것으로 보인다.

---

168) 정형근, 법조윤리강의, 299면 이하.

아무튼 상대방이 굳이 현재의 의뢰인을 대리하는 변호사에게 새로운 사건을 위임하는지에 관한 의도를 가볍게 볼 것은 아니다. 변호사 입장에서는 현재 사건과 다른 사건이기 때문에 가치중립적인 입장에서 상대방의 대리인으로 직무를 수행할 수 있다. 그러나 그런 변호사를 바라보는 의뢰인은 종전과 같은 우호적인 신뢰관계를 유지하기는 어려울 것이다. 그가 믿어 왔던 변호사가 자신을 법률상 공격할 수 있다는 점을 확인받는 것은 바람직하지 않다. 법률상의 주장·입증이라 할지라도 필연적으로 정서적으로 감정을 상하게 하여 종전과 같은 신뢰관계 유지가 어려울 수 있음은 충분히 예상된다. 그러므로 양 당사자의 공통적인 이익이 있는 등과 같은 특수한 사정이 없는 한 그런 사건의 수임은 자제할 필요가 있다.

2) 제3자가 위임하는 현재의 의뢰인을 상대로 하는 다른 사건의 수임

변호사가 제3자로부터 현재의 의뢰인을 상대로 하는 사건을 위임받을 수 있다. 변호사법에 제3자가 현재의 의뢰인을 상대로 하는 사건의 수임 여부에 관한 규정은 없다. 따라서 변호사가 제3자로부터 사건을 수임하는데 법률상 장애는 없다. 그래서 대한변호사협회는 현재 의뢰인의 동의 없이 수임할 수 있다는 의견을 낸 적도 있다(대한변협 2008. 1. 14. 법제 제50호). 변호사가 제3자의 사건을 수임하여 현재의 의뢰인을 상대로 제소하는 등의 대리행위를 하는 것은 그간의 신뢰관계를 해치는 것에 해당된다. 그 결과 이미 수임하여 진행 중인 사건의 진행에도 악영향을 미칠 수 있다. 그러므로 변호사는 변호사법에는 규정이 없지만, 현재 의뢰인의 동의를 얻어 제3자가 위임하는 사건을 수임하는 것이 타당할 것이다. 아울러 제3자에게도 현재 의뢰인과의 관계를 충분히 설명해 주어야 할 것이다. 이런 과정이 없이 사건을 수임하면 현재 의뢰인 또는 제3자 입장에서는 변호사가 오로지 이익만을 추구하는 것이 되어 변호사

직무의 공공성과 신뢰를 크게 훼손하게 될 수 있다. 그리고 변호사가 제3자로부터 '과거의 의뢰인'을 상대로 하는 다른 사건을 수임하는 경우도 있는데, 이 역시 의뢰인과의 신뢰관계를 고려하여 동의절차를 밟는 것이 필요하다고 본다.

2. 「변호사윤리장전」상의 수임제한사유

(1) 친족관계가 있는 사건

변호사는 '상대방 또는 상대방 대리인과 친족관계에 있는 경우'에 해당하는 사건을 수임하지 아니한다. 다만, 의뢰인이 양해한 경우에는 그러하지 아니하다(변호사윤리장전 제22조 제1항 제4호). 변호사는 상대방 또는 상대방 대리인과 친족관계에 있을 수 있다. 구「변호사윤리장전」은 '변호사는 자신과 친족관계가 있는 다른 변호사'가 수임한 사건에 대하여 수임제한을 하였다. 그러나 개정「변호사윤리장전」에서는 '상대방 대리인'뿐만 아니라 '상대방과 친족관계'가 있는 경우까지 그 범위를 확대하여 수임제한을 강화하고 있다. 다만, 의뢰인의 동의가 있는 경우에는 수임제한을 받지 아니한다.

의뢰인은 그의 변호사가 '상대방 또는 상대방 대리인과 친족관계에 있는 경우'인지를 알 수가 없다. 그 때문에 개정「변호사윤리장전」은 그 사실을 수임계약 체결 전에 알리도록 하는 내용의 설명의무를 부과하고 있다. 즉, 변호사는 상대방 또는 상대방 대리인과 친족관계 등 특수한 관계가 있을 때에는, 이를 미리 의뢰인에게 알린다(변호사윤리장전 제20조 제3항). 그러므로 변호사는 먼저 친족관계 등 특수한 관계를 의뢰인에게 알리고, 그럼에도 의뢰인이 이를 양해한 경우에 수임할 수 있다.

(2) 이익이 충돌되는 (동일)사건

변호사는 '동일 사건에서 둘 이상의 의뢰인의 이익이 서로 충돌하는 경우'(제5호), '현재 수임하고 있는 사건과 이해가 충돌하는 사건'(제6호)의 경우 관계되는 의뢰인들이 모두 동의하고 의뢰인의 이익이 침해되지 않는다는 합리적인 사유가 있는 경우에는 그러하지 아니하다(변호사윤리장전 제22조 제1항 단서). 여기서 '동일 사건에서 둘 이상의 의뢰인의 이익이 서로 충돌하는 경우'는 공동피고인의 변호인으로 변론을 하려고 할 때 피고인들 상호간의 이해대립(주범, 종범 관계 주장 등과 같은 공소사실의 부인)과 같이, 동일한 이익이나 책임을 져야 하는 당사자들 상호간에 이익이 충돌하는 경우를 상정할 수 있다. 그리고 '현재 수임하고 있는 사건과 이해가 충돌하는 사건'은 현재 의뢰인의 사건과 충돌되는 사건이라는 포괄적인 의미로 다른 규정에 의하여 포섭되지 않은 이익충돌 상황을 피하라는 원론적인 수준의 원칙으로 이해할 수 있다.

구 「변호사윤리장전」에서는 위 두 경우의 수임을 모두 예외없이 금지하였다. 그러나 개정 「변호사윤리장전」은 '관계되는 의뢰인들이 모두 동의하고, 의뢰인의 이익이 침해되지 않는다는 합리적인 사유가 있는 경우'에는 수임할 수 있도록 하였다. 의뢰인의 이익이 충돌하면서도 그 이익이 침해되지 않는다는 합리적인 사유가 무엇인지 문제된다. 결국 관계되는 이익충돌의 당사자인 의뢰인들이 모두 수임을 동의하고 있는 특별한 사정이 이에 해당될 것으로 보인다.

둘 이상의 의뢰인 상호 간의 이해대립은 사건 수임 후에 비로소 발생할 수 있다. 개정 「변호사윤리장전」 제27조는 '의뢰인 간의 이해대립'이라고 규정하지만, 의뢰인 간의 이익충돌로 이해할 수 있다. 수임 이후에 변호사가 대리하는 둘 이상의 의뢰인 사이에 이해의 대립이 발생한 경우에는, 변호사는 의뢰인들에게 이를 알리고 적절한 방법을 강구한다(변호사윤리장전 제27조). 구 「변호사윤리장전」은 '뒤에 수임한 사건을 사임'하도록 하였지만, 개정 변호사윤리장전은 '적절한 방법을 강구한다'고만 하고 있다. 일본의 「변호사직무기본규정」 제42조는 '수임 후 이해대립'이 생긴 때에는 의뢰인들에게 그 사정을 알리고 '사임이나 기타 사안에 따른 적절한 조치를 취해야 한다'고 규정하고 있다. 그러나 사임하는 방법이 아닌 다른 적절한 방법을 강구하라는 것은 결국 의뢰인의 이익보호보다는 변호사의 수임 제한을 완화하는 데 주안을 둔 것이라는 비판을 면할 수 없다.

(3) 겸직하고 있는 정부기관 사건의 수임제한

「변호사윤리장전」은 '제2절 정부기관에 대한 윤리'를 신설하여 비밀이용금지(제41조) 및 겸직시 수임제한(제42조) 규정을 신설하고 있다. 여기서 '정부기관'은 행정부는 물론 국회나 법원·헌법재판소 등의 국가기관을 포함하는 넓은 개념으로 이해된다.[169] 변호사는 개업 중인 상태에서 정부기관의 각종 위원회의 위원으로 활동하거나 각종 공무원시험의 출제업무를 위촉받을 수 있으며, 법원의 조정위원·파산관재인 등의 직무를 수행할 수 있다. 이와 같이 겸직하고 있는 정부기관의 직무를 수행중에 그 기관의 사건을 수임할 수도 있는데, 「변호사윤리장전」은 이에 관하여 일정한 요건에 해당되면 수임할 수 없도록 규율하고 있다.

변호사는 공정을 해할 우려가 있을 때에는, 겸직하고 있는 당해 정부기관의 사건을 수임하지 아니한다(변호사윤리장전 제42조). 여기서 '변호사'는 단독 개업중인 변호사는 물론 법무법인·법무법인(유한)·법무조합 및 대한변호사협회 회칙에서 정한 공증인가합동

169) 정형근, 법조윤리강의, 305면.

법률사무소 및 공동법률사무소에 소속되어 정부기관에서 겸직하고 있는 변호사를 말한다. 예컨대 변호사가 지방자치단체의 건축분쟁조정위원회와 같은 자문기관의 위원으로 위촉받았는데 그 위원회에 계류중인 당해 사건 또는 그 지방자치단체의 건축과에 계류중인 건축분쟁 사건을 위임받을 경우가 있을 수 있다. 이때 변호사는 공무원 또는 공무원의제 규정이 없어 사인의 지위에서 그 사건을 수임할 수도 있지만, 공정을 해할 우려가 있을 때에는 수임할 수 없게 된다. 만약 중앙행정심판위원회 비상임 위원으로 행정심판의 심리와 재결에 관여하면서 그 위원회에서 심리중인 사건을 수임한다면 공정을 해할 수 있다는 우려를 받을 수 있다. 그렇기 때문에 변호사는 겸직하는 정부기관의 직무수행에 전념하여야 하고 자신의 이익을 위하여 사건 수임을 하여서는 아니 된다.[170] 겸직하고 있는 당해 정부기관의 사건이기에 "공무원으로서 직무상 취급하거나 취급하게 된 사건"의 수임제한과는 다른 차원의 문제이다.

(4) 법무법인 등의 수임제한 및 예외적 허용사유

1) 원 칙

변호사법 제31조 제1항의 수임제한 규정은 법무법인·법무법인

170) 변호사가 ○○시선거관리위원회 위원으로 재직 중 그 위원회가 전국지방동시선거 당시의 후보자의 선거비용을 실사한 후 입후보자 A를 공직선거법 위반으로 고발할 경우에 A에 대한 형사사건을 수임할 수 있는지 문제된다. 이에 대하여 대한변협은, 각급 선거관리위원회는 합의제 행정관청에 해당되고, 위원은 상임, 비상임을 불문하고 해당 직무에 관하여는 광의의 공무원에 해당된다 할 것이다. 따라서 공직선거법위반 사건의 고발이 선거관리위원회 명의로 행해진 경우는 그 소속위원은 상임이든 비상임이든, 실질적으로 그 고발에 참여했든 아니했든, 기타 여하한 경우라도 그 소속위원이 직무상 취급한 사건의 범위에 해당되므로, 그 고발사건에서 피고발자의 변호인을 맡는 것은 변호사법 제31조 제1항 제3호 소정의 사건에 해당되므로 수임이 불가하다(대한변협 2006. 9. 18. 법제 제2191호)는 질의회신을 한 바 있다. 대한변협은 수임불가 근거를 변호사법 제31조 제1항 제3호에 해당된다고 해석을 하였지만, 「변호사윤리장전」 제42조에 직접적으로 해당되는 사안으로 보인다.

(유한)·법무조합에도 준용된다(변호사법 제57조, 제58조의16, 제58조의30). 「변호사윤리장전」은 변호사법상의 수임제한 사유를 더욱 구체화하고 있는데(제22조, 제42조), '법무법인 등(법무법인·법무법인(유한)·법무조합 및 대한변호사협회 회칙에서 정한 공증인가합동법률사무소 및 공동법률사무소)' 역시 사건을 수임하는 경우에 준용하고 있다(변호사윤리장전 제48조 제1항). 다만, 「변호사윤리장전」은 다수의 변호사가 소속한 법무법인 등에서 소수의 변호사에게 존재하는 수임제한 사유로 인한 불이익을 제거하기 위한 규정을 두고 있다. 즉, '법무법인 등'이 사건을 수임하는 경우에 수임제한에 관한 제22조 및 제42조의 규정이 준용된다. 다만, 제2항에서 달리 정하는 경우는 제외한다(변호사윤리장전 제48조 제1항).

법무법인 등은 수임제한에 관한 변호사법 제31조 제1항, 변호사윤리장전 제22조(수임제한) 및 제42조(겸직 시 수임제한)의 규정이 준용되지만, 법무법인 등의 변호사 중에 변호사윤리장전 제22조 제1항 제4호(상대방 또는 상대방 대리인과 친족관계에 있는 경우) 또는 제42조에 해당하는 사유가 있는 경우에 한정하여 변호사윤리장전 제48조 제2항, 제3항의 요건이 충족되는 것을 조건으로 예외적으로 수임을 허용하고 있다.

2) 특정 변호사에게만 수임제한 사유가 존재하는 경우

'법무법인 등'의 특정 변호사에게만 제22조 제1항 제4호(상대방 또는 상대방 대리인과 친족관계에 있는 경우) 또는 제42조(겸직하고 있는 당해 정부기관의 사건을 수임)에 해당하는 사유가 있는 경우, 당해 변호사가 사건의 수임 및 업무수행에 관여하지 않고 그러한 사유가 법무법인 등의 사건처리에 영향을 주지 아니할 것이라고 볼 수 있는 합리적 사유가 있는 때에는 사건의 수임이 제한되지 아니한다(변호사윤리장전 제48조 제2항). 여기서 '특정 변호사'란 법무법인 등의 변호사로서 수임제한 사유 중 '상대방 또는 상대방 대리인과 친족관계에 있는 경우(제22조 제1항 제4호)' 또는 '겸직하고 있는 당해 정부기관의 사건 수임(제42조)'에 관한 제한사유의 적용을 받는 변호사를 말한다. 따라서 법조윤리협의회에 수임자료 등의 제출의무를 지는 변호사법 제89조의5 소정의 '특정변호사'와 구별된다.

특정 변호사의 요건 중 첫째는, 수임하려는 사건의 상대방 또는 상대방 대리인과의 사이에 친족관계가 있어야 한다. 여기서 '상대방 또는 상대방 대리인과 친족관계에 있는 경우(변호사윤리장전 제22조 제1항 제4호)'에 단독 개업 중인 변호사는 의뢰인의 양해를 얻어야 수임할 수 있다. 그러나 법무법인 등에 소속된 변호사는 이 경우 의뢰인의 양해를 얻을 필요가 없다. 그러나 변호사는 상대방 또는 상대방 대리인과 친족관계 등 특수한 관계가 있을 때에는, 이를 미리 의뢰인에게 알린다(변호사윤리장전 제20조 제3항)는 규정은 적용된다고 보아야 하므로, 법무법인 등은 특정 변호사와 수임하려는 사건의 상대방 또는 그 대리인과 친족관계와 같은 특수한 관계를 의뢰인에게 설명하여야 한다. 법무법인 등의 사건 수임은 법무법인 등의 명의로 하기 때문에 설령 동의를 얻어야 하는 사안에서는 그 법무법인 등이 동의를 얻어야 한다. 실제로는 법무법인 등을 대표하여 수임약정을 체결하는 자가 동의를 얻는 형식을 취하게 된다.

「변호사윤리장전」은 제48조 제2항의 요건을 충족하면 수임제한을 받지 않도록 하고 있다. 그러므로 특정 변호사가 사건의 수임 및 업무수행에 관여하지 않고 그러한 사유가 법무법인 등의 사건처리에 영향을 주지 아니할 것이라고 볼 수 있는 합리적 사유가 있어야 한다. 이것이 이익충돌회피를 예외적으로 허용하는 요건이다. 그러므로 특정 변호사가 그 사건의 수임 및 업무수행에 관여하지 않고 영향을 주지 않을 사유가 존재해야 하는데, 현실적으로 법무법인 등의 내부에서 이 요건이 충족되었는지 여부를 확인하기 쉽지 않다는 점에서 엄격한 수임제한사유로 기능할 수 있을지 의문이다. 무엇보다 수임허용사유의 존재 여부에 관한 판단을 수임 당시에 법무법인 등이 스스로 하는 것이라서 더욱 그러하다. 수임허용사유가 존재하지 않음에도 수임한 경우에는 징계처분으로 규율할 수 있다. 만약 이때 법무법인 등이 친족관계에 있는 특정 변호사가 사건에 관여해도 좋다는 동의를 의뢰인으로부터 받더라도 수임제한이 해제되는 것은 아니라도 해야 한다.

특정 변호사의 요건 중 둘째는, 겸직하고 있는 당해 정부기관의 사건을 수임하는 것이 공정을 해치는 경우여야 한다. 여기서 '겸직하고 있는 당해 정부기관의 사건'이란 정부기관의 비상근 공무원을 겸직하는 변호사가 직접 취급하거나 취급하게 된 사건이 아닌 그 정부기관으로부터 수임을 의뢰받은 사건을 말한다. 예컨대 변호사가 선거관리위원회의 비상임위원을 겸직하고 있는 중에 그 선거관리위원회가 처리하였던 사건의 수임을 의뢰받은 경우가 이에 해당된다. 법무법인 등에 소속된 변호사가 정부기관의 직을 겸임하는 것은 장래의 사건수임을 기대한 활동의 일환일 수 있고, 공익활동의무 이행의 성격도 가질 수 있다. 그런데 단독 개업 중인 변호사가 겸직하고 있는 정부기관의 사건을 수임하는 것이 공정을 해칠 경우에는 수임할 수 없다(변호사윤리장전 제42조). 반면, 겸직하는 변호사가 법무법인 등에 소속되어 있을 때는 그 특정 변호사가 당해 사건의 수임 및 업무수행에 관여하지 않고, 법무법인 등의 사건처리에 영향을 주지 아니할 것이라고 볼 수 있는 합리적 사유가 있는 때에는 사건 수임에 제한이 없게 된다. 과연 겸직중인 특정 변호사가 그 사건에서 배제되는 것만으로 공정을 해할 우려가 해소되었다고 볼 수 있는지 의문이다.

3) 비밀공유방지 조치의무

법무법인 등은 제2항의 경우에 당해 사건을 처리하는 변호사와 수임이 제한되는 변호사들 사이에 당해 사건과 관련하여 비밀을 공유하는 일이 없도록 합리적인 조치를 취한다(변호사윤리장전 제48조 제3항). 수임제한 사유가 있는 특정 변호사가 그 법무법인 등이 수임한 사건에 관여하지 않도록 할 필요가 있다. 특히 특정 변호사가 당해 사건과 관련된 비밀을 담당변호사에게 누설하지 않도록 하여야 한다. 그러므로 특정 변호사가 소속한 업무팀에서 그 사건을 처리하도록 하여서는 아니 된다. 특정 변호사가 사건기록을 열람하는 등의 접근도 허용해서는 안 된다. 그 때문에 사무소가 공간적으로도 분리되어야 한다. 담당변호사는 그 사건의 처리와 관련된 사항을 특정 변호사에게 조언을 구하는 등의 조력을 구하는 행위도 금지된다. 이와 같은 일련의 행위를 '차단벽(screening)' 또는 '만리장성 쌓기(Chiness Wall)'라고 부른다.[171] 이러한 방법은 비밀누설 및 이익충돌의 문제를 해소하는데 도움이 될 것으로 기대된다.[172] 그러나 법무법인 등은 위임사건의 승소 또는 성공여부로 첨예한 이해관계를 가지고 있는 상황에서 그 사건의 전말(비밀)에 대하여 잘 알 수 있는 지위에 있는 특정 변호사를 그 사건에서 완전히 제외시킬 것이라는 기대는 무리가 아닌가 싶다. 결국 법무법인 등에 대한 높은 신뢰를 전제로 하는 예외적인 수임제한 해제사유로 볼 수 있다. 법무법인 등이 비밀공유방지 조치의무를 위반하였을지라도 그 제재조치에 관한 규정은 존재하지 않는다.

171) 미국의 「변호사 직무에 관한 모범규칙」 Rule 1.11(b)(1) '자격 부인된 변호사가 그 사안에서 참여하지 못하도록 적절히 차단되고 있으며(timely screened), 그로부터 보수를 배분받지 않을 것'을 요건으로 하고 있다.

172) 박준, 판례 법조윤리, 소화, 2011, 234면.

(5) 증인으로서의 변호사가 될 사건의 수임제한

1) 의 의

「변호사윤리장전」은 증인으로서의 변호사(Lawyer as Witness) 규정을 신설하여 변호사가 스스로 증인이 되어야 할 사건은 그 수임을 제한하고 있다. 즉, 변호사는 스스로 증인이 되어야 할 사건을 수임하지 아니한다. 다만, ① 명백한 사항들과 관련된 증언을 하는 경우, ② 사건과 관련하여 본인이 제공한 법률사무의 내용에 관한 증언을 하는 경우, ③ 사건을 수임하지 아니함으로써 오히려 의뢰인에게 불리한 영향을 미치는 경우에 해당하는 경우에는 그러하지 아니하다(변호사윤리장전 제54조 제1항). 미국의 「변호사 직무에 관한 모범규칙」 Rule 3.7의 주석은 변호사가 증언을 하게 되면 그것이 증언인지, 증거에 대한 분석인지 명확하지 않다고 한다. 예컨대 A 변호사가 동업을 하려는 자들의 의뢰를 받고 투자의 방법과 손익분배 등에 관한 동업계약의 내용을 조율하여 확정한 후 계약서를 작성하여 주었는데 후일에 동업계약의 해지와 그로 인한 동업계약 위반을 원인으로 하는 민사 분쟁이 발생할 수 있다. 이때 A 변호사가 동업자 중의 1인으로부터 위 사건을 수임하게 되면 소송대리인의 지위에 있으면서도 증인을 서야 하는 상황에 처할 수 있다. 변호사가 수임사건의 증인의 역할까지 함께 하게 되면 상대방에게 피해를 입힐 수 있을 뿐만 아니라 변호사와 의뢰인 간에 이익충돌을 야기할 수도 있기 때문에 증인을 서야 될 사건의 수임을 제한하고 있다.[173]

2) 수임제한의 사유와 그 예외

변호사가 증인이 되어야 할 사건의 수임제한은 그리 넓은 것은 아니다. 「변호사윤리장전」 제54조 제1항은 수임제한의 예외사유를 광범위하게 두고 있기 때문이다. 즉, ① 명백한 사항들과 관

173) 정형근, 법조윤리강의, 308-309면.

련된 증언을 하는 경우(제1호)이다. 여기서 '명백한 사항들(uncontested issue)과 관련된 증언을 하는 경우'는 다툼이 없는 쟁점에 관한 사항을 증언하는 것이므로 수임할 수 있다. 그리고 ② 사건과 관련하여 본인이 제공한 법률사무의 내용에 관한 증언을 하는 경우(제2호)이다. 이는 변호사가 두 의뢰인에게 조력하였던 법률사무의 내용(종류)에 관한 사실은 그 사건의 쟁점과 직접 관련된 것은 아니다. 위 사례에서 A 변호사는 동업계약의 체결을 위하여 서면이나 구두로 제공한 법률상 조언의 내용과 동업계약서를 작성해 준 사실에 관하여 증언하는 경우라면, 위 단서에 해당되어 A 변호사는 동업자 일방으로부터 민사 사건을 수임할 수 있다. 마지막으로 ③ 사건을 수임하지 아니함으로써 오히려 의뢰인에게 불리한 영향을 미치는 경우에 해당하는 경우(제3호)이다. 이는 변호사가 그 사건의 유일한 증인의 지위에 있고, 그 사안의 성격이나 변호사가 장차 행할 증언의 중요성과 내용, 변호사의 증언이 다른 증언과 충돌할 가능성 여부를 중심으로 판단하게 된다.

증인의 지위에 있는 변호사의 수임제한은 결국 그 사건에서 변호사의 자격을 상실시키는 것과 같다. 변호사가 장차 발생할 분쟁에서 증인이 될 수 있다는 점은 두 당사자 모두에게 합리적으로 예견된 일이기도 하다. 그런데 특정 당사자가 그 변호사를 선임하지 못하면 변호사의 조력을 받을 권리의 행사에 제약을 받는 등의 불이익한 사정이 존재한다면 이를 허용하는 것이 타당하다. 또한 동업계약의 일방 당사자가 계약 내용과 관련된 허위의 사실을 주장하며 입증하려는 경우 유일한 증인에 해당되는 그 변호사를 대리인으로 선임하도록 허용할 필요성도 존재한다.

변호사는 그가 속한 법무법인 등의 다른 변호사가 증언함으로써 의뢰인의 이익이 침해되거나 침해될 우려가 있을 경우에는 당해 사건에서 변호사로서의 직무를 수행하지 아니한다(변호사윤리장전 제54조 제2항). 여기서 '변호사'는 법무법인 등으로부터 지정받은 담당변호사를 말한다. 그리고 '법무법인 등의 다른 변호사가 증언함으로써 의뢰인의 이익이 침해되거나 침해될 우려가 있을 경우'란 당해 사건의 수임 단계에서 이런 위험이 있는 경우를 말하는 것이라고 할 수도 있고, 수임 후에 다른 변호사가 증언함으로써 이익의 침해가 발생한 경우를 말한다고 할 수도 있다. 그러나 현실적으로 다수의 변호사로 구성된 법무법인 등에서는 수임 단계에서 소속된 변호사 중에서 증인으로 증언해야 할 변호사가 존재하는지 여부가 불명확하다. 따라서 수임단계에서 다른 변호사가 증언함으로써 의뢰인의 이익을 침해하게 될지 여부를 판단할 수는 없으므로, 특별한 사정이 없는 한 당해 사건의 진행 중에 다른 변호사의 증언으로 인한 이익교량을 하여야 할 것이다. 또한 '당해 사건에서 변호사로서의 직무를 수행하지 아니한다.'는 것은 그 사건을 수임한 법무법인 등이 그 사건을 더 이상 처리할 수 없게 되므로 결국 사임해야 할 것으로 보인다. 이 경우 담당변호사를 교체하는 것으로 의뢰인의 이익침해를 예방할 수 없기 때문이다. 증인을 서야 할 변호사로 인하여 그가 속한 법무법인 등이 수임제한을 받는 경우에 해당된다.

Ⅴ. 이익충돌회피를 위반한 행위의 효력

1. 의 의

변호사는 이익충돌의 회피를 위한 변호사법과 「변호사윤리장전」상의 의무를 위반하여 사건을 수임할 수 있다. 구체적으로는 변호사법 제31조 제1항 제1호, 제2호, 제3호 및 제3항에 관한 유효성 여부에 관한 것이다. 수임이 금지된 사건의 수임은 변호사와 의뢰인 사이의 위임계약이라서 이익충돌회피의무에 위반한 계약체결 행위 자체를 막을 수는 없다. 변호사법 또는 「변호사윤리장전」 위반 협의로 그 변호사를 징계에 처하거나 형사처벌을 할 수는 있다. 따라서 변호사가 수임한 사건을 처리하기 위하여 법정이나 국가기관에 대리인으로 나설 때 그 행위의 효력(이하 '위반행위'라 한다)을 인정할 것인지의 문제가 남는다. 수임제한에 위반하고 행한 행위가 있었을 때 변호사나 의뢰인에게 실익이 없다는 점이 확인되어야 이익충돌회피를 위한 법적 규율이 성과를 거둘 수 있다. 따라서 그 위반행위의 효력을 전면적으로 부정하게 되면, 변호사는 수임제한이 있는 사건을 수임하지 않을 것이다. 이와 달리 그 위반행위의 효력이 여전히 유효한 것으로 본다면, 이익충돌회피를 위한 수임제한사유는 주의적·권고적 성격을 가질 수밖에 없다.[174] 따라서 위반행위의 효력을 결정할 때는 변호사 직무의 공정성과 신뢰유지라는 공익적 측면과 의뢰인의 이익 보호라는 충돌되는 가치를 신중하게 고찰해야 한다. 이 점에 관한 논의는 민사소송법에서 쌍방대리의 위반의 효과와도 관련을 갖는다.[175]

변호사가 이익충돌회피를 위한 수임제한을 위반하여 사건을 수임한 후 대리행위에 이르렀다는 문제를 제기할 수 있는 자는 오로지 그 변호사의 현재 또는 과거의 의뢰인에게만 있다는 사례도 있지만,[176] 우리는 이들에 국한되는 것은 아니고 상대방이나 그 대리인 역시 위반사실을 주장할 수 있을 것이다. 여기서는 민사소송과 형사소송에서의 그 위반행위의 효력을 별도로 구분하여 살펴보고자 한다.

174) 정형근, "변호사의 이익충돌회피의무", 225면.
175) 송상현·박익환, 민사소송법, 153면; 이시윤, 신민사소송법, 196면.
176) Colyer v. Smith(United States District Court, C.D. California; May 25, 1999; 50 F.Supp.2d 966); 박준·이상원·이효원·박준석·윤지현, 판례로 본 미국의 변호사윤리, 247면.

2. 민사소송에서의 위반행위의 효력

(1) 학 설

민사소송에서 수임제한에 위반한 변호사의 소송행위의 효력과 관련하여 무효라는 견해도 있지만, 일반적으로는 그 효력을 인정하고 있다. 먼저, 수임제한사유를 규정한 변호사법의 목적상 준사법기관인 변호사의 직무집행의 공정과 품위유지라는 공익적 견지에서 위반행위는 무효라는 절대무효설이 있다. 이 견해는 변호사의 직무집행의 공정성은 유지할 수 있으나, 의뢰인에게 뜻밖의 손해를 입힐 우려가 있는 문제점이 있다. 그렇지만 이익충돌의 회피를 위한 가장 강력한 역할을 기대할 수 있는 입장이다.

둘째로, 변호사는 당사자의 사적 대리인이고, 변호사법 제31조 제1항의 규정은 훈시규정에 불과하므로 그 위반행위는 징계사유는 될 수 있을지라도 소송법상으로는 완전유효라는 유효설이 있다. 그러나 변호사가 의뢰인의 대리인이라고 할지라도 상대방의 이익의 침해를 용인해야 할 이유가 없다. 또한 수임제한규정을 단순한 훈시규정이라고 보는 것은 변호사 직무의 공공성과 공정성을 무시한 것으로 타당하지 않다. 수임제한 사유를 가진 변호사를 대리인으로 수임한 의뢰인의 의사를 가장 충실하게 반영하는 견해이다.

셋째로, 절충적 입장에서 위반행위는 무권대리로서 추인 또는 쌍방의 허락이 있으면 유효하다는 추인설이 있다. 그러나 변호사법 제31조 제1항 제2호의 경우에는 이익충돌관계에 있는 당사자의 동의가 있으면 수임할 수 있다고 규정하고 있으므로, 당사자의 동의가 있으면 처음부터 유효하다. 반면, 변호사법 제31조 제1항 제1호의 경우에도 쌍방 당사자의 동의가 있으면 사실상 수임할 수 있겠지만, 당사자의 동의에 의하여 훼손된 변호사 직무의 공공성과 실추된 품위가 회복되는 결과를 초래한다는 문제가 있다. 그렇지만 이해관계를 가진 의뢰인들이 스스로의 위험을 감수하면서 동의하면 그 대리행위 자체는 유효한 것으로 보는 것이 타당하다고 하겠다. 반면, 소송행위의 효력유무가 당사자의 의사 여하에 좌우되는 불안정한 상태를 용인하는 결과를 초래하게 된다.

넷째로, 본인이나 상대방이 위반사실을 알거나 알 수 있었음에도 불구하고 지체 없이 이의하지 아니하면, 소송절차에 관한 이의권의 상실·포기이론(민사소송법 제151조)에 의하여 무효를 주장할 수 없다는 이의설이 있다. 이 견해 역시 이해관계를 계산한 당사자의 이의제기 여부에 의하여 위반행위의 효력을 맡기고 있다.

(2) 판 례

판례는 수임제한에 위반한 변호사의 소송행위의 법적 효력은 무권대리로 원칙적으로 무효에 해당된다고 본다. 다만, 상대방 당사자의 추인이나 이의를 제기하지 아니하면 그 소송행위는 유효로 본다는 입장을 취하고 있다. 즉, 변호사의 수임제한에 위반한 소송행위는 적법한 대리권이 없는 무권대리로 파악하면서 당사자가 그 무권대리행위를 추인하면 소송법상 완전한 효력이 발생한다는 추인설에 입각하기도 하며,[177] 아울러 변호사법 제31조 제1항 제1호 수임제한에 위반한 변호사의 소송행위를 상대방 당사자(종전의 의뢰인)가 이의를 제기하면, 그 소송행위는 무효에 해당되어 더 이상 그 변호사의 소송관여는 허용되지 않지만, 상대방 당사자가 그 같은 사실을 알았거나 알 수 있었음에도 사실심 변론종결시까지 아무런 이의를 제기하지 아니하였다면 그 소송행위는 소송법상 완전한 효력이 생긴다는 이의설을 취하기도 한다.[178] 심지어 제1심의 피고소송대리인이 항소심에서 원고의 소송복대리인으로서 변론한 경우에

177) 대법원 1970. 6. 30. 70다809.
178) 대법원 2003. 5. 30. 2003다15556.

도 당사자의 이의가 없으면 그 소송행위는 유효하다고 한다.[179]

(3) 소 결

생각건대, 수임제한에 위반한 변호사의 소송행위는 원칙적으로 무효에 해당된다는 지적은 경청할 만하다. 그러나 당사자의 이익이 그로 인하여 침해된 바 없고, 그런 점에 대하여 당사자가 법원에 이의를 제기하지 않는다면 굳이 그 행위의 효력을 무효로 할 필요는 없다. 수임제한에 위반한 변호사의 소송행위에 대하여 당사자가 반대하였다면, 그 변호사를 사임시키거나 하여 원만한 변론을 할 수도 없음은 물론이다.

학설 중 추인설은 명시적인 의사표시인 추인에 의하여 유효로 된다는 것이고, 이의설은 특별히 반대한다는 취지의 이의를 제기하지 않고 묵시적으로 이를 허용한다는 것이다. 따라서 두 견해 사이에는 본질적인 차이는 없다. 따라서 변호사가 행한 대리행위의 효과는 결국 의뢰인에게 귀속되므로 이해관계의 당사자인 의뢰인의 추인에 의하여 그 행위는 유효로 된다고 하겠다.

여기서 추인 또는 이의제기의 주체가 누구냐가 문제된다. 변호사법 제31조 제1항 제1호의 동일사건은 의뢰인과 그 상대방이라고 할 것이고, 제2호의 다른 사건은 선행사건의 의뢰인 동의 없이 수임하여 변론에 이른 것이라서 그 의뢰인이 추인하거나 이의를 제기하지 않아야 한다. 제3호의 공무원등으로 직무상 취급한 사건에 대해서는 의뢰인 본인이 그 지위에 있고, 그 사건의 상대방은 수임할 수 없는 사건을 수임하여 변론 중이므로 대리행위를 하지 못하도록 법원에 직권발동을 촉구할 수 있다. 그리고 공직퇴임변호사의 수임제한에 관한 변호사법 제31조 제3항을 위반한 경우의 소송행위에서는 의뢰인의 상대방이라 할 수 있다. 변호사법 제32조의

179) 대법원 1990. 11. 23. 90다4037.

계쟁권리 양수와 관련된 수임제한에서는 계쟁권리의 양도인과 그 상대방을 말한다. 따라서 추인 또는 이의제기로 이익을 얻을 지위에 있는 의뢰인이나 그 상대방 등이 해당된다고 하겠다.

추인이나 이의제기가 없을지라도 변호사의 수임제한에 관한 변호사법을 위반한 점에 대한 징계책임은 면제되지 않는다. 그러므로 수임제한에 위반한 변호사의 소송행위가 당사자의 이의신청에 의하여 무효가 되는 경우, 특히 제소기간이 문제되는 사건은 의뢰인에게 불측의 손해를 야기할 수 있다.[180] 출소기간이 있는 사건 또는 소송제기에 의하여 시효중단이 되는 사건은 의뢰인에게 큰 손해를 발생시킬 수 있다. 그 결과 당해 변호사는 법률과오책임(malpractice suit)을 져야 할 수도 있다. 그러므로 변호사는 수임제한 사유를 위반한 사건의 소송행위에 대하여 이의신청이 있는 때에는 지체 없이 대리인 사임절차를 밟거나 손해발생의 방지를 위하여 노력해야 할 의무가 있다.

3. 형사소송에서의 위반행위의 효력

변호사가 형사소송에서 수임제한사유가 있음에도 이를 위반하여 변호인으로 행한 소송행위의 효력이 문제된다. 민사사건의 피해자가 의뢰하는 손해배상사건을 처리했던 변호사가 그 사건의 가해자인 피고인이 형사사건의 변호인이 되어 줄 것을 요청하는 등으로 수임제한 위반과 관련된 형사소송이 있을 수 있다. 동일한 변호사가 민사사건에서 형사사건의 피해자에 해당하는 상대방 당사자를 위한 소송대리인으로서 소송행위를 하는 등 직무를 수행하였다가 나중에 실질적으로 동일한 쟁점을 포함하고 있는 형사사건에서 피고인을 위한 변호인으로 선임되어 변호활동을 하는 등 직무

180) 田中紘三, 辯護士の役割と倫理, 281면.

를 수행하는 것 역시 금지된다고 봄이 상당하다.[181] 이러한 행위는 원칙적으로 금지되는 것이지만,[182] 피고인들 스스로 위 변호사를 변호인으로 선임한 경우이므로 다른 특별한 사정이 없는 한 수임제한의 위법으로 인하여 변호인의 조력을 받을 피고인들의 권리가 침해되었다거나 그 소송절차가 무효로 된다고 볼 수는 없다고 한다.[183] 따라서 비록 자신의 변호인에게 그 같은 위반사유가 있을지라도 자신의 이익을 위하여 변론하는 것을 허용한 의사를 존중하고 있다. 이와 같이 수임제한의 효력을 당사자의 의사에 맡기고 있어 사실상 변호사의 이익충돌회피의무는 당사자의 의사에 따라 준수여부가 결정되는 불확실성을 안고 있다고 할 수 있다.

Ⅵ. 결 론

변호사는 계속적으로 여러 의뢰인으로부터 사건을 수임하기에 불가피하게 이익충돌이 발생할 수 있다. 수임제한의 사유는 기본적으로 동일사건과 다른 사건의 수임금지 및 공무원 등으로 재직 중 직무상 취급한 사건이라고 할 수 있다. 그리고 전관예우 방지를 위한 공직퇴임변호사의 1년간의 한시적인 수임제한과 변호사시험 출신 변호사에 대한 6개월간의 수임제한도 있다.

변호사법 제31조 제1항 제1호의 동일사건이란 분쟁의 실체를 이루는 기초적인 사실관계가 동일한 것을 말한다. 하나의 사실관

181) 대법원 2004. 11. 26. 2004도5951.

182) 피고인 1과 공소외 1, 2, 3 사이의 대여금사건에서 공소외 1 등의 소송대리인으로서 직무를 수행한 변호사 공소외 4가, 위 대여금사건 종결 후 그와 실질적으로 동일한 쟁점을 포함하고 있는 피고인들의 공소외 1 등에 대한 소송사기미수범행 등에 대한 형사재판인 이 사건 공판절차 제1심에서 피고인들의 변호인으로 선임되어 변호활동 등을 한 것은 변호사법 제31조 제1호에 위반된다고 봄이 상당하다(대법원 2009. 2. 26. 2008도9812).

183) 대법원 2009. 2. 26. 2008도9812.

계에서 소송절차를 달리하여 다양한 형태로 분쟁이 발생할 수 있기 때문에 사건의 동일성을 소송물이나 소송절차를 중심으로 판단하지 않는다. 상대방이 위임하는 동일사건은 의뢰인이 동의하더라도 수임할 수 없다는 것이 변호사법의 입장이다. 그러나 민법상 쌍방대리는 본인의 승낙이 있거나 채무의 이행은 가능하도록 예외규정을 두고 있다. 동일한 사건이라도 양 당사자의 이익이 충돌하지 않고 오히려 그 권익을 고양시키는 범위에서는 확정된 권리관계의 이행과 같은 채무의 이행은 쌍방대리가 가능하다고 하겠다. 아울러 수임제한의 시적범위에서도 종전 사건의 종료 후 상당한 시간이 경과하여 비밀누설의 위험이 소멸되는 등의 사정이 있는 경우에는 수임이 허용된다고 볼 여지도 있다.[184] 그리고 담당변호사였던 자가 상대방 로펌으로 이직하는 경우는 쌍방대리의 금지를 위반하였다고 볼 수 있어 수임사건 진행 중에는 금지할 필요가 있다. 의뢰인의 변호사에 대한 배신감과 이익의 침해가 예상되는 사안이므로 입법론적 해결이 필요하다.

그리고 공무원 등으로 재직하였던 자가 변호사가 된 후 발생하는 수임금지사유도 중요하다. 공정한 사법제도의 유지와 공직의 남용과 부패를 막기 위하여 수임제한을 두고 있다. 여기서 공무원은 재직시에 취급했거나 취급하려던 사건에서의 역할은 중요하지 않다. 직무처리권자가 아닌 보조적인 직무에 국한될지라도 수임제한을 받게 된다. 그렇기 때문에 조정위원이나 중재위원에게도 수임제한을 가하는 것이다. 또한 재판연구원이 법관의 보조적인 직무에 국한되어 있는 계약직 공무원이지만, 변호사가 된 후에는 취급한 사건의 수임이 금지된다고 보아야 한다. 공무원 재직시 어느 정도의 관여가 있을 때 직무상 취급했다고 할 수 있을 것인지는 아

---

184) 정형근, “변호사의 절대적 수임제한사유에 관한 연구”, 447면.

직까지 명확하게 규명되지 않았다. 그런 점에서 미국의 「변호사 직무에 관한 모범규칙」 Rule 1.12(a)에서 '직접적이며 실질적으로' 관여한 경우에 이에 해당되는 것으로 보는 입법례를 고려할 필요가 있다. 그리고 공동법률사무소는 공직에서 퇴임한 변호사가 직무상 취급한 사건이라도 다른 변호사가 수임하는 것이 허용되고 있다. 이는 다른 법무법인 등과의 형평성에도 반하는 것이므로 향후 수임제한을 받는 내용으로 개정되어야 한다.

변호사에게 이익충돌의 회피를 위한 의무를 부과하였으면 그 실효성을 거두기 위해서는 그 위반행위의 효력을 무효로 할 필요가 있다. 판례는 수임제한사유가 있는 변호사의 소송행위에 대하여 당사자가 사실심 변론종결시까지 이의를 제기하지 않으면 유효로 보고 있다. 이는 분명 이익충돌회피를 위한 수임제한제도의 실효성을 약화시키는 기능을 하는 것은 사실이다. 그렇지만, 법률이론상으로는 무효라고 할지라도 실질적인 이익의 침해가 있는지 여부와 법적 안정성도 보호해야 된다는 측면도 무시할 수 없다는 점에서 판례의 태도를 수긍할 수 있다.

결론적으로 의뢰인의 변호사의 선택권과 변호사의 직업의 자유라는 점에서 수임제한의 범위는 최소한으로 엄격하게 해석하는 것이 바람직하다. 물론 변호사의 제한 없는 수임행위는 변호사 직무의 공공성 확보와 품위유지를 어렵게 하는 문제도 야기할 수 있다.

⊠ 참 고 문 헌

Ⅰ. 국내문헌

[단행본]

곽윤직·김재형, 민법총칙, 박영사, 2013.

곽윤직(편), 「민법주해[Ⅲ]」, 박영사, 1996.

곽윤직(편), 민법주해[XV], 박영사, 1997.

김준호, 민법강의, 법문사, 2016.

대한변호사협회, 변호사법 축조해설, 2009.

도재형, 법조윤리입문, 이화여자대학교 출판부, 2011.

박 준, 판례 법조윤리, 소화, 2011.

박준·이상원·이효원·박준석·윤지현, 판례로 본 미국의 변호사윤리, 소화, 2012.

박휴상, 법조윤리, 피데스, 2010.

송덕수, 신민법강의, 박영사, 2017.

송상현·박익환, 민사소송법, 박영사, 2014.

서울대학교 법과대학편, 법률가의 윤리와 책임, 박영사, 2007.

성낙인, 헌법학, 법문사, 2013.

이상수, 법조윤리의 이론과 실제, 서강대학교 출판부, 2009.

이시윤·조관행·이원석, 판례해설 민사소송법, 박영사, 2014.

이시윤, 신민사소송법, 박영사, 2016.

정형근, 법조윤리강의, 박영사, 2016.

정형근, 변호사법 주석, 피앤씨미디어, 2016.

최진안, 법조윤리, 세창출판사, 2010.

한수웅, 헌법학, 법문사, 2016.

한인섭·한상희·김재원·이상수·김희수·김인회·정한중·이전오, 법조윤리, 박영사, 2017.

허영, 한국헌법론, 박영사, 2016.

[논문]

김제완, "이익의 충돌에 의한 수임제한과 변호사의 윤리", 인권과 정의 제330호(2004. 2).
박규룡, "책임의 전제로서 변호사의 의무", 민사소송(2004. 2).
손창완, "변호사와 의뢰인간의 이익충돌과 변호사의 의무", 전남대학교 법학논총 제33집 제1호(2013).
이광수, "변호사법 제31조 제1항 제1호 수임제한 요건의 해석기준", 인권과 정의 제441호(2014. 5).
이광수, "전관 변호사의 수임제한", 변호사법상 수임제한에 관한 심포지움 발표문, 서울변협 2014. 10. 8.
이백규, "로펌이동시 수임제한문제", 법률신문 2014. 10. 2.자.
이상수, "차단막을 이용한 이익충돌 회피", 법과 사회 제36권(2009).
이중기, "법무법인에 발생하는 이익충돌과 충실의무: '준수탁자'로서의 법무법인", 홍익법학 제14권 제4호(2013).
조무제, "변호사 윤리로서의 설명의무", 인권과 정의(2010. 9).
정형근, "변호사의 직업윤리에 대한 고찰" 법조 통권 제633호(2009. 6).
정형근, "변호사보수에 관한 고찰", 법조(2009. 6).
정형근, "변호사 직무의 공공성", 한양법학 제21권 제2집(2010. 5).
정형근, "변호사와 의뢰인의 수임관계에 관한 고찰", 외법논집 제34권 제4호(2010. 11).
정형근, "변호사의 이익충돌회피의무", 경희법학 제46권 제2호(2011. 6).
정형근, "변호사의 절대적 수임제한사유에 관한 연구", 인권과 정의 통권 제447호(2015. 2).

Ⅱ. 외국문헌

A.C. Hutchinson, "Legal Ethics and Professional Responsibility", Irwin Law, 2006.

American Bar Association, "ABA Compendium of professional responsibility rules and standards", American Bar Association, 2007.

Geoffrey C. Hazard, "The Law And Ethics Of Lawyering", Foundation Press, 1999.

Ronald E. Mallen, Jeffrey M. Smith, "Legal malpractice(1)", West Pub, 1989.

Ronald E. Mallen, Jeffrey M. Smith, "Legal malpractice(2)", West Pub, 1989.

加藤新太郎, 辯護士倫理, 有斐閣, 2006.

高中正彦, 法曹倫理講義, 民事法研究會, 2005.

高中正彦, 辯護士法概說, 三省堂, 2006.

宮川光治, "利益相反と調整", 法曹の倫理と責任, 現代人文社, 2005.

森際康友, 法曹の倫理, 名古屋大學出版會, 2005.

小島武司 外3人, 法曹倫理, 有斐閣, 2006.

日本辯護士聯合會, 條解 辯護士法, 弘文堂, 2007.

田中紘三, "辯護士の役割と倫理", 商事法務, 2004.

제 5 장

회사에서의 이익충돌*

천 경 훈

Ⅰ. 서 론

이익충돌(conflict of interest)[1]의 문제는 이 책의 다른 장에서 드러나듯이 사적인 거래는 물론 입법, 행정, 사법의 영역에서도 빈발하는 문제로서, 근본적 사회질서에 대한 신뢰와 연결되어 있기도 하다. 역사적·비교법적으로 볼 때 이익충돌은 타인을 위해 성실하게 사무를 수행해야 할 수임자(fiduciary)의 신인의무(fiduciary duty)가 형성된 신탁법 및 회사법 분야에서 먼저 법적 쟁점으로 부각되어 왔다. 특히 소유와 경영의 분리가 극대화된 주식회사는 구조적으로 이익충돌의 가능성을 전제하고 있는 제도이므로 이익충돌에

---

* 「저스티스」 통권 제159호(2017. 4)에 게재된 논문을 수정·보완한 것임.

1) 이는 conflict of interest의 역어인데, 그 외에도 여러 용어가 사용된다. Interest의 역어로는 '이익' 또는 '이해(利害)'가, conflict의 역어로는 '충돌' '상충' '상반'이 사용되어 최소한 6개의 조합(이익충돌, 이익상충, 이익상반, 이해충돌, 이해상충, 이해상반)이 있고 실제로 모두 용례가 발견된다. 민법 제921조에서는 친권자와 그 자녀 간의 '이해상반행위'를 규정하고, 일본 회사법에서는 한국 상법 제398조의 자기거래에 해당하는 개념을 '利益相反取引'라고 지칭하고 있으며(제356조), 아마도 그 영향으로 우리 대법원도 '이익상반거래'라는 용어를 사용한 적이 있다(대법원 2007. 5. 10. 선고 2005다4284 판결). 이 글에서는 이익충돌이라는 용어를 사용하기로 한다.

대비한 제도와 법리가 각국에서 오랜 시간을 두고 축적되어 왔다. 따라서 입법, 행정, 사법 영역에서의 이익충돌의 문제를 논의하기에 앞서 우선 회사, 그중에서도 오늘날 압도적으로 가장 많이 이용되는 형태의 회사인 주식회사에서 이익충돌 법리를 먼저 살펴보는 것이 논리적으로나 현실적으로나 순서에 맞을 것이다.

그런데 회사에서의 이익충돌을 한 편의 글에서 논의하기는 쉽지 않다. 회사법을 회사를 둘러싼 여러 이해관계자들의 이익조정을 위한 법체계라고 이해한다면, 회사법의 수많은 법리는 어떤 식으로든 이익충돌을 해소하기 위한 법적 장치라 할 수 있다.[2] 따라서 회사에서 이익충돌을 논하는 것은 사실상 회사법 전부를 논하는 것에 필적할 만큼 광범위한 작업이 된다.

이에 이 글의 목표는 다음과 같이 설정하고자 한다. 첫째, 이익충돌의 의미를 정의하고 특히 한국의 기업현실에서 주목해야 할 이익충돌의 양상을 정리한다(II장). 둘째, 이러한 이익충돌을 방지 또는 구제하기 위한 한국의 현행법 체계를 일별한다(III장). 개별 법리를 상세히 소개하기보다는 이익충돌이라는 관점에서 여러 군데 흩어져 있는 실질적 의미의 회사법을 재구성해 보려는 것이고, 이를 통해 이익충돌의 사전적 방지 또는 사후적 구제를 위한 수많은 법적 장치가 이미 한국법에 도입되어 있음이 새삼 드러날 것이다. 셋째, 이처럼 풍부한 법적 장치에도 불구하고 여전히 이익충돌의 문제가 심각하게 존재하는 이유를 생각해 보고 개선방안을 모색한다(IV장).

---

2) 예컨대 비교회사법의 새로운 고전으로 각광받는 Kraakman et al., *Anatomy of Corporate Law (3rd ed)*, Oxford University Press, 2017은 회사법의 모든 제도와 규정을 '대리문제(agency problem)에 대응한 법적 전략'이라는 일관된 관점에서 다룬다.

Ⅱ. 회사에서의 이익충돌 개관

1. 이익충돌의 의의

(1) 이익충돌의 의미

법적으로 의미 있는 이익충돌은 복수의 당사자의 이익이 서로 충돌하는 모든 경우를 포괄하는 것은 아니다. 예컨대 물건의 매도인은 가능한 한 높은 가격에 물건을 팔고자 하고 매수인은 가능한 한 낮은 가격에 물건을 사고자 하여 둘의 이익은 명백히 상반되지만, 이런 경우를 이익충돌 상황이라고 하지는 않는다. 매도인과 매수인은 각자의 이익을 추구하는 관계이지 서로 신뢰하여 자신의 사무를 위탁한 관계는 아니기 때문이다.

그런데 만약 위 사안에서 매도인이 회사이고 매수인이 그 회사의 대표이사라면 전혀 새로운 문제가 제기된다. 매도인의 신뢰를 받아 매도인의 사무를 처리하고 있는 자(=대표이사)가 매도인과 충돌하는 이익(=매수인)을 가지고 있기 때문이다. 이 글에서 다루려는 이익충돌은 이런 경우를 의미한다. 즉 "어떤 사람의 사적이익과 그의 공적의무·신인의무가 실제로 또는 외관상 불일치하는 경우"로 일단 정의할 수 있겠다.[3] 그리고 이는 일방이 타방을 신뢰하여 사무를 맡기고, 타방이 권한과 정보를 확보함으로써, 일방이 타방의 사익추구 행위에 취약해진 상황에서 주로 문제된다.[4]

---

3) Black's Law Dictionary (9th edition), "conflict of interest" 항목 참조("A real or seeming incompatibility between one's private interests and one's public or fiduciary duties").

4) 이익충돌 개념에 관한 보다 상세한 설명은 김정연, 자본시장에서의 이익충돌에 관한 연구, 경인문화사, 2017, 35-43면.

(2) 이익충돌 회피와 신인의무

이익충돌을 회피할 의무는 영미권, 특히 영국에서 신인의무(fiduciary duty)의 가장 중요한 내용으로 이해된다. 미국에서는 대체로 신인의무(fiduciary duty)를 충성의무(duty of loyalty)와 주의의무(duty of care)를 포괄하는 개념으로 이해하는 반면,[5] 영국과 영연방에서는 충성의무(loyalty duty)와 신인의무(fiduciary duty)를 동의어로 이해하거나 또는 충성의무가 (주의의무와 대등한 지위에서가 아니라) 신인의무의 가장 본질적인 부분을 구성하는 것으로 이해하는 경향이 일반적이다.[6] 이러한 영국의 충성의무=신인의무는 이익충돌 금지원칙(no conflict rule)과 이익향수 금지원칙(no profit rule)을 그 핵심적인 내용으로 하는데,[7] 이 둘의 관계에 관하여는 ① 동등한 차원의 별개의 원칙(sister rule)이라는 견해, ② 이익향수 금지원칙은 이익충돌 금지원칙의 하위규칙(sub-rule)이라는 견해, ③ 이익향수 금지원칙은 이익충돌 금지원칙의 구체적인 예시적 규칙(instantiating rule)이라는 견해 등이 영국 학자들 사이에 대립한다.[8]

어떤 견해에 따르건 영국의 충성의무=신인의무의 가장 핵심적

---

5) 예컨대 Tamar Frankel, *Fiduciary Law,* Oxford University Press, 2011, p. 106 (fiduciary duty를 duty of loyalty와 duty of care로 구분하여 서술함).

6) 예컨대 Matthew Conaglen, *Fiduciary Loyalty,* Hart Publishing, 2010, pp. 59-61 (호주 학자의 저작으로 "loyalty"가 fiduciary duty 중 가장 특징적임을 강조함). 이중기, 충실의무법, 삼우사, 2016, 9-10면도 영국의 예에 따라 fiduciary duty와 duty of loyalty를 구분하지 않고 모두 충실의무라고 번역하고 있다.

7) 신탁법에서 정하는 이익에 반하는 행위의 금지(제34조) 및 이익향수의 금지(제36조)가 각각 이익충돌 금지원칙과 이익향수 금지원칙에 대응한다고 볼 수 있다.

8) Rod Edmunds and John Lowry, "The No Conflict−No Profit Rules and the Corporate Fiduciary: Challenging the Orthodoxy of Absolutism", *J.B.L.* 2000, MAR (2000), p. 122; David Kershaw, "Lost in Translation: Corporate Opportunities in Comparative Perspective", 25 *Oxford Journal of Legal Studies* 603 (2005), pp. 607-608; 이윤석, "회사기회유용금지에 관한 법적연구", 연세대학교 대학원 법학과 박사학위논문(2008), 136면.

인 요소는 이익충돌 금지원칙이고, 이것은 "이사는 회사의 이익과 개인의 이익이 충돌하거나 충돌할 가능성이 있는 상황에 스스로를 처하게 하여서는 안 된다"는 보통법 이래(以來)의 법리를 말한다.[9] 이러한 이익충돌 금지원칙은 ① 이사와 회사 간의 자기거래, ② 회사의 재산·정보·기회의 유용, ③ 이사의 권한을 특정한 방향으로 행사한 데 대한 제3자로부터의 이익수령 금지와 같은 개별 쟁점을 관통하는 대원칙으로서, 영국 보통법상 이사의 신인의무의 가장 중요한 부분을 이루고 있었으며 지금도 그러하다.[10] 후술하듯이 한국 상법 제382조의3의 충실의무가 영미법의 신인의무, 그 중에서도 충성의무를 도입한 것으로 본다면, 한국법상 충실의무의 해석에 있어서도 이익충돌을 회피할 의무가 그 중심에 놓여야 할 것이다.

(3) 이익충돌과 대리문제

이익충돌과 유사하면서도 미묘하게 구별되는 것이 대리문제(agency problem) 내지 대리비용(agency cost)이란 개념이다. 대리문제란 경영자 등 수임자의 사익추구로 인하여 주주 등 본인의 부(富)가 감소하고 사회적 효율성이 저해되는 현상을 의미하고, 대리비용이란 경영자 등 수임자의 사익추구로 인하여 발생하거나 이를 방지하기 위해 소요되는 비용을 뜻한다. 이러한 대리문제는 〈주주와 경영자 사이〉에서뿐 아니라 〈지배주주와 비지배주주 사이〉 및 〈회사(및 그 소유자인 주주)와 그 거래상대방(채권자·근로자·소비자 등) 사이〉에도 존재한다고 본다.[11] 현대의 회사법학은 회사의 다양

9) Aberdeen Railway v Blaikle (1854) 1 Macq HL 461(Kershaw(주 8), p. 605에서 재인용). Companies Act 2006, s.175(1)도 참조.

10) Paul L. Davies and Sarah Worthington, *Gower and Davies' Principles of Modern Company Law (9 ed.),* Sweet&Maxwell, 2012, pp. 16-41, 16-93.

11) Kraakman et al.(주 2), p. 30. 세 번째의 경우 거래상대방을 본인(principal)에 해당하는 것으로 보고 회사를 대리인(agent)으로 본다.

한 이해관계자들 사이의 대리문제를 연구하는 학문이라고 일컬을 수 있을 만큼, 세상사를 대리문제의 시각으로 바라보는 방식은 오늘날 경제학, 경영학은 물론 회사법학 분야에서도 막대한 영향력을 가지고 있다.

그렇다면 이익충돌과 대리문제는 같은 의미를 갖는 용어인가? 일단 두 용어는 성립기원이 다르고 쓰이는 맥락이 다소 다르다. 이익충돌이 현상을 기술하는 용어(descriptive term)라고 한다면, 대리문제는 20세기 후반 들어 Jensen 등 일군의 경제학자들이 '발명'한 개념으로서[12] 분석을 위한 도구(analytical device)라고 할 수 있다. 즉 이익충돌은 구체적 사실 내지 현상이고, 대리문제는 그러한 현상의 원인과 대안을 설명하기 위해 추상화한 개념이라고 할 수 있을 것이다. 많은 이익충돌 현상을 대리문제로 설명할 수 있지만, 모든 이익충돌을 대리문제로 설명할 수 있는 것은 아니다.[13] 그러나 대체로 일방이 타방의 사무를 처리하는 관계에서 발생하는 이익충돌의 문제는 대리문제의 틀로 분석할 수 있기 때문에, 일단 이 글의 목적상 두 개념의 구별에 지나치게 집착할 필요는 없을 것으로 보인다.

2. 회사에서의 이익충돌의 유형

그렇다면 회사에서는 구체적으로 어떠한 이익충돌이 발생하고 있는가? 이를 다음과 같이 주주와 경영자 간, 지배주주와 비지배주주 간, 주주와 채권자 간의 이익충돌로 유형화해 볼 수 있을 것

---

12) 대표적으로 Michael Jensen and William Meckling, "Theory of the Firm: Managerial Behavior, Agency Costs and Ownership Structure", 3 *Journal of Finance Economics* 302 (1976).

13) 김정연, 앞의 책(주 4), 39면(금융기관이 투자자에게 사기적 수단을 사용하여 손해의 발생이 명백히 예상되는 상품에 대한 투자를 권유하는 경우와 같이 자본시장에서는 본인-대리인 문제로만 접근하기 어려운 이익충돌 문제들도 많다고 함).

이다.[14)]

(1) 주주와 경영자 사이

우선 회사의 사무를 처리하는 경영자[15)]의 개인적 이익과 주주의 이익이 충돌할 수 있다. 경영자는 회사업무를 처리할 권한을 가지고 있고 회사 및 그 사무에 관련된 정보를 가지고 있으므로, 주주는 경영자에게 그들의 이익에 관한 의사결정과 업무집행을 내맡긴 취약한 상태에 있다. 그런 상태에서 경영자가 그의 수임자로서의 의무와 충돌하는 사적이익을 추구할 경우 이익충돌이 발생하는 것이다. 이는 회사에서 발생하는 이익충돌의 가장 전형적이고 고전적인 예로서, 영미법상 신인의무, 영국법상 이익충돌 금지원칙, 독일법상 충실의무(Treupflicht) 등도 주로 이를 염두에 두고 형성 및 발전된 것이다. 이익충돌에 대비한 각국 회사법상의 제도와 법리들도 기본적으로 이 유형의 이익충돌을 전제로 마련되어 있다.

여기서 '경영자의 개인적 이익'이란 경영자의 배우자, 직계존비속, 친지 등 그가 혜택을 부여하고자 하는 관계자의 이익까지도 포함하는 의미로 이해해야 할 것이다. 한편 위에서 '회사의 이익'이라고 하지 않고 '주주의 이익'이라고 표현한 이유는 회사라는 법인격 배후의 실질적 이익 귀속에 초점을 맞추기 위해서이다. 한국 상법상 이사는 회사에 대하여 선관주의의무 및 충실의무를 지는데

---

14) 같은 분류를 따르는 문헌으로 김건식·노혁준·천경훈, 회사법(제2판), 박영사, 2016, 24-26면; 유사한 구분으로 Kraakman et al.(주 2), pp. 29-30. 여기서 지배주주란 특수관계인과 합산했을 때 최대주주로서 회사의 경영에 사실상 지배적인 영향력을 행사할 수 있는 자를 의미하는 용어로 폭넓게 사용한다. 상법 제360조의24에서 사용하는 지배주주(95% 이상 보유 주주)와는 다르다.

15) 상법은 주식회사의 업무집행자로 이사 및 집행임원만을 규정하고 있으나, 그 밖의 비등기임원은 물론 직원들도 회사로부터 권한을 부여받아 사무를 처리하는 경우에는 동일한 이익충돌 상황이 발생할 수 있다. 유한회사의 이사, 합자회사 또는 합명회사의 업무집행사원의 경우도 그러하다. 이들을 회사의 업무를 집행하는 사람들이라는 의미에서 '경영자'라고 통칭하겠다.

(상법 제382조 제2항, 제382조의3), 여기서 말하는 회사에 대한 의무는 전체 주주의 이익을 증진함으로써 그들의 비례적 이익[16]을 보호할 의무를 그 핵심적인 내용으로 한다고 보아야 할 것이다.[17] 이와 달리 회사이익과 주주이익을 준별하고 회사이익을 문리적으로 협소하게 해석하다보면 "이사는 회사에 대해서만 의무를 지고 주주에 대해서는 의무를 지지 않는다"거나 더 나아가 "합병비율의 문제는 회사의 이익이 아니라 주주의 이익에 관한 것이므로 이사의 의무와는 무관하다"는 식의 잘못된 추론[18]에 이를 수 있다. 회사이익에 대한 이러한 기계적이고 협소한 오해는 후술하듯이 한국 회사에서 이익충돌에 대한 능동적 대처를 저해하는 한 이유가 되고 있다고 본다. 이러한 오해를 배제하기 위해 '주주의 이익'이라고 표현한 것이다. 즉 여기서 '주주'란 특정 주주가 아니라 '전체로서의 주주(shareholder as a whole)'를 의미한다.

이 유형의 가장 대표적인 예로는 ① 경영자가 회사의 자금이나 자산을 횡령하는 경우, ② 회사와 경영자 간 또는 회사와 경영

---

16) 특정 주주의 이익이 아니라 전체 주주의 이익을 증진할 경우 각 주주는 자신의 지분에 따라 비례적으로 이익을 누리므로 비례적(ratable)이라는 표현을 사용한 것이다. 미국에서의 고전적인 용례로 이른바 Berle-Dodd 논쟁의 시발점인 Adolf A. Berle, "Corporate Powers as Powers in Trust", 44 *Harvard Law Review* 1049 (1931), p. 1049 참조(경영진의 권한은 모든 주주의 비례적 이익("ratable benefit of all shareholders")을 위해서만 사용될 수 있다고 함).

17) 다소 표현에 차이는 있으나 유사한 취지로, 김건식외, 앞의 책(주 14), 389면.

18) 예컨대 甲회사가 乙회사를 흡수합병하면서 합병비율 산정시 乙회사 주식의 가치를 낮게 평가할 위험이 있다면, 乙회사의 이사들은 합병계약 체결 및 승인 과정에서 乙회사 주주에 유리한 합병비율을 받아내기 위해 노력할 주의의무가 있다. 이 경우 乙회사는 합병으로 소멸하므로 乙회사의 이사가 보호해야 하는 것은 실제로는 乙회사 주주들의 이익인 것이다. 이 경우 "이사는 회사에 대하여만 의무를 부담하고 주주에 대하여는 의무를 부담하지 않는다"는 논리를 고집하면, 乙회사 이사들은 乙회사 주주에게 손해를 발생시키는 내용의 합병계약을 체결 및 승인하더라도 의무에 위반한 것이 없다는 매우 비상식적인 (그리고 필자의 견해로는 명백히 잘못된) 결론에 이르게 된다.

자의 특수관계인 간의 거래를 통해 사익을 취하는 경우, ③ 경영자가 회사와 경업을 하면서 회사의 영업비밀이나 노하우, 영업상 성가(聲價) 등을 이용하여 사익을 취하는 경우, ④ 경영자가 회사의 사업기회를 유용하여 사익을 취하는 경우, ⑤ 경영자가 회사로부터 과다한 보수를 받아가는 경우, ⑥ 회사발행 증권에 관한 내부자거래, 단기차익거래 등 경영자가 회사의 정보를 이용하여 사익을 취하는 경우 등을 들 수 있다.

(2) 지배주주와 비지배주주 사이

오히려 한국현실에서 더 자주, 크게 문제되는 것은 주주 간의 이익충돌, 특히 지배주주와 비지배주주의 이익충돌이다. 지배주주는 주주로서의 의결권이나 기타 사실상의 지배력에 기하여 회사의 의사결정 및 업무집행에 영향력을 행사할 수 있으므로, 다른 주주들의 희생 하에 사익을 추구할 수 있는 지위에 있게 된다. 경영자의 의무위반으로 인한 민·형사책임이 문제된 사례 중에서도 경영자의 개인적인 이익과 회사·주주의 이익이 충돌하는 경우도 있지만, 그 경영자가 대변하는 지배주주의 이익과 나머지 주주들의 이익이 충돌하는 경우도 매우 많다. 다만 지배주주와 비지배주주 사이의 이익충돌을 별도의 유형으로 구분하여 논하려면 몇 가지 해명할 문제가 있다.

먼저, 지배주주가 과연 공적의무·신인의무를 지거나 타인의 신뢰 하에 그의 사무를 처리하는 지위에 있다고 할 수 있는지 문제된다. 앞서 이익충돌을 공적의무·신인의무와 그의 사익이 충돌하는 경우로 정의했고, 이는 주로 타인의 신뢰 하에 그 사무를 처리하는 관계에서 발생한다고 설명했기 때문이다. 지배주주는 법적인 의미에서 비지배주주의 사무를 처리하는 자라고 볼 수는 없고, 한국법상으로는 비지배주주에 대하여 선관주의의무 또는 충실의무를 부담하지도 않는다.[19] 그러나 지배주주는 의결권 행사 또는 사실상 영향력의 행사를 통하여 회사의 의사결정을 좌우함으로써 비지배주주의 재산 상태에 영향을 미칠 수 있으므로,[20] 사실상 비지배주주의 사무를 처리하는 것과 유사한 지위에 있게 된다. 그러하기에 이들에게 해석론 또는 입법론으로 충실의무를 부과해야 한다는 주장도 많이 제기될 뿐 아니라, 현행 상법에서도 회사에 영향력을 가진 지배주주가 업무집행을 지시한 경우 그 지시한 업무에 관하여 이사에 준한 책임을 진다(제401조의2 제1항). 이처럼 사무처리 관계 및 의무의 존재가 미약한 형태로나마 인정된다는 점에서 지배주주와 비지배주주 간의 이익충돌도 이익충돌의 한 유형으로 볼 수 있을 것이다.[21]

---

19) 지배주주도 일정한 범위에서 충실의무를 부담한다는 것이 영미와 독일의 일반적인 견해이자 판례이고 한국에서도 이를 인정하는 견해가 늘어가고 있으나, 아직 한국에서 실정법이나 판례로 명시적으로 받아들여지지는 않고 있다.

20) 지배주주는 이사선임 등 주요한 사안에 관한 주주총회 결의에 참여하여 의결권을 행사하는 방식으로도 그 영향력을 행사할 수 있지만, 그보다는 주주총회나 이사회에 부의되기 전 단계에서 회사 운영상의 개별적인 중요 문제에 관하여 결재권 내지 결정권을 행사하거나, 비등기이사를 포함한 주요 인사를 선임·해임·전보하는 등의 방식으로 영향력을 행사한다. 특히 기업집단에서는 이러한 지배주주의 영향력 행사를 뒷받침하기 위해 비서실, 기획조정실, 구조조정본부, 미래전략실 등의 이름으로 총수 보좌조직을 두고 있는 경우도 많다.

21) 지배주주라고 할 수 있을 정도에 미치지 못하는 경우에도 주주 간 이익충돌의 문제가 있을 수 있다. 예컨대 甲회사와 乙회사 간의 영업양수도에서 A가 甲회사에 대하여는 상대적으로 높은 비율의 주식을, 乙회사에 대하여는 상대적으로 낮은 비율의 주식을 가지고 있다면, A는 甲회사에 유리하고 乙회사에 불리한 영업양수도계약에 대하여 두 회사의 주주총회에서 모두 찬성할 유인을 갖게 된다. 乙회사 주주로서 입은 손해를 甲회사 주주로서 얻은 이익으로 상쇄하고도 남기 때문이다. 결국 乙회사의 여타 주주들과 A 사이에 이익충돌이 존재하는 상황이라 할 수 있다. 이는 기관투자자들의 경우에 흔히 발생하는 문제로서, 서구의 주요 기관투자자들은 이러한 경우 각각의 주주총회에서 그 주주로서의 입장만을 고려하여 의결권을 행사하도록 내부지침을 두고 있는 경우도 많다. 다만 그러한 의무는 현행법상 인정되지 않으므로 일단 본문에서는 지배주주와 비지배주주 간의 이익충돌이 있는 경우에 한정하여 서술하였다.

다음으로, 지배주주-비지배주주 간의 이익충돌도 결국은 회사의 이사 등 경영자를 통하여 이루어지므로, 회사-경영자 간 이익충돌의 문제로 접근하면 족하지 않은가라는 의문도 있을 수 있다. 즉 회사-경영자 간 이익충돌은 경영자가 스스로의 사익을 추구한 경우만이 아니라 제3자의 사익을 추구한 경우도 포함하므로, 지배주주-비지배주주 간의 이익충돌도 회사-경영자 간 이익충돌의 문제로 환원되지 않을까 하는 의문이다. 그러나 ① 지배주주는 반드시 이사 등 경영자를 매개로 하지 않고 직접 영향력 행사를 통하여 사익을 추구할 수도 있고, ② 그 사익추구로 인해 손해를 입는 자가 회사 자체(즉 모든 주주들의 비례적 손해)라기보다는 다른 주주들이며, ③ 지배주주의 사익추구는 세대간 세습을 염두에 두고 상대적으로 장기적인 관점에서 이루어지는 등 경영자의 사익추구와는 다른 양태를 보이므로, 지배주주-비지배주주 간의 이익충돌을 별도로 검토할 실익이 있다고 할 것이다.

이러한 이익충돌은 지배주주가 두 회사의 의사결정을 할 수 있는 힘을 가지고 있는데 두 회사 각각에 대해서 가지는 경제적 권리는 상이한 경우(이른바 지배력과 경제적 권리의 괴리)에 가장 현저하게 발생한다. 그 경우 지배주주의 지분이 줄어들수록 비지배주주와의 이익충돌의 위험은 커진다.[22] 예컨대 지배주주 일가가 甲회사에 대해서는 100% 지분을 가지고 있으나 乙회사에 대해서는 20% 지분만으로도 지배력을 행사하고 있다면, 두 회사 사이에 甲회사에 유리하고 乙회사에 불리한 거래를 할 능력과 유인이 있다. 그러한 거래가 이루어지면 乙회사의 80% 주주로부터 지배주주 일가에게로 부의 이전(transfer of wealth)이 일어나게 된다. 그러면 어떻게 20%의 경제적 지분만으로 乙회사의 의사결정을 지배할 수 있

22) 김건식외, 앞의 책(주 14), 26면.

을 것인가? 이를 위해 비교법적으로 자주 이용되는 차등의결권은 한국에서는 허용되지 않으므로, 한국에서는 피라미드출자, 순환출자 등의 구조적 방법을 통한 의결권의 레버리징,[23] 주요 기관투자자와의 우호적 관계를 통한 우호 지분 확보 등이 그 방법으로 이용되고 있다.

위 설명에서 드러났듯이 이 유형의 이익충돌은 지배주주의 지분비율이 각기 다른 계열회사 간의 거래를 통해 이루어지는 경우가 많다.[24] 그 대표적인 하위유형으로는 김건식 교수가 1995년에 제시한 사례군 분류가 여전히 유용한데, ① 계열회사 사이의 직접거래, ② 계열회사가 다른 계열회사를 위하여 경제적 불이익을 감수하는 경우, ③ 계열회사 사이의 합병, ④ 지배주주 또는 계열회사에 의한 회사기회의 유용, ⑤ 계열회사에 대한 자원의 불공정 배분, ⑥ 계열회사와의 경쟁 등이다.[25] 지배주주 지분이 적은 (그러나 지배력을 행사하는) A회사와 지배주주 지분이 많은 B회사를 전제로 위 여섯 가지 경우의 실례를 들어보면 다음과 같다.

①의 예로는 A가 B로부터 고가로 상품·용역을 구매하거나 A가 B에게 저가로 상품·용역을 판매하는 거래를 들 수 있다.[26] ②의 예로는 계열회사가 주주배정 방식으로 공정가액보다 낮은 가격으로 신주발행을 하는데 A가 실권하고 그 실권주를 B가 인수하는

---

23) 이에 관한 상세는 천경훈, "순환출자에 관한 연구", 상사법연구 제32권 제1호(2013), 120-129면.

24) 물론 자연인인 지배주주가 직접 거래의 당사자가 되어 이익을 취하는 경우도 있으나 그보다는 계열회사 간 거래를 통하는 경우가 더 발견하기 어렵고 문제성을 직관적으로 인식하기 어려우므로 분석을 요한다.

25) 김건식, "재벌과 소수주주 보호", 기업지배구조와 법, 소화(2010), 145-146면(원래는 기업구조연구회 편, 한국의 대기업, 누가 소유하며 어떻게 지배되는가, 포스코경영연구소, 1995에 수록).

26) 가장 대표적인 계열사 지원의 유형으로서 민사상 이사의 손해배상책임, 형사상 업무상 배임죄 및 공정거래법상 부당지원행위에 관한 다수의 판례가 있다.

경우를 들 수 있다.[27] ③의 예로는 A사와 B사가 합병하면서 A사 주주들에게 불리하게 합병비율이 책정되는 경우를,[28] ④의 예로는 A사가 별도의 물류서비스 자회사(내지 다른 수요자 회사들이 공동 참여하는 합작회사)를 설립할 수 있음에도 불구하고 B사가 A사를 포함한 그룹 내 계열사에게 독점적으로 물류서비스를 제공하는 경우를,[29] ⑤의 예로는 A사와 B사가 모두 필요로 하는 부지를 그룹차원의 의사 결정으로 B사에 배정하는 경우를, ⑥의 예로는 B사가 A사와 경쟁 사업에 진출하고 A사는 그 사업에서 철수하는 경우를 각각 생각해 볼 수 있다.

(3) 주주와 채권자 사이

주주와 채권자의 이해관계는 경우에 따라서는 서로 일치하지 않는다. 주식회사라는 제도 자체가 주주와 채권자 사이의 이익대립을 해결할 기준을 제시하려는 법적 장치라고도 할 수 있다. 즉 ① 주주는 출자액을 한도로만 책임을 진다는 유한책임원칙과 ② 회사의 청산 시에 채권자가 우선적으로 회사재산으로부터 변제를 받고 주주는 잔여재산에 대한 청구권을 가진다는 채권자우선의 원칙은 주식회사 제도의 가장 본질적인 요소로서, 주주와 채권자 간 이익의 분배기준을 제시하고 있는 것이다.

구체적으로 주주와 채권자 간의 이해관계가 다를 수 있다는 점은 다음 예시에서 드러난다.[30]

27) 에버랜드 전환사채 발행 건에서 이와 유사한 문제가 제기되었다. 다만 에버랜드 사건에서 실권주를 인수한 자는 계열회사가 아니라 지배주주의 2세인 자연인이었다.

28) 삼성물산과 제일모직 합병 건이 이와 유사한 문제가 제기된 경우이다.

29) 현대자동차 대표소송에서 문제된 글로비스 건이 이와 유사한 문제가 제기된 경우이다. 다만 법원은 사업기회의 부당한 유용으로 볼 수 없다고 판시하였다.

30) 이하의 사례는 천경훈, "LBO 판결의 회사법적 의미 – 이사는 누구의 이익을 보호해야 하는가?", 저스티스 제127호(2011), 227면을 다소 변형하였다.

예컨대 회사의 순자산(총자산 －총부채)이 10인 상황에서 어떤 프로젝트가 성공할 경우 70의 이익이, 실패할 경우 30의 손실이 기대되는데, 성공가능성은 30%, 실패가능성은 70%라고 가정한다. 이 프로젝트 자체의 기댓값, 즉 회사 계좌에 귀속되는 손익의 기댓값은 70 × 30% －30 × 70% = 0이다. 그런데 주주는 그 사업이 성공할 경우 70을 더 누리지만 실패하더라도 어차피 잃을 것은 10뿐이므로, 주주의 기대이익은 70 × 30% －10 × 70% = 14가 되어 이 프로젝트를 수행하는 것이 이익이 된다. 반면, 기존 채권자는 이 프로젝트를 하지 않더라도 순자산이 플러스(10)이므로 원리금을 회수할 수 있고, 그 사업이 성공해봤자 회수액이 늘어나는 것도 아닌데 실패하면 원리금을 못 받을 수 있으므로, 이를 수행하지 않는 것이 이익이다.

이런 불일치는 ① 채권자의 권리는 회사의 실적과 상관없이 정액으로 확정되어 있다는 점 및 ② 주주는 채권자들이 변제받은 다음 후순위로 회사재산으로부터 분배받을 수 있는 잔여재산청구권자(residual claimant)라는 회사제도의 본질에서 비롯되는 것이다.[31)]

그러면 이러한 이익대립을 이익충돌의 한 유형으로까지 볼 수 있을까? 한국법을 비롯한 대부분의 회사법은 도산에 이르지 아니한 단계에서는 회사의 의사결정 권한을 (채권자가 아니라) 주주에게 부여하고 있다. 이는 주주는 잔여재산분배권자이고 채권자는 고정금을 받는 선순위 수익자여서, 주주에게 의사결정권을 부여하여 주주의 이익을 도모하게 하면 (도산상태에 빠지지 않는 한) 선순위인 채

31) 한편 채권자 중에서도 기존 채권자와 (위 프로젝트와 관련하여 회사에 신규로 자금을 대여하는) 신규 채권자는 이해관계가 다르다. 신규 채권자는 위 프로젝트가 성공할 경우 원리금을 회수할 수 있고 실패할 경우 원리금 회수에 차질이 생길 수 있으므로, 이자율과 성공가능성에 따라 산정한 기대이익이 충분히 크다면 위 프로젝트를 수행하는데 자금을 빌려주는 것이 이익이 된다. 반면 기존의 채권자는 기존의 순자산만으로도 원리금을 변제받는데 충분하므로 그 사업성 여하를 불문하고 프로젝트를 하지 않는 것이 유리하다. 천경훈, 앞의 논문(주 30), 228면.

권자의 이익도 자연스럽게 보호되지만, 선순위인 채권자에게 의사결정권을 부여하면 사회적으로 효율적인 위험조차 감수하지 않게 되어 후순위인 주주의 이익이 침해될 것이기 때문이다. 그러므로 이사선임, 정관개정, 회사의 주요한 거래나 구조조정에 관해 최종적으로 결정할 권한은 주주에게 있고, 합병·분할합병·자본금감소 등의 경우에 요구되는 채권자보호절차 및 제한적으로 사채권자집회가 필요한 경우 등을 제외하면 원칙적으로 채권자에게는 발언권이 없다.

이런 점에서 주주는 채권자 등 다른 이해관계자에 대한 관계에서 엄밀한 법적 의미는 아니지만 일종의 사무처리자와 유사한 지위에 있다고 할 수 있고, 이 점에서 주주-채권자 간의 이익대립도 이익충돌의 일환으로 파악할 수 있을 것이다. 주주는 채권자보다 위험한 투자를 선호하고 회사의 부채비율을 높이려 할 소지가 있으므로, 주주의 이러한 기회주의적 행동(opportunistic behavior)으로부터 채권자를 보호할 필요가 있는 것이다.[32]

(4) 다른 이해관계자의 문제

그 밖에 주주와 채권자 아닌 이해관계자들, 예컨대 근로자, 공급자, 소비자, 지역사회, 자연환경, 지방자치단체, 국가 등의 이익과 주주·채권자의 이익이 충돌하는 경우도 발생할 수 있다. 이러한 이해관계자들은 전통적인 회사법의 보호대상이 아니지만 실제로 이들은 회사의 흥망성쇠로부터 크게 영향을 받기도 하고, 특히 근로자, 공급자, 지역사회의 경우에는 주주·채권자와는 달리 분산투자(portfolio investment) 및 이탈(exit)이 쉽지 않으므로 오히려 주주·채권자보다 더 강하게 회사와 결속되어 있다고도 할 수 있다. 다만 이는 회사의 본질에 관한 주주 자본주의와 이해관계자 자본주의의

32) 김건식외, 앞의 책(주 14), 24면.

차이라는 근원적이고 철학적인 문제와 관련된 쟁점이므로, 이 글에서는 다루지 않기로 한다.

Ⅲ. 현행 한국 회사법의 분석

1. 분석의 틀

이러한 이익충돌의 문제를 방지 또는 구제하기 위한 한국 회사법의 여러 제도는 매우 방대하므로, 이를 개관하기 위해서는 적절한 분류 내지 분석의 틀이 필요하다.

먼저 명확하고 구체적인 규범인 룰(rule)과 추상적이고 판단 여지를 남기는 규범인 스탠다드(standard)의 구분이 있다.[33] 예컨대 특수관계인의 범위를 세밀하게 정의하고 그에 해당하는 자와 거래를 하는 경우에 이사회 승인을 받도록 하는 방식의 규율은 룰에 해당하고, 이익충돌을 회피할 신인의무를 부과하는 규율은 스탠다드에 해당한다.

이는 각각의 장단점을 가진다. 룰은 ① 판단자의 재량이나 편견을 배제하여 더 공정하고, ② 예측가능성과 법적 안정성을 부여하여 경제적 효율성을 달성하고, ③ 자의를 배제하여 법치주의와 자유를 증진하며, ④ 사법부의 과도한 권한을 견제함으로써 권력분립과 민주주의에 더 부합한다는 장점을 갖는다고 주장된다. 반면

---

33) 룰과 스탠다드의 근본적인 차이점이 무엇인가에 관하여는 논자마다 설명이 다르다. 결정권자에게 재량이 있는지 여부(relative discretion they afford to the decisionmaker)를 핵심적인 차이로 보기도 하고(Frank Cross, Tonja Jacobi, and Emerson Tiller, "A Positive Theory of Rules and Standards", 2012 *University of Illinois Law Review* 1 (2012), p. 16), 사전적이냐 사후적이냐를 핵심적인 차이로 보기도 한다(Louis Kaplow, "Rules Versus Standards: An Economic Analysis", 42 *Duke Law Journal* 557 (1992), p. 560) ("the only distinction between rules and standards is the extent to which efforts to give content to the law are undertaken before or after individuals act").

스탠다드는 ① 사안별로 공통점과 상이점을 고루 고려할 수 있어 오히려 더 공정하고, ② 시간에 따라 변화하는 환경에 적응할 수 있어 효율성 증진에도 룰보다 더 유리하며, ③ 형평에 근거함으로써 실질적 평등을 증진하고, ④ 판사로 하여금 책임 있는 숙고와 판단을 하게 한다고 주장된다.[34]

다만 현실에서 발견되는 규범들은 룰이라고 하기에는 추상적이고 스탠다드라고 하기에는 구체적인 경우도 있으므로, 이런 분류가 늘 용이하지는 않다. 또한 두 방식이 중첩적으로 사용되기도 한다. 예컨대 자기거래에 관한 상법 제398조는 누구와의 거래에 관하여 이사회의 승인을 받아야 하는가에 관하여는 룰 방식으로 상세하게 규정하고 있지만, 일단 이사회에 부의되면 이사들은 선관주의의무와 충실의무라는 스탠다드에 따라 이를 심의하여야 한다.

또 하나의 유용한 분류는 사전적(ex ante) 규범과 사후적(ex post) 규범의 구분이다. 사전적으로 이익충돌 상황이 조성되지 않도록 하거나 이익충돌 행위를 하지 않도록 방지하는 규범과, 이익충돌 행위를 사후에 징벌하고 손익을 교정하기 위한 규범으로 구분하는 것이다. 물론 다수의 사후적 구제규범들은 사전적 경고기능도 수행하므로 사전/사후의 구분이 늘 명확한 것은 아니다. 대체로 룰은 사전적 규범에, 스탠다드는 사후적 규범에 대응하는 경향이 있으나,[35] 실제로 존재하는 규범들이 반드시 그러한 대응을 보이는 것은 아니다.[36]

34) 룰과 스탠다드 각각의 장단점에 관하여는, Ward Farnsworth, *The Legal Analyst,* The University of Chicago Press, 2007, pp. 163-171; Kathleen Sullivan, "The Justice of Rules and of Standards", 106 *Harvard Law Review* 22 (1992), pp. 57-69.

35) 각주 33의 Kaplow 인용부분 참조.

36) 스탠다드 중에서도 사전적인 것들은 주로 경영자를 수범자로 하는 행위기준(standard of conduct)에 해당하고 사후적인 것들은 법관을 수범자로 하는 재고기준(standard of review)에 해당한다. 이러한 구분에 관하여는 Melvin A. Eisenberg,

넓은 의미의 사전적 규범은 기관구성 및 권한의 배분에 관한 조직규범과 사전적 행위기준을 제시하는 행위규범으로 구분해 볼 수 있을 것이다. 또한 구제수단은 손해를 배상하게 하는 배상형, 사전적으로 거래를 못하게 하거나 사후적으로 거래의 효력을 부인하는 저지형, 조직으로부터의 탈퇴 및 환급을 허용하는 퇴사형으로 구분해볼 수 있을 것이다.[37] 이하에서는 이익충돌의 유형별로 현행법을 조직규범, 행위규범, 구제수단으로 구분하고, 구제수단은 다시 저지형, 배상형, 퇴사형으로 나누되, 그 각 구분 내에서 룰/스탠다드의 구분도 의식하며 간략히 개관한다.

2. 주주와 경영자 사이

(1) 개　관

이하에서 살펴보듯이 현행 상법은 이사에게 일정한 의무와 책임을 부과하고 주주에게 다양한 권리를 부여하여 이사의 사익추구를 제어하는 장치를 다양하게 마련하고 있다. 반면 이사 아닌 경영자들, 특히 실제 한국 회사에서 임원진의 절대 다수를 점하고 있는 이른바 비등기임원에 관하여 상법은 집행임원(제408조의2) 및 이른바 표현이사(제401조의2 제1항 제3호) 외에는 별다른 언급을 하고 있지 않다.[38]

"The Divergence of Standards of Conduct and Standards of Review in Corporate Law", 62 *Fordam Law Review* 437 (1993); 김정호, "회사법상 행위기준과 재고기준", 상사법연구 제30권 제3호(2011), 229면.

37) 김건식외, 앞의 책(주 14), 27-29면에서는 회사법의 규제방식을 회사경영에 대한 참여, 저지형 구제수단(효력의 부인), 배상형 구제수단, 퇴사형 구제수단, 정보개시의 강제로 구분하고 있다.

38) 집행임원제도를 선택한 회사에서는 이사회가 집행임원의 선임, 해임, 보수결정을 하므로 주주총회는 이사회를 통해 간접적으로 이를 통제할 수 있으나(제408조의2 제3항), 실제로 집행임원제도를 선택한 회사는 거의 없다. 집행임원제도를 선택하지 않더라도 "이사가 아니면서 회사의 업무를 집행할 권한이 있는 것으로 인정될만한 명칭을 사용하여 회사의 업무를 집행한 자"는 이사에 준하는 책임을 진다

한편 아래에서 설명하는 규정의 일부는 경영자뿐 아니라 지배주주의 사익추구 행위를 방지하고 그 구제수단을 마련하는 기능도 아울러 가지고 있다. 그 경우 중복을 피하기 위해 일단 Ⅲ.2에서 설명하고 필요한 경우 Ⅲ.3에서 간단히 부연하기로 한다.

(2) 조직규범

1) 기관구성

이사회를 구성하는 이사는 주주총회에서 선임(제382조) 및 해임(제385조 제1항)하므로 전체로서의 주주(shareholder as a whole)는 이사 신분을 부여하거나 박탈할 수 있는 강력한 힘을 가진다. 주주제안권을 통해 이사선임 안건 또는 이사해임 안건을 상정할 수도 있고(제363조의2),[39] 해임안이 주주총회에서 부결되면 소수주주권으로 법원에 해임청구를 할 수도 있으며(제385조 제2항), 선임결의는 단순히 가장 많은 득표자가 선임되는 것이 아니라(plurality rule) 찬성표가 반대표보다 많은 득표자가 선임되므로(majority rule), 이사의 선임 및 해임에 관한 주주들의 권한은 상당히 강력한 편이다.[40] 더구나 이사의 임기는 정관으로 정하되 3년을 넘지 못한다(제383조 제2항). 그러므로 이사의 사익추구행위에 대하여 주주는 임기 중 해임

(제401조의2 제1항 제3호).

39) 다만 상장회사의 경우 이사해임에 관한 주주제안은 회사가 거절할 수 있다(상법 제363조의2 제3항, 상법시행령 제12조 제4호).

40) 이런 점에 있어 한국법은 미국에서 주주권강화론의 입장에서 제기되는 몇몇 주장들을 이미 반영하고 있는 셈이다. Lucian Bebchuk, “The Case for Increasing Shareholder Power”, 118 *Harvard Law Review* 833 (2005), pp. 870-872 및 Lucian Bebchuk, “Letting Shareholder Set the Rules”, 119 *Harvard Law Review* 1784 (2006), pp. 1784-1785(기본정관[charter] 개정에 관한 주주제안권 도입 주장); Lucian Bebchuk, “The Myth of the Shareholder Franchise”, 93 *Virginia Law Review* 675 (2007), pp. 701-704(이사 선임시 plurality rule 대신 majority rule을 채택하여 찬성과 기권 외에 반대도 가능하도록 하고 반대표가 더 많은 경우에는 이사로 선임되지 못하도록 하자고 제안함).

또는 임기만료 후 재선임 거부 등을 통해 제재를 가할 수 있다.

2) 권한배분

상법은 주식회사의 기관으로 주주총회와 이사회를 두어서 중요한 경영상의 의사결정은 이사회에 맡기되, 근본적인 변경에 관하여는 주주총회의 결의를 요구한다. 보통결의 사항으로는 이사 선임, 재무제표 승인, 이익배당 등이 있고, 특별결의 사항으로는 이사 해임, 정관 변경, 자본금 변경, 액면미달발행, 영업양수도, 사후설립, 합병, 분할, 분할합병, 포괄적 주식교환, 해산 등이 있다. 이처럼 주주들은 회사의 근본적인 변경에 관해 최종 결정권을 보유함으로써 경영자가 이를 통해 사익을 추구하는 것을 견제할 수 있다.

주주총회는 이사회에서 소집하는 것이 원칙이나(제362조), 상법은 소수주주권으로 주주에 의한 주주총회 소집청구권(제366조) 및 주주제안권(제363조의2)을 인정하고 있고 주주제안권의 대상은 의제만이 아니라 구체적인 의안도 포함된다. 즉 상법은 이론적으로는 주주의 이니시어티브를 상당히 보장하고 있어서, 주주총회를 통한 경영자의 통제는 단순히 사후적일 뿐 아니라 선제적일 수도 있다.

이사회 결의 시에 특별이해관계 있는 이사는 의결권이 없다(제391조 제3항→제368조 제3항). 여기서 특별이해관계는 이사로서 가지는 이해관계가 아닌 개인적 이해관계를 의미한다는 개인법설이 통설·판례이므로, 예컨대 대표이사 선임·해임시 당해 이사는 특별이해관계인이 아니나, 자기거래·경업·회사기회유용 승인시 당해 이사는 특별이해관계인에 해당한다. 이 조항은 주주와 경영진 간의 이익충돌을 해결하는 데에 유용할 것 같지만 실제 효용은 제한적인 것으로 보인다. 현행법과 판례는 특정 이사를 특별이해관계인으로 보아 이사회에서 의결권을 부정하거나 특별이해관계인이 아니라고 보아 아무 제한도 두지 않거나 둘 중 하나의 선택지만을 제공할 뿐이고, 특별이해관계인이라고 볼 정도는 아니지만 완전한 중립성은 갖추지 못한 경우에 적용될 수 있는 중간적 법리(예컨대 경영판단원칙의 배제 또는 손해배상청구권 요건사실의 증명책임의 전환 등)를 마련하지 못하고 있기 때문이다. 예컨대 계열사와의 거래 승인에 있어서 그 그룹에서 장기 봉직한 사내이사 또는 총수와 절친한 사외이사 등은 간접적·사실적인 이해관계를 가질 수 있어 중립성에 의심을 받을 수 있는데, 이런 경우는 특별이해관계인은 아니므로 의결권이 제한되지 않고,[41] 그 밖에 그를 견제할 중간적 법리는 존재하지 않는다.

주주-경영자 간 이익충돌 방지를 위한 또 하나의 장치로서 회사와 이사 간의 소송에서는 감사가 회사를 대표하도록 하였다(상법 제394조 제1항). 원래 회사의 재판상, 재판외 행위를 대표할 권한은 대표이사에게 있으나, 회사와 이사 간에 소송에서는 대표이사가 중립성을 지키기 어렵다고 보아 대표이사의 대표권을 제한하고 감사에게 이를 부여한 것이다.

3) 보수통제

이사의 보수에 대한 주주의 통제권도 한국법은 강력하게 인정하는 편이다. 이사의 보수는 정관에서 그 액을 정하지 않으면 주주총회 결의로 정하도록 하고(제388조), 주식매수선택권(stock option)도 정관에 근거규정을 두고 주주총회 특별결의로 부여하도록 함으로써(제340조의2)[42] 비교법적으로 보더라도 매우 강력한 주주통제하에 두고 있다. 현실적으로는 이사의 보수 총액의 한도를 정기주주총회에서 승인하는 방식으로 이루어지고 있어서 개별보수의 통

41) 정책적으로 보더라도 그런 경우까지 아예 의결권을 박탈하는 입법이나 해석은 과다하다고 판단된다.

42) 다만 상장회사의 경우 일정한 범위 내에서는 이사회 결의로 부여할 수 있다(제542조의3 제3항).

제는 미약한 점이 있으나,[43] 정관의 정함 또는 주주총회의 결의 없이는 이사의 보수청구권이 인정되지 않으므로[44] 과다보수를 통한 이사의 사익추구는 적어도 다수주주가 통제하려고 들면 엄격히 통제할 수 있는 셈이다.

(3) 행위규범

1) 선관주의의무

이사는 회사와 위임관계에 있으므로, 선량한 관리자의 주의로써 사무를 처리할 의무를 부담한다(제382조 제2항). 여기서 '선량한 관리자의 주의'라는 요건은 전형적인 스탠다드에 해당하는데, 그 판례상 기준은 만족스럽게 축적되지는 않은 상태이다. 판례는 이른바 경영판단원칙을 채택하여 ① 필요한 정보의 충분한 수집·조사·검토를 거쳤고, ② 회사의 최대 이익에 부합한다는 합리적인 신뢰에 기하여, ③ 신의성실에 따라 경영상 판단을 하였고, ④ 그 내용이 현저히 불합리하지 아니할 것 등의 요소들을 갖추었다면 허용되는 경영판단의 재량범위 내에 있으므로 선관주의의무 기타 의무위반에 해당하지 않고 손해배상책임이 발생하지 않는다고 본다.[45]

이와 관련하여 이익충돌이 존재하는 경우에도 경영판단원칙이 적용되는지가 문제된다. 경영판단원칙의 원산지라 할 수 있는 미국에서는 이익충돌이 존재하는 경우에는 그 적용을 배제하고 있으나, 우리 대법원에서는 이익충돌이 문제되는 계열사 간 거래 등에서도 이를 배제하지 않고 동일한 원칙을 일반론으로 설시하고 있다. 다만 실제 그 결론에 있어서는 계열회사 간 거래, 특히 부실계

---

43) 한편 상장회사의 경우 임원 개인별 보수가 5억원을 넘는 경우에는 그 산정기준, 방법 및 액수를 사업보고서에 기재함으로써 공시하여야 한다(자본시장법 제159조 제2항 제3호).

44) 대법원 2004. 12. 10. 선고 2004다25123 판결, 대법원 2014. 5. 29. 선고 2012다98720 판결 외 다수.

45) 대법원 2007. 10. 11. 선고 2006다33333 판결 외 다수.

열사에 대한 지원행위에 관하여 이사의 책임을 인정한 사례가 부정한 사례보다 훨씬 더 많은 것으로 보인다.[46] 즉 이익충돌 상황에서 경영판단원칙이 적용되는지 여부에 관한 법원의 추상론에 따라 한국법과 미국법의 차이를 인식하는 것은 양자의 차이를 과장할 수 있다. 미국법에서 경영판단원칙이 적용되면 이사의 책임은 거의 대부분 부정되지만, 한국 판례에서는 경영판단원칙을 일반론으로 설시하면서도 그 요건을 충족하지 못했다고 보아 이사의 책임을 긍정한 사례도 드물지 않기 때문이다.[47]

선관주의의무의 일환으로 이사는 다른 이사의 업무집행이 법령 또는 정관에 위반됨이 없이 적절하게 이루어지고 있는지를 감시하고, 부적절한 행위를 방지하기 위해 적절한 조치를 취할 감시의무를 부담한다. 다른 업무담당이사의 업무집행이 위법하다고 의심할 만한 사유가 있었음에도 불구하고 이를 방치한 때에는 이로 말미암아 회사가 입은 손해를 배상할 책임이 있다.[48] 개개의 이사들은 합리적인 내부통제시스템을 구축하고 그것이 제대로 작동하도록 배려할 의무가 있으며, 지속적이거나 조직적인 감시 소홀의 결과로 발생한 다른 이사나 직원의 위법한 업무집행으로 인한 손해를 배상할 책임이 있다.[49] 이러한 감시의무는 동료 이사들 간에 이익충돌 행위를 감시할 유인을 제공한다.

---

46) 문호준·김성민, "부실계열회사의 처리에 관한 법적 쟁점", BFL 제59호, 서울대학교 금융법센터(2013. 5), 61-62면 참조.

47) "필요한 정보를 충분히 수집·조사하고 검토하는 절차를 거친 다음 이를 근거로 회사의 최대 이익에 부합한다고 합리적으로 신뢰하고 신의성실의 원칙에 따라 경영상의 판단을 내린 것이라고 볼 수 없으므로"라고 하여 결국 경영판단원칙의 적용 요건을 충족하지 못하였다고 설시한다. 대법원 2011. 10. 13. 선고 2009다80521 판결, 대법원 2008. 7. 10. 선고 2006다39935 판결 등 다수. 이처럼 대법원 판례가 설시하는 경영판단원칙은 미국법에서 발전한 경영판단의 원칙(business judgment rule)과 추상론은 흡사하지만 실제 작동방식은 상당히 다르다.

48) 대법원 2004. 12. 10. 선고 2002다60467, 60474 판결.

49) 대법원 2008. 9. 11. 선고 2006다68636 판결.

2) 충실의무

이사는 법령과 정관의 규정에 따라 회사를 위하여 그 직무를 충실하게 수행하여야 한다(제382조의3). 충실의무라는 제목을 달고 있는 이 조문의 구체적인 의미에 관하여는 논란이 있다.

판례는 종래 "선관주의의무 내지 충실의무"라는 식으로 뭉뚱그려 표현하고 있었고, 학설상으로도 이 조문의 독자적 의미를 부정하여 선관주의의무와 다른 것이 아니라는 견해가 많다(이른바 동질설).[50] 그러나 입법 당시의 논의과정을 보면 영미법상의 신인의무(fiduciary duty), 그 중에서도 충성의무(duty of loyalty)를 도입하기 위한 것이었으므로 그와 같이 이해하는 것이 타당하고,[51] 이는 연혁적으로도 선관주의의무와 전혀 다른 발생기원을 갖는다.[52] 최근 대법원은 두 판례에서 선관주의의무와 연계하지 않고 충실의무를 설시하였는데,[53] 이 두 판례는 충실의무 위반을 이유로 단순한 주의의무 위반이라면 인정하기 쉽지 않았을 결론(주총결의까지 거친 보수의 부인, 약정에 따른 권리행사의 남용 인정)에 이르고 있어, 둘 사이에 차이가 없다는 동질설의 종래 지적에 대한 강력한 반박 근거를 제공하고 있다. 충실의무의 독자적 의미를 인정하면 아래에서 보는 자기거래, 회사기회유용, 경업 등 구체적인 상법 조문이 적용되

---

50) 송옥렬, 상법강의(제6판), 홍문사, 2016, 1004면(주의의무와 충실의무 위반의 판단기준이 다르지 않기 때문에 상법의 구조가 둘을 구분하고 있다고 보기 어렵다는 점 등을 근거로 제382조의3에 독자적 의미를 부여할 이유가 없다고 함). 현재 다수설이다.

51) 김건식외, 앞의 책(주 14), 406면; 이중기, 앞의 책(주 6), 29면.

52) 박기령, "이사의 선관의무와 충실의무의 법사학적 기원에 관한 고찰", 상사법연구 제30권 제2호(2011) 참조.

53) 대법원 2016. 1. 28. 선고 2014다11888 판결(과다한 보수지급은 충실의무에 위반하는 배임행위로서 주주총회 결의를 거쳤어도 무효라고 함); 대법원 2016. 8. 24. 선고 2016다222453 판결(대표이사가 회사를 대표하여 채무이행을 구하는 소송수행 중에 그 채무를 면제하는 약정을 체결한 경우, 이는 충실의무에 위배되는 행위이므로 그 약정의 상대방은 회사를 상대로 약정의 유효를 주장할 수 없다고 함).

지 않는 상황에서도 이익충돌을 회피하여야 할 이사의 일반적인 의무를 도출하는 근거가 될 것이다.[54] 이는 전형적인 스탠다드에 해당하지만 구체적인 내용을 제시할 판례상 기준은 아직 충분히 형성되지 않은 상태이다.

3) 개별적인 이익충돌 관련 의무

충실의무에 관한 제382조의3은 매우 추상적이므로 실제 그 효용은 아직까지는 다소 의심스럽다. 다만 상법은 보다 구체적인 이익충돌 상황(경업, 자기거래, 회사기회유용)에 관한 조문을 마련하고 있다.[55] 이 조문들은 충실의무 조항보다는 훨씬 구체화되고 사전적으로 이사회 승인을 거치라는 절차적 요구를 함으로써 조금 더 룰에 가까운 모습을 보인다.

첫째, 경업금지 의무이다. 이사는 이사회 승인 없이 회사의 영업부류에 속한 거래를 하거나 동종영업을 목적으로 하는 다른 회사의 무한책임사원·이사가 되지 못한다(제397조). 이사 개인이 경업을 하는 경우뿐만 아니라, 경업을 하는 다른 회사의 지배주주가 되어 그 회사의 의사결정과 업무집행에 관여할 수 있게 되는 경우에도 자신이 이사로 있는 회사의 이사회 승인을 얻어야 한다.[56]

둘째, 자기거래금지 의무이다. 이사, 주요주주, 기타 제398조 각호에 열거된 자[57]가 자기 또는 제3자의 계산으로 회사와 거래를

---

54) 유영일, "이사의 충실의무의 체계화에 관한 연구", 상사판례연구 제26집 제4권(2013), 350면(회사와 이사 간의 이익충돌행위가 다양해질수록 상법 제382조의3의 독자적 적용이 필요해질 것임을 지적하며 법원의 적극적 시도가 중요하다고 함).

55) 강학상 제397조, 제397조의2, 제398조의 3개 조문에 따른 의무를 '이익충돌방지의무'{장덕조, 회사법(제3판), 법문사, 2017, 349면}, '이사와 회사의 이익충돌방지'{이철송, 회사법강의(제24판), 박영사, 738면} 등의 소제목 하에 서술하기도 한다.

56) 대법원 2013. 9. 2. 선고 2011다57869 판결.

57) 제1호: 회사의 이사, 주요주주(10% 이상 또는 사실상 영향력을 가진 주주)
제2호: 그들의 배우자·직계존비속

하는 경우에는 미리 이사회의 승인을 받아야 한다(398조). 이 중에서 이사 및 그 특수관계인과의 거래에 관한 부분은 주주-경영자 간 이익충돌을 규제하는 규범이라 할 수 있지만, 주요주주 및 그 특수관계인과의 거래에 관한 부분은 지배주주-비지배주주 간 이익충돌을 규제하는 규범으로 기능하게 된다. 승인을 받지 않은 자기거래의 효력에 관해서는 당사자 사이에서는 무효이고 제3자에 대해서는 그가 악의·중과실인 경우에 무효라는 상대적 무효설이 통설·판례이다.[58] 이는 이사회 승인을 받지 않은 자기거래의 무효를 주장할 수 있는 권리를 회사에 부여하는 셈이 되고, 특히 그 거래로 부동산이 양도된 때에는 거래의 무효를 이유로 이를 되찾을 권리를 갖는데 이는 물권적 청구권에 해당하므로 회사는 시효에 걸리지 않는 막강한 사후적 구제수단을 가지게 된다.

셋째, 회사기회유용금지 의무이다. 이사는 회사에 이익이 될 수 있는 사업기회로서, ① 이사가 직무수행과정에서 알게 되었거나 회사의 정보를 이용한 사업기회 또는 ② 회사가 수행하고 있거나 수행할 사업과 밀접한 관계가 있는 사업기회를 이용하고자 할 때에는 이사회의 승인을 받아야 한다(397조의2). 이 둘 중 어느 하나에 해당하고 회사에 이익이 될 수 있는 사업기회이면 제397조의2가 적용되는 '회사기회'에 해당하므로, 당해 이사는 이를 함부로 취해서는 안 되고 이사회 승인을 받아야 한다. 명문상으로는 이사에게만 적용되고, 집행임원에 준용된다(408조의9). 이사 이외에 주요주주, 그들의 특수관계인 등을 적용대상으로 하는 자기거래와 다르다.[59]

제3호: 그들의 배우자의 직계존비속
제4호: 그들이 50% 이상을 가진 회사 및 그 자회사(50% 초과 보유)
제5호: 그들이 다시 50% 이상을 가진 회사.

58) 대법원 2005. 5. 27. 선고 2005다480 판결 외 다수. 이철송, 앞의 책(주 48), 760면; 정찬형, 상법강의(상)(제19판), 박영사, 2016, 1010면.

59) "회사의 이사회가 충분한 정보를 수집·분석하고 정당한 절차를 거쳐 회사의 이익

넷째, 상장회사는 그의 주요주주(10% 이상 또는 사실상 영향력을 가진 주주) 및 그 특수관계인, 이사, 제401조의2에서 정한 업무집행지시자등, 집행임원, 감사에게 신용공여[60]를 할 수 없다(제542조의9 제1항).[61] 즉 이사회 승인을 요하는 것이 아니라 아예 금지된다. 이 중 주요주주 및 그 특수관계인에 관한 부분은 지배주주-비지배주주 간 이익충돌에 대처하는 장치라 할 수 있다.

(4) 구제수단

1) 저 지 형

이사가 법령 또는 정관에 위반한 행위를 하여 이로 인하여 회사에 회복할 수 없는 손해가 생길 염려가 있는 때에는 감사 또는 1% 이상 주주는 회사를 위하여 이사에 대하여 그 행위를 유지할 것을 청구할 수 있다(제402조). 실무상 이러한 위법행위유지청구권을 피보전권리로 하여 금지가처분을 청구하는 예가 많다.

또한 주주총회 결의의 하자를 다투는 무효의 소, 취소의 소, 부존재확인의 소 등도 주주가 이사의 사익추구행위를 저지하는 수단으로 사용될 수 있다. 이러한 소를 통해 이사선임결의의 효력을 다투는 경우에는 이사에 대한 직무집행정지가처분과 직무대행자선

을 위하여 의사를 결정함으로써 사업기회를 포기하거나 어느 이사가 그것을 이용할 수 있도록 승인하였다면 그 의사결정과정에 현저한 불합리가 없는 한 그들의 경영판단은 존중되어야 한다"(대법원 2013. 9. 2. 선고 2011다57869 판결). 즉 이사회의 사업기회 포기 또는 사업기회 이용승인 결정이 있었고, 경영판단원칙에 비추어 그 결정에 선관주의의무 위반이 없었다면, 승인한 이사는 물론 사업기회를 이용한 이사도 손해배상책임이 없다. 다만 이사회 승인은 있었지만 그 승인결정이 선관주의의무에 위반한 경우에는, 승인한 이사들은 회사에 손해배상책임을 진다.

60) 신용공여란 금전 등 경제적 가치가 있는 재산의 대여, 채무보증의 보증, 자금지원적 성격의 증권매입 등 거래상의 신용위험이 따르는 직접적·간접적 거래를 말한다(542조의9 1항).

61) 다만 복리후생을 위한 신용공여, 상장회사의 경영건전성을 해칠 우려가 없는 일정한 신용공여는 허용된다(제542조의9 제2항).

임가처분도 제기할 수 있다(제407조).

사후적으로는 회사의 중대한 변경(합병, 자본금감소, 분할, 분할합병, 포괄적 주식교환 등)에 대하여 일정한 제척기간 내에 각종 무효의 소가 단독주주권으로 인정된다. 이들 행위는 주주총회의 특별결의를 요하므로 이미 지배주주의 의사가 반영된 것인데, 주주라면 지분비율을 묻지 않고 그 효력을 다툴 수 있으므로 비지배주주가 지배주주의 사익추구행위를 견제하는 장치로도 활용될 수 있다. 또한 이러한 무효의 소 제기권을 피보전권리로 한 가처분도 자주 제기된다.

2) 배 상 형

이사가 고의 또는 과실로 법령 또는 정관에 위반한 행위를 하거나 그 임무를 게을리한 경우에는 그 이사들은 연대하여 회사에 대하여 손해를 배상할 책임이 있다(제399조). 여기서 '임무를 게을리한 경우'에는 앞서 본 이사의 선관주의의무 및 충실의무를 위반한 경우가 포함되고, '법령 위반'에는 실정법규 위반 외에도 이사회 승인을 받지 아니하고 경업, 자기거래, 회사기회유용 등을 한 경우도 포함된다. 즉 제399조에 의한 회사의 손해배상청구권은 이사에게 적용되는 여러 행위규범의 실효성을 확보하는 가장 대표적인 사후적 구제수단이라 할 수 있다. 회사가 이 권리를 행사하지 아니할 때에는 주주는 회사를 대표하여 소송을 제기할 수 있다(제403조).

다만 제399조 및 제403조에 의한 구제수단은 회사로 배상을 하라는 것이므로 주주 개인을 직접 만족시키지는 못한다. 이때 제401조에 기한 제3자의 손해배상청구권이 활용될 수 있다. 즉 이사가 고의 또는 중대한 과실로 그 임무를 게을리한 때에는 그 이사는 제3자에 대하여 연대하여 손해를 배상할 책임이 있고(제401조), 여기의 제3자에는 주주도 포함된다. 다만 회사의 손해로 인하여 주주가 입게 되는 주식가치의 하락을 뜻하는 이른바 간접손해는 본조에 의해 배상받을 수 없고, 직접손해만 배상받을 수 있다는 것이 판례의 태도이다.[62]

이러한 배상형 구제수단은 문제된 행위 자체를 봉쇄하는 것이 아니라는 점에서 덜 경직적이나, 현실적으로 손해의 증명이 어렵거나 소송을 통한 경제적 기대효과가 적은 경우에는 실효적인 구제수단이 되기 어렵다. 예컨대 소송비용의 과다, 소송절차의 지연, 배상액의 과소, 승소 시 변호사비용 구상 제한 등은 모두 소송을 통한 구제의 유인을 줄이게 된다. 반면 ① 증거개시(discovery) 제도 등을 통한 용이한 증거확보, ② 집단소송(class action)에 의한 소송비용의 감소와 절차 촉진, ③ 징벌적 손해배상(punitive damages) 등을 통한 높은 배상의 가능성, ④ 승소 시 변호사비용의 관대한 보전 등은 소송을 통한 구제의 유인을 늘린다. 즉 저지형 구제수단에 비하여 배상형 구제수단은 법원을 포함한 사법 인프라가 성숙된 사회에서 비로소 작동할 수 있고,[63] 조금 더 냉소적으로 말하면 소송친화적인 미국에서 가장 잘 작동할 수 있다.

3) 퇴 사 형

영업양수도, 합병, 분할합병, 포괄적 주식교환 등의 경우에 그에 관한 주주총회 결의에 반대하는 주주들에게는 주식매수청구권이 주어진다. 그러나 이는 경영자 통제수단이라기보다는 지배주주와의 관계에서 비지배주주를 보호하는 역할을 주로 하므로 뒤에서 다룬다.

4) 형사처벌

현실적으로 이사의 사익추구행위에 대한 가장 강력한 징벌수

62) 대법원 2012. 12. 13. 선고 2010다77743 판결.

63) 김건식외, 앞의 책(주 14), 28면.

단은 업무상 배임죄로 처벌하는 것이다. "타인의 사무를 처리하는 자가 그 임무에 위배하는 행위로써 재산상의 이익을 취득하거나 제3자로 하여금 이를 취득하게 하여 본인에게 손해를 가한 때"에 5년 이하의 징역 또는 1천500만원 이하의 벌금에 처하고(배임죄, 형법 제355조 제2항), "업무상의 임무에 위배하여 [배임죄]를 범한 자는 10년 이하의 징역 또는 3천만원 이하의 벌금에 처"하며(업무상배임죄, 형법 제356조), 배임죄의 이득액이 50억원 이상이면 무기 또는 5년 이상의 징역, 5억원 이상 50억원 미만이면 3년 이상의 유기징역에 처하고 이득액 이하에 상당하는 벌금을 병과할 수 있다(특정경제범죄가중처벌등에 관한 법률 제3조).[64)]

이사가 선관주의의무 또는 충실의무에 위반하여 회사에 손해를 끼친 경우에 업무상 배임죄로 처벌된 사례는 매우 많고, 실제로 기업 입장에서는 민사책임보다 형사책임으로 인한 리스크를 훨씬 더 중요하게 여긴다. 피해자 입장에서도 민사책임에 앞서 형사책임을 묻는 것을 선호한다. 그 이유로는 ① 수사기관에 의한 강제수사에 의해 증거를 확보할 수 있어 민사소송에도 도움이 되고, ② 강제수사의 압박을 가함으로써 합의금 등의 형식으로 손해를 전보받을 수 있으며, ③ 업무상 배임죄는 실해발생의 위험만으로 성립하기 때문에 손해액 및 인과관계를 입증할 필요가 없고,[65)] ④ 신분

64) 그 밖에 상법 제622조의 특별배임죄도 있으나, 형법상 업무상 배임죄와 형량이 같고 특경법으로 가중되지도 않으므로 그 존재 의의가 미미하고 실제 적용례도 많지 않다.

65) 다만 최근 대법원은 실해 발생의 위험을 비교적 엄격하게 판단하기 시작하였다. 예컨대 주식회사의 대표이사가 대표권을 남용하여 약속어음을 발행한 경우, 상대방이 남용임을 알았거나 알 수 있어 그 어음발행이 무효일 뿐 아니라 그 어음이 유통되지도 않았다면 회사에 현실적으로 손해가 발생하였다거나 실해 발생의 위험이 발생하였다고도 볼 수 없다는 이유로 배임의 기수가 아닌 미수로 처벌하여야 한다고 한다(대법원 2017. 7. 20. 선고 2014도1104 전원합의체 판결). 그러나 실해 발생의 위험이 인정되지 않더라도 미수로 처벌되므로, 손해액과 인과관계를 입증하여야 배상을 받을 수 있는 민사적 구제보다 훨씬 강력하다는 점에는 변함이 없다.

범임에도 불구하고 공모공동정범이 폭넓게 인정되어 이사 아닌 자들의 책임을 묻기가 민사책임에서보다 오히려 용이한 점 등을 들 수 있다. 즉 수사권과 소추권을 발동시킬 수만 있다면 형사적 구제가 민사적 구제보다 훨씬 더 강력하고 효과적인 것이다.

3. 지배주주와 비지배주주 사이

(1) 개 관

앞서 보았듯이 현행 상법은 주로 경영자, 그 중에서도 이사의 행위를 통제하는 데 주안점을 두고 있다. 주주는 마치 단일한 선호를 가진 집단처럼 '주주'라고만 기술되고, 지배주주와 비지배주주를 구분하는 경우는 그리 많지 않다. 이는 우리 회사법이 다른 나라와 마찬가지로 기본적으로 주주-경영자의 이익충돌을 중심으로 보았기 때문일 것이다. 이처럼 주주-경영자의 이익충돌을 중심 문제로 본다면, 강력한 지배주주의 존재는 오히려 경영자의 사익추구를 제어하여 대리비용을 줄이는 긍정적 요소가 된다.[66]

그러나 전술하였듯이 한국 현실에서는 순수한 의미의 경영자의 사익추구 못지않게 지배주주의 사익추구가 심각한 것으로 보인다. 이를 고려하여 2011년 상법개정에서는 최대주주, 주요주주 등에 적용되는 특칙들이 다수 추가되었고, 기업집단에 관한 각종 규제를 담고 있는 '독점규제 및 공정거래에 관한 법률'(이하 '공정거래법')에도 결과적으로 지배주주의 사익추구를 제한하는 제도들을 마련하고 있다. 그러나 여전히 지배주주-비지배주주 간의 이익충돌에 관해 현행법과 판례의 법리형성은 혼란스러운 단계이다.

---

66) 미국 뉴욕증권거래소에서 지배주주가 존재하는 경우에는 사외이사를 요구하지 않는 것이 그 예이다.

(2) 조직규범

1) 기관구성

지배주주와 비지배주주는 상법상으로는 똑같은 주주로 취급되고 각자 가진 주식 수만큼의 의결권을 가진다. 다만 일정한 경우에 지배주주의 의결권에 제한을 둠으로써 결과적으로 지배주주의 사익추구를 제한할 수 있는 제도적 장치를 마련하고 있다.

우선 감사 선임 시에 의결권 없는 주식을 제외한 발행주식 총수의 3%를 초과하는 수의 주식을 가진 주주는 그 초과주식에 관하여 의결권을 행사하지 못한다(제409조 제2항). 비교법적으로 유례를 찾기 힘든 이 조항으로 인하여 지배주주는 적어도 감사 선임에 관한 한 의결권에 중대한 제약을 받고, 그 결과 감사는 지배주주의 영향력으로부터 독립하여 지배주주의 영향력 하에 있는 경영자를 감사할 것이 기대된다.

한편 상장회사의 감사위원은 이사회에서 선임 및 해임되는 비상장회사의 감사위원과 달리 주주총회에서 선임 및 해임되는데, 감사 선임과 유사한 의결권 제한 규정이 마련되어 있다. 즉 ① '사외이사인 감사위원'의 선임 시에는 모든 주주에 대하여 개별 주주를 기준으로 3%의 의결권 제한이 있고,[67] ② '사외이사 아닌 감사위원'의 선임과 해임 시에는 특수관계인을 합산한 기준으로 최대주주에 대하여만 3%의 의결권 제한이 있다(제542조의11). 선임 시 3% 의결권 제한이라는 것 자체가 대주주를 차별적으로 불이익하게 취급하는 것인데, 상장회사의 '사외이사 아닌 감사위원'의 경우에는 (다른 주주의 의결권은 제한하지 않고) 최대주주에 대해서만, 게다가 특수관계인 지분을 합해서, 선임뿐 아니라 해임 시에도 제한하는 것이므로, 대주주를 '극히' 차별적으로 불이익하게 취급하는 것이다.

---

67) 해임시에는 의결권 제한이 없다. 즉 상법상 감사 선임의 경우와 같다.

이 역시 비교법적으로 유례가 없는 조문으로서 지배주주들의 감사위원 선임권뿐만 아니라 이사 선임권까지도 크게 제약하고 있다.

다만 현행법은 일단 이사를 선임한 후에 선임된 이사 중에서 별도의 결의로 감사위원을 선임하도록 하여(이른바 일괄선출제) 3% 제한을 이사선임 단계에서는 회피하고 있다. 이에 의하면 3%의 제한을 받지 않고 선임된 이사들 중에서 감사위원을 선임하게 되므로, 결국 감사위원 후보들은 대주주가 원하는 사람들로 구성되고, 감사위원 선임절차는 이들에 대한 찬반투표에 불과하게 된다. 이것이 3% 제한을 무력화시키는 것이라고 보는 입장에서 2013년 법무부가 입법예고했던 상법개정안 및 2016년에 발의된 여러 상법개정안에서는 '감사위원이 될 이사'와 '감사위원이 되지 아니하는 이사' 선임을 별도 안건으로 처리하도록 하여(이른바 분리선출제), 전자에 관해서는 3% 제한을 이사선임 단계에서부터 적용하려고 하고 있다. 이는 지배주주에 대한 견제라는 측면에서는 상당히 강력한 효과를 갖지만, '2대 주주' 내지 '연합한 2대 세력'에게 그들의 비례적 권리를 훨씬 넘어서는 힘을 줄 수 있다는 점에서 또 다른 이익충돌을 야기할 수 있다고 본다.[68)]

정관에서 배제하지 않으면 이사 선임 시에 소수주주의 청구에 따라 집중투표제를 실시하도록 한 것 역시 비지배주주의 대표자를 이사회에 진출시킬 수 있는 장치가 된다(제382조의2). 다만 실제로는 대부분의 회사가 정관으로 이를 배제하고 있어 실효성은 크지 않았는데, 최근 발의된 여러 법안은 일정 규모 이상의 상장회사에서 정관 규정에도 불구하고 소수주주의 청구가 있으면 집중투표를

---

68) 사외이사 아닌 감사위원의 선임과 해임에 관하여는 최대주주의 의결권만이 특수관계인을 합해 3%로 제한되고 2대 주주 이하의 의결권은 제한되지 않기 때문이다. 즉 최대주주의 권한을 견제하려는 입법의 부수적 효과로 2대주주들이 불비례적으로 강한 힘을 가질 수 있다.

의무적으로 실시하도록 하고 있다. 이 역시 비지배주주의 권한을 크게 강화하는 것이다.

특히 위에서 본 분리선출제와 집중투표제 의무화가 결합하면, 예컨대 일부 재무적 투자자들이 연합세력을 이루어 자신의 대표를 이사회에 진출시키기 용이해진다. 특히 사외이사 아닌 감사위원의 경우 최대주주의 의결권은 3%에 묶어 놓고 자신들의 의결권은 3% 제한을 받지 않으면서 특정 후보에게 집중하여 행사할 수 있다. 사외이사인 감사위원의 경우에는 모든 주주들이 3% 제한을 받지만, 최대주주의 의결권을 3%에 묶어 놓고 여타 주주들의 지분을 모으면 역시 자신의 대표를 이사회에 진출시킬 수 있다. 이러한 결과는 최대주주의 사익추구를 견제하는 데에는 도움이 되겠지만 2대 연합세력의 사익추구 가능성이라는 또 다른 위험을 발생시키므로, 두 제도의 중첩적인 도입은 바람직하지 않다고 본다.

2) 권한배분

이사회의 일정 수(상장회사는 1/4 이상, 자산총액 2조원 이상의 대규모 상장회사는 과반수)를 회사와 최대주주·주요주주로부터 독립성을 갖춘 사외이사로 두도록 한 것(상법 제542조의8)은 지배주주의 일방적인 영향력을 제한하는 역할을 한다. 사외이사를 둘 의무가 없다면 이사회 구성원이 지배주주의 특수관계인으로만 채워져서 비지배주주의 이익을 해하는 의사결정이 이루어질 가능성이 높기 때문이다. 물론 이에 대하여는 사외이사의 반대율이 낮아 거수기 역할에 그친다는 비판도 많으나, 사외이사들은 적어도 명백한 위법에 동조할 유인은 매우 적다는 점에서 그 의의를 경시할 수는 없다고 본다.

한편 주주총회에서 그 결의에 관하여 특별이해관계를 가진 주주는 의결권을 행사하지 못한다(제368조 제3항). 이때의 특별이해관계의 의미와 한계에 관하여는 Ⅲ.2.(1)에서 이사회에서의 특별이해관계에 관하여 설명한 바와 같다. 주주는 근본적으로 자신의 이익을 추구하는 자이므로 특별이해관계를 갖고 있다는 이유로 의결권을 박탈할 근거가 수임자인 이사의 경우보다 더욱 미약하다. 또한 현재의 통설인 개인법설은 특별이해관계의 범위를 설득력 있게 정의하고 있지도 못하다. 예컨대 모회사와 자회사의 합병 시에 자회사 주주총회에서 특별이해관계인이라는 이유로 모회사의 의결권을 박탈할 수는 없을 것인데, 그렇다면 모회사가 자회사의 사업을 양수하는 경우에 양도인인 자회사 주주총회에서 특별이해관계인이라는 이유로 모회사의 의결권을 박탈해서도 안 될 것이다. 그러나 통설인 개인법설에 의하면 전자의 경우에는 모회사의 의결권이 인정되지만, 후자의 경우에는 모회사는 의결권을 행사하지 못한다. 즉 주주는 근본적으로 회사의 의사결정에 참여하기 위해 주식을 소유한 것인데, 특별이해관계를 갖고 있다는 이유로 의사결정 참여 자체를 금지하는 기준에 대해 통설인 개인법설은 설득력 있는 기준을 제시하지 못하고 있는 것이다.

이처럼 특별이해관계 있는 주주의 의결권 제한은 일견 이익충돌의 경우에 중요한 역할을 수행할 것처럼 보이지만, 실제로는 모호한 적용범위, 의결권 행사가 금지된다는 너무 강력한 효과, 그리고 주주는 스스로의 이익을 추구한다는 근본개념과의 모순 때문에 실무상 축소 해석하거나 우회하는 경향이 있고, 그 결과 역설적으로 큰 역할을 하지 못하고 있다.[69]

69) 이 조항에 대한 비판적 견해는 매우 많은데 최근의 것으로 김정호, “회사법상의 특별이해관계”, 경영법률 제26집 제4호(2016), 176-180면(현재와 같은 광범위한 사전적 의결권 배제 대신 원칙적으로 사후적 통제를 하되, 이사인 주주의 면책결의 등 아주 제한적인 경우에만 사전적 의결권 배제를 병행하자고 함).

(3) 행위규범

1) 자기거래

앞서 경영자의 행위규범으로 열거한 것 중에서 실정법상 지배주주에 명백히 적용되는 것은 자기거래 금지의무뿐이다. 선관주의 의무, 충실의무, 회사기회유용금지의무, 경업금지 의무는 법문상 모두 이사(및 경우에 따라 집행임원)만을 그 수범자로 한다.

자기거래에 관한 제398조는 2011년 개정을 통해 이사 이외에도 주요주주, 그 배우자, 직계존비속, 배우자의 직계존비속은 물론, 그들이 50% 이상 소유한 회사 또는 그 자회사, 다시 그들이 50% 이상 소유한 회사까지 이사회 승인을 요하는 거래상대방으로 열거하고 있다. 따라서 회사와 지배주주 및 그 주요한 특수관계인 간의 거래는 일단 이사회의 승인을 요하는 거래가 되었고, 더구나 제398조는 그러한 거래의 절차와 내용이 공정해야 한다고 규정하고 있으므로, 이는 지배주주의 사익추구 행위를 견제할 중요한 진전이라고 하겠다. 다만 이에 따르더라도 이사회 승인을 받아야 할 의무 및 그 거래의 공정성을 확보할 의무(그리고 그러한 의무 위반에 따른 책임)는 거래상대방이 아니라 당해 거래를 수행하는 회사의 이사들에게 부과되는 것이다.

2) 지배주주의 충실의무

지배주주도 충실의무를 부담해야 한다는 주장이 예전부터 꾸준히 제기되고 있다.[70] 그런데 외국의 판례와 우리나라의 유력한 학설들이 주장하는 지배주주의 충실의무는 모든 경우에 이사와 동

70) 강희갑, "지배주주의 충실의무", 상사법연구 제12집(1993); 김재범, "주주 충실의무론의 수용－이사 충실의무와 관련하여", 비교사법 제22권 제1호(2015); 이중기, "'지배권 프리미엄'의 표현으로서 '다수지배원칙'과 통제장치로서의 '지배주주의 충실의무'", 상사법연구 제32권 제1호(2013) 등.

일하게 부과되는 것은 아니고, 대체로 ① 지배주주가 실제로는 이사 등 수임자의 권한을 행사하고 있을 때 그에 준하는 의무 또는 ② 신의칙에 위반하여 주주권을 행사하지 아니할 의무, 즉 자신의 비례적 이익을 초과하여 다른 주주들로부터 부를 뺏거나 다른 주주의 권리실현을 방해하지 말아야 할 의무를 의미한다.

예컨대 미국에서 지배주주의 충실의무가 인정된 기념비적 판례인 Sinclair Oil 사건은 97%를 소유한 모회사가 자회사로부터 과도한 배당을 수취하고 자회사의 사업기회를 박탈하는 등 자회사의 사업에 곤란을 겪게 한 사안에서, 97% 주주인 모회사가 나머지 3% 주주에 대한 충실의무를 위반하였음이 인정된 건이다.[71] 독일에서 지배주주의 충실의무가 인정된 대표적 판례인 Linotype 판결은 96% 주주가 합병에 반대하는 4% 주주 때문에 관련 법상 합병결의를 할 수 없게 되자 회사를 해산하고 청산절차의 일환으로 그 영업을 96% 주주회사에 양도함으로써 합병과 동일한 결과를 달성한 사안에 관한 것이다.[72] 두 사안 모두 지배주주의 남용적 주주권 행사로 소수주주의 이익침해라는 부당한 결과가 발생하였는데 이를 제어할 법적 장치는 미비했던 경우로서, 주주의 충실의무라는 법리가 신의칙과 같은 일반조항의 역할을 했다고 볼 수 있다.

이처럼 주주의 충실의무는 긍정론에 따르더라도 제한적·보충적이고 일종의 신의칙에 따른 의무로서, 회사와 자신의 이익이 대립할 때 회사의 이익을 우선해야 할 이사 등 수임자의 신인의무와 완전히 동일시하기는 어렵다. 따라서 지배주주의 충실의무라는 스탠다드가 지배주주-비지배주주 간의 이익충돌을 해결하는 만병통치약이 될 수는 없다고 본다.

71) Sinclair Oil v. Levien, 280 A.2d 717 (Del.1971).
72) BGHZ 103, 184 = WM 1988, 325.

3) 계열사간 거래 규제

지배주주-비지배주주의 이익충돌은 대부분 계열사간 거래에서 발생한다고 Ⅱ.2.(2)에서 서술하였다. 위에서 본 자기거래 규제 및 Ⅲ.2.(2)에서 본 주요주주에 대한 신용공여 금지(제542조의9 제1항) 역시 계열사 간 거래의 일부를 포섭하지만 그 외에도 계열사간 거래에 관한 몇 가지 규제가 더 있다.

우선 대규모상장회사(자산총액 2조원 이상)는 최대주주, 그의 특수관계인, 그 상장회사의 특수관계인으로서 대통령령으로 정하는 자를 상대방으로 하거나 그를 위하여 대규모거래를 하는 경우에는 이사회 승인을 받아야 한다(제542조의9 제3항).[73] 또한 그 거래의 목적, 상대방, 내용 등을 이사회 승인 결의 후 처음으로 소집되는 정기주주총회에 보고하여야 한다.

공정거래법에서는 특수관계인을 상대방으로 하거나 특수관계인을 위하여 이루어지는 일정한 거래(자금거래, 증권거래, 자산거래 및 상품·용역거래)의 거래금액이 해당 회사의 자본총계 또는 자본금 중 큰 금액의 5% 이상이거나 50억원 이상인 경우 사전에 이사회 의결을 거쳐 해당 거래를 공시하도록 한다(공정거래법 제11조의2). 또한 계열사와 정상가격과 다른 조건으로 거래를 하여 부당하게 지원하는 행위도 금지된다(공정거래법 제23조 제1항 제7호). 나아가 동일인·친족 또는 동일인·친족이 일정비율[74] 이상의 주식을 보유한 계열회사에게 부당한 이익을 귀속시키는 일정한 유형의 행위(부당내부

73) 대규모거래란 단일 거래규모가 자산총액 또는 매출총액의 1% 이상이거나 해당 사업연도 중 거래총액이 자산총액 또는 매출총액의 5% 이상인 경우를 말한다(금융기관은 자산총액만 기준으로 함)(시행령 제35조 제5, 6항). 다만 약관에 따라 정형화된 거래, 이사회에서 승인한 거래총액 범위 안에서 이행하는 일상적인 거래는 이사회 승인을 받지 않고 할 수 있으며, 후자는 정기주총 보고의무도 면제된다(제542조의9 제5항).

74) 상장회사는 30%, 비상장회사는 20%.

거래, 사업기회 유용 및 일감몰아주기 등의 행위)도 금지된다(공정거래법 제23조의2 제1항). 이들 조항은 원래 경제력집중 억제를 위한 규제에 해당하는데, 지배주주의 지분율이 낮은 회사로부터 높은 회사로의 부의 이전을 제약하는 법적 장치로서도 기능하고 있다.

(4) 구제수단

1) 저 지 형

Ⅲ.2.(4)에서 본 바와 같이 주주는 주주총회결의의 하자를 다투는 소 및 합병·자본금감소·분할 등 중대한 변경의 효력을 다투는 소(합병무효의 소 등)를 제기할 수 있는데, 이는 지배주주의 주도 내지 동의하에 진행된 행위의 효력을 비지배주주가 다툴 수 있는 수단으로서, 지배주주-비지배주주 간 이익충돌에서 비지배주주 보호수단으로 활용된다. 그리고 이러한 소제기권에 기하여 다양한 금지가처분도 활용된다.

2) 배 상 형

지배주주의 선관주의의무 또는 충실의무는 적어도 실정법 명문상으로는 인정되지 않는다. 그러나 상법 제401조의2 제1항 제1호에서는 이른바 업무집행지시자의 책임을 인정하여 이사는 아니지만 "회사에 대한 자신의 영향력을 이용하여 이사에게 업무집행을 지시한 자"는 그 지시한 업무에 관하여 제399조(회사에 대한 이사의 손해배상책임), 제401조(제3자에 대한 이사의 손해배상책임), 제403조(대표소송)의 적용에 있어 이사로 본다. 이는 영국법상 이른바 그림자이사(shadow director)와 유사성이 있는 법리로서 이사는 아니지만 이사와 비슷한 역할을 한 자에게 이사와 같은 책임을 지우는 법리이고, 그 대표적인 예가 바로 회사의 경영에 영향력을 행사하는 지배주주이다. 따라서 이는 지배주주-비지배주주 간 이익충돌시 비지배주주가 가지는 유력한 사후적 구제수단이 된다.

그러나 이 제도의 활용은 아직까지는 미미하다. 그 이유로는 영향력의 존재, 업무의 지시 등을 입증하기가 어려운 점이 가장 클 것이고, 업무집행지시자에게 책임에 관한 규정만 준용되고 의무에 관한 규정은 준용되지 않음에 따라 업무집행지시자의 임무위배 등을 상정하기 어렵다는 점도 실무적으로 이 조문이 애용되지 않는 한 이유가 될 것이다.

지배주주의 사익추구는 대개 계열사 간 거래 내지 지원의 형태로 발생하므로 회사의 이사 등 경영진의 행위가 개재되는 경우가 많다. 실제로 Ⅱ.2.(2)에서 본 지배주주의 사익추구의 대표적인 사례들(계열사와의 직접거래, 계열사를 위한 불이익의 감수, 기회유용 등)은 그 실행단계에서 해당 회사의 이사의 임무해태가 있고 그의 책임을 물을 수 있는 사안인 것이다. 즉 상법 제399조 및 제401조는 지배주주-비지배주주 이익충돌에 있어서도 비지배주주에게 유용한 사후적 구제수단이 된다. 그런데 계열사 간 거래에 있어서 그 불이익을 초래하는 행위가 종속회사 단계에서 일어난다면 통상적인 대표소송으로는 그 책임을 추궁하기 어려우므로,[75] 다중대표소송의 필요성이 부각된다. 이에 관하여는 이미 많은 논문을 통해 찬반론이 대립하고 있으므로 이곳에서는 논의를 생략한다.

3) 퇴 사 형

영업양수도, 합병, 분할합병, 포괄적 주식교환 등의 경우에 그에 관한 주주총회 결의에 반대하는 주주들은 주식매수청구권을 행

---

75) 예컨대 상장회사 甲회사의 비상장자회사인 乙회사가 동일한 지배주주가 높은 지분을 가진 계열회사인 丙회사에게 부동산을 저가매각하였는데, 乙회사에 甲회사와 지배주주의 특수관계인 이외에 다른 주주가 없다면 乙회사 이사의 책임을 추궁하는 소를 아무도 제기하지 않을 것이고, 그렇다면 甲회사 주주로서는 乙회사 이사의 책임을 추궁할 방법이 있어야 한다. 그러나 대법원은 대표소송은 그 회사(乙회사)의 주주만 제기할 수 있다고 하여 모회사(甲회사) 주주의 원고적격을 부인한다. 이에 다중대표소송을 도입할 입법적 필요가 제기되는 것이다.

사함으로써 회사에서 탈퇴하고 주식의 가액을 반환받을 수 있다. 실제로 주식매수청구권을 발생시키는 안건들은 주주총회에서 특별결의를 요하므로 대부분 지배주주의 승인을 받았을 때 비로소 진행될 수 있다. 따라서 반대주주의 매수청구권은 실제로는 지배주주가 비지배주주의 이익에 반하여 그러한 안건을 강행하는 경우에 비지배주주가 자신의 이익을 보호하는 수단으로 활용될 수 있다.

또한 회사 발행주식 총수의 5% 이하를 보유한 소수주주는 95% 이상을 보유한 지배주주에게 자신의 주식을 매수할 것을 청구할 수 있다(제360조의25). 또한 95% 이상을 보유한 지배주주가 5% 이하를 보유한 소수주주에게 주식을 매도할 것을 청구한 때에는 그에 응해야 하지만, 가격이 협의되지 않으면 법원에 공정한 가액의 결정을 청구할 수 있다(제360조의24). 이 역시 비지배주주의 최소한의 이익을 보호하는 장치가 된다.

4) 형사처벌

앞서 본 경영자의 업무상 배임죄에 관한 논의는 지배주주에도 유사하게 적용된다. 물론 업무상 배임죄는 신분범인데 지배주주라는 점만으로 회사의 사무를 처리하는 지위에 있어 신분을 갖춘다고 보기 어려우나, 회사의 사무를 처리하는 자인 이사와 공동정범 관계에 있음이 인정된다면 신분이 없더라도 그 죄책을 지게 된다. 실제로 회사의 이사가 아닌 지배주주 내지 이른바 총수가 업무상 배임죄로 기소되어 처벌된 사례는 많은데,[76] 이는 이사와 공동정범에 해당하였기 때문이다.

---

76) 예컨대 한화그룹에 관한 대법원 2013. 9. 26. 선고 2013도5214 판결 참조.

4. 주주와 채권자

(1) 사전적(事前的) 규범

주주와 채권자의 이익충돌 문제는 대부분 룰에 의한 사전적 제도로 대처되고 있다. 즉 ① 회사의 경영에 관한 의사결정권은 평상시에는 주주에게 부여하고,[77] ② 채권자 보호를 위해 자본금 제도를 두고 전액납입주의를 취하며, ③ 자본금감소 및 액면미달 발행 시 엄격한 요건과 절차를 준수하도록 하여 자본금에 상당한 재산이 회사 내에 유보되도록 하고, ④ 배당가능이익 산정 시 순자산에서 자본금, 준비금, 미실현이익 등을 공제하여 주주가 가져갈 수 있는 몫을 제한하며, ⑤ 이익배당, 자본금감소, 상환주식의 상환, 자기주식 취득, 주식매수청구권 행사 등 법에 규정된 절차 외에는 주주에 대한 자본의 환급을 금지함으로써 회사재산에 대한 채권자의 우선권을 보장하고, ⑥ 합병, 분할합병, 자본금감소, 주식의 포괄적 교환 등 중대한 변경에 있어 채권자에게 통지하고 이의를 제기할 기회를 부여하는 등의 방법으로 채권자의 이익을 보호하고 있는 것이다.

이처럼 주주와 채권자의 이익충돌에 대비한 조정 메커니즘은 대부분 사전적 룰의 형태로 마련되어 있고[78] 안정적인 규범력을

77) 예외적으로 사채권자집회의 결의를 요하는 경우가 있다.

78) 다만 이사가 채권자에 대하여도 신인의무를 지는가라는 스탠다드의 문제가 있다. 한국에서는 이 점이 별로 논의되지 않으나 미국에서는 많은 논란이 되고 있다. 미국 델라웨어주 형평법원의 판결인 Production Resources Group L.L.C. v. NCT Group, Inc. 863 A.2d 772 (Del. Ch. 2004)에서는 도산에 임박한 상태에서 이사가 선의로 내린 결정은 존중하되, 회사가 이미 도산상태인 경우에는 이사가 이제 회사의 잔여청구권자가 된 채권자에게 신인의무를 부담한다고 판시하였다. 같은 주 대법원의 판결인 North American Catholic Educational Programming Foundation v. Gheewalla, 930 A.2d 92 (Del. 2007)에서도 "아직 지급능력 있는 회사가 도산의 영역(zone of insolvency)에서 활동 중일 때"와 "도산상태에 들어간 경우"를 구분하여 후자의 경우에는 채권자가 회사를 대표하여 이사에 대해 제

발휘하고 있으므로, 주주-경영자 사이 및 지배주주-비지배주주 사이의 이익충돌의 문제에 비해서는 법적으로 불확실한 문제를 덜 남기는 편이다.

(2) 사후적 규범

사후적으로는 제401조에 의한 이사의 제3자에 대한 책임이 채권자에게도 인정되므로 이사의 임무 위배로 인하여 직접손해를 입은 채권자는 이사를 상대로 손해배상청구권을 가진다. 허위 재무제표를 믿고 회사에 자금을 대여하거나 채무증권을 인수한 채권자가 그 재무제표 작성에 관여한 이사에게 손해배상을 구하는 경우가 대표적이다.[79] 그러한 이사는 주주들의 총의로 선임된 자로서 많은 경우 주주의 이익을 대변하고 있을 것이므로, 이러한 채권자의 권리는 주주-채권자의 이익충돌에 있어 채권자를 보호하는 역할을 한다.

법인격을 남용하거나 법인격이 형해화된 경우에는 법인격을 부인하여 배후의 주주가 회사채권자에 대하여 회사와 함께 부진정연대채무를 지게 하는 경우도 있는데,[80] 이 역시 주주-채권자의 이익충돌에 있어 일정한 경우 채권자를 보호하는 법리라 할 수 있다. 그 밖에 채권자는 민법에 따른 채권자취소권과 도산법상의 부인권 등에 의해 보호받는다.

소할 수 있다고 인정하였다. 김건식, "도산에 임박한 회사와 이사의 의무", 상사법연구 제30권 제3호(2011), 288-290면 참조.

79) 대법원 2008. 1. 18. 선고 2005다65579 판결 외 다수.

80) 대법원 2016. 4. 28. 선고 2015다13690 판결 외 다수.

Ⅳ. 결어: 분석과 평가

1. 법전상의 법과 사실적 평가의 괴리

(1) 지금까지 회사에서 발생하는 이익충돌의 양상을 검토하고 각 유형별로 한국 회사법이 사전적 이익조정과 사후적 구제를 위해 마련하고 있는 법적 장치들을 살펴보았다. 그 결과 주주-경영자 간 이익충돌에 관하여는 특히 다양한 사전적, 사후적 규범이 마련되어 있음을 보았고, 지배주주-비지배주주 간 이익충돌에 관하여는 상대적으로 규범의 밀도 및 그 집행이 다소 미비한 편이지만 역시 다양한 사전적, 사후적 규범이 존재함을 알게 되었다. 주주-채권자 간 이익충돌에 관하여는 수효는 적지만 몇 개의 사전적 룰이 안정적인 규범력을 발휘하고 있음을 보았다.

한국법상 주주 일반 그리고 비지배주주에게 주어진 권리는 비교법적으로 보아도 적어도 문언 상으로는 취약한 편이 아니라고 생각된다. 미국에서 주주권 옹호의 대표적 아젠다이자 어떤 주법이 주주권을 얼마나 옹호하는지 판단하는 척도로 자주 거론되는 ① 이사 선임 및 정관 개정에 관한 주주제안권, ② 이사 선임에 있어서 (plurality rule 아닌) majority rule의 채택 및 (기권 아닌) 반대투표의 허용, ③ 주주에 의한 임시주총 소집청구권 등을 한국법은 이미 인정하고 있다.

그 밖에도 ④ 이사의 보수 및 임직원의 주식매수선택권(스톡옵션)을 이사회가 아닌 주주총회가 결정하도록 하여 경영진의 보상에 관한 최종결정권을 주주에게 부여하였고, ⑤ 재무제표 승인, 자기주식 취득, 이익 배당 등 회사재무에 관한 근본적 의사결정권을 원칙적으로 이사회가 아닌 주주총회에 부여하였다. ⑥ 공개매수 등 인수합병 상황에서 이사회가 주주의 결정을 방해하거나 저지할 수도 없다.[81] ⑦ 감사 및 감사위원 선임시의 3% 제한도 비교법적으로 유례가 드물게 지배주주의 힘을 제약하는 제도이고, 상장회사의 감사위원을 이사회가 아닌 주주총회에서 선임하게 한 것도 비교법적으로 유례가 없다. ⑧ 사외이사의 독립성 요건을 법으로 정하고 대규모 상장회사에서는 이사회의 무려 과반수를 사외이사로 채우도록 법으로 강제한 것도 비교법적으로 유례가 드물다. ⑨ 경쟁당국(공정거래위원회)이 기업지배구조에 관한 특별법을 강력히 집행함으로써 터널링을 제재하는 나라도 한국이 거의 유일할 것이고, ⑩ 이사나 지배주주의 사익추구 행위에 대한 업무상 배임죄 등에 의한 형사소추도 아마 가장 활발한 몇 나라 중의 하나일 것이다. ⑪ 상법상 자기거래규제, 회사기회유용규제, 상법 상장회사 특칙상의 주요주주 등 신용공여금지 및 대규모내부거래 규제, 공정거래법상 대규모내부거래 규제, 세법상의 일감몰아주기 과세 등 관계자 거래에 관한 겹겹의 규제 또한 다른 나라에서 찾기 어렵다.

(2) 그러나 이러한 법전상의 법에도 불구하고 한국의 기업지배구조에 관한 현실적 평가는 냉혹하다. 순위 자체를 크게 신뢰할 것은 아니지만, 예컨대 세계경제포럼(WEF)의 2015~2016 국제경쟁력 보고서에 따르면 우리나라의 국가경쟁력 순위는 140개국 중 26위이나, 기업지배구조 관련 사항은 이사회의 효능(efficacy of corporate boards) 120위, 소수주주 보호(protection of minority shareholders' interests) 95위로 최하위권에 처져 있다.[82] 아시아기업지배구조협회

81) 예컨대 EU에서 주주권 강화를 위한 조치로 언급되는 no frustration rule(주주들 간의 지배권 거래를 이사들이 개입하여 중단시킬 수 없다는 규칙)을 한국에서는 굳이 논할 필요도 없는 것이다.

82) http://reports.weforum.org/global-competitiveness-report-2015-2016/competitiveness-rankings/ 참조. 다만 투자자 보호(strength of investor protection)는

(ACGA)의 2016년 기업지배구조 평가에서도 한국은 11개국 중 8위로 평가되었다.[83] 이는 한국 상장회사들의 주가가 잠재가치보다 저평가되어 있다는 이른바 '코리아 디스카운트'의 원인 중 하나로도 지목된다. 이처럼 이익충돌에 대비해 많은 법적 수단이 마련되어 있고 비교법적으로 보더라도 주주의 법적 권리가 상당히 강력해 보임에도 불구하고 한국의 기업지배구조가 국제적으로 그렇게 낮은 평가를 받는 이유는 무엇일까?

2. 원인과 제언

(1) 그 원인 중 중요한 하나는, 한국에서 지배주주의 사익추구행위, 즉 비지배주주로부터 지배주주에게 정당한 대가 없이 부(富)가 이전되거나 지배주주의 계열사 경영권 확보·유지를 위해 회사의 자산이 비효율적으로 이용되는 사례들이 빈번하게 일어나고 있고, 그럼에도 불구하고 국내 기관투자자들이나 소수주주들이 별다른 조치를 취하지 않았거나 취할 수 없음이 드러났기 때문이라고 본다. 국내외 재무 및 지배구조 전문가의 시각에서 보면 한국은 지배주주의 사익추구행위로 인해 비지배주주의 이익이 침해될 위험이 높은 시장인 것이다.

예컨대 ① 지배주주 일가의 지분이 높은 비상장회사가 상장계열사로부터 자산을 저가로 매입하거나 유리한 조건에 차입을 하는 사례는 매우 빈번하였다. ② 제3자 배정 또는 실권주 재배정의 방식으로 지배주주 일가(특히 2·3세)에게 저가로 신주를 발행하는 경

20위로 상당히 높은데, 이는 자본시장법상 공시와 불공정거래에 관한 상세한 규정 및 법집행에 힘입은 것은 아닐까 추측된다.

83) http://www.acga-asia.org/upload/files/research_preview/20161014021202_3.pdf. 최근 들어 한국의 점수는 좋아지고 있으나 순위는 수년째 그대로이다. 11개국의 순위는 다음 순서와 같다: 싱가포르, 홍콩, 일본, 타이완, 타일랜드, 말레이시아, 인도, 한국, 중국, 필리핀, 인도네시아.

우도 많았고,[84] ③ 지배주주 일가(특히 2·3세)가 소유한 회사가 지배주주 그룹 내 여러 계열사를 상대로 용역이나 원자재 등을 공급하여 막대한 차익을 남기는 행위 역시 광범위하게 행해졌다. ④ 순환출자 고리에 들어 있는 회사가 그 고리를 유지하기 위하여 계열사 지분을 현금화하지 않고 끝까지 들고 있음으로써 비효율적인 자산운영을 하는 경우도 많다. ⑤ 분할을 통한 지주회사화 과정에서 분할회사가 자기주식을 대량취득한 후 인적분할을 하면서 자기주식에 분할신설회사의 주식을 배정함으로써, 원래 의결권이 없던 자기주식을 분할을 기화로 계열사에 대한 의결권 있는 지분으로 변환시키는 (그리하여 비지배주주의 의결권을 사실상 희석시키는) 방법도 애용되고 있다. 이러한 사익추구 사례 중 ①번 유형에 관하여는 비교적 활발히 민·형사책임이 인정되었으나, 그 외의 유형에 관하여는 특별히 사회적으로 이슈가 되어 검찰권이 발동된 몇몇 경우를 제외하면 책임이 인정된 경우는 매우 드물었고, 사전적으로 행위가 중지된 경우는 더더욱 드물었다.

(2) 그 연장선상에서 2015년 제일모직-삼성물산 합병 건도 국내외 전문가들의 한국 자본시장 및 기업지배구조에 대한 평가를 하락시킨 요인으로 추측된다. 삼성물산의 주식 시가가 저평가되어

84) 저가발행이 제3자배정 방식으로 이루어진 경우에는 업무상배임죄가 인정되었고 (삼성SDS 사건, 대법원 2009. 5. 29. 선고 2008도9436 판결), 실권주 재배정 방식으로 이루어진 경우에는 업무상배임죄가 인정되지 않았다(에버랜드 사건, 대법원 2009. 5. 29. 선고 2007도4949 전원합의체 판결). 다만 후자의 경우에 실권한 주주인 계열회사("실권주주사")의 주주들이 실권주주사의 이사들을 상대로 제기한 대표소송에서 그 이사들의 실권주주사에 대한 손해배상책임이 인정되었다(제일모직 대표소송, 대구고등법원 2012. 8. 22. 선고 2011나2372 판결). 실권주 재배정 방식으로 신주가 발행된 경우에도 그 실권이 정당한 경영판단에 의한 것으로 인정되는 경우에는 실권주주사 이사들의 손해배상책임이 부정되었다(신세계 대표소송, 대법원 2013. 9. 12. 선고 2011다57869 판결).

있나는 많은 전문가들의 지적[85] 및 합병시너지에 대한 의구심에도 불구하고 자본시장법의 산식에 따른 합병비율대로 합병이 강행되었다. 그 과정에서 삼성물산 주주들의 각종 가처분 청구에도 불구하고 법원은 이 합병의 위법성을 인정하거나 절차를 중단시키지 않았다.

지배주주 지분비율이 높은 회사(제일모직[86])와 지배주주 지분비율이 낮은 회사(삼성물산) 간의 합병에서 전자에 유리하게 시장가격이 형성되고,[87] 그에 따라 정해진 산식에 따라 기계적으로 합병비율이 정해지며, 법원에서도 사실상 추인을 받는 과정을 생생히 지켜본 국내외 투자자들, 특히 외국 투자자들은, "역시 한국에서는 지배주주 일가와 행동을 같이 해야 손해를 보지 않는다"고 느꼈을 것이고 이는 한국 자본시장과 지배구조에 대한 부정적 평가로 이어졌을 것이다. 그 뒤 전혀 예기치 않은 맥락에서 이른바 "최순실 국정농단" 사건에 관한 특별검사가 국민연금의 합병 찬성에 관한 뇌물죄 의혹을 조사하기 전까지 이 합병에 대해 사법적 통제는 작동되지 않았다.[88]

그 과정에서 삼성물산 이사들이 삼성물산 주주들의 이익을 보

---

85) 의결권자문기관인 한국기업지배구조원, 서스틴베스트, ISS 등도 삼성물산 주주들에게 합병반대를 권고하였다. 다만 상법학계에서는 이 합병의 정당성을 옹호하는 취지의 논문도 몇 편 발표되었다.

86) 이 회사는 에버랜드 전환사채 판결로 유명한 에버랜드가 제일모직의 패션사업부문을 영업양수 방식으로 인수한 뒤 상호를 변경한 것이다.

87) 이것이 "지배주주와 같은 배를 타는 것이 유리하다"는 경험적 판단에 기인한 시장의 자연스러운 반응에 따른 일종의 "예언의 자기실현"인지 보다 적극적인 주가관리가 있었는지는 알 수 없다.

88) 다만 서울고등법원은 이 사안에서 합병반대주주의 주식매수청구에 대하여 회사측이 인정한 매수가격이 너무 적다고 보아 더 높은 가격을 인정하였다(서울고결 2016. 5. 30, 2016라20189 등). 이는 합병의 적법성에 관한 판단은 아니고 매수가격에 관한 비송사건에서의 결정에 불과하나, 그 결정이유에서는 합병의 적법성에 관한 의문도 다소 드러내고 있는 것으로 읽힌다.

호해야 한다는 당위 자체가 별로 거론되지 않았음을 주목할 만하다. 즉 "삼성물산 주주들이 합병 과정에서 제 값을 받을 수 있도록 합병의 일정, 방식, 조건을 정해야 한다"는 인식이 삼성물산 이사들에게 어느 정도 있었는지 불분명하다. 이와 명백한 대조를 이루는 것이 2016년 한진해운 사태인데, 대한한공 등 한진그룹 계열사들이 위기에 처한 한진해운을 지원해야 한다는 정부 및 사회 일각의 촉구에 대해 대한항공 이사들은 "부실계열사 지원에 따른 업무상 배임죄"를 우려하여 지원에 소극적이라고 보도되었다.

왜 대한항공 이사들은 한진해운 지원에 따른 책임을 우려하고 그것이 사회적으로도 큰 화제가 되었던 반면, 삼성물산 이사들의 합병에 대한 책임 가능성은 별로 거론되지 않았을까? 여기에는 여러 가지 이유가 있겠으나, 다음 두 가지를 거론하고자 한다. 첫째, "삼성물산 이사는 삼성물산이라는 회사에 대하여 선관주의의무를 지는 것이지, 삼성물산 주주에 대하여 지는 것은 아니다"는 식의 매우 형식적인 논리에 따른 왜곡된 인식이 영향을 미쳤을 가능성이다.[89] 즉 부실계열사에 대한 지원은 지원주체회사의 이사들의 민형사상 책임을 야기한다는 것이 종래 판례를 통해 확고히 선언되어 이사들도 인식하고 있었으나, 회사가 아닌 주주의 손해를 야

89) 이런 왜곡된 인식을 치열하게 비판하고 이사는 주주의 비례적 이익을 보호할 의무가 있음을 강조한 글로, 이상훈, "삼성물산 합병을 통해 바라본 주주이익 보호의 문제점과 개선방향－에버랜드의 재림, 그 극복을 위한 제언－", 상사법연구 제34권 제3호(2015), 119면 이하. 이 글에서는 이익충돌 상황에서 주주의 비례적 이익을 보호하는 것이 이사의 의무로 인정되어야 하고, 그것이 주주 일반이익 증진 내지 "법인"의 이익이라는 추상적인 명분 뒤에 숨겨져 진행되는 이익충돌에 대한 사전예방과 사후구제의 기준을 마련해 줄 것이라고 주장한다(162면). 매우 타당한 주장이고 그 논지에 적극 찬동한다. 다만 위 논문은 그러한 해석을 위해 대법원의 판례(에버랜드 전환사채 판결) 변경 또는 법개정이 필요하다는 전제에 서 있는데, 에버랜드 전환사채 판결은 형사판결이고 또 합병에 관한 것이 아님을 고려하면, 판례변경 또는 법개정이 없더라도 해석으로 그러한 결론에 이를 수 있고 그래야 한다고 본다.

기하는 행위에 관해서는 위법성의 인식이 부족한 것은 아닌지 우려된다. 둘째, 합병비율이 자본시장법으로 정해져 있으므로 그에 따를 수밖에 없었고 그에 따른 이상 적법하다는 인식도 그 배경이 되었을 것이다. 이것은 위 첫째보다는 일리 있지만, 합병 과정에서 합리적인 주의를 다하여 주주의 비례적 이익을 보호해야 할 이사의 신인의무의 (룰이 아닌) 스탠다드적 성격을 이해하지 못한 인식이라고 본다. 비록 합병비율이 자본시장법에 따라 정해져 있더라도 삼성물산의 이사회로서는 그 합병을 하지 않거나, 거래구조를 달리하여 삼성물산 주주들의 매각대가를 극대화하거나, 합병 시기를 미루거나, 최소한 자본시장법에 따라 조정이 가능한 10% 범위 내에서 합병비율의 협상을 시도하는 등의 선택지가 있었기 때문이다.

(3) 이런 상황의 개선을 위해서는 어떤 조치가 필요할 것인가? 이 글은 이 점에 대한 본격적인 대안 제시를 목적으로 하지는 않으나, 결어에 갈음하여 몇 가지만 간략히 언급하고자 한다. 이는 마침 위 삼성물산 합병사건이 시사하는 바이기도 하다.

첫째, 전체 주주의 비례적 이익을 보호하는 것, 특히 지배주주의 사익추구에 따른 비지배주주의 손해를 방지하는 것은 이사의 선관주의의무의 중요한 내용에 해당한다는 점을 학계와 실무계가 모두 명확히 인식할 필요가 있다. 특정주주의 이익을 보호하는 것은 이사의 의무가 아니지만, 전체로서의 주주들의 이익을 비례적으로 증진하는 것은 이사의 의무라고 보아야 한다.[90] "이사의 의무는 회사이익을 보호하는 것일 뿐 주주이익 보호는 이사의 의무와 무

---

90) 일반적으로는 "전체로서의 주주들의 이익을 비례적으로 증진하는 것"과 "회사의 이익을 증진하는 것"은 대부분 일치하기 때문에 큰 문제가 없으나, 합병 또는 신주발행과 같이 개념적으로 "회사의 손익"을 관념하기 곤란한 경우에는 전자의 의미가 부각된다.

관하다"는 식의 오해를 불식하여야 지배주주의 사익추구를 회사법적으로 제어할 수 있을 것이다.

둘째, 지배주주의 사익추구 행위에 대한 민사법적 구제가 실효적으로 이루어져야 하고 이를 위한 법원의 역할이 강화되어야 할 것이다. 특히 법원이 경영진의 선관주의의무와 충실의무의 스탠다드적 성격을 명확히 인식하고 보다 적극적으로 이를 해석할 필요가 있다. 자본시장법상 합병비율과 같은 '룰'은 명확해 보이지만 취지에 어긋나는 형식적 준수 내지 합법적 회피로 귀결될 우려가 있으므로, 적어도 사후적 구제에 있어서는 스탠다드 역시 여전히 중요하다. 경우에 따라 지배주주의 충실의무도 해석으로 인정할 필요가 있을 것이지만, 전술하였듯이 지배주주의 사익추구행위는 대부분 경영진의 행위를 매개로 하여 이루어지므로 경영진의 의무와 책임이라도 정확히 묻는 것이 급선무라고 본다.

합병, 신주발행 등 회사법상의 행위들은 일단 완료되면 이를 무효로 돌리는 데에는 수많은 비용이 초래될 뿐 아니라 법률관계도 불확실하므로,[91] 위법행위 유지청구권 및 이를 피보전권리로 한 금지가처분 등 사전적 구제에 법원이 훨씬 더 전향적인 입장을 취할 필요가 있다. 다중대표소송을 입법으로 인정하고, 대표소송에서 원고가 회사로부터 변호사보수를 비롯한 소송비용을 지금보다 더 쉽게 환급받을 수 있도록 하며, 일정한 경우[92]에 입증책임을 전환함으로써 원고의 입증의 곤란을 덜어주는 입법 및 판례의 성립

91) 예컨대 합병무효판결의 효력은 비소급적이므로 '합병무효'는 이미 합해진 회사를 두 개로 나누어야 한다는 점에서 사실상 회사분할과 같다. 따라서 합병을 무효로 한다는 합병무효판결의 주문만 가지고는 법률관계를 확정하기 곤란하고, 결국 자산, 부채, 계약, 인력 등을 합병전 회사로 귀속시키는 별도의 분할 유사의 절차를 거쳐야 한다.

92) 예컨대 이익충돌거래에 관하여 경영진의 책임을 묻는 소송에서 그 거래에 관한 일정한 절차적 요건을 충족하지 못하면 입증책임이 피고에게 전환되도록 하는 방식을 생각해 볼 수 있다.

도 필요하다. 이처럼 민사상 구제를 활성화하는 것을 전제로 형사상 배임죄의 적용에는 신중할 필요가 있을 것이며, 법적 책임의 강화에 따른 냉각효과(chilling effects)를 완화하기 위해 우리 판례가 이미 선언한 정도의 경영판단원칙을 상법 또는 형법에 명문으로 규정하는 방안도 적극적으로 고려할 필요가 있을 것이다.

셋째, 법 자체의 문제는 아니지만, 기관투자자의 독립성, 전문성, 능동성을 증진시켜 지배주주의 사익추구 행위를 감시·견제하고 무엇보다 그러한 행위를 분석하고 그에 관한 정보를 시장에 충분히 제공하는 역할을 수행하게 하여야 할 것이다. 기관투자자들 중에서도 다수의 자산운용사와 보험회사 등은 대규모 기업집단 소속회사들을 고객으로 가지고 있어 발언에 제약이 있는 경우가 많으므로, 국민연금과 같은 공적 기관투자자들의 역할이 중요하다. 특히 이들의 의사결정이 특정 세력이나 권력으로부터 독립하는 것이 그 필수적인 전제가 된다.

물론 기관투자자의 역할에 관해서는 회의론도 많다. 우선 전문역량과 인센티브 면에서 기관투자자들은 제대로 된 감시자의 역할을 할 수 없다는 지적도 유력하다.[93] 기관투자자들 역시 복수의 회사에 투자 포트폴리오를 가지고 있어 이익충돌의 문제에서 자유롭지 않고, 의결권자문기관(proxy adviser)[94]을 매개로 한 공동행위의 가능성도 있다. 그러나 한국 자본시장의 상황은 그러한 부작용이 두려워 기관투자자의 역할을 축소하기보다는 일단 기관투자자의

---

93) Ronald J. Gilson and Jeffrey N. Gordon, "The Agency Costs of Agency Capitalism: Activist Investors and the Revaluation of Governance Rights", 113 *Columbia Law Review* (2013) 868-869(따라서 이 견해에서는 헷지펀드에게 기업지배구조의 감시 및 개선 역할을 기대함).

94) 의결권자문기관 자신도 회사에 대한 용역제공과 그 회사 주주총회에서의 의결권 행사에 대한 주주자문을 겸하는 등 이익충돌의 문제가 있다. 최문희, "의결권 자문회사에 관한 입법 과제와 법적 쟁점", 서울대학교 법학 제75권 제2호(2016), 209-211면.

건전한 감시자로서의 역할을 촉진하면서 부작용에 대한 대응도 모색해야 할 상황이라고 본다. 적어도 지배주주-비지배주주간의 이익충돌로 인해 발생하는 여러 문제들에 관하여 시장의 주의를 환기시키고 회사로 하여금 설명할 필요를 느끼게 하며, 명백한 사익추구적 거래를 주주총회에서 부결시키는 정도의 역할은 주요 기관투자자들에게 충분히 기대할 수 있을 것이다.

▨ 참 고 문 헌

Ⅰ. 국내문헌

[단행본]

김건식·노혁준·천경훈, 회사법(제2판), 박영사, 2016.

김정연, 자본시장에서의 이익충돌에 관한 연구, 경인문화사, 2017.

송옥렬, 상법강의(제6판), 홍문사, 2016.

이중기, 충실의무법, 삼우사, 2016.

이철송, 회사법강의(제24판), 박영사, 2016.

장덕조, 회사법(제3판), 법문사, 2017.

정찬형, 상법강의(상)(제19판), 박영사, 2016.

[논문]

강희갑, "지배주주의 충실의무", 상사법연구 제12집(1993).

권재열, "상법 제382조의4(이사의 충실의무)의 존재의의－대법원 판례의 동향에 대한 검토를 중심으로－", 상사판례연구 제22집 제1권(2009).

김건식, "도산에 임박한 회사와 이사의 의무", 상사법연구 제30권 제3호(2011).

김건식, "재벌과 소수주주 보호", 기업지배구조와 법, 소화(2010).

김병연, "이사의 충실의무와 영미법상 신인의무(fiduciary duty)", 상사법연구 제24권 제3호(2005).

김재범, "주주 충실의무론의 수용－이사 충실의무와 관련하여", 비교사법 제22권 제1호(2015).

김정호, "회사법상 행위기준과 재고기준", 상사법연구 제30권 제3호(2011).

김정호, "회사법상의 특별이해관계", 경영법률 제26집 제4호(2016).

문호준·김성민, "부실계열회사의 처리에 관한 법적 쟁점", BFL 제59호, 서울대학교 금융법센터(2013. 5).

박기령, “이사의 선관의무와 충실의무의 법사학적 기원에 관한 고찰”, 상사법연구 제30권 제2호(2011).

유영일, “이사의 충실의무의 체계화에 관한 연구”, 상사판례연구 제26집 제4권(2013).

이상훈, “삼성물산 합병을 통해 바라본 주주이익 보호의 문제점과 개선방향－에버랜드의 재림, 그 극복을 위한 제언－”, 상사법연구 제34권 제3호(2015).

이윤석, “회사기회유용금지에 관한 법적연구”, 연세대학교 대학원 법학과 박사학위논문(2008).

이중기, “‘지배권 프리미엄’의 표현으로서 ‘다수지배원칙’과 통제장치로서의 ‘지배주주의 충실의무’”, 상사법연구 제32권 제1호(2013).

천경훈, “LBO 판결의 회사법적 의미－이사는 누구의 이익을 보호해야 하는가?”, 저스티스 제127호(2011).

천경훈, “순환출자에 관한 연구”, 상사법연구 제32권 제1호(2013).

최문희, “의결권 자문회사에 관한 입법 과제와 법적 쟁점”, 서울대학교 법학 제75권 제2호(2016), 209-211면.

Ⅱ. 외국문헌

[단행본]

Conaglen, Matthew, Fiduciary Loyalty, Hart Publishing, 2010.

Davies, Paul L. and Sarah Worthington, *Gower and Davies' Principles of Modern Company Law* (9 ed.), Sweet&Maxwell, 2012.

Farnsworth, Ward, *The Legal Analyst*, The University of Chicago Press, 2007.

Frankel, Tamar, *Fiduciary Law*, Oxford University Press, 2011.

Kraakman et. al., *Anatomy of Corporate Law (3rd ed)*, Oxford University Press, 2017.

[논문]

Bebchuk, Lucian, "The Case for Increasing Shareholder Power", 118 *Harvard Law Review* 833 (2005).

Bebchuk, Lucian, "Letting Shareholder Set the Rules", 119 *Harvard Law Review* 1784 (2006).

Bebchuk, Lucian, "The Myth of the Shareholder Franchise", 93 *Virginia Law Review* 675 (2007).

Berle, Adolf A., "Corporate Powers as Powers in Trust", 44 *Harvard Law Review* 1049 (1931).

Cross, Frank, Tonja Jacobi, and Emerson Tiller, "A Positive Theory of Rules and Standards", 2012 *University of Illinois Law Review* 1 (2012).

Edmunds, Rod and John Lowry, "The No Conflict - No Profit Rules and the Corporate Fiduciary: Challenging the Orthodoxy of Absolutism", *J.B.L.* 2000, MAR (2000).

Melvin A. Eisenberg, "The Divergence of Standards of Conduct and Standards of Review in Corporate Law", 62 *Fordam Law Review* 437 (1993).

Gilson, Ronald J. and Jeffrey N. Gordon, "The Agency Costs of Agency Capitalism: Activist Investors and the Revaluation of Governance Rights", 113 *Columbia Law Review* 862 (2013).

Jensen, Michael and William Meckling, "Theory of the Firm: Managerial Behavior, Agency Costs and Ownership Structure", 3 *Journal of Finance Economics* 302 (1976).

Kaplow, Louis, "Rules Versus Standards: An Economic Analysis", 42 Duke Law Journal 557 (1992).

Kershaw, David, "Lost in Translation: Corporate Opportunities in Comparative Perspective", 25 *Oxford Journal of Legal Studies* 603 (2005).

Sullivan, Kathleen, "The Justice of Rules and of Standards", 106 *Harvard Law Review* 22 (1992).

제 6 장
금융회사의 이익충돌*

김 정 연

Ⅰ. 서 론

글로벌 금융위기가 발생하자 투자은행 등 금융회사의 탐욕과 신용평가업자 등 자본시장에서 활동하는 게이트키퍼들의 부정직한 행태가 위기의 원인이자 촉매로서 작용했다는 비판이 쏟아졌다. 금융회사와 게이트키퍼들은 글로벌 금융위기가 발생하기까지 투자자들이 이해하기 어렵고 많은 위험요소를 지닌 금융상품을 설계하고 판매하면서 자신들의 과도한 이익추구를 위하여 투자자들의 이익을 부당하게 침해하는 행태를 보여 왔고, 이와 같은 행태는 금융시장에서의 이익충돌(conflict of interest)의 대표적인 사례이다.

2010년 미국 상원이 청문회 결과를 바탕으로 발간한 "월 스트리트와 금융위기: 금융시장 붕괴의 해부학(Wall Street and the Financial Crisis: Anatomy of a Financial Collapse)"라는 제목의 보고서에 따르면,[1)2)] (1) 일반 투자자들을 대상으로 한 서브프라임 주택담보

---

* 본 장은 필자의 서울대학교 법학전문박사학위 논문("자본시장에서의 이익충돌에 관한 연구", 2016. 2)을 토대로 작성되었다.

1) U.S. Senate Permanent Subcommittee on Investigations, Wall Street and the Financial Crisis, Anatomy of a Financial Collapse (2011) ("U.S. Senate Report

대출 상품의 설계와 판매에 있어서 워싱턴 뮤추얼(Washington Mutual)과 그 규제기관인 저축은행감독청(Office of Thrift Supervision)이 노출한 부정직성과 무능외에도, (2) 서브프라임 주택담보대출을 기초자산으로 한 신용파생상품(CDO)의 설계와 판매에 책임이 있는 투자은행과 신용평가업자의 이익충돌 문제가 다른 한 축에 놓여있다.[3] 이러한 비판에 힘입어 미국 의회에서는 월스트리트 개혁 및 소비자 보호법(Dodd-Frank Wall Street Reform and Consumer Protection Act, 일명 '도드-프랭크 법')[4]을 제정함으로써 소매고객을 상대하는 모든 금융회사에 대해서 신인의무를 부과한다거나, 은행들의 위험한 자기계산 거래를 제한함으로써 시스템 리스크를 예방하고 심각한 이익충돌의 발생을 사전에 차단하기 위한 입법을 추진하였다.[5]

이익충돌이 야기하는 법적, 경제적 문제들은 글로벌 금융위기이전부터 대규모의 경제위기의 주요 원인으로 거론되어 왔다. 미국의 경우만 보더라도 2000년대 초반의 엔론사태 당시에도 회계법인, 신용평가업자 등 게이트키퍼의 이익충돌 문제가 지적된 바 있으며,[6] 그 이전에도 고객자금 운용과 관련된 이익충돌이 문제되어 1940년 투자자문업자법(Investment Advisers Act of 1940)이 제

(2011) 또는 미 상원 조사보고서").

2) 미국 하원에서도 금융위기에 대한 조사보고서를 발간하였다. 시간 순으로 사건의 흐름에 따라 서술하는 방식을 택하였다는 차이가 있지만, 글로벌 금융위기 발생의 원인에 대해서는 미 상원 보고서와 마찬가지로 진단한다. The Financial Crisis Inquiry Commission Inquiry Report: Final Report of the National Commission on the Causes of the Financial and Economic Crisis in the United States (2011. 1).

3) U.S. Senate Report (2011), pp. 2-12.

4) Pub. L. No.111-203, 124 Stat.1376 (2010).

5) CCH Attorney-Editor Staff (2010).

6) 엔론사태를 계기로 이익충돌 문제를 게이트키퍼 실패 원인 가운데 가장 중요한 것으로 제시하고 회계사, 기업변호사, 애널리스트, 신용평가업자 등 각 직종에서 발생한 문제를 분석한 종합적인 연구로는 John Coffee (2006).

정되는 계기가 되었다.[7] 브렌다이스 대법관이 한 세기 이전부터 다른 이들의 자금을 관리, 운용하는 금융회사들의 사익추구 행위의 문제점을 지적한 바 있었지만[8] 지난 100년 동안 자본시장에서의 이익충돌로 야기되는 문제가 오히려 심화된 것으로 묘사되고 있다.

한편, 글로벌 금융위기의 여파가 한창이던 2009년 2월 4일 우리나라에서는 자본시장과 금융투자업에 관한 법률(이하 "자본시장법")이 시행되었다.[9] 자본시장법은 다양한 기능을 수행하는 금융투자업을 단일한 법체계로 규율함에 있어서 발생할 수 있는 이해상충문제 해결을 중요한 과제로 표방하고 있다.[10][11] 최근 들어 우리나라에서도 투자은행의 이익충돌이 문제된 사례들이 언론을 통해

7) Ross & Seligman (2004), pp. 59-60.

8) Louis Brendeis (1914), p. 105.

9) 재정경제부, 자본시장법 제정안 설명자료(2006), 3면.

10) 자본시장법안 제출 이후 새롭게 도입된 이익충돌 규제의 의의 및 구체적 내용에 관해서는 김필규 외(2008), 일본 금융상품거래법상 겸업주의의 제한을 소개하고 증권사의 자산운용업 겸영과 관련한 자산운용업자 관점에서의 제한적 허용론을 담은 견해로는 권종호 외(2006); 겸영을 허용함으로 인해서 발생할 수 있는 정책적인 고려사항들 및 영미 사례연구로는 구본성 외(2006)를 참고하였다.

11) 학계에서도 주로 금융투자업자의 겸영문제 또는 정보교류 차단장치를 주제로 하는 연구 성과가 축적되었다. 그 대표적인 예로서, 자본시장법을 계기로 도입된 자본시장법 제44조 및 제45조와 관련된 이해상충 관리시스템, 특히 정보교류차단장치에 관한 선행 연구들이 존재한다. 미국에서 자산운용업과 증권업의 겸영 제한에 관한 연구로는 장근영(2006), 영국에서의 겸업주의와 정보교류 차단장치에 관한 연구로는 김용재(2007b), 김용재(2010); 각국의 정보교류차단장치에 관한 비교연구와 자본시장법 제45조의 정보교류 차단장치의 구체적 내용 관한 상세한 소개로는 이수정(2011), 자본시장법 제정안에서 도입된 이해상충 방지 관련 규제에 관한 전반적 고찰로는 함철성(2008), 박재홍(2011); 정보교류차단장치의 의의와 영미 금융회사에서의 실무적 운용양상에 관해서는 김유니스·남유선(2009) 등의 연구를 참고하였다. 일본에서도 비슷한 시기에 금융시장에서 발생하는 이익충돌 문제에 대한 효과적인 규제방안에 대한 연구가 많이 축적되었다. 주된 선행연구로는 利益相反研究會(2009a), 利益相反研究會(2009b), 金融取引におけるフィデュシャリー研究會(2010), 金融法律研究會(2010) 등을 참고하였다.

서 보도되기 시작하였으며,[12][13] 동양 사태와 관련된 신용평가업자의 이익충돌 문제는 감독당국의 검사 대상이 되어 실제로 징계조치가 취해지는 등 기존의 법률해석론만으로는 설명하기 어려운 자본시장 참가자들의 이익충돌 문제가 계속 대두되고 있다. 2015년 대법원에서는 주가연계증권을 발행한 증권사의 헷지거래로 인한 투자자와의 이익충돌 상황에서 증권회사가 고객보호의무를 부담한다는 취지의 판결이 선고되었고,[14] 자산운용사가 수행한 파킹거래에 대한 중징계가 이루어지는 등[15] 사법적 통제의 측면에서나 금융규제적 측면에서 모두 이익충돌 문제가 중요한 쟁점으로 부각되고 있다.

이처럼 자본시장에서의 이익충돌 문제는 개별적 스캔들이 발생할 때마다 그러한 문제를 야기한 금융회사나 게이트키퍼 등 전문가 집단의 탐욕, 비윤리적 행태와 등치되는 용어로 사용되는 경우가 많았다.[16] 많은 국가들에서는 자본시장 관련 법제상 영업행

---

12) 머니투데이, 현대차-골드만삭스 핫라인 깨졌다(2014. 11. 6); 더벨, 현대차 밉보인 골드만삭스, 이노션 숏리스트 배제(2014. 10. 29).

13) 투자은행이 다양한 업무를 수행하는 과정에서 발생할 수 있는 이익충돌 문제를 최초로 제기한 연구로는 김화진(2007); 글로벌 금융위기를 계기로 제기된 투자은행의 이익충돌 문제를 포함한 종합적 연구로는 김화진(2013); 투자은행이 영위하는 업무의 성격에 따른 이익충돌 문제의 양상을 분석한 연구로는 하상석(2011).

14) 대법원 2015. 5. 14. 선고 2013다2757 판결. 민사소송에서 문제가 된 행위와 유사한 거래를 한 다른 증권회사 소속 개별 트레이더의 자본시장법 제176조 위반으로 인한 형사책임을 인정한 대법원 판결은 대법원 2015. 6. 11. 선고 2014도11280 판결.

15) 연합뉴스, "채권파킹" 맥쿼리운용 3개월 영업 일부정지(2015. 1. 28).

16) 예컨대 미국의 앤드류 터크(Andrew Tuch, Washington University) 교수는 투자은행 등 금융회사와 게이트키퍼 등 자본시장에서의 다양한 참가주체들이 투자자와의 관계에서 야기하는 이익충돌의 문제의 원인을 분석하고 사법적, 규제적 해결방안을 제시하기 위하여 매우 활발한 연구를 벌이고 있다. 투자은행의 기업인수합병 자문업무 관련 이익충돌문제에 관한 델라웨어 주 법원의 판례를 신인의무 법리의 관점에서 분석한 연구로는 Andrew Tuch (2015a); 다양한 업무의 겸영과 정보교류 차단장치의 문제에 관해서는 Andrew Tuch (2014a); 투자은행에 대한 FINRA의 자율규제에 관한 실증연구로는 Andrew Tuch (2014b); 골드만삭스 아바

위 규제의 일환으로 금융회사가 이익충돌을 방지하고 관리할 의무를 도입하였고, 금융규제법 분야에서는 투자자 보호를 위한 영업행위 규제 측면에서의 연구가 축적되었다.[17]

최근 들어서는 자본시장에서의 이익충돌의 문제의 발생 원인을 규명하고, 그 해결책을 모색하기 위하여 신인의무(信認義務, fiduciary duty)[18] 법리를 재조명하는 경향이 눈에 띈다.[19] 신인의무 법리는 신인의무자의 수익자에 대한 이익충돌 및 이익향수금지원칙을 포함하는 충성의무(duty of loyalty)의 내용과 효과를 규명하는 것을 핵심과제로 하고 있기 때문에 이익충돌 연구의 출발점으로 기능할 수 있다.[20] 그렇지만, 자본시장에서도 법적으로 규율할 필요성이 있거나 사회적 비난의 대상이 된 이익충돌 상황이 모두 신인관계에서 비롯되는 것은 아니고, 신인관계로 포섭될 수 없는 거래관계에서도 정보나 전문성의 우위에 있는 일방 당사자가 상대방과 이익이 충돌하는 상황에서 당사자의 이익을 위법·부당하게 침해하는 것을 방지할 준칙을 확립할 필요성 또한 존재하기 때문에 이를 아우르는 법리가 필요하다.[21]

쿠스 사건에 관한 분석으로는 Andrew Tuch (2012); 복잡한 구조화 상품의 거래에서 나타나는 다층적 게이트키퍼 구조에 관해서는 Andrew Tuch (2010); 증권인수인의 신인의무와 책임에 관해서는 Andrew Tuch (2007); 호주에서 ASIC v. Citigroup 사건을 계기로 제기된 투자은행과 신인의무 법리에 관한 연구로는 Andrew Tuch (2005).

17) Luca Enriques (2005), pp. 15-19.

18) 다수의 국내 문헌에서는 영미법상 'fiduciary duty'에 해당하는 용어를 '신인의무'로 번역하고 있지만[박기령(2010), 17면], 이중기 교수는 신인의무 법리의 핵심을 이루는 충성의무(duty of loyalty)의 측면을 강조하기 위하여 이를 충실의무로 번역하고 있다. 이중기(2011a), 311면.

19) 영국에서는 Joshua Getzler in Nicholas Morris *et al.* (2014), pp. 193-208; 캐나다에서는 대표적으로 Paul Miller (2011); 호주에서는 Matthew Conaglen (2010).

20) 같은 취지, Rebecca Walker (2014), p. 3.

21) Christoph Kumpan (2015).

이 글에서는 자본시장에서의 이익충돌 문제의 특수성 및 법적인 접근방안(II)에 관하여 분석하고, 자본시장에서 활동하는 금융회사의 업무양태를 자산운용수탁업무, 투자자문제공업무, 투자중개업무, 투자매매업무, 투자권유행위로 나누어 각각의 업무를 수행할 경우 발생할 수 있는 이익충돌문제를 해결하기 위한 법리(III)에 관하여 차례로 검토한다. 해당 법리가 자본시장에서의 영업행위를 규제하고, 자본시장 참가자들의 사법적 법률관계를 근거 짓는 현행 자본시장법 및 국회에 제출된 금융소비자보호 기본법안 등에서 어떻게 구현되어 있는지에 관한 분석과 평가는 별개의 논문에서 다루기로 한다.[22]

Ⅱ. 자본시장에서의 이익충돌 문제의 특수성 및 접근방안

1. 자본시장에서 이익충돌의 특수성

(1) 이익충돌의 정의

자본시장을 비롯하여 사적인 거래분야에서 발생하는 이익충돌의 개념과 범주에 관한 합치된 정의는 발견하기 어렵다.[23] 이익충돌이라는 개념 자체가 어떠한 법적 평가를 수반하는 개념은 아니기 때문이다.[24] 이 장에서는 이익충돌이라는 용어는 통상의 용례

22) 금융소비자보호 기본법의 법률안에 관한 분석으로는 김정연(2017).

23) Rebecca Walker (2014), p. 8; Christopher Kumpan and Patrick Leyens (2008), p. 77.

24) 국립국어원 표준대사전에서도 '충돌'을 "서로 맞부딪치거나 맞섬"으로 정의하고 있으며, 그 자체로 어떠한 평가를 내포하는 사전상의 용례를 찾아보기는 어렵다. 륩카이(Luebeke) 교수는 옥스퍼드 영어사전과 랜덤하우스 영어사전에서는 1971년 이전까지 (정부 등 공적영역과 관련된 용례를 강조하는 것과는 별개로) 사적영역에서 발생하는 이익충돌(conflict of interest)을 별도 표제어로 정의하고 있지 않다고 소개하였다. Neil Luebke (1987) p. 67; 현재 옥스퍼드 영어사전에서는 이익충돌을 다음과 같이 정의한다. (a) 서로 다른 당사자들 사이에서 존재하는 관심 또는 목적의 양립 불가능성 (ii) (주로 경영, 정치, 법률 분야에서) 하나의 주체가

에 따라 당사자 간의 이해가 일치하지 않는 현상 또는 거래의 일방 당사자의 행위에 따라 자신은 이득을 취하고 다른 당사자의 이해관계에 불리한 영향을 미칠 가능성이 존재하는 상황을 지칭하는 것으로 사용한다. 국제증권감독기구(International Organization of Securities Commissions, 이하 "IOSCO")에서도 자본시장에서 발생하는 이익충돌을 시장중개자(market intermediary)의 이해관계가 그 투자자, 고객 또는 제3자와 대립하거나 불일치하는 상황 또는 일단의 고객의 이익이 다른 고객 집단의 이익과 충돌하는 상황을 가리키는 것으로 정의하고 있는 점도 참고할 수 있다.[25]

한편, 일부에서는 이러한 통상적인 용례를 넘어 이익충돌이라는 현상 자체를 법적인 의무를 위반한 상태라고 규율하고자 하는 경향도 있다.[26] 예컨대, 우리나라 자본시장법 제정 당시의 자료에서는 이해상충은 "일방 당사자(금융회사)가 타방 당사자(투자자)의 이익을 부당하게 침해하는 행위"라고 정의하고 있으며,[27] 일본에서도 금융상품거래법 제정을 계기로 촉발된 논의 과정에서 이익상반

보유하는 또는 위임받는 둘 이상의 이익이 양립불가능하거나 침해하는 것으로 간주되는 상황. 특히 한 개인이 자신의 공적 지위에서 내리는 판단으로부터 사적인 이익을 수취하는 상황.

25) IOSCO (2007), p. 16.

26) Black's Law Dictionary에서도 이익충돌을 "1. 개인의 사적 이익과 공적인 의무 또는 신인의무 간에 존재하는 실제적 또는 외관상 양립불가능성(a real or seeming incompatibility between one's private interests and one's public or fiduciary duties) 2. 변호사의 두 의뢰인 간의 이익이 실제적 또는 외관상 양립 불가능하여 두 의뢰인 모두를 대리하는 경우에 특정 의뢰인에게 불리한 영향을 미치게 되거나 의뢰인들의 동의가 없으면 해당 변호사의 자격이 부인되는 상황(모범 직무행위 준칙 1.7(a)조){A real or seeming incompatibility between the interests of two of lawyer's clients, such that the lawyer is disqualified from representing both clients if the dual representation adversely affects either client or if the clients do not consent, Model Rules of Prof'l Conduct 1.7(a)}"이라고 정의하고 있다. Black's Law Dictionary, 8th edition (1999), p. 318.

27) 재정경제부. 자본시장법 제정안 설명자료(2006), 71-72면.

이런 상대방의 이익을 부당하게 침해하지 아니할 의무를 위반한 상태로 설명되는 경우도 있다.[28] 이처럼 자본시장에서의 이익충돌을 입법적으로 규제하려는 과정에서 상대방의 이익을 부당하게 침해하는 행위를 이익충돌의 개념적 속성으로 규정하는 경향이 관찰되지만, 그렇다고 해서 이익충돌이라는 용어 자체의 의미가 변화한 것이라고 보기는 어렵다.[29]

우리나라 법원에서도 이익충돌은 사익추구가 전제되는 민상사 거래관계에서 당연히 발생하는 이해관계의 대립상황이라고 보고 있다. 예를 들어 "일반적으로 매매거래에 있어서 매수인은 목적물을 염가로 구입할 것을 희망하고 매도인은 목적물을 고가로 처분하기를 희망하는 이해상반의 지위에 있으며, 각자가 자신의 지식과 경험을 이용하여 최대한으로 자신의 이익을 도모할 것으로 예상" 된다는 점을 들어 매매거래의 당사자 간의 이익충돌로 인한 법적인 문제는 발생하지 않는 것으로 전제한다.[30]

---

28) 金融商品取引法硏究會(2011), p. 2; 한편, 다른 학자들은 이익상반에 대한 실정법상의 정의는 존재하지 않으며 모든 이익충돌이 문제가 되는 것은 아니고 법적으로 유의미하게 규율 대상이 되는 이익충돌의 범주가 존재한다는 전제에서 논의를 진행한다. 利益相反硏究會(2009a), pp. 4-5.

29) 협소한 접근법이라고 비판하는 견해로는 Christoph Kumpan (2015), p. 13.

30) 대법원 2014. 4. 10. 선고 2012다54997 판결. 공유재산매매와 관련하여 매수인이 목적물의 시가를 감정평가법인에 평가를 의뢰하여 그 결과에 따라 제시한 것이 신의칙상 매도인에 대한 정보제공 의무를 위반한 것이 아니라는 취지로 원심을 파기환송한 대법원 판결이다. 카지노사업자와 카지노 이용자 간에도 기본적으로 자기책임의 원칙이 전제되어야 한다는 점을 다음과 같이 설시한 대법원 판례에서도 이러한 태도가 잘 드러난다. "자신의 자유로운 선택과 결정에 따라 행위하고 그에 따른 결과를 다른 사람에게 귀속시키거나 전가하지 아니한 채 스스로 이를 감수하여야 한다는 '자기책임의 원칙'이 개인의 법률관계에 대하여 적용되고, 계약을 둘러싼 법률관계에서도 당사자는 자신의 자유로운 선택과 결정에 따라 계약을 체결한 결과 발생하게 되는 이익이나 손실을 스스로 감수하여야 할 뿐 일방 당사자가 상대방 당사자에게 손실이 발생하지 아니하도록 하는 등 상대방 당사자의 이익을 보호하거나 배려할 일반적인 의무는 부담하지 아니함이 원칙이다"(대법원 2014. 8. 21. 선고 2010다92438 전원합의체 판결).

(2) 자본시장에서의 이익충돌

전통적으로, 자본시장에서는 금융회사와 투자자간의 정보의 격차로 인하여 이익충돌 문제가 발생하는 것으로 이해되어 왔다. 특히 경제학, 경영학 분야를 중심으로 자본시장에서의 이익충돌은 필수불가결한 현상임을 전제로 투자자에 대한 정보 공시를 중심으로 하는 최소한의 규제를 통하여 이익충돌을 적절히 관리하면 된다는 견해가 주를 이루었다.[31]

1990년대 이후에는 복잡한 수학모델을 바탕으로 설계된 금융상품이 출현하고, 투자은행이 자기계산으로 하는 투자 활동에 주력하면서, 투자자의 이익을 해하고 자신이 이익을 우선적으로 추구할 조건과 유인이 형성되었으며, 글로벌 금융위기를 계기로 금융회사가 정보와 전문성의 우위를 남용하는 심각한 폐해가 부각되었다.[32] 특히, 행동경제학의 연구성과에 따라, 이익충돌 상황에서는 투자자가 편향된 판단을 내릴 수 있기 때문에 단순한 정보격차의 해소를 넘어서서 이익충돌의 발생 자체를 통제할 필요성도 제기되고 있다.[33]

이익충돌은 자본시장 거래의 다양한 국면에서 상시적으로 발생할 수 있다.[34] 그 가운데, 법적으로 가장 유의미한 것은 금융회사가 고객과 맺는 법률관계의 태양과 법적 성격에 걸맞는 행위준칙을 부과하는 문제가 될 것이다. 즉, 금융회사와 고객간의 정보격

31) Ingo Walter (2003), pp. 3-4; Ingo Walter in Claudio Borio *et al.* (2004), pp. 175-185.

32) Hamid Mehran and René Stulz (2007), pp. 267-296.

33) Moore, Tanlu and Bazerman (2010), pp. 47-48. 이익충돌 상황이 발생하면 의도적으로 자신의 이익을 위한 선택을 하는 것이 아니라 무의식적 편향에 따른 판단을 하게 된다는 주장이다.

34) 금융회사가 다양한 종류의 금융업을 영위함에 있어서 업간 이익충돌도 문제가 될 수 있으나 본 글에서는 주로 금융회사와 투자자/고객 간의 금융거래 관계에서 발생하는 이익충돌에 초점을 맞춘다.

차를 줄이기 위한 정책적, 규제적 대안뿐만이 아니라, 개별거래관계에서 금융회사가 투자자에 대하여 준수하여야 할 의무의 내용과 수준을 결정하는 것이 자본시장에서 이익충돌 문제를 해결하는 법리를 정립하는 데 관건이 되기 때문이다.

금융회사와 고객 간의 법률관계는 매매, 위임, 신탁 등 사법(私法)상의 법리 또는 금융규제 법규상의 구체적 권리의무의 내용에 따라 규율된다. 이익충돌 문제와 관련해서는 금융회사가 해당 거래에서 보유하는 재량과 권한의 수준, 고객이 금융회사에 대하여 부여한 신뢰와 신임의 정도, 협상력과 정보력의 격차에 따른 고객보호의 필요성을 감안하여 금융회사가 고객관계에서 발생하는 이익충돌과 관련하여 부담하는 의무의 내용과 수준이 종합적으로 결정되어야 할 것이다.

(3) 자본시장의 이익충돌에 관한 법리적 접근방안

1) 금융회사의 재량에 관한 통제

금융회사가이 고객의 이해관계에 대해서 재량과 권한을 보유하고 있다면 금융회사 자신의 이익을 우선하는 판단을 하지 않도록 이익충돌의 발생 가능성을 차단하고, 이익충돌이 발생하면 이를 해소하고 제재할 필요가 있다. 2. 이하에서 상술하는 신인의무 법리에서는 일방 당사자의 재량과 권한을 신인관계 성립의 핵심적 징표로 간주하고 이익충돌의 발생을 사전에 제어하는 법원칙을 발전시켜 온바, 자산운용수탁업무 또는 금융자문업무에 대해서도 이러한 법리가 유용하게 적용될 수 있다. 다만, 신인의무의 구체적인 내용은 사법적 법률관계의 성격 및 신인의무자가 부여한 재량의 정도를 감안하여야 한다. 따라서 자산운용수탁자에게는 엄격한 이익충돌금지의 원칙을 적용하고, 금융자문업무 또는 장외거래에서의 투자중개업무 등에 대해서는 금융회사가 자신의 이익을 우선

추구하는 것을 허용하는 예외를 유연하게 인정할 수 있을 것이다.

2) 고객 신뢰 보호

고객이 금융회사에 대해서 신뢰를 부여한 경우라면 금융회사가 자신의 이익을 우선하여 추구함으로써 고객의 신뢰를 배반하는 행위는 허용될 수 없으며, 이때의 신뢰와 신임은 해당 법률관계의 성격에 따라 합리적으로 기대될 수 있는 범위 내에서 보호되어야 할 것이다.[35] 따라서, 매매거래에서는 매수인 책임부담원칙(caveat emptor)에 따라 거래 상대방 금융회사라도 투자자의 이익을 위할 것이라는 신뢰가 정당화될 수 없으므로 사기적 수단을 사용하거나 강행규정을 위배하지 않는 이상 금융회사의 자기이익 추구가 허용될 수밖에 없다. 다음으로, 실질적으로 시장 인프라와 시스템에 의해서 거래가 수행되는 장내중개거래의 경우에도 금융회사에 대하여 투자자의 신뢰를 보호할 높은 수준의 행위의무를 부과할 실익이 별로 없다. 반대로, 투자권유행위시에는 고객에 대해서 단순한 정보 제공뿐만이 아니라 의견의 제시와 유인의 제공이 함께 이루어지므로, 적어도 후자에 대한 투자자의 신뢰를 저버리고 자신의 이익을 우선적으로 추구하는 행위는 통제될 필요성이 있다.

3) 정보 격차의 해소

마지막으로, 고객이 금융회사에 대한 정보와 전문성의 열위를 극복하고 거래를 수행함으로써, 금융시장 전체에 대한 신뢰와 염결성을 제고하고 금융회사의 탐욕을 억제할 수 있도록 정책적인 개입이 필요하다. 자산운용수탁업무, 금융자문업무 등 신인관계에서는 수익자의 취약성을 전제로 신인의무자의 재량을 통제하고 신뢰

35) 모리슨과 빌헬름 교수는 신뢰(trust)란 본질적으로 경제적, 외부적 동기가 아니라 인격적으로 내재한 동기에 의해서 뒷받침되는 것이기 때문에 거래관계에서는 찾아보기 힘든 개념이라고 설명한다{Morrison and Wilhelm (2015), p. 8}.

를 보호하기 위한 법리가 형성된 반면, 신인의무 법리의 적용을 난정할 수 없는 금융거래관계에 대해서는 금융소비자보호를 목적으로 하는 금융규제법상의 법리가 적용될 수 있다.

우리나라에서는 금융회사의 이익충돌 관련 행위준칙은 자본시장법 및 금융소비자보호법안의 제정을 계기로 규제법적 측면에서 일부 구체화된 바 있으나, 사법(私法)법리의 차원에서 당사자 간에 어떠한 의무와 책임이 존재하는지를 규명하는 데는 다소 미진함이 있다. 특히 대법원에서는 금융회사가 고객을 상대로 업무를 수행하는 과정에서 부담하는 의무를 “고객보호의무”[36]라고 통칭하면서도 그 유형, 구체적 내용 및 판단 기준을 법률관계의 성격에 따라 체계적으로 파악하고 있지 않기 때문에 혼란을 가중시킬 우려가 있다.[37] 이하에서는 금융회사와 고객 간의 법률관계의 사법적 성격과 해당 관계에서 포착되는 재량과 권한, 신뢰와 신임, 보호의 필요성을 감안하여 자본시장에서 행해지는 구체적 거래관계에 적용될 수 있는 이익충돌 문제의 규율 법리를 검토한다.

2. 신인의무와 자본시장에서의 이익충돌

(1) 신인의무 법리의 발전과 기능

1) 신인의무 법리와 신인관계

① 신인의무 법리의 발전

신인의무 법리는 영국에서 보통법을 대체, 보완하는 형평법원

36) 고객보호의무이론은 금융회사의 대고객 의무와 관련 법리가 매우 한국적으로 발전한 것이라는 지적으로는, 최승재(2010), 10면.

37) 특히 대법원의 고객보호의무론은 투자권유행위의 위법성을 판단하기 위한 기준의 일환으로 발전해 왔으나(권순일(2002), 161면 이하), 매매거래 및 운용행위에 대해서까지 확대 적용되고 있다. 매매거래에 관해서는 대법원 2015. 5. 14. 선고 2013다2757 판결(ELS 조건성취 방해를 위한 기초자산 대량 매도행위), 운용행위에 관해서는 대법원 2013. 11. 28. 선고 2011다96130 판결.

의 판례를 통하여 발달해 왔다. 일반적으로 1726년 영국형평법원에서 선고된 Keech v. Sandford 판결[38]에서 신인의무 법리에 관한 최초의 판시가 이루어진 것으로 이해되고 있다. 최근 들어서는 보통법계와 대륙법계를 막론하고, 당사자가 다른 당사자에 대한 특정한 내용의 의무를 부담하는 사법 관계를 분석함에 있어서 필수적인 것으로 자리매김하게 되었다. 21세기에 들어서서는 신인의무법의 부활이라고 말할 수 있을 만큼 신인관계의 성립과 그 특징, 신인의무의 내용, 신인의무 위반에 대한 구제방법에 관한 연구가 축적되고 있다.[39]

② 신인관계의 성립

신인의무를 부과하는 신인관계는 전통적으로 변호사, 신탁의 수탁자, 조합의 파트너, 대리인(agent)과 같은 지위 또는 법률관계의 특수한 사실관계로부터 발생하는 것으로 이해되어 왔으나,[40] 점차 신인관계 형성에 관한 당사자들의 자발적 동의[41] 또는 당사자간 계약의 존재가 핵심적 요소로 파악된다.[42] 생각건대, 자본시

---

38) Keech v. Sanford (1726) 25 Eng. Rep.223, (Ch.) 223-24. 점포임차권을 상속받은 원고 Keech가 자기를 위하여 상속재산을 관리, 운영하는 점포관리인 Sandford를 피고로 하여, 피고가 미성년자인 원고 대신 자신의 이름으로 점포임차계약을 갱신한 데 대하여 점포임차권으로 인한 이익을 반환하라는 취지의 소송을 제기한 사건이다. 동 판결에서 Peter King 판사는 임대인이 원고가 미성년자라는 이유로 계약 갱신을 거부하였기 때문에 피고가 자신의 이름으로 계약을 체결해서는 안되고 오히려 계약은 실효되어야 하며, 피고 명의로 체결된 계약에 따른 임차권에 따른 이익은 일종의 의제신탁(constructive trust)으로서 원고에게 반환되어야 한다고 판시하였다. 동 판결을 상세히 소개한 국내 문헌으로는 박기령(2011), 491-3면.

39) 대표적으로는 Paul Miler (2013), pp. 974-979.

40) 지위기준(status-based fiduciary)과 사실중심적 기준(fact-based fiduciary)에 관한 설명으로는 이중기(2006), 69면.

41) James Edelman (2010), pp. 307-313

42) Easterbrook and Fischel (1993), p. 425; Cooter and Freedman (1991), pp. 1052-1054; 계약론적인 입장에 대한 반박으로는 Vitor Brudney (1997), pp. 596-601; 계약론 또는 계약론과 유사한 입장들을 비판하고 신인의무의 독자적인 도덕적 성

장의 각 참가자들이 맺게 되는 다양한 관계들은 대체로 계약에 의해서 성립되기 때문에 신인관계의 성립여부를 판단함에 있어서도 일차적으로는 해당 계약 내용의 해석이 우선시 되겠지만, 각국의 금융관련 법률이나 사법부의 해석에 따라 사전적, 사후적으로 신인관계의 성립이 인정될 수도 있을 것이다.

③ 신인관계의 속성

호주의 폴 핀(Paul Finn) 판사는 1977년 저서 "Fiduciary Obligations"의 서두에서 "어떤 사람은 그가 신인의무자이기 때문에 신인의무를 부담하는 것이 아니라, 그가 신인의무를 부담하기 때문에 신인의무자가 되는 것이다."라는 선언적 명제를 제시함으로써, 지위기준이론 등으로부터 벗어나 신인관계의 특성과 그에 따른 의무의 내용을 밝히는 연구의 필요성을 주창하였다.[43] 이후 축적된 신인의무법 분야의 연구 성과에 따르면, 신인의무를 발생시키는 신인관계는 다음과 같은 속성을 지니는 것으로 정리될 수 있다.

첫째, 신인의무자는 수익자의 이익에 관하여 재량과 권한을 보유한다.[44] 둘째, 수익자는 신인의무자에 대해서 신뢰와 신임을 부여하였다.[45] 셋째, 수익자의 취약성을 보호할 필요성(vulnerability)이 존재한다.[46] 이 가운데에서도 신인관계의 핵심은 신인의무자의 재량과 권한으로 평가된다.[47] 즉, 정보와 전문성의 우위에 있는 거래당사자가 보호의 필요성이 있는 타방 당사자로부터 신뢰와 신임을 받고 있다고 하더라도 상대방의 이익에 대한 재량과 권한이 없는 한 해당 법률관계는 신인관계에 포섭될 수 없다.

격을 강조하는 견해로는 Scott Fitzgibbon (1999), pp. 350-352.

43) Paul Finn (1977), p. 2.

44) Paul Miller (2013), pp. 1011-1013; Andrew Tuch (2005), p. 495.

45) Andrew Tuch (2005), p. 495.

46) Paul Finn (1977), p. 46.

47) Paul Miller (2014), pp. 70-71.

2) 신인의무의 핵심 내용

① **충성의무**

신인의무자는 타인을 위하여 행사할 권한과 재량을 부여받은 자이기 때문에 권한과 재량을 통제하는 메커니즘으로서의 충성의무가 가장 핵심적인 내용을 이룬다. 우리나라에서는 신인의무 법리가 주식회사의 이사의 회사에 대한 선관주의의무와 충실의무의 관계에 관한 해석론을 중심으로 채택되고 형성되어 왔지만, 영국법계 국가에서는 본래적 의미에서 신인의무는 충성의무 그 자체로 간주하거나, 주의의무가 단지 부수적으로 포함된 것으로 간주하는 데 견해가 대체로 일치한다.[48]영국의 Bristol & West Building Society v. Mothew 판결[49]에서 설시된 "신인의무자의 가장 우선적인 의무는 충성의무(duty of loyalty)이다."는 견해가 여전히 유지되고 있는 것이다.[50] 이러한 이해는 재량과 권한을 핵심으로 하는 신인관계의 속성을 근거로 자연스럽게 도출될 수 있을 뿐만 아니라, 신인의무자의 사익추구에 대한 감시비용을 줄이고 사후적 통제 수단을 보장한다는 경제적인 접근에도 부합한다.

② **이익충돌금지원칙**(no-conflict rule)

이익충돌금지원칙과 이익향수금지원칙이 신인의무의 핵심을 이루는 충성의무(duty of loyalty)의 골자를 이룬다는 데는 특별한 이견이 없다. 영국에서는 1992년 법률위원회(Law Commission)에서 발간한 보고서를 통해 신인의무자가 부담하는 충성의무 및 그에 따른 이익충돌금지원칙, 이익향수금지원칙에 관하여 다음과 같이 정의한다.

48) Remus Valsan (2012), p. 35, 각주 66에 소개된 견해들.

49) Bristol and West Building Society v Mothew [1996] EWCA Civ 533.

50) Iris Samet in Andrew Gold and Paul Miller (2014), pp. 134-135.

> ▲ 이익충돌금지원칙: 신인의무자는 자신의 의무와 이익 사이의 충돌되는 상황에서 행위하는 것이 금지되며 (“의무-이익 충돌”) 또한 다수의 본인들(principles)에 대해서 부담하는 의무간의 충돌 (“의무-의무 충돌”) 상황에서도 마찬가지이다.
>
> ▲ 이익향수금지원칙: 신인의무자는 신인의무자의 지위를 이유로 하는 또는 그 지위를 이용하여 또는 신인의무자의 직무 범위 내에서의 이익을 추구해서는 안 된다.[51]

영국에서는 판례법리를 통해 19세기 중반 이해로 모든 신인의무자는 보호할 의무가 있는 상대방과 이익이 실제로 충돌하거나 충돌할 수 있는 상황에 처해서는 안 된다는 원칙이 확립되었으며,[52] 1896년에 선고된 Bray v. Ford[53] 판결에서도 허셸 판사(Lord Herschell)는 “형평법원에서 신인의무자의 지위에 있는 사람은 달리 명시적으로 정해지지 않는 이상 이익을 수취할 자격이 없고, 자신의 이익과 의무가 충돌하는 위치에 처해서는 안 된다.”고 판시함으로써 신인의무자에게 이익충돌금지의무와 이익향수 금지의무가 존재한다는 점을 확인하였다.

한편, 미국의 신탁법 제3차 리스테이트먼트에서도 수탁자의 충성의무란 신탁계약에서 달리 정하지 않는 이상 수익자의 이익만을 위해서 신탁을 관리할 의무라고 정의하고(제78조 제1항), 그에 따라 수탁자는 자기거래 또는 수탁자의 신인의무와 개인적 이해관계의

51) Law Commission (1992), pp. 27-30.

52) Aberdeen Railway Co v. Blaikie Brothers (1854) 1 Macq 461 at 471-472.

53) 브레이는 요크셔 칼리지의 감독위원장이었고, 포드는 부위원장이자 동 칼리지의 변호사였다. 브레이는 포드가 칼리지에 대해서 감독위원회 부위원장이라는 신인의무자의 지위에 있었음에도 불구하고 그로부터 보수를 지급받는 변호사라는 지위에 처함으로써 불법적이고 부적절하게 행동했다는 점을 문제 삼았다. Bray v. Ford [1896] AC 44 at 51.

충돌을 낳거나 이를 포함하는 여하한 거래에 관여할 수 없다(제78조 제2항)는 이익충돌금지원칙을 규정하고 있다.[54]

신인의무자에게 적용되는 이익충돌금지원칙은 신인의무자와 고객의 이익의 잠재적, 실제적 이익충돌 상황 자체를 회피할 의무이다. 원칙적으로 신인의무자에 대해서는 그 결과가 수익자에 대해서 이익을 가져다주는지, 거래를 결정하기 위한 절차가 공정하였는지 여부를 불문하고 이익충돌 상황에 처하면 안 된다는 소위 불문원칙(no-further inquiry rule)이 적용된다.[55] 신인관계가 아닌 경우에는 이처럼 엄격한 이익충돌금지원칙이 적용되는 사례를 찾아볼 수 없고, 설령 이익충돌 상황에서 거래 상대방의 이익을 감안하여 행위할 의무를 부과한다고 하더라도 해당 의무 위반행위의 위법성을 평가함에 있어서 불문원칙이 적용되는 경우는 상상하기 어렵다.

3) 신인의무 법리의 기능

신인의무 법리는 자본시장에서의 이익충돌 문제에 관한 사법적 법리를 형성하는 데 크게 기여하였다. 특정 법률관계를 신인관계라고 규정하게 되면 일방 당사자는 신인의무자가 되고, 다른 당사자는 수익자가 되며, 신인의무자는 수익자에 대한 신인의무를 부담하게 된다. 이 때, 신인의무자는 신인관계의 속성에 따라 수익자

54) § 78 Duty of Loyalty

(1) Except as otherwise provided in the terms of the trust, a trustee has a duty to administer the trust solely in the interest of the beneficiaries, or solely in furtherance of its charitable purpose.

(2) Except in discrete circumstances, the trustee is strictly prohibited from engaging in transactions that involve self-dealing or that otherwise involve or create a conflict between the trustee's fiduciary duties and personal interests.

(3) Whether acting in a fiduciary or personal capacity, a trustee has a duty in dealing with a beneficiary to deal fairly and to communicate to the beneficiary all material facts the trustee knows or should know in connection with the matter.

55) Melanie Leslie (2005), pp. 544-545.

에 내해서 충실의무를 부담하며 충성의무에 수반하는 이익충돌금지원칙 및 이익향수금지원칙이 적용되는 것으로 이해되기 때문이다. 즉, 금융회사가 고객에 대해서 신인의무를 부담하는지 여부에 따라 이익충돌 거래의 금지/허용 여부가 달라지는 것이다.

또한, 신인의무 법리는 강력한 이익충돌 금지 규범을 부과하는 동시에 그 위반에 대해서도 특별한 구제수단을 거래 상대방에게 제공한다. 본래적인 신인의무 법리에 따르면 신인의무자가 이익충돌금지원칙에 위배되는 행위를 한한 경우 수익자는 원칙적으로 해당 거래를 무효화시키고 그에 따른 원상회복을 구할 수 있다.[56] 또한 수익자는 신인의무 위반으로 인하여 발생한 손해의 배상을 청구하는 것은 물론이고, 손해가 발생하지 않은 경우 또는 신인의무자가 취득한 이익이 더 큰 경우에는 해당 이익에 대해서까지 반환을 구할 수 있는 등 신인의무 법리에서는 수익자에 대하여 폭넓은 사법적인 구제수단을 부여하고 있다.[57]

신인의무자의 충성의무 위반에 대한 다양한 구제수단 가운데 이익토출 법리(disgorgement)는 신인의무법리를 통상의 불법행위 또는 부당이득의 법리와 구별짓는 가장 특징적인 요소이다.[58] 불법행위로 인한 손해배상 청구 또는 부당이득의 반환은 모두 투자자가 입은 손해 또는 손실의 범위 내에서 전보가 이루어지기 때문에, 이를 초과한 이익의 취득을 억지하기 위해서는 이익토출 법리가 효과적이다.[59] 우리나라에서도 신탁법 개정을 통해서 충성의무 위

56) Graham Virgo (2012), pp. 518-519.

57) Graham Virgo (2012), p. 519.

58) 리오넬 스미스 교수는 이익반환 법리는 이익향수금지원칙에 따라 원래 수익자가 보유하여야 할 재산을 수익자에게 귀속되도록 하는 것을 목적으로 하는 것이며, 이익충돌금지원칙과 바로 연결시킬 수는 없다고 주장한다. Lionel Smith (2013), pp. 101-3.

59) 이중기(2011a), 311-312면.

반에 대한 이익토출의 법적인 근거가 마련되었기 때문에 토출대상 이익의 범위 및 법적 성격에 관해서도 검토할 필요성이 있다.

특히, 신인관계 법리에 대한 이해를 제고하는 것은 우리나라에서의 이익충돌 문제 해결의 법리를 정립해 나가는데도 도움이 된다. 우리나라의 실정법 및 판례에서도 영미법상 발전한 신인의무 법리와 유사한 취지의 규범과 법리의 도입이 이루어지고 있음에도 불구하고, 그 내용에 관한 합치된 이해에 도달하지 못한 까닭에 아직 인식상의 혼란이 존재하는 실정이다.

(2) 신인의무 법리가 적용되지 않는 법률관계에서의 이익충돌

1) 문제의 소재

이익충돌의 문제는 비단 신인의무 법리의 영역에서만 발생하는 것은 아니며, 실제로 당사자들이 자신의 최대한의 이익을 추구하기 위한 경제활동을 영위하는 자본시장에서 행해지는 모든 거래관계에 내포되어 있다. 신인관계에 포섭되지 않는 금융회사와 고객간의 법률관계(이하 “비신인관계”)에 대해서는 금융거래의 본질적 속성인 이익충돌의 발생 자체를 금지할 근거가 없다. 즉, 신인의무 법리를 토대로 신인관계와 비신인관계를 구별하고, 비신인관계에서 발생하는 이익충돌 문제에 대해서는 구체적 사법관계의 특징과 정책적 필요성에 따라 유연한 법리를 적용할 수 있게 되는 것이다.

특히 글로벌 금융위기를 겪으면서 투자은행이나 증권회사등의 자기매매업무 수행, 투자권유행위 등 비신인관계에서의 이익충돌 문제에 관한 법리를 정립할 필요가 제기되었다. 다시 말해서, 투자자와 독립당사자 관계에 처해있는 금융회사라고 하더라도 이익충돌 상황에서 고객의 이익을 염두에 두고 행위할 의무를 부담하는지 여부 및 그 의무 위반 여부를 판단하는 기준에 관하여 검토할 필요성이 생겨난 것이다. 비신인관계에서의 이익충돌 문제와 관련

해서는 다음과 같은 접근방안이 제기되고 있다.

2) 정보불균형 해소를 통한 이익충돌 규율

첫째, 금융회사와 거래상대방간의 정보불균형 해소를 통해서 이익충돌 문제가 해결될 수 있다는 접근 방안이다.[60] 이러한 견해에 따르면, 금융회사는 게이트키퍼와 함께 자본시장에서 정보의 공급과 유통기능을 통하여 시장의 가격 결정 기능을 원활하게 작동하는데 기여하기 때문에,[61] 이익충돌 문제는 정보의 관리와 중개를 본질로 하는 금융업의 불가피한 부산물이라고 평가된다. 다만, 금융회사는 투자자에 비하여 금융상품 또는 자본시장에 대한 정보의 우위에 있기 때문에 이를 남용하여 부당하게 투자자의 이익을 침해할 유인이 있으므로,[62] 금융서비스 제공자 또는 그 대리인이 인센티브를 추구하기 위하여 정보를 은닉하거나 악용할 경우에는 금융시장의 효과적인 작동을 방해하지 못하도록 금융회사의 의무의 수준을 결정하면 될 것이라는 취지이다.[63] 따라서, 정보격차를 해소할 수 있도록 고객에 대해서 충분한 정보를 제공하여 고객의 올바른 투자판단을 유도한다면 투자자보호의 목적을 달성할 수 있다는 논리적 귀결에 이르게 된다.[64]

이러한 논리는 정보제공의무(mandatory disclosure)를 부과함으로써 투자자보호기능 및 대리문제를 해소할 수 있다는 전통적인 금융법의 법리와 맞닿아 있으며,[65] 정보격차 해소를 통해 정보의 우

60) John Boatright (2000), p. 204; Andrew Crockett *et al.* (2003), pp. 75-77; 국내문헌으로는 정순섭(2009), 10면.

61) Stephen Choi (2004), p. 28.

62) Ingo Walter (2007), pp. 16-18.

63) Steven Choi and Jill Fisch (2003), pp. 272-277.

64) Luca Enriques and Sergio Gillotta in Niamh Moloney *et al.* (2015), pp. 514-515.

65) Stephen Bainbridge (2000), pp. 1023-1024; Donald Langevoort (2002), pp. 165-166.

위를 남용함으로써 발생하는 미공개중요정보이용행위, 시세조종 등의 불공정거래행위를 억지할 수 있게 되고 결과적으로 자본시장의 염결성(integrity)을 높이는 데도 기여할 수 있다고 귀결된다.[66]

그러나 증권시장 규제의 가장 중요한 원칙으로 받아들여지던 공시제도의 한계와 문제점이 다면적, 다층적으로 제시된지 오래다.[67] 특히 다수의 일반투자자를 상대로 증권신고서 등을 통하여 정보를 제공하는 전통적인 공시제도뿐만이 아니라 투자중개업무, 투자자문업무 및 투자권유행위 등 개별 투자자와의 금융거래관계에서 발생하는 맞춤형 정보제공의 문제를 포함하여 정보제공 중심 규제의 한계에 관한 논의가 활발하다.[68] 그 가운데 금융회사와 투자자 간의 이익충돌 문제에 관해서는 강제공시 또는 정보제공의무를 강화하더라도 투자자는 제공된 정보를 충분히 이해할 수 없음에도 불구하고 오히려 책임을 투자자에게 전가하고 금융회사의 면책만을 정당화해 준다는 비판에 주목할 만하다.[69] 증권법상 공시제도는 전통적인 매수인 부담원칙(caveat emptor)의 철학을 대체할 의도로 입법되었지만[70] 최근에 제기된 비판적인 견해에 따르면 결국은 매수인에게 여전히 위험을 부담할 원칙을 남겨둔 것과 크게 다르지 않다고도 볼 수 있다.

---

66) Harry McVea (1993), ch.3, 4.

67) Luca Enriques and Sergio Gillotta in Niamh Moloney *et al.* (2015), pp. 515-516.

68) Omri Ben-Shahar and Schneider (2011), p .658.

69) 투자자가 정보를 이해하고 분석할 능력이 부족하다는 측면에 관해서는 Omri Ben-Shahar and Carl Schneider (2011), pp. 704-729; 반대로 효율적 시장을 전제로 할 때 시장에서 형성된 증권의 가격에는 기업의 가치가 이미 반영이 되어 있기 때문에 추가적인 규제가 필요 없다는 견해로는 Easterbrook and Fischel (1984), p. 694.

70) SEC v. Capital Gains Research Bureau, Inc., 375 U.S. 180, 186 (1963); Stephen Bainbridge (2000), p. 1023.

3) 금융회사의 전문성에 대한 투자자 신뢰를 중시하는 접근 방안

이익충돌 문제의 발생원인과 규율 방안에 관하여 금융회사와 고객 간의 정보격차의 문제를 중시하는 견해는 실제 금융거래에서 이익충돌이 발생하는 중요한 원인으로서 금융회사의 전문성에 대한 투자자의 신뢰라는 측면을 간과하는 경향이 있다. 주식 및 채권 등 단순한 상품을 거래하는 상황에서는 금융회사가 발행회사 및 금융상품에 대한 기본적인 정보를 제공하면 투자자는 이를 바탕으로 투자판단을 내릴 수 있지만 복잡한 구조화 상품, 파생상품 등을 거래함에 있어서는 해당 상품을 설계하고 판매하는 금융회사를 신뢰하고 금융회사의 의견에 상당 부분 의지할 수밖에 없게 된다.

상품의 제조 및 판매자의 소비자에 대한 정보우위로 인한 이익충돌 문제는 모든 종류의 상품시장에서 발생할 수 있음에도 불구하고 특히 자본시장에서의 금융회사가 부담하는 의무의 존부 및 내용에 관해서 논의가 집중되는 것은 바로 금융상품의 거래에 대해서는 금융회사의 전문성과 그를 바탕으로 한 의견제시에 대한 투자자의 신뢰가 부여되기 때문이다. 즉, 금융상품은 기본적으로 장래의 현금흐름이 그 가치를 결정한다는 점에서 일반 상품과는 가장 크게 구별되는데 금융회사가 이러한 가치 결정에 관해서 평가할 수 있는 전문성과 정보의 우위에 있게 되며, 금융회사 역시 영리를 추구하므로 고객이 금융상품 매입, 기타 거래를 활발히 하도록 적극적으로 활동할 유인이 있는 것이다.[71] 따라서, 금융회사와 고객 간에는 신인의무 법리가 적용되기 어려운 매매거래, 중개

---

71) 박준 외(2013), 10면, 박준 발언부분; 거래상대방에 비하여 전문성의 우위에 있기 때문에 이익충돌 상황에서 고도의 주의의무를 부담한다는 논의는 게이트키퍼의 이익충돌 관련 문헌에서 많이 지적되고 있지만 금융회사 역시 거래 경험이나 지식의 측면에서 전문성에 따라 주의의무가 높아질 수밖에 없을 것이다. 정보격차와 전문가 책임에 관한 일반적인 논의는 박훤일(2012), 470-474면; 곽관훈(2009), 50-52면.

거래 등을 행하는 경우라고 하더라도 향후 금융상품의 가치 변동에 대한 금융회사의 판단을 고객이 신뢰하는 경향이 관찰될 수밖에 없으며, 금융상품이 복잡해질수록 고객은 각종 위험요인에 대한 금융회사의 의견제시에 의존하는 성향이 강해지게 될 것이다.

금융회사는 평판 자본을 바탕으로 투자자들이 금융회사를 신뢰하고 거래에 참여할 수 있도록 하는 기능을 수행하도록 기대되는바,[72] 이익충돌 상황에서 고객이 부여한 신뢰를 배반하지 않는 범위 내에서 자신의 이익을 추구하는 것이 허용된다는 제약을 받게 될 것이다. 이러한 접근 방법은 금융회사의 정보제공 의무를 강화하는 방안과는 달리 금융회사가 금융거래를 행함에 있어 고객의 이익을 고려하여 행위해야 한다는 보다 높은 수준의 주의의무를 부과하는 법리가 필요하다는 결론으로 연결될 수 있다.[73]

금융회사가 보호해야 하는 고객의 신뢰는 해당 금융거래의 법적인 성격과 거래 대상 상품의 특징, 금융회사와 고객간의 전문성의 격차에 따라 달리 결정될 것이다. 예를 들어 금융회사가 동종상품의 거래경험이 많은 전문투자자와 자기계산으로 하는 매매거래를 하는 경우에는 고객의 신뢰를 보호하기 위하여 추가적인 의무를 부과할 필요성이 없지만, 일반 투자자에게 복잡한 파생상품에 투자하는 펀드에 대한 투자권유를 하는 경우에는 금융회사가 제시하는 의견에 영향을 받는 고객의 신뢰를 보호하기 위한 높은 수준의 의무가 요구될 것이다.

---

72) Jonathan Macey (2010), pp. 430-431.

73) 금융상품이 복잡해질수록 정보공시제도가 한계를 가질 수밖에 없다는 점을 지적하고 금융회사에 대해서 높은 수준의 대고객 의무를 부과해야 한다는 견해로는 Tamar Frankel (2012), pp. 435-436.

Ⅲ. 금융회사의 업무 양태별 이익충돌 법리

1. 신인의무 법리가 적용되는 금융업무와 이익충돌

본 장에서는 금융회사와 투자자의 관계에서 발생하는 이익충돌 문제를 신인의무 법리의 관점에서 검토한다. 자본시장에서 금융회사와 투자자가 맺게 되는 법률관계는 금융회사가 고객의 이해관계에 대해서 행사할 수 있는 재량과 권한의 크기에 따라 고객자산의 수탁·운용, 금융자문의 제공, 투자중개, 투자권유행위 및 투자매매의 다섯 가지 유형으로 분류할 수 있다. 그 가운데 고객자산의 수탁·운용업무는 영미에서 발전해 온 신인의무 법리의 원형이 적용되는 영역이며, 금융자문 업무도 자문 제공 결과에 따라 고객의 경제적 이익에 상당한 영향을 미칠 수 있다는 측면에서 신인의무 법리에 포섭될 수 있기 때문에 본 장에서 함께 다루기로 한다.

(1) 투자자 자산의 운용과 이익충돌 문제

1) 자산운용수탁업무의 법적 성격

이 글에서는 금융회사가 고객의 자산을 운용할 수 있는 권한을 보유하고 수행하는 업무를 “자산운용수탁업”이라고 지칭하고, 이러한 금융회사를 통칭하여 “자산운용수탁자”라고 한다. 자본시장법상 분류에 따르면 투자일임업(제6조 제7항), 집합투자업(제6조 제4항) 및 신탁업(제9조 제24항)이 본 논문에서 의미하는 자산운용수탁업의 개념에 포섭될 수 있다.[74] 자산운용수탁업자가 고객과 맺는 고객의 법적인 형식은 다르지만, 이들은 모두 고객의 자산을 운용

---

74) 투자일임업, 신탁업, 집합투자업을 통칭하여 “자산운용위탁업무”라고 하는 견해는 임재연(2013), 87면.

할 재량과 권한을 보유하고 운용 결과에 따른 성과를 투자자에게 배분한다는 점에서 그 경제적 실질은 동일하다.[75] 투자자의 입장에서도 집합투자 및 맞춤형 투자에 대한 선호도, 투자경험에 따른 운용개입 능력, 각 금융회사에 대해서 적용되는 구체적 규제의 차이 등을 감안하여 투사의 형식을 달리 선택하겠지만, 선택하는 법적 형식에 따라서 자신의 재산을 운용하는 금융회사의 의무의 수준이 달라진다고 기대하지는 않을 것이다. 특히, 이익충돌의 측면에서는 자산운용을 수탁받은 금융회사가 자기 또는 제3자의 이익을 투자자의 이익에 우선시 하는 행위는 그 법적 형식이 민법상 위임 또는 신탁법상 신탁 가운데 어떤 것을 취하더라도 용인되기 어렵다. 따라서 이익충돌의 문제와 관련해서는 모든 자산운용수탁자가 투자자와의 관계에서 부담하는 의무의 수준을 동일한 선상에서 파악될 수 있겠다.

2) 자산운용수탁자가 부담하는 충성의무

① 자산운용수탁 업무와 신인관계

자산운용수탁자는 모두 투자자가 맡긴 재산에 대한 운용 재량과 권한을 보유하고 있으며, 투자자들은 이들 금융회사의 전문성과 운용역량에 대하여 신뢰와 신임을 부여하였고, 운용 결과에 따라 투자자의 경제적 이해관계가 절대적으로 영향을 받을 수 있다는 특징이 존재한다. 따라서 자산운용수탁자와 고객과의 관계는 (i) 상대방의 이익에 대한 재량과 권한의 보유, (ii) 신뢰와 신임의 부여, (iii) 상대방의 취약성 및 보호의 필요성이라는 신인관계의 징표에 정확하게 부합하며, 자산운용수탁업무 수행에 대해서는 신인의무 법리가 적용될 수 있다.

자산운용수탁자가 부담하는 충성의무는 이익충돌금지원칙과

75) 김은집(2015), 83면.

이익향수금지원칙을 주요 내용으로 하며, 신인의무자의 재량과 권한의 남용을 통제하고 투자자의 신뢰를 보호하는 기능을 수행한다. 한편, 자산운용수탁자는 전문성을 바탕으로 타인의 자산을 운용하는 자이기 때문에 높은 수준의 주의의무도 함께 부담하는데,[76] 우리나라의 법체계하에서는 수탁자 또한 위임관계에서의 수임인과 마찬가지 수준으로 타인의 재산을 관리하는 자의 선관주의의무를 부담하는 것으로 이해되고 있다.[77] 충성의무는 신인의무자가 오로지 고객의 이익만을 위하여 행위할 의무를 부과함으로써 재량과 권한의 남용을 통제하는 것이고, 주의의무는 상대방에게 최선의 이익을 가져다주는 것을 목적으로 하고 있기 때문에, 이익충돌 상황에서의 행위준칙에 관해서는 충성의무 및 그 하위 법원칙들이 적용되는 것이 적절하다.

② 이익충돌 금지원칙의 적용

신인의무자의 원형에 해당하는 수탁자는 수익자와 자기 또는 제3자의 이익이 충돌하는 상황에서 엄격한 이익충돌금지원칙(no-conflict rule)의 적용을 받는다. 신인의무 법리에서의 이익충돌금지원칙이란 충성의무에서 도출되는 것으로서, "신인의무를 부담하는 자는 자신이 보호 의무를 부담하는 자의 이익과 충돌하거나 충돌할 가능성이 있는 계약을 체결해서는 안 된다"고 설시한 영국 법원

---

76) 이연갑 교수는 미국의 통일신탁법전에 대한 해석을 차용하여 신탁행위로 주의의무의 정도를 낮추는 것은 가능하지만, 고의 또는 중과실로 선관의무를 위반하여 생긴 손해에 대하여 면책하는 것은 허용되지 않는다고 설명하는데, 이는 수탁자는 고도의 주의의무를 부담하는 것을 전제로 하는 주장이라고 생각된다. 이연갑, 정순섭·노혁준(2015), 333면.

77) 광장신탁법연구회(2016), 170면. 판례의 태도는 다음과 같다. "[구] 신탁법 제28조에 의하면 수탁자는 신탁의 본지에 따라 선량한 관리자의 주의의무로서 신탁재산을 관리 또는 처분하여야 하고, 이러한 주의의무는 민법상 위임에 있어서 수임인의 주의의무와 같은 개념으로 이해할 수 있으며"(하략) 대법원 2006. 6. 9. 선고 2004다24557 판결.

의 1854년 판결을 통해서 정식화되었다.[78]

이익충돌금지원칙은 수익자가 정보에 기반한 동의를 제공하지 않는 이상 신인의무자로 하여금 이익충돌이 발생하는 상황 또는 이익충돌이 발생할 것이 합리적으로 기대되는 상황에 처하는 것 자체를 금지한다.[79] 원형적인 신인의무 법리에 따르면, 신인의무자의 이익충돌 가능성이 있는 거래 또는 행위는 그 거래 또는 행위로 인하여 수익자에게 이득을 가져다 줄 수 있는지 여부를 묻지 않고 이를 전적으로 금지하는 엄격한 법리가 적용된다.

우리법의 해석상으로도 자산운용수탁자가 이익충돌과 관련하여 투자자에 대해서 부담하는 의무의 내용을 확립함에 있어서는 영미법상 신인의무 법리를 효과적으로 원용할 근거가 존재한다. 자산운용수탁자는 원칙적으로 투자자의 동의 없이 자기 또는 제3자의 이익과 투자자의 이익충돌을 야기할 우려가 있는 거래를 할 수 없도록 하는 행위준칙의 적용을 받아야 하며,[80] 그 근거로서는 수탁자의 이익상반행위에 관한 신탁법 제34조가 직접 또는 유추적용될 수 있다. 현행 자본시장법 제79조 등에서 자산운용수탁업무를 수행하는 모든 금융회사들에 대해서 일반조항으로서의 충실의무를 부과하는 한편, 투자일임업자, 집합투자업자, 신탁업자에게 적용되는 구체적 영업행위 규범상 특정투자자의 이익을 해하면서 자기 또는 제삼자의 이익을 도모하는 행위를 금지하는 것도 신탁에서의 수탁자-수익자 관계와 경제적 실질이 유사한 관계에서 강력한 이익충돌 금지의무를 부과할 필요성에서 비롯된 것이라고 해석될 수 있겠다.

---

78) Aberdeen Railway Company v Blaikie Bros (1854) 1 Macq 461,471. Graham Virgo (2012), p. 495.

79) UK Law Commission (1992), p. 32.

80) 일본의 히로토 교수도 위임과 신탁의 가장 첫 번째 차이점으로 신탁에서는 이익상반행위에 대한 상대방의 정보에 기반한 동의(informed consent)를 요한다는 점을 꼽는다. 利益相反研究會(2009b), pp. 61-2.

(2) 투자자문 업무와 이익충돌 문제

1) 기업인수합병거래에서의 투자은행의 이익충돌

투자은행이 기업인수합병거래의 재무자문인으로서 거래의 구조 및 자금조달 등에 관한 전반적인 조언을 제공하는 경우에서부터, 금융소비자가 투자종목을 선택함에 있어서 추천을 하는 경우에 이르기까지 금융회사가 투자자에게 금융거래에 대한 자문을 제공하는 구체적인 태양은 매우 다양하다. 우선 그 가운데 기업인수합병거래와 관련된 자문업무에 관하여 검토한다.

① 재무자문업무의 성격과 신인관계 성립 여부

투자은행이 수행하는 인수합병거래의 재무자문 업무는 매도기업 또는 매수기업의 이사회에서 투자은행을 선임하고 투자은행은 거래구조 및 절차의 설계, 거래 조건의 결정, 거래 상대방과의 협상 등 전 과정에 있어서 자문을 제공하는 방식으로 이루어지며, 전형적으로 인적자본 및 평판자본에 기반한 전통적인 투자은행의 업무 영역이다.[81] 매도기업 또는 매수기업의 이사회는 많은 경우 경험과 지식, 평판에 대한 신뢰를 바탕으로 투자은행을 재무자문사로 선임하며, 거래구조와 절차 및 협상 전략 등에 관하여 투자은행이 제공하는 자문에 의존하여 거래를 수행한다.[82] 투자은행은 거래의 전반에 걸쳐 고객의 이익에 실질적인 영향력을 행사할 수 있는 재량과 권한을 보유하며, 고객은 투자은행에 대하여 신뢰를 부여하였다는 점에서 인수합병 거래에서의 투자은행과 고객과의 관계는 신인관계의 징표에 부합하기 때문에 투자은행의 업무 수행에 대해서는 신인의무 법리를 적용할 수 있다. 특히 기업인수합병거래는 지분의 매수 또는 영업의 양도, 자산의 매매 등 형식을 불문하고 거

81) Servaes and Zenner (1996), p. 806.
82) Andrew Tuch (2015a), pp. 18-19.

래조건을 결정함에 있어서는 매도인과 매수인의 이해관계가 대립하기 때문에 투자은행은 자신이 서비스를 제공하는 고객의 최선의 이익을 옹호할 것이 기대된다. 따라서 이러한 고객의 기대를 보호한다는 측면에서도 투자은행의 신인의무자의 지위를 인정하는 것이 바람직하다.[83]

반면, 투자은행들은 인수합병 자문업무를 수행함에 있어서 통상적으로 자신이 신인의무자의 지위에 있지 않다는 점을 자문 계약 조항으로 포함하고, 고객과 독립당사자 관계에서 서비스를 제공하는 것으로 법률관계를 구성하는 것을 선호한다.[84] 반론에 따르면, 투자은행과 고객 관계는 성질상 신인의무 법리의 영역에 포함될 수 있다는 점을 인정하면서도, 계약에 따라 신인의무자의 책임으로부터 면책될 수 있다는 점을 강조하여 결국 독립당사자간 거래 관계와 마찬가지가 된다는 견해를 제시한다.[85] 이러한 주장들은 고객이 스스로를 방어할 수 있음에도 불구하고 높은 수준의 의무를 부과하는 것은 결국 고객에 대한 비용 증가로 귀결된다거나[86] 평판 자본을 중시하는 투자은행이 고객의 이익에 반하는 행위를 할 유인이 없다는 점 등을 근거로 삼는다.[87]

② 이익충돌의 발생 원인

기업인수합병거래 관련 자문제공 업무는 투자은행이 전통적으로 수행해 오던 활동이지만[88] 1990년대 후반에 들어서야 이익충돌

83) Andrew Tuch (2015a), pp. 27-29.

84) 대표적인 판결로는 Australian Securities and Investments Commission v Citigroup Global Markets Australia Pty Ltd [2007] FCA 963.

85) Bratton and Wachter (2014), pp. 7-8, 13, 32; 신인의무 관점에서 브래튼과 워터 교수의 주장에 대한 반론으로는 Andrew Tuch (2015b), pp. 215-218.

86) Steven Davidoff *et al.* (2012), p. 533.

87) 1970년대까지 투자은행이 고객과의 관계에서 평판자본을 구축하는 모델이 우위에 있었다는 설명으로는 Alan Morrison *et al.* (2014), pp. 30-36.

88) Alan Morrison and William Wilhelm (2007), p. 21.

과 관련된 문제들이 제기되기 시작하였다.[89] 이러한 사례들은 (i) 매도인을 위하여 자문을 제공하는 투자은행이 매수인 또는 매수의향자를 상대로 인수자금을 제공하는 이른바 '스테이플 파이낸싱(staple financing)'[90]과 관련된 사례 또는 (ii) 투자은행이 대상기업의 지분을 보유하는 등 직접적인 이해관계가 있는 사례 등으로 유형화될 수 있으며, 법적 책임의 존부를 따지기에 앞서 투자은행이 고객의 이익보다 자신의 이익을 우선시하였다는 이유로 비판의 대상이 되었다.

새롭게 제기된 인수합병 거래 관련 투자은행의 이익충돌의 문제는 1990년대 들어 변화한 시장 환경에 기인한 것으로 평가된다. 첫째, 1999년 글래스-스티걸 법(Glass-Steagall Act)의 폐기로 인하여 투자은행이 기업인수합병 목적의 대출을 할 수 있게 됨에 따라[91] 매도기업을 위한 재무자문사로 선임된 투자은행으로서는 매수의향자에 대해 수수료가 높은 스테이플 파이낸싱을 제공하는 길이 열렸다.[92] 둘째, 투자은행의 자기매매 업무의 비중이 증가하고 기업인수합병 시장에서 사모투자펀드(private equity fund)들의 영향력이

---

89) 예컨대, 1999년 영국에서는 보다폰이 만네스만을 적대적으로 인수하는 거래에서 매수기업의 재무자문사였던 골드만삭스의 이익충돌이 문제된 사례가 대표적이다. 매도기업인 만네스만은 골드만삭스가 종전 거래에서 자신에 대하여 재무자문을 제공하면서 향후 적대적 인수합병거래에서 상대방을 대리하지 않겠다는 내용의 약정을 위반하였다고 직무정지를 청구하였으나 법원에서 기각되었다. 김화진(2007), 77면.

90) 스테이플 파이낸싱은 유동성을 공급함으로써 기업인수 합병시장 활성화에 기여하고, 입찰 절차에 보다 많은 회사들을 유인하고, 거래종결까지 소요되는 시간을 절약함으로써 궁극적으로는 매도인 회사에게도 이익이 될 수 있다. Bonnie White (2013), pp. 94-95; 스테이플 파이낸싱의 구조와 취약성에 대해서는 Christoph Foulds (2009), pp. 519-524.

91) Arthur E. Wilmarth, Jr. (2002), p. 321.

92) 대규모 패키지 거래에서 입찰을 개시하는 매도인 회사가 자신의 재무자문사가 인수자금을 제공할 것이라는 내용을 입찰안내서(offering memorandum)의 뒤에 스테이플러로 편철한다는 데서 유래하였음. Bratton and Wachter (2014), p. 18.

증대하는 등 시장 상황이 변모하면서 자문 제공 대상 기업의 이익만을 위하여 충성을 다할 유인이 저하되었다.[93] 이러한 거래 환경하에서 투자은행으로서는 자신의 가장 중요한 사업 모델로 구축해 온 인적 자본을 바탕으로 하는 평판과 명성을 희생시키면서까지 자문 대상 기업의 이익보다 자신의 이익을 우선시 하는 사례들이 발생하였다.

③ 기업인수합병거래 관련 투자은행의 이익충돌이 문제된 판례

미국의 델라웨어 주 법원에서는 2000년대 중반 이후 기업 인수합병과정에서 투자은행의 이익충돌 문제를 주요 쟁점으로 다루고 있는 판례가 계속 선고되고 있다.[94] 대표적인 것으로는 ▲ KKR 등 세 개의 사모투자펀드 콘소시움이 설립한 펀드('KKR 등')가 유명 장난감회사 토이저러스(Toys R Us, Inc.)를 인수한 거래와 관련하여, 매도기업의 이사들이 신인의무를 위반하였다는 이유로 기관투자자들이 제기한 합병무효 가처분 소송,[95] ▲ 식품회사인 델몬트 푸드(Del Monte Foods, Inc.)의 매각 과정에서 이사들의 신인의무 위반을 이유로 하는 합병중지 가처분 사건에 관한 판결이 선고되었으며, 곧이어 회사의 이사들과 재무자문사가 주주들에 대해서 8,940만 달러 상당의 손해배상금을 지급하기로 하는 합의가 타결된 사건,[96][97]

93) 이하 제2절에서 검토할 최근 미국의 판례들에서도 자문대상 기업의 거래상대방은 모두 KKR, Warburg Pincus 등 유명 사모투자펀드들이었다.

94) 해당 판례들을 종합적으로 분석한 연구로는 Andrew Tuch (2015a) 및 Bratton and Wachter (2014)를 참고하였다.

95) Toys 'R' Us, Inc. Shareholder Litigation, 877 A.2d 975 (Del.Ch. 2005).

96) In re Del Monte Foods Co. Shareholders Litigation, 25 A.3d 813, 819-20.

97) Toys R Us 판결과 Del Monte 판결 사이에 선고된 것으로서 투자은행의 이익충돌이 문제된 판례들은 다음과 같다. (i) Ortsman v. Green (Del. Ch. Feb. 28, 2007) ―매도측 자문업무를 담당하는 투자은행이 매수인측 자금 제공에 참여한 경우 (ii) Khanna v. McMiin (Del. Ch. May9, 2006)―거래의 성사 여부에 경제적 이익이 걸린 매도인 측 자문인이 제공한 fairness opinion을 신뢰하고 합병계약을 체결한 매도인측 이사의 신인의무 위반 여부를 인정한 사례 (iii) In re Prime

▲ 에너지 기업인 엘 파소(El Paso)의 매각과 관련된 이사들의 신인의무 위반을 이유로 한 합병중지 가처분 소송에 관한 판결. 골드만삭스와 그 임원이 매수인 회사의 지분을 보유하고 있으면서 매도기업에 대해서 자문을 제공하였기 때문에 그에 따라 매각에 관한 의사결정을 한 이사들의 신인의무 위반여부가 문제된 사건,[98)][99)] ▲ 엠뷸런스 서비스를 제공하는 루럴 메트로(Rural Metro)사의 인수합병과 관련하여 이사들의 신인의무 위반 및 재무자문사로 선임된 투자은행의 방조행위로 인한 배상책임을 인정한 판결[100)] 등을 꼽을 수 있다.

2) 금융상품 조언·추천과 이익충돌

① 금융상품 자문업무의 법적 성격

투자자가 금융상품에 관한 투자의 의사결정을 함에 있어 금융회사로부터 자문을 제공받는 태양은 자문계약의 체결 및 보수의 지급여부, 금융회사의 자문이 고객의 의사결정에 미치는 영향력의 정도에 따라 다르게 나타난다. 규제법적으로도 영국에서는 소매고객에 대한 개인적 추천(personal recommendation)이나 기본적 조언(basic advice)을 제공하는 행위를 자문으로 정의하고,[101)] 호주에서

Hospitality, Inc Shareholders Litigation (Del.Chan. May 4. 2005) – 이익충돌이 문제된 투자은행으로부터 자문을 받은 매수인측 이사회 구성원들의 주주에 대한 신인의무 위반이 문제된 사안이다.

98) El Paso Corp S'holder Litigation 41 A.3d 432 (Del. Ch. 2012).

99) Jonathan Macey (2013), p. 48; Del Monte 사건과 El Paso 사건을 비교, 분석한 논문으로는 Robert Miller (2012), pp. 1-19.

100) RBC Capital Markets v. Jervis (Del. S. Ct. November 30, 2015). 제1심 판결은 In re Rural Metro Corp. Stockholders Litig., 88 A.3d 54 (Del. Ch. 2014).

101) COBS 6.2 A, FCA Handbook; EU의 자본시장지침(MiFID)에서도 투자자문이란 고객의 요청에 의하거나 회사의 판단으로 금융상품과 관련한 거래에 대하여 고객에게 개인적인 추천을 제공하는 것이라고 정의하였고(제4(1)조 제4호) 유럽연합 증권규제위원회(Committee of European Securities Regulators, CESR)에서는 개인적인 추천이란 상담자의 의견으로 구성된 것으로서 의견제시나 가치판

는 개인의 특정 금융상품 또는 상품군에 대한 의사결정이나 관심에 영향을 미치려는 의도를 지닌 개인적(personal) 조언이나 의견을 제시하는 행위 및 보고서를 자문행위로 정의하고 있으며,[102] 미국에서는 증권의 가치나 증권 매매의 타당성에 관하여 타인에게 자문하는 것을 영업으로 하는 자를 1940년 투자자문업자법에 따른 투자자문업자로 규율한다.[103]

즉, 투자자문 제공행위는 금융투자상품에 관한 투자자의 의사결정에 영향을 미치는 맞춤형 조언이나 추천행위로서,[104] 투자자가 금융회사와 체결한 자문계약에 따라 보수를 지급하고 자문서비스를 제공받거나, 증권회사의 금융상품거래의 주문체결 집행 등 중개서비스를 이용하는 과정에서 투자대상 업종이나 종목 추천 등의 서비스를 제공하는 행위를 모두 포함한다. 미국이나 우리나라에서는 후자의 경우를 투자자문업의 규제대상에서 제외하고 있지만,[105] 이는 보수를 지급받지 않고 투자중개업 수행과정에서 부수적으로 제공되는 서비스라는 측면을 감안한 것으로서 사법(私法)적인 측면에서 금융회사가 고객에 대해서 부담하는 의무의 내용을 규명하는 데 있어서는 달리 취급할 이유가 없다.[106]

단 없는 단순한 정보제공은 자문의 정의에서 배제한다. MiFID 제4(4)조, CESR (2010), p. 2.

102) Corporation Act 2001, Section 766b.

103) Investment Advisers Act of 1940, Section 2(11).

104) 자본시장법에서는 금융투자상품, 그 밖에 대통령령으로 정하는 투자대상자산(이하 "금융투자상품등"이라 한다)의 가치 또는 금융투자상품등에 대한 투자판단(종류, 종목, 취득·처분, 취득·처분의 방법·수량·가격 및 시기 등에 대한 판단)에 관한 자문에 응하는 것을 영업으로 하는 것을 투자자문업이라고 정의한다.

105) 자본시장법시행령 제7조 제4항 제7호.

106) 로버드 시트코프 교수도 투자자문업무에 대해서 적용되는 사법적 법률관계는 해당 업무가 투자자문업자법에서 규율되는지 여부를 불문하고 동일하다는 점을 전제로 논의한다. Robert Sitkoff (2014), p. 42.

투자자문 제공업무는 금융회사가 투자자의 의사결정에 상당한 영향력을 행사하고 투자자의 신뢰와 의존성에 기반한 것이라는 특징을 지니고 있기 때문에, 신인관계에 포함시킬 수 있다.107) 투자자문 제공업무와 관련한 금융회사와 투자자와의 법률관계에서는 투자자가 투자에 관한 최종적인 의사결정 권한을 가지므로 자산운용수탁자의 경우처럼 쉽게 신인관계의 성립을 단정하기 어렵다. 그러나 예컨대 투자자가 별도의 자문계약을 체결하고 보수를 지급한다는 것은 금융회사가 제공하는 자문서비스에 의존하여 투자판단을 내릴 것이라는 의사를 표시한 것이라고 해석할 수 있는바, 금융회사의 사익추구로 인한 왜곡된 자문 제공을 통제할 필요가 있다는 차원에서108) 신인의무를 부과할 필요성이 인정된다. 이와 관련하여, 영미법계 국가들에서는 정보제공과는 구별되는 조언과 추천행위가 있으면 금융자문 제공업무에 대해서 신인의무 법리를 적용할 수 있다는 취지의 판결들이 선고되고 있다. 예를 들어, 호주에서는 단순한 판매행위(mere sales)에 대해서는 신인관계를 인정할 수 없지만 이를 넘어서는 조언과 추천에 대해서는 신인관계를 인정할 수 있다는 내용의 판결이 선고되었다.109)

② 투자자문 제공업무와 이익충돌의 발생

금융회사의 투자자문 업무수행과 관련하여 발생하는 이익충돌 문제는 자산운용수탁업무의 경우와 달리 소송이나 징계로 이어진

---

107) 신인의무자가 재산적 처분권을 보유하는 본래적 의미의 수탁자보다는 넓은 개념이라는 주장에 관해서는 Tamar Frankel (1983), p. 801.

108) 투자자문 제공 금융회사의 사익추구로 인한 왜곡, 편향된 자문의 폐해에 관한 실증적 연구로는 Jeremy Burke *et al.* (2014), pp. 9-10.

109) Paul Miller in Andrew Gold and Paul MIller (eds.) (2014), p. 83; 호주에서는 일반적으로 금융자문 제공행위에 대해서 신인의무 법리가 적용될 수 있는 것으로 받아들이고 있다는 설명으로는 Pamela Hanrahan in Justin O'Brien and George Gilligan (2013), p. 224.

경우가 쉽게 발견되지 않는다.[110] 그 가운데 투자자문 제공 행위에 대한 신인의무를 인정한 대표적 사례로 거론되는 캐나다의 Hodgkinson v Simms 판결은 주식 중개인인 원고가 회계사인 피고에 대해서 조세회피지역에 대한 부동산 투자에 관한 자문을 구한 사건을 다루고 있다.[111] 원고는 피고의 조언에 따라 "Multiple Urban Renewal Building"이라는 부동산 관련 회사의 지분에 투자하였으나 약 35만 달러 상당의 손해를 입게 되자 피고가 자문을 제공할 당시 자신이 투자대상 회사를 위하여 업무를 수행하고 있다는 정보를 제공하지 않았다는 이유로 신인의무 위반에 대한 손해배상 청구소송을 제기하였다. 캐나다 대법원에서는 원고와 피고 사이에 신인관계의 성립을 인정하면서 단순자문(advice simpliciter)과 신인의무를 수반하는 자문을 구별하는 기준으로서 일방 당사자가 다른 당사자에 대해서 실질적 권한(effective power)을 행사하는지 여부를 판단하여야 한다고 설시했다.[112]

최근 들어서는 금융소비자보호 측면에서 금융회사의 투자자문 업무 수행과 관련해서 발생하는 이익충돌 문제에 대한 정책적 차원에서의 논의가 활발하다.[113] 예를 들어 미국에서는 2008년에 투자자로 분한 조사요원들이 금융회사를 방문하여 5만 달러 내지 10만 달러의 유휴자금을 자신들이 생각하고 있는 포트폴리오에 관한 투자하는 데 대한 자문을 구하는 실험을 실시하였다. 실험 결과에

110) 우리나라에서도 금융감독원 홈페이지에 징계사례 가운데 2013년 이후에는 투자자문업 영위와 관련된 이익충돌 관련 규제 위반이 문제된 사례는 찾을 수 없다.

111) Hodkinson v Simms [1994] 3SCR 377 (SCC) Shaunnagh Dorsett (1996), p. 164; Paul Miller in Andrew Gold and Paul Miller (2014), pp. 83-84.

112) Hodkinson v Simms [1994] 3SCR 377 (SCC).

113) 미국에서 근로자퇴직연금보장법에 따른 기금운용자의 신인의무를 강화하기 위한 논리를 뒷받침하기 위한 RAND 연구소의 보고서에서는 자문, 권유를 제공하는 금융회사의 이익충돌 문제가 수익률에 미친 영향에 관한 기존의 연구성과들을 요약·정리하고 있다. Jeremy Burke *et al.* (2014), pp. 13-15.

따르면 50%의 금융회사에서는 더 많은 보수를 제공하는 액티브 펀드에 대한 투자를 추천한 반면 많은 보수를 기대할 수 없는 지수형 펀드나 현금 등가물 투자를 권유하는 금융회사는 조사대상 가운데 8%에 지나지 않았다. 해당 연구에서는 동 수치를 바탕으로 금융회사는 이익충돌에 처하면 고객의 이익과 무관하게 편향된 자문을 제공하고, 고객이 구상한 포트폴리오에 문제가 있다고 하더라도 이를 정정하지 않으려는 경향이 있다는 결론을 제시하였다.114) 한편, 호주의 증권투자위원회(ASIC)에서 2006년 조사를 실시한 결과에 따르면, 투자자문 제공자가 투자자가 자문 제공에 따라 실제로 투자를 실시할 경우 더 높은 보수(trailing fee)를 받는 경우와 같이 보수체계와 관련된 이익충돌에 처해있다면 합리성이 결여된 자문을 제공할 확률이 그렇지 않을 경우에 비해서 6배나 높고, 자신이 운용하는 펀드 등 계열회사 등의 상품에 투자하도록 조언하는 경우에는 유해한 자문을 제공할 확률이 3배에 달한다고 한다.115)

③ 투자자문 제공과 관련된 이익충돌 문제 해결의 법리

투자자문 제공행위에 대해서 엄격한 신인의무 법리에 따를 경우, 투자자문을 제공하는 금융회사는 신인의무자로서 고객의 이익을 자신의 이익보다 우선시해야 한다는 충성의무를 부담하며, 그에 따라 자기 또는 제3자의 이익이 투자자의 이익과 충돌하는 상황에 처해서는 안 된다는 이익충돌금지원칙의 적용을 받는다. 특히 투자자에 대해서 이익이 되는지 여부를 따지지 않고, 잠재적 이익충돌이 우려되는 상황 자체를 회피할 엄격한 이익충돌금지원칙을 적용한다면 투자자문 업무를 수행함에 있어서는 자기 또는 계열사가 제조, 설계하는 상품에 대한 투자를 권유하는 행위 자체가 금지될

---

114) Sendhil Mullainathan *et al.* (2012), p. 2.
115) ASIC (2006), pp. 25-26.

수도 있을 것이다.

그러나 투자자문을 제공하는 금융회사에 대하여 부과되는 신인의무의 구체적 내용과 수준이 자산운용수탁 업무의 경우만큼 엄격해야 할 필요는 없다. 왜냐하면, 신인의무를 부과하는 근본적 원인은 신인의무자가 수익자에 대해서 보유하는 재량과 권한의 내용을 통제하기 위한 것이기 때문에, 같은 신인의무자라고 하더라도 재량과 권한의 정도가 낮으면 이를 통제하기 위한 법리를 다소 완화하여 적용할 수 있다. 예를 들어 자본시장법상 투자일임업자에 대해서는 투자일임재산과 고유재산과의 거래, 계열사 발행 증권과의 거래, 다른 투자자가 위탁한 재산과의 거래 등을 매우 엄격하게 금지하고 있으나(제98조 제2항), 투자자문업자에 대해서는 계약으로 정한 수수료 외의 대가를 추가로 받는 행위(제98조 제1항 제4호) 등을 제외하고는 이익충돌금지원칙의 관점에서 자기 또는 계열사가 발행, 운용하는 상품에 대한 자문을 금지하는 조항을 두고 있지 않는 것도 이러한 취지를 반영한 것으로 생각한다.

결론적으로, 투자자문을 제공하는 금융회사는 고객에 대한 충성의무를 부담하므로 고객과의 이익충돌이 있을 경우에는 자문 서비스를 제공하지 않는 것이 바람직하겠으나 고객에 대하여 위험을 고지하고 동의를 받았다거나 해당 자문의 내용이 고객의 최선의 이익에 부합하는 것이라면 신인의무 위반의 예외가 인정될 수 있을 것이다.

2. 신인의무 법리가 적용되지 않는 금융업무와 이익충돌

신인의무 법리가 적용되지 않거나 적용되기 어려운 금융회사의 업무수행과 관련된 이익충돌 문제를 검토한다. 이러한 유형의 법률관계에서는 신인관계의 특징적 요소인 (i) 금융회사의 재량이나 권한, (ii) 투자자가 부여한 신뢰와 신임, (iii) 투자자의 취약성과 보호의 필요성을 찾기 어렵거나 이 가운데 일부만 존재하기 때문에 신인관계 성립을 인정하기 어렵다. 따라서 이러한 업무를 행하는 금융회사에 대하여 투자자의 이익만을 우선시해야 할 충성의무 및 그에 따른 이익충돌금지원칙을 적용하기는 어렵고, 금융회사가 정보 및 전문성의 우위를 남용하여 고객의 신뢰를 저버리고 오로지 위법·부당하게 고객의 이익을 침해하는 것을 방지하기 위한 별도의 법리를 검토할 필요가 있다.

(1) 투자중개업무와 이익충돌

1) 투자중개업무의 법적 성격

투자중개업무는 주로 증권회사가 투자자들의 계산으로 금융투자상품을 매매하는 위탁매매업무를 말하며, 넓은 의미에서는 금융투자상품 매매의 중개나 대리를 포함하는 것으로서[116] 자본시장 발달 초기에서부터 투자매매업무와 함께 증권회사 업무의 양대 축이 되었다.[117] 금융회사의 투자중개업무 수행과 관련해서도 신인의무 법리를 적용할 수 있는지에 관해서는 견해가 대립하고 있다. 미국에서는 판례와 학설상 투자중개업자가 위탁매매시 보유하는 재량이 거의 없다는 점을 강조하여 충성의무를 핵심으로 하는 신인의무를 부담하지는 않는다고 해석하는 견해가 다수를 차지한다.[118] 반면, 브로커가 고객의 이익을 위해서 행위하는 자이므로 신인의무의 적용을 받는다는 견해도 있다.[119]

투자중개업자에 대한 신인의무 법리 적용여부는 일률적으로 판단할 수 없고, 투자자의 이익에 대해서 행사할 수 있는 재량과

116) 김건식·정순섭(2013), 125면.
117) Nicholas Di. Lorenzo (2012), pp. 301-303.
118) Thomas Hazen (2009), pp. 606-607.
119) SEC v. Pasternak, 561 F. Supp. 2d 459,499; Arthur Laby (2010a), pp. 720-721.

권한의 수준에 따라 달리 판단하여야 할 것이다.[120] 특히, 이러한 재량과 권한의 수준은 취급하는 상품이나 거래가 이루어지는 시장의 특성에 따라 달라지기 때문에 다음과 같은 유형화가 가능하다고 생각한다. 첫째, 증권회사가 투자중개 서비스를 제공함에 있어서 금융상품의 매도 및 매수가격 결정에 실질적으로 영향력을 미치기 어려운 증권시장이나 장내파생상품시장에서의 통상적인 중개업무의 경우는 재량과 권한의 범위가 매우 좁을 수밖에 없고, 따라서 신인관계의 징표를 관찰하기 어렵다. 둘째, 채권시장이나 장외파생상품 시장 등 장외거래에서는 투자중개업자의 재량에 따라 투자자의 이해관계에 영향력을 미칠 가능성이 상대적으로 크기 때문에 여전히 신인의무 법리를 적용할 필요성이 존재한다.

2) 이익충돌의 발생－장내거래와 장외거래의 구별 필요성

장외채권시장이나 장외파생상품시장에서는 신인의무자에 해당하는 금융회사가 고객의 이익보다 자신의 이해관계를 우선시함으로써 고객 재산에 대해서 보유하는 재량을 남용하고 투자자의 신뢰를 침해할 우려가 있다. 장외거래는 거래 물량이 상대적으로 적고, 거래 단위가 크거나 상품의 구조가 복잡하다는 특성이 있기 때문에, 투자중개업자가 거래 시기와 거래조건에 관하여 상당한 영향력을 행사할 수 있으며 그에 따라 투자자의 이해관계가 크게 달라질 수 있기 때문이다.

반면, 투자중개업자가 보유하는 재량이 미미한 장내거래에서는 고객과의 이익충돌의 발생 원인도 장외거래의 경우와 다르다. 미국에서는 1975년 수수료 자율화 이후 증권거래 수수료 수익이 증권회사 수익에서 차지하는 비중이 급감하고, 전자기술의 발전으

120) 바바라 블랙 교수는 투자중개업자가 신인의무자라고 인정하면서도 검토, 감시 및 거래중단 의무를 대고객 의무의 핵심 내용을 이루는 것으로 설명한다. Barbara Black and Jill Gross (2003), p. 469.

로 다양한 주식중개 플랫폼들이 등장하면서 위탁매매시 증권회사가 보유하는 재량이 감소하고 기계적인 집행업무가 중심을 차지하게 되었다.[121] 그 결과 증권시장의 인프라가 투자중개업자의 재량을 대체하였기 때문에 고객 주문의 거래조건 결정에 직접 영향력을 행사함으로써 이익충돌을 야기할 확률도 낮아지게 된 것이다. 따라서 장내거래 중개업무와 관련해서는 금융회사가 투자중개업무를 수행하면서 취득한 고객의 정보를 남용하여 매매거래 등에서 자신의 이익을 도모하고 투자중개업무 고객의 이익을 부당하게 침해하거나, 오로지 수수료 수익의 획득만을 목적으로 과당거래(churning)를 하는 등과 같이 금융회사의 재량을 보유하는 제한적인 경우에 이익충돌이 발생하게 된다.

3) 투자중개업무 수행관련 이익충돌 문제 해결의 법리

투자중개업무를 수행하는 금융회사가 거래의 시기와 물량, 가격 등 제반 조건을 결정하는 데 상당한 재량을 보유하는 장외거래의 경우에는 금융회사와 고객 간의 신인관계 성립이 인정될 수 있기 때문에, 금융회사에 대하여 충성의무를 부과하고 이익충돌금지원칙(no-conflict rule)을 적용할 수 있다. 따라서 금융회사는 고객의 동의 없이 이익충돌을 야기하는 거래를 할 수 없고, 이익충돌이 우려되는 상황에서 자기 또는 제3자의 이익을 고객의 이익보다 우선시 하는 행위를 할 수 없다. 특히 투자중개업무에 있어서는 수수료 수익을 얻기 위한 목적으로 고객의 이익이 침해될 우려가 있는 거래인 줄 알면서 주문을 체결·집행하는 행위가 전형적으로 금지될

---

121) SEC에서 1975년 거래소들로 하여금 각 회원 증권회사들에게 고정수수료 수취를 금지한 결과 수수료 인하 경쟁이 격화되면서 투자중개업자의 재량이 줄어들었다. 고정 수수료 제도는 1792년부터 인정되어 오던 것으로서 그 정점이던 1961-68년 기간 중에만 투자중개업자들의 수수료 수익이 총 6배 인상되는 등 중요한 수익원이 되었다. Arthur Laby (2012), pp. 726-728.

것인바, 예를 들어 파킹거래와 같이 실정법상 금지규제가 존재하지 않는 행위라고 하더라도 투자중개업자는 그로 인하여 손해의 발생이 예상되는 상황에서는 해당 거래로 인한 수수료 수익이나 당해 거래를 지시한 자산운용사로부터 향후 취득할 수 있는 사업기회를 도모해서는 안 된다. 다만, 장외거래를 수행하는 투자중개업자라고 하더라도 자산운용수탁자에 대해서와 같이 엄격한 이익충돌금지원칙을 적용하는 것은 바람직하지 않다. 장외거래라고 하더라도 특정 거래의 체결과 집행에 대한 한정된 재량을 보유하는 투자중개업자에 대해서는 이익충돌금지원칙을 완화하여 적용할 수 있으며, 그러한 적용이 투자자의 기대에도 부합한다.[122)]

반면, 장내거래의 경우 거래소 시장에서와 같이 금융회사가 보유하는 재량과 권한이 미미한 경우에는 금융회사가 수수료 수익을 위하여 고객에게 손해가 되는 거래의 체결을 감행하는 유형의 이익충돌이 발생할 가능성이 매우 낮다. 따라서 장내거래에 대한 중개업무를 수행하는 금융회사에 대해서 신인의무 법리에 따른 이익충돌금지원칙을 적용할 실익이 없고, 오히려 개별 거래의 이익충돌 여부에 관한 판단 및 투자자의 동의를 획득하기 위한 비용만 증가시킬 가능성이 크다.

다만, 장내거래라고 하더라도 예외적으로 해당 금융회사가 투자중개업 고객으로부터 취득한 정보를 악용하여 자기의 계산으로 거래를 하거나, 제3자에게 해당 정보를 제공함으로써 동 고객의 최선의 이익에 반하는 조건으로 주문체결이 이루어지지 못하도록 방지할 필요가 있다. 또한 해당 상품의 주문을 체결·집행하는 시장이 복수로 존재하는 경우에는 비록 장내거래라고 하더라도 위탁매매업무를 행하는 금융회사가 주문체결의 조건이 결정되는 특정 시장을

122) Paul Miller in Andrew Gold and Paul Miller (2014), pp. 79-80.

선택할 재량이 있기 때문에, 특정 시장으로부터 킥백이나 기타 경제적 대가를 제공받고 고객의 최선의 이익에 반하는 가격에 거래가 이루어지도록 주문을 배분하는 것을 금지하여야 한다.[123] 이러한 행위들은 금융회사가 고객에 대하여 금융거래에 대한 정보의 우위를 악용하거나 사기적 위법행위를 함으로써 고객의 신뢰를 배반하고 부당하게 손해를 입히는 것이므로 허용되어서는 안 될 것이다.

우리나라의 사법(私法)법리상으로는 투자중개업자가 위법·부당하게 고객의 이익을 침해함으로써 취득한 이익을 환수할 수 있는 특별한 법리가 마련되어 있지는 않다. 실정법상으로는 위탁매매인이 부담하는 선관주의의무(상법 제112조)의 내용 가운데 신인의무자의 충성의무가 포함되는 것으로 해석하기가 쉽지 않고, 선관주의의무 위반이 인정된다고 하더라도 이익환수나 원상회복이 가능하지 않다. 한편, 장내거래에서는 금융회사가 이익충돌 상황에서 고객의 거래정보를 악용하거나 특정한 거래소로부터 리베이트를 받는 등 고의적으로 고객의 신뢰를 배반하고 자신의 이익을 우선시하는 행위에 대해서도 그로부터 얻은 이익을 환수할 필요가 있다고 생각되지만 불법행위 및 계약위반으로 인한 손해배상을 청구하는 것 이외의 구제수단이 마련되어 있지는 않다.[124] 투자중개업무는 매매거래 또는 투자권유행위와 달리 일정한 경우 금융회사가 고객의 이해관계에 직접적인 영향을 미칠 수 있기 때문에 이익충돌 상황에서 고의로 재량을 남용한 이익을 환수하는 것이 타당할 것이고, 따라서 위탁매매에 대해서도 이익토출의 근거가 되는 조문을 입법적으로 신설할 필요가 있을 것이다.

---

123) Andreas Martin Fleckner in Niamh Moloney *et al.* (2015), p. 628.

124) 상법 제107조에 위탁매매상의 개입권이 규정되어 있지만 이는 위탁매매인에 대하여 직접 계약체결의 당사자가 될 수 있는 예외적 조건을 규정하는 조문으로서 상업사용인(제17조 제2항) 등의 경업금지의무 위반으로 인한 이익환수 기능을 수행하는 개입권과는 성질을 달리 한다. 천경훈(2012), 257면, 각주 61.

(2) 투자매매업무와 이익충돌

1) 투자매매업무의 법적 성격과 이익충돌의 발생

증권회사는 자기의 계산으로 증권이나 파생상품 매매, 대차거래를 할 수 있고, 이를 업으로 영위할 경우에는 투자매매업자 또는 딜러(dealer) 등의 명칭으로 통용된다. 특히, 증권회사는 자기계산으로 하는 투자업무(proprietary trading)를 영위하면서 매도가격과 매수가격, 자금 조달가격과 자금 제공 비용간의 차액을 영업이익으로 추구한다. 이처럼 금융회사가 대등당사자 거래관계를 전제로 자기계산으로 하는 매매거래를 할 경우 금융회사와 투자자의 이익충돌은 당연히 발생할 수 없다. 증권의 매매거래에서 거래조건에 따라 필연적으로 이득과 손실을 보는 당사자가 생겨나기 때문이다. 따라서 자기계산으로 하는 매매거래와 관련된 이익충돌은 그 자체로 비난 가능성이나 법적 책임을 수반하는 현상은 아닌 것이다.

이런 측면에서, 자기매매업무를 수행하는 금융회사는 이익충돌의 발생 자체를 회피하거나 상대방의 이익을 우선시 할 의무는 부담하지 않고, 예외적으로 법률이나 직무수행상의 주의의무에 위배하여 거래 상대방의 이익을 위법·부당하게 침해하지 않을 의무만을 부담한다. 이처럼 예외적으로 매매거래에서도 거래 상대방의 이익을 염두에 두고 위법·부당한 행위를 하지 않을 의무가 생겨나는 원인은 금융상품과 자본시장의 특성에서 찾을 수 있다. 본질적으로 금융상품은 미래 가치의 변동을 전제로 한 것이기 때문에 금융회사가 투자자에 비해서 정보의 우위에 있으므로, 이러한 우월적 지위를 남용하여 투자자에게 손해를 전가하고 금융시장의 염결성을 해하는 것을 방지할 필요가 있기 때문이다. 즉, 금융회사는 매매거래 시점에서의 해당 상품에 관한 정보뿐만 아니라, 향후 해당 상품의 가치 변동에 영향을 줄 수 있는 시장에 관한 정보에 있어서도 우위에 있고, 심지어 자신이 반대거래 등을 통해서 해당 상품의 가치 변동에 영향을 줄 가능성이 있기 때문에 이를 사전적, 사후적으로 통제할 필요가 있다.[125)]

2) 투자매매업무 관련 이익충돌 문제 해결의 법리

① 사전적 통제

금융회사가 자기의 계산으로 고객과 금융상품의 매매거래를 하는 경우는 자기책임의 원리에 따라 금융회사가 사기적 수단을 이용하여 고객을 적극적으로 기망하지 않는 이상 거래 조건에 대한 정보제공이 이루어지면 충분하고, 특별히 보호하여야 할 신뢰가 존재한다고 보기는 어렵다. 다만, 금융상품의 매매거래에서도 다른 제조상품의 거래와 마찬가지로 소비자 보호 측면에서 정보제공 의무를 강화하는 차원에서 이익충돌에 관한 의무적 공시를 도입하는 사전적 통제가 이루어질 수는 있다.[126)] 덧붙여, 내부자거래, 시세조종과 같은 불공정거래규제는 자본시장의 염결성과 공정성을 제고하기 위한 제도이지만, 부수적으로는 매매거래를 수행하는 금융회사가 고객의 사기적·기망적 수단을 사용하여 고객의 이익을 침해하는 행위의 위법성을 확인하는 의미가 있다. 한편, 미국에서는 글로벌 금융위기를 계기로 은행업을 영위하는 금융회사에 대하여

---

125) 투자매매업 관련 금융회사의 이익충돌이 문제된 가장 대표적 사례로는 골드만삭스의 CDO 매매거래와 관련된 소위 "아바쿠스(Abacus) 사건"을 들 수 있다. 골드만삭스가 기관투자자들과 아바쿠스라는 이름의 신용파생상품 거래를 하면서 또 다른 고객이 이익을 볼 수 있도록 반대 포지션을 취하는 거래를 하였다는 사실을 밝히지 않아서 1934년 증권거래소법 제10(b)조 및 SEC 규칙 10(b)-5상의 사기에 해당하는지 여부가 문제되었다. CDO에 대한 상세한 설명 및 CDO 등의 구조화 상품이 글로벌 금융위기에 미친 영향에 관한 설명으로는 Alastair Hudson(2013) ch. 44-45; 동 사안에 관한 국내 문헌으로는 사기적부정거래 행위의 일환으로 파악하여 KIKO 사건과 비교한 한병영(2010) 및 투자은행의 탐욕적 행태를 묘사하는데 초점을 맞춘 사례연구로서 엄경식 외(2011)가 있다. 해당 사건에 관한 일본 학자의 분석으로는 萬澤陽子(2010).

126) FINRA report (2013), pp. 37-38.

중대한 이익충돌을 야기하는 자기계산 거래 자체를 금지하는 규제가 도입되었다('볼커 룰').[127] 이러한 규제방안은 전통적인 매매거래에 대한 규제와 달리 특정한 유형의 거래 자체를 금지하는 것이기는 하지만 금융시스템 리스크를 줄이기 위한 거시감독적인 측면에서 도입된 측면이 크기 때문에 매매거래에서의 이익충돌을 규율하기 위한 일반적인 법리로서 자리매김할지는 다소 불확실하다.

② **사후적 통제**

금융회사가 자기계산으로 매매거래를 함에 있어서 위법·부당하게 자신의 이익을 과도하게 추구한 행위로 인하여 고객이 손해를 본 경우에 대한 사법적인 판단이 이루어지는 경우에는 금융 정보격차를 악용하여 사기적·기망적 수단을 사용하였는지 여부가 쟁점이 될 것이다. 미국에서는 간판이론이라는 법리를 발전시킴으로써 고객에 대하여 사기적·기망적 매매거래를 통하여 과도한 이익을 수취한 금융회사의 책임을 인정해 왔고,[128] 우리나라에서는 개별 사안의 사실관계에 따라 신의칙에 따른 금융회사의 고객보호의무 위반 여부를 판단하는 경향이 있다.[129] 특히 우리나라에서 발전한 고객보호의무론은 문제가 된 금융거래의 법적 성격이나 특징을 구별하지 않고 신의칙이라는 민법상의 일반 원리만을 적용하고 있

127) 입법보고서에서는 "금융회사의 위험 노출(risk exposure)을 낮춤으로서 연방차원의 안전장치에 의해서 보호되는 기관들로부터 발생될 수 있는 납세자들의 손실 (즉, 공적자금 투여) 및 금융안정성에 대한 위협을 감소시키려는 의도라는 점, 자기자본거래 또는 헤지펀드/사모펀드 투자를 활발히 실시하는 은행 및 비은행 금융회사들의 규모, 복잡성 및 상호연관성을 감소시키고, 도산시 정상적인 해결이 가능하도록 하는 목적"을 위하여 제정되었다고 기재되었다. 법안 제출 당시의 명칭은 "Protect Our Recovery Through Oversight of Proprietary Trading Act of 2010 (PROP Trading Act) S. 3098, 111th Cong. (2010)"이었지만 상원에서의 토론을 거쳐 도드-프랭크 법 제619-제621조로 통합되었다. Jeff Merkeley and Carl Levin (2011), p. 48.

128) Ross and Selligman (2005), pp. 1061-1063.

129) 한국증권법학회(2015), 290-298면.

기 때문에, 향후에는 매매거래에서 금융회사와 고객간의 이해관계가 대립하는 경우 금융회사가 위법한 행위를 하거나 사기적·기망적 수단을 사용하는 것이 금지된다는 이익충돌 관련 행위준칙을 보다 구체화할 필요가 있다.

(3) 투자권유행위와 이익충돌

1) 투자권유의 법적 성격과 이익충돌의 발생

① 투자권유의 법적 성격

맞춤형 투자권유는 금융회사가 개별 투자자에 대하여서 금융투자상품의 매매계약 체결을 권유하기 위하여 정보와 유인을 제공하는 행위를 지칭한다. 금융회사가 투자권유를 행할 때는 (i) 금융상품 자체에 대한 정보, (ii) 금융상품과 관련이 있는 다른 상품, 시장 및 기타 가치변동에 영향을 주는 요소에 관한 정보가 제공되고, (iii) 이러한 정보들에 대한 금융회사의 판단과 의견제시가 이루어지기 때문이다. 금융상품에 대한 객관적 정보제공의 측면과 고객을 유인하기 위한 금융회사의 주관적 판단 및 진술이라는 측면이 동시에 존재하기 때문에 어떠한 측면을 강조하는지에 따라서 법률관계의 성격이 달리 파악될 것이다. 전자의 측면을 중시하는 입장에서는 투자권유행위를 금융상품의 매매거래의 일부에 불과한 것으로 이해하며, 후자의 측면을 중시하는 입장에서는 고객이 금융회사가 제공하는 정보와 조언에 의존하여 투자에 관한 의사결정을 하게 되는 과정으로 이해한다.

첫째, 투자권유를 금융상품의 매매거래 과정의 일부로 보는 경우에는 금융회사는 매도인이 부담하는 의무보다 높은 수준의 법적인 의무를 부담하지 않을 것이며, 금융소비자보호의 차원에서 거래대상 상품에 대한 정보제공 의무만이 문제될 것이다.[130] 둘째, 투

130) 대법원은 투자권유자의 책임에 관한 보호의무론을 최초로 밝힌 판결에서도 "무

자권유행위를 고객을 유인하기 위한 금융회사의 조언과 추천행위의 연장선상에서 이해하는 경우에는 투자자가 금융회사에 대해서 부여한 신뢰를 보호하기 위하여 금융회사가 고객의 이익을 옹호할 의무를 부담하는 법률관계로 구성할 수 있게 된다.[131)][132)] 우리나라에서도 투자권유행위를 원칙적으로 투자자의 자기책임원칙에 기초한 거래의 일환으로 파악해 왔으나, 금융상품의 진화속도가 가속화함에 따라[133)] 독립당사자간 매매거래와 고객의 이익을 우선할 투자자문 제공관계의 사이에 위치한 법률관계로 인식하는 견해가 강력하게 제기되고 있다.[134)]

② 이익충돌의 발생

투자권유의 법적 성격을 어떻게 정의하는지에 따라 금융회사와 고객 간에 발생하는 이익충돌의 양상과 발생 원인에 대해서도

릇 증권거래는 본래적으로 여러 불확정 요소에 의한 위험성을 동반할 수밖에 없는 것으로서 투자가도 일정한 범위 내에서는 자신의 투자로 발생할지 모르는 손실을 스스로 부담해야 함이 당연"하다고 설시하였다(대법원 1994. 1. 11. 선고 93다26205 판결).

131) RAND report (2008), p. 94; 아더 레이비(Arthur Laby) 교수는 투자자의 혼란만으로는 투자권유규제를 투자자문업무의 수준으로 높이는 것을 정당화할 수 없다고 주장한다. Arthur Laby (2012), pp. 739-40.

132) 도드-프랭크 법 제정에 따라 SEC가 증권회사와 투자자문업자가 부담하는 주의의무의 차이에 관해서 연구를 실시하고 조사보고서를 발간하였다{제913(b)조}. 동 보고서에서는 투자자의 일반 투자자(retail customer)들이 현행 규제에 따라 증권회사와 투자자문업자간에 서로 다른 주의의무가 적용되는지를 이해하고 있는지 여부{(제913(c)조 (3)항)}, 이와 같은 주의의무 기준의 차이가 일반 투자자가 제공받는 개별적인 투자자문의 품질과 관련하여 혼란을 일으키는 원천이 되는지 여부{제913(c)조 (4)항)}에 관한 실증 조사 결과가 포함되어 있다. SEC 는 2004년과 2006년 각각 Siegel & Gale, LLC and Gelb Consulting Group ("SGG")와 랜드 연구소(RAND Corporation)에 위탁하여 투자자문업자와 증권회사의 의무와 역할의 차이에 관한 실증조사를 실시하였다. SEC report (2011), pp. 95-98.

133) 안수현(2013), 32면.

134) 박준 외(2013), 10면, 박준 발언부분.

서로 다른 진단을 내리게 된다. 투자권유행위를 매매거래의 일부로 보는 견해에 따르면 자기책임의 원리가 지배하는 독립당사자간 거래의 성격상 이익충돌은 사익추구의 당연한 결과로서 발생한다.[135] 다만, 투자권유행위를 독립당사자간 거래관계로 파악한다고 하더라도 금융회사가 고객과의 이익충돌에 직면하여 정보격차를 남용하거나 고객의 신뢰를 배반하여 고객의 이익을 위법·부당하게 침해하는 행위는 허용될 수 없다.[136]

반대로, 투자권유의 의견제시적 측면을 강조하는 견해에 따르면 금융회사가 투자자의 투자경험에 비하여 지나치게 고위험 상품을 판매하는 등 이익충돌을 야기할 우려가 있는 사정을 고객에게 알리지 않은 채 자신의 이익을 과도하게 추구하는 행위 자체가 문제가 될 수 있다. 이러한 관점에서는 투자권유를 금융회사의 의견제시에 대한 고객의 신뢰 및 의존의 측면을 강조하기 때문에 투자권유와 관련된 이익충돌의 발생을 신인의무법리의 관점에서 파악하거나 고객의 신뢰를 배반하지 않을 업무상 주의의무를 위반할 소지가 있는 행위로 받아들이고 그에 따른 규율을 강화해야 한다는 주장으로 연결될 수 있다. 즉, 투자권유행위에 대해서도 신인의무 법리에 따른 이익충돌금지원칙(no-conflict rule)을 적용할 경우에는 원칙적으로 투자자의 손해가 예상되는 상황에서 금융회사가 판매수수료, 매매거래의 마진 또는 계열사나 다른 고객의 이익을 추구하기 위하여 특정 금융상품에 대한 투자권유행위에는 제약이 가해질 것이다.[137]

---

135) 장래의 사업기회를 가져다 줄 수 있는 중요한 고객의 이해관계, 평판 자본의 획득과 같은 사회적 이익 등을 투자권유 대상 고객의 이해관계보다 우선하는 경우도 포함한다.

136) 대법원 2015. 5. 14. 선고 2013다2757 판결의 사실관계.

137) 같은 취지, 박준 외 (2013), 9-10면, 김주영 발언부분.

2) 투자권유 관련 이익충돌 문제에 적용될 수 있는 법리

① **관련 사안**

우리나라에서도 금융상품의 불완전 판매에 대한 책임을 묻는 소송이 많이 진행되고 있는데,[138] 이익충돌의 측면에서는 구체적 사실관계에 따라 (i) 사후적으로 금융회사가 매매거래 등을 수행함으로써 해당 금융상품의 가치에 영향을 미칠 수 있는 상품을 투자권유한 행위,[139] (ii) 금융회사 또는 계열사가 발행한 증권의 가치가 하락할 것이라는 사정을 알면서 투자권유한 행위[140] 및 (iii) 투자자의 투자경험과 위험감수능력에 비해서 지나치게 위험한 상품을 투자권유하고 판매수수료를 추구한 행위 등으로 유형화될 수 있다. (i) 유형의 대표적인 사례는 기초자산의 대량매도로 고객의 조건 성취가 방해될 수 있는 주가연계증권을 투자권유한 사안일 것이다.[141] (ii) 유형의 대표적 사례로는 우리나라에서는 구 동양증권이 계열사인 동양그룹 소속 회사들이 발행한 부실한 기업어음(CP) 및 회사채를 투자자들에게 판매한 행위와 관련된 사건을 꼽을 수 있다. (iii) 유형에는 대표적으로 소위 KIKO 통화옵션계약을 둘러싼 수출기업들과 은행들간의 분쟁[142]을 포함하여 적합성의 원칙

138) 노태석(2013), 105면.

139) 시세조작의 유포, 미공개중요정보의 제공 등 불공정 거래규제에 위배되는 행위를 전제로 하는 투자권유와 관련된 분쟁들도 해당 유형에 속할 수 있다. 사안의 구체적 내용에 관해서는 한국증권법학회(2015), 296-298면.

140) 불법적인 수익보장 약정에 의하여 금융상품을 판매한 유형의 분쟁도 금융회사가 위법행위를 전제로 투자권유를 했다는 점에서 (ii) 유형과 같이 취급할 수 있다. 대표적으로, 증권회사가 불법적인 일임매매 및 투자보장 약정을 함으로써 오로지 수수료 수익만을 추구한 점에 비추어 불법행위의 성립이 인정된 사례로는 대법원 1999. 12. 24. 선고 99다44588 판결.

141) 대법원 판결에서는 해당 대량매도행위에 대해 고객보호의무 위반의 책임을 인정하였다(2015. 5. 14. 선고 2013다2757 판결).

142) 대법원 2013. 9. 26. 선고 2011다53683(본소), 2011다53690(반소) 판결, 대법원 2012다1146·1153 판결, 대법원 2013다13637 판결, 2013다26746 판결 등.

이나 설명의무 준수여부가 쟁점이 된 다수의 불완전 판매 분쟁 사례가 속한다.

② 투자권유 관련 이익충돌 문제 해결의 법리

금융회사의 투자권유 관련 이익충돌이 문제되는 분쟁의 발생을 사전에 통제하기 위해서는 (i) 기존의 투자권유 규제체계 내에서 이익충돌에 관한 정보제공 의무를 강화하는 방안과 (ii) 고객의 이익을 고려하여 투자권유를 실시할 추가적인 의무를 부과하는 방안이 존재한다.[143] 전자는 투자권유의 매매거래로서의 성격을 강조하는 입장에서 소비자 보호 차원에서 정보격차의 남용을 통제하는 것을 주된 목적으로 하는 것이고, 후자의 방안은 투자권유의 의견제시 측면을 강조하여 투자자의 이익을 옹호하기 위한 의무를 추가적으로 부과하는 데 초점을 맞춘다는 차이가 있다.

전통적인 투자권유 규제 가운데 설명의무는 정보제공을 통하여 이익충돌 문제를 규율하는 가장 기초적인 수단이 되며, 투자자가 금융회사가 제공한 이익충돌에 관한 정보를 바탕으로 투자판단을 할 수 있도록 하고 그에 따른 위험을 감수하도록 하는 함의가 있다.[144] 그 가운데 적합성의 원칙은 투자자에 대해서 해당 상품에 관한 위험을 고지하거나 투자자가 권유행위를 이해하고 그에 따라 투자판단을 하도록 하는 것을 넘어서서 적합한 투자권유만을 실시하도록 할 의무를 부과하는 것이기 때문에 계약에 의해서도 배제할 수 없는 강력한 규제라는 평가가 있다.[145] 적합성의 원칙은 1970년대부터 투자권유와 관련된 브로커-딜러의 과도한 인센티브 추구 행위를 규제하기 위해서 입안되었지만, 최근 들어서는 적합성의 원칙만으로는 부족하고, 투자자문업자의 고객이익 최선

143) Onnig Dombalagian (2011), p. 1283.
144) Francis Facciolo (2013), p. 297.
145) Andrew Tuch in Niamh Moloney *et al.* (2015), p. 550.

옹호의무와 통일적인 수준의 주의의무를 부과해야 한다는 견해가 강력하게 제기되고 있는 상황이다.[146] 특히, 최근에는 투자자에 대한 정보제공의무(mandatory disclosure)의 강화만으로는 이익충돌로 인한 투자자의 손해를 예방하기 어렵다는 견해도 강하게 주장되고 있다.[147]

Ⅳ. 결 론

지금까지 자본시장에서 금융회사가 다양한 금융투자업무를 수행하는 과정에서 필연적으로 발생하는 투자자와의 이익충돌 문제를 규율하는 법리에 관하여 검토하였다. 자본시장에서 금융회사와 고객 사이에서 발생하는 이익충돌 문제를 규율하는 법리를 도출하기 위해서는 구체적 법률관계의 사법(私法)적 성격과 금융회사가 고객을 상대로 영위하는 업무의 태양이 잘 반영될 수 있어야 한다. 이러한 관점에서 자본시장에서 행해지는 금융회사의 업무를 자산운용수탁업무, 금융자문업무, 투자중개업무, 투자매매업무 및 투자권유행위의 다섯 가지 유형으로 나누어 살펴보았다. 이 가운데 자산운용수탁업무와 금융자문업무에서는 금융회사가 투자자의 재산 또는 이해관계에 대한 상당한 재량과 권한을 보유하는 한편 투자자로부터 신뢰와 신임을 받고 있기 때문에 상대적으로 협상력이 취약한 투자자를 보호하기 위하여 투자자의 이익을 우선할 충성의무가 도출된다. 반면, 투자자에 대한 재량과 권한이 없는 금융회사

---

146) FINRA 규칙 2111에 따른 적합성의 원칙은 신인의무자의 주의의무에 비해 낮은 수준의 의무를 부과하는 것이기 때문에 투자자 보호를 위해서 통일적인 규율이 필요하다는 주장으로는 Ryan Bakhtiari *et al.* (2013), pp. 318-319.

147) Omri Ben Shahar and Carl E. Schneider (2010), pp. 38-54. 전반적인 증권법제에서 의무적인 공시규제의 한계를 정리한 글로는 Luca Enriques and Sergio Giotta, in Niamh Moloney *et al.* (2015), pp. 525-532.

는 투자중개업무 및 투자매매업무를 영위하거나 투자권유를 행함에 있어서 원칙적으로 자신의 이익을 추구할 수 있으나, 구체적 거래관계에 따라 정보의 격차를 악용하거나 투자자가 부여한 신뢰를 저버리는 행위가 금지될 것이다.

⊠ 참 고 문 헌

Ⅰ. 국내문헌

[단행본 및 학위논문]

광장신탁법연구회, 주석 신탁법(제2판), 2016 [광장신탁법연구회(2016)].

권순일, 증권투자권유자 책임론, 박영사, 2002 [권순일(2002)].

김건식, 회사법, 박영사, 2015 [김건식(2015)].

김건식·정순섭, 자본시장법 (제3판), 두성사, 2013 [김건식·정순섭(2013)].

김화진, 투자은행－이론·정책·전략, 머니투데이, 2013 [김화진(2013)].

박기령, 이사의 충실의무에 관한 법적연구, 이화여자대학교 박사학위논문, 2010 [박기령(2010)].

이수정, 자본시장법상 금융투자업자의 정보교류 차단장치에 관한 연구, 2011, 서울대학교 석사학위논문.

임재연, 자본시장법, 박영사, 2013 [임재연(2013)].

정순섭·노혁준 외, 신탁법의 쟁점 1, 소화, 2015 [정순섭·노혁준 외(2015)].

천경훈, 회사기회의 법리에 관한 연구, 서울대학교 박사학위논문, 2012 [천경훈(2012)].

하상석, 투자은행과 이해상충, 경북대학교 박사학위논문, 2011 [하상석(2011)].

한국증권법학회, 자본시장법 주석서 I (개정판), 박영사, 2015 [한국증권법학회(2015)].

함철성, 자본시장과 금융투자에 관한 법률의 주요내용과 이해상충방지체제에 관한 연구, 고려대학교 석사학위논문, 2008 [함철성(2008)].

[논문 및 발표문]

곽관훈, "전문가의 주의의무와 책임: 주의의무 판단기준 및 책임제한의 필요성에 대한 검토", 한양법학 제28집 (한양법학회, 2009) [곽관훈(2009)].

김용재, "미국에서의 은행법과 증권업의 겸영제한", 증권법연구 제11권 제3호 (한국증권법학회, 2010) [김용재(2010)].

김용재, "자본시장통합법상 이해상충방지체제에 관한 제언—미국의 규제원칙을 참조하여", 상사법연구 제26권 제2호(한국상사법학회, 2007. 8). [김용재(2007)].

김유니스·남유선, "내부자거래와 이해상충 통제 및 관리수단으로서의 Chinese Wall의 法的 機能에 관한 연구", 증권법연구 제10권 제2호 (한국증권법학회, 2009) [김유니스·남유선(2009)].

김은정·정경영, "자본시장통합법안상 자금수탁자의 의무 도입에 관한 고찰", 성균관법학 제19권 제1호(성균관대 법학연구소, 2007) [김은정·정경영(2007)].

김은집, "투자일임, 금전신탁, 집합투자의 구분과 투자자보호", BFL 제71호 (서울대학교 금융법센터, 2015. 5) [(김은집(2015)).

김정연, "금융상품자문법리 정립을 위한 시론", 서울대학교 법학 제58권 제1호(서울대학교 법학연구소, 2017) [김정연(2017)].

김화진, "투자은행의 이해상충", 비교사법 제14권 제3호(비교사법학회, 2007) [김화진(2007)].

노태석, "금융소비자보호에 관한 법률안상의 판매행위 규제에 관한 검토", 소비자문제연구 제44권 제1호(한국소비자원, 2013) [노태석(2013)].

박기령, "이사의 선관의무와 충실의무의 법사학적 기원에 관한 고찰", 상사법연구 제30권 제2호(한국상사법학회, 2011) [박기령(2011)].

박재홍, "자본시장법상 이해상충 방지에 관한 연구", 경성법학 제19집 제1호(경성대학교 법학연구소, 2010) [박재홍(2010)].

박준·김무겸·김주영·이숭희·전원열·정순섭, 좌담회, "금융상품 분쟁해결의 법리", BFL 제58호(서울대학교 금융법센터, 2013. 3) [박준 외(2013)].

박휜일, "정보화시대의 전문가책임에 대한 고찰", 상사법연구 제31권 제2호(한국상사법학회, 2012) [박휜일(2012)].

안수현, "금융상품거래와 신뢰—자본시장법상 투자권유규제의 의의와 한계", BFL 제61호(서울대학교 금융법센터, 2013. 9) [안수현(2013)].
엄경식·이진호·최운열, "글로벌 투자은행의 불법적 투자전략－골드만삭스의 합성CDO상품 ABACUS 사례를 중심으로", Korea Business Review 제15권 제3호(한국경영학회, 2011) [엄경식 외(2011)].
이중기, "금융기관의 충실의무와 이익충돌, 그 해소방안", 증권법연구 제7권 제2호(한국증권법학회, 2006) [이중기(2006)].
이중기, "신의칙과 위임법리에의 접목을 통한 충실의무법리의 확대와 발전", 홍익법학 제12권 제1호(홍익대학교 법학연구소, 2011) [이중기(2011)].
장근영, "미국에서의 증권업과 자산운용업의 겸영", 증권법연구 제7권 제2호(한국증권법학회, 2006) [장근영(2006)].
정순섭, "금융규제개혁과 금융소비자 보호", 상사판례연구 제22집 제4권(한국상사판례학회, 2009) [정순섭(2009)].
최승재, "고객보호의무 법리에 대한 연구", 증권법연구 제11권 제1호(한국증권법학회, 2010) [최승재(2010)].
한병영, "부정거래 규제 수준에 있어서 한국과 미국의 비교법적 고찰－골드만삭스 사건과 키코 사건의 처리를 중심으로", 경영법률 제21권 제1호(경영법률학회, 2010) [한병영(2010)].

[기타 자료]

재정경제부, 자본시장과 금융투자업에관한 법률 제정안 공청회 등을 통한 의견수렴 결과(2006. 6. 30) [재정경제부, 자본시장법 의견수렴결과(2006)].
재정경제부, 자본시장과 금융투자업에 관한 법률 제정안 설명자료(2006. 6. 30) [재정경제부, 자본시장법 제정안 설명자료(2006)].

Ⅱ. 구미어 문헌

[단행본 및 학위논문]

Brendeis, Louis D. *Other People's Money: And How the Bankers Use It*, Martino Publishing, 2009 (Originally published in 1914) [Louis Brendeis(1914)].

Borio, Claudio and William Curt Hunter *et al.* (eds.), *Market Discipline Across Countries and Industries*, MIT press, 2004 [Claudio Borio et al.(2004)].

CCH Attorney-Editor Staff, *Dodd-Frank Wall Street Reform and Consumer Protection Act: Law, Explanation and Analysis*, Woltoers Kluwer, 2010 [CCH(2010)].

Coffee John, *Gatekeeper, The Professions and Corporate Governance*. Oxford University Press, 2006 [John Coffee(2006)].

Cohan, William D., *Money and Power: How Goldman Sachs Game to Rule the World*, Random House, 2011 [William Cohan(2011)].

Conaglen, Matthew, *Fiduciary Loyalty: Protecting the Due Performance of Non-Fiduciary Duties*, Oxford University Press, 2010 [Matthew Conagen(2010)].

Crokett, Andrew, Trevor Harris, Frederic S Mishkin and Eugen N White, *Conflicts of in the Financial Services Industry: What Should we do about them?*, International Center for Monetary and Banking Studies, 2003 [Andrew Crokett *et al.*(2003)].

Finn, Paul, *Fiduciary Obligations*, Oxford University Press, 1977 [Paul Finn(1977)].

Frankel, Tamar, *Fiduciary Law*, Oxford University Press, 2010 [Tamar Frankel(2010)].

Gold, Andrew and Paul Miller (eds.), *Philosophical Foundations of Fiduciary Law*, Oxford University Press, 2014 [Andrew Gold and Paul Miller(2014)].

Hazen, Thomas L., *The Law of Securities Regulation* (6th edition), 2009 [Thomas Hazen(2009)].

Hudson, Alastair, *The Law of Finance*, Sweet & Maxwell, 2013 [Alastair Hudson(2013)].

Kumpan, Christoph, *Der Interessenkonflikt im deutschen Privatrecht Eine Untersuchung zur Fremdinteressenwahrung und Unabhängigkeit*, Mohr Siebeck, 2015 [Christoph Kumpan(2015)].

Loss, Luis and Joel Seligman, *Fundamentals of Securities Regulation* (5th edition), Aspen Publishers, 2004 [Loss and Seligman(2004)].

Macey, Jonathan R., *The Death of Corporate Reputation, How Integrity Has been destroyed on Wall Street*, FT press, 2013 [Jonathan Macy(2013)].

McVea, Harry, *Financial Conglomerates and the Chinese Wall—Regulating Conflict of Interest*, Clarendon Press, 1993 [Harry Mcvea(1993)].

Moloney, Niamh, Ellis Ferran and Jennifer Payne (eds.), *The Oxford Handbook of Financial Regulation*, Oxford University Press, 2015 [Niahm Moloney et al.(2015)].

Morris, Nicholas and David Vines (eds.), *Capital Failure, Rebuilding Trust in Financial Services*, Oxford University Press, 2014 [Nicholas Morris et al.(2014)].

Morrison, Alan and William J. Wilhelm, Jr. *Investment Banking: Institution, Politics, and Law*, Oxford University Press, 2007 [Morrison and Wilhelm(2007)].

O'Brien, Justin and George Gilligan (eds.), *Integrity, Risk and Accountability in Capital Markets Regulating Culture*, Hart Publishing, 2013 [Justin O'Brien and George Gilligan(2013)].

Valsan, Remus, *Understanding Fiduciary Duties Conflict of Interest and Proper Exercise of Judgment in Private Law*, 2012, Ph.D. McGill University [Remus Valsan(2012)].

Virgo, Graham, *The Principles of Equity and Trusts*, Oxford University Press, 2012 [Graham Virgo(2012)].

Walker, Rebecca, *Conflicts of Interest in Business and the professions: Law and Compliance*, Thomson Reuters, 2014 [Rebecca Walker (2014)].

[논문 및 발표문]

Bainbridge, Stephen, "Mandatory Disclosure: A Behavioral Analysis", 68 U. Cin. L. Rev. 1023 (2000) [Stephen Bainbridge(2000)].

Bakhtiari, Ryan K., Boice, Katrina, Majors, Jeffrey, "The Time for a Uniform Fiduciary Duty is Now", 87 St. John's L. Rev. 313 (2013) [Ryan Bakhtiari et al.(2013)].

Ben-Shahar, Omri and Carl E. Schneider, "The Failure of Mandated Disclosure", 159 U. Pa. L. Rev. 647 (2011) [Ben-Shahar and Shneider(2011)].

Black, Barbara and Jill l I. Gross, "Economic Suicide: The Collision of Ethics and Risk in Securities Law", 64 U. PITT. L. REV. 483 (2003) [Barbara Black and Jill Gross(2003)].

Boatright, John, "Conflicts of Interest in Financial Services", 105 Business and Society Review, 201 (2000) [John Boatright(2000)].

Bratton William W. and Michael L. Wachter, "Bankers and Chancellors", 93 Tex. L. Rev. 1 (2014-2015) [Bratton and Wachter(2014)].

Choi, Stephen and Jill Fisch, "How to Fix Wall Street: A Voucher Financing Proposal for Securities Intermediaries", 113 Yale L.J. 269 (2003) [Stephen Choi and Jill Fisch(2003)].

Cooter, Robert and Bradeley J. Freedman, "The Fiduciary Relationship: Its Economic Character and Legal Consequences", 66 N.Y.U. L. Rev. 1045 (1991) [Cooter and Freedman(1991)].

Davidoff, Steven M., Allan Morrison, Alan D. and Wilhelm, William J. Jr,

"The SEC v. Goldman Sachs: Reputation, Trust, and Fiduciary Duties in Investment Banking", 37 J. Corp. L. 529 (2012) [Steven Davidoff et al.(2012)].

Dombalagian, Onnig H., "Investment Recommendations and the Essence of Duty", 60 60 Am. U. L. Rev. 1265 (2011) [Onnig Dombalagian (2011)].

Dorsett, Shaunnagh, "Comparing Apples and Oranges: The Fiduciary Principle in Australia and Canada after Breen v Williams", 8 Bond Law Review 148 [Shaunnagh Dorset(1996)].

Easterbrook, Frank and Daniel Fischel, "Contract Fiduciary Law" 36 J.L. & Econ. 425 (1993) [Easterbrook and Fischel(1993)].

Easterbrook, "Mandatory Disclosure and the Protection of Investors", 70 Vir. L. Rev. 669 [Easterbrook and Fischel(1984)].

Edelman, James, "When the Fiduciary Duty Arises", 121 L.Q.R 452 (2010) [James Edelman(2010)].

Enriques, Luca, "Conflicts of Interst in Investment Services: The Price and Uncertain Impact of MiFID's Regulatory Frame Work", ECGI (2005) [Luca Enriques(2005)].

Facciolo, Francis J, "Symposium: Revolution in the Regulation of Financial Advice: The U.S., the U.K. and Australia: Introduction", 87 St. John's L. Rev. 297 (2013) [Francis Facciolo(2013)].

FitzGibbon, Scott "Fiduciary Relationships Are Not Contracts", 82 Marq. L. Rev. 303 (1999) [Scott Fitzgibbon(1999)].

Foulds, Christopher, "My Banker's Conflicted and I Couldn't be Happier: the Curious Durability of Staple Financing", 34 Del. J. Corp. L. 519 (2009) [Christopher Foulds(2009)].

Frankel, Tamar, "Fiduciary Law", 71 Cal, L. Rev. 795 (1983) [Tamar Frankel(1983)].

Frankel, Tamar, "The Failure of Investor Protection", 81 U. Cin. L. Rev.

421 (2012) [Tamar Frankel(2012)].

Kumpan, Christoph and Patrick Leyens, "Conflicts of Interest of Financial Intermediaries", 5 ECFR 72 (2008) [Kumpan and Leyens(2008)].

Luebke, Neil, "Conflict of Interest as a Moral Category", 6 Business and Professional Ethics Journal 66 (1987) [Neil Luebke(1987)].

Laby, Arthur, "SEC v. Capital Gains Research Bureau and the Investment Advisers Act of 1940", 91 B.U. L. Rev. 1051 (2011) [Arthur Laby (2011)].

Laby, Arthur, "Selling Advice and Creating Expectations: Why Brokers Should be Fiduciaries", 87 Wash. L. Rev. 707 (2012) [Arthur Laby (2012)].

Langevoort, Donald C. "Taming the Animal Spirits of the Stock Markets: A Behavioral Approach to Securities Regulation", 97 Northwestern Univ. L. Rev. 135 (2002) [Donald Langevoort(2002)].

Leslie, Melanie, "In Defense of the No Further Inquiry Rule: A Response to Professor John Langbein", Wm. & Mary L. Rev. 541 (2005) [Melanie Leslie(2005)].

Macey, Jonathan, "The Demise of the Reputational Model in Capital Markets: The Problem of the 'Last Period Parasites", 60 Syracuse L. Rev. 427 (2010) [Jonathan Macey(2010)].

Mehran, Hamid and René M. Stulz, "The Economics of Conflicts of Interest in Financial Institutions", 85 Journal of Financial Economics 267 (2007) [Hamid Mehran and René Stulz(2007)].

Merkley, Jeff and Carl Levin, "Policy Essay, The Dodd-Frank Act Restrictions on Proprietary Trading and Conflicts of Interest: New Tools to Address Evolving Threats", 48 Harvard Journal on Legislation 515 (2011) [Merkley and Levin(2011)].

Miller, Paul, "A Theory of Fiduciary Liability", 56 McGill Law Journal 235 (2011) [Paul Miller(2011)].

Miller, Paul, "Multiple Loyalties and the Conflicted Fiduciary", 40 Queen's L.J. 301 (2014) [Paul Miller(2014)].

Miller, Robert, "Journeys in Revlon-Land with a Conflicted Financial Advisor: Del Monte and El Paso" (Oct. 1, 2012). U Iowa Legal Studies Res. No. 12-24, available at http://ssrn.com/abstract=2156488 [Robert Miller(2012)].

Moore, Don, Lloyd Tanlu, Max H. Bazerman, "Conflict of interest and the intrusion of bias", 5 Judgment and Decision Making 37 (2010) [Moore, Tanlu and Bazerman(2010)].

Morrison, Alan D. and Thegeya, Aaron and Schenone, Carola and Wilhelm, William J., "Investment-Banking Relationships: 1933-2007", (January 8, 2014). Saïd Business School WP 2014-1. available at SSRN: http://ssrn.com/abstract=2376481 [Alan Morrison et al.(2014)].

Morrison, Alan and William J. Wilhelm Jr., "Trust, Reputation, and Law: The Evolution of Commitment in Investment Banking", 1 J. LEGAL ANALYSIS 45 (2015) [Morrison and Wilhelm(2015)].

Mullainathan, Sendhil, Markus Noeth, Antoinette Schoar, "The Market for Financial Advice: An Audit Study", NBER Working Paper No. 17929 (2012) [Sendhil Mullainathan et al.(2012)].

Servaes, Henri and Mark Zenner, "The Role of Investment Bankers in Acquisition", 9 REV. FIN. STUD. 787 (1996) [Servaes and Zenner (1996)].

Sitkoff Robert, "The Economic Structure of Fiduciary Law", 91 Boston University Law Review 1039 (2011) [Robert Sitkoff(2011)].

Sitkoff Robert, "The Fiduciary Obligations of Financial Advisors Under the Law of Agency", 27 Journal of Financial Planning 42 (2014) [Robert Sitkoff(2014)].

Smith, Lionel, "Deterrence, Prophylaxis and Punishment in Fiduciary Obligations", 7 Journal of Equity 87 (2013) [Lionel Smith(2013)].

Tuch, Andrew, "Banker Loyalty in Mergers and Acquisitions" 94 Texas Law Review 1079 [Andrew Tuch(2015a)].

Tuch, Andrew, "Conflicted Gatekeepers: The Volcker Rule and Goldman Sachs", 7 Va. L. Bus. Rev. 365 (2012) [Andrew Tuch(2012)].

Tuch, Andrew, "Disclaiming Loyalty: M&A Advisors and Their Engagement Letters", 93 Tex. L. Rev. 211 (2015) [Andrew Tuch(2015b)].

Tuch, Andrew, "Financial Conglomerates and Information Barriers", 39 J. Corp. L. 563 (2014) [Andrew Tuch(2014a)].

Tuch, Andrew, "Investment Banks as Fiduciaries: Implications for Conflicts of Interest", 29 MELB. U. L. REV. 478 (2005) [Andrew Tuch(2005)].

Tuch, Andrew, "Multiple Gatekeepers", 96 Va. L. Rev. 1583 (2010) [Andrew Tuch(2010)].

Tuch, Andrew, "Securities Underwriters in Public Capital Markets: The Existence, Parameters and Consequences of the Fiduciary Obligation to Avoid Conflicts", 7 J. CORP. L. STUD. 51 (2007) [Andrew Tuch (2007)].

Tuch, Andrew, "The Self-Regulation of Investment Bankers", 83 Geo. Wash. L. Rev. 101 (2014) [Andrew Tuch(2014b)].

Walter, Ingo, "Conflicts of Interest and Market Discipline Among Financial Services Firms", Working paper S-DCM-03-19 (2003) [Ingo Walter (2003)].

Walter, Ingo, "Reputational Risk and Conflict of Interest in Banking and Finance : The Evidence So Far", INSEAD Faculty & Research Working Paper 2007/02/EPS (2007) [Ingo Walter(2007)].

White, Bonnie, "If All Investment Banks are Conflicted, Why Blame Barclays? an Examination of Investment Bank Fee Structures and Del Monte Foods", U. Penn. Law Rev. 93 (2013) [Bonnie White (2013)].

Wilmarth, Arthur E., "The Transformation of the U.S. Fiancial Services

Industry, 1975-2000; Competition, Consolidation, and Increased Risks", 2002 U. ILL. L REV 215 [Arthur Wilmarth(2002)].

[기타자료]

Austrailian Securities & Investments Commission, REP 69 Shadow Shopping Survey on Superannuation Advice (2006. 4) [ASIC(2006)].

Burke, Jeremy, Angela A. Hung, Jack W. Clift, Steven Garber, and Joanne K. Yoong, Impacts of Conflicts of Interest in the Financial Services Industry, RAND Labor & Population, 2014 [Jeremy Burke *et al.* (2014)].

Committee of European Securities Regulators, Q&A, Understanding the Definition of Advice under MiFID, Ref. CESR/10-294 (2010. 4. 19) [CESR(2010)].

Financial Industry Regulatory Authority, Report on Conflicts of Interest (2013) [FINRA Report(2013)].

IOSCO, Market Intermediary Management of Conflicts that arise in Securities Offerings, Finan Report (Nov. 2007) [IOSCO(2007)].

United Kingdom Law Commission Fiduciary Duties and Regulatory Rules Law Commission Consultation Paper No.124. (1992) [Law Commission (1992)].

U.S. Congress Financial Crisis Report Submitted by the Financial Inquiry Commission Pursuant to Public Law 111-21 (January 2011).

U.S. Securities Exchange Commission, Study on Investment Advisers and Broker-Dealers (2011) [SEC Report(2011)].

U.S. Senate Permanent Subcommittee on Investigations, Wall Street and the Financial Crisis, Anatomy of a Financial Collapse (2011) [U.S. Senate Report(2011)].

Ⅲ. 일본어 문헌

神田秀樹,「いわゆる受託者責任について－金融サービス法への構想－」, 財務省財務總合政策研究所編 『フィナンシャル・レビュー』, 第56号, 2001 [神田秀樹(2001)].

金融商品取引法研究會,「金融商品取引業における利益相反－利益相反管理体制の整備義務を中心として」 金融商品取引法研究會 研究記錄 第32号, 2011 [金融商品取引法研究會(2011)].

金融法律硏究會,「金融機關における利益相反の類型と對応のあり方」『金融法務研究會報告書』, 金融法務研究會事務局, 2010 [金融法律研究會(2010)].

萬澤陽子,「米國のおける利益相反に對する法的アプローチについて」,『証券レビュー』第50卷第8号, 2010年 [萬澤陽子(2010)].

利益相反研究會 編,『金融取引における利益相反【總論編】』,『NBL』第125号, 2009 [利益相反研究會(2009a)].

利益相反研究會 編,『金融取引における利益相反【各論編】』,『NBL』第129号, 2009 [利益相反研究會(2009b)].

판례색인

[대법원 판례]

[헌법재판소 결정]

사항색인

공저자소개

박준

서울대 법대 졸업
미국 하버드대 LL.M.
변호사
(현) 서울대 법학전문대학원 교수

정형근

경희대 법대 졸업
경희대 대학원 법학박사
변호사
(현) 경희대 법학전문대학원 원장/교수

전종익

서울대 법대 졸업
미국 코넬대 LL.M.
서울대 법학박사
헌법재판소 연구관
(현) 서울대 법학전문대학원 교수

천경훈

서울대 법대 졸업
미국 듀크대 LL.M.
서울대 법학박사
변호사
(현) 서울대 법학전문대학원 부교수

최계영

서울대 법대 졸업
서울대 법학박사
판사
(현) 서울대 법학전문대학원 교수

김정연

서울대 법대 및 법학전문대학원 졸업
서울대 법학전문박사
변호사
(현) 인천대 법학부 조교수

이익충돌에 관한 법적 연구

초판발행 2018년 5월 30일

지은이 박준 · 정형근 · 전종익 · 천경훈 · 최계영 · 김정연
펴낸이 안종만

편　집 김선민
기획/마케팅 조성호
표지디자인 권효진
제　작 우인도 · 고철민

펴낸곳 (주) 박영사
서울특별시 종로구 새문안로3길 36, 1601
등록 1959. 3. 11. 제300-1959-1호(倫)
전　화 02)733-6771
f a x 02)736-4818
e-mail pys@pybook.co.kr
homepage www.pybook.co.kr
ISBN 979-11-303-3144-7 94360
979-11-303-2631-3 (세트)

정 가 29,000원